RELIGIONEN DER WELT

Geschichte, Schriften, Traditionen

RELIGIONEN DER WELT

Geschichte, Schriften, Traditionen

JOHN BOWKER

Wissenschaftliche Beratung: David Bowker • Dr. Heather Elgood

Dr. Paul Dundas • Dr. Ian Harris • Professor Denise Cush • Dr. Eleanor Nesbitt • Dr. Stewart McFarlane

Dr. Will Buckingham • Dr. Clark Chilson • Lavinia Cohn-Sherbok • Dr. Margaret Bowker

Professor David Thomas FBA • Dr. Paul Heelas • Miranda Bruce-Mitford

DK

Penguin Random House

Diese Ausgabe
Lektorat Jonathan Metcalf, Liz Wheeler, Nayan Keshan, Lucy Sienkowska, Victoria Heyworth-Dunne, Gareth Jones, Shikha Kulkarni

Gestaltung und Bildredaktion Karen Self, Lee Griffiths, Arunesh Talapatra, Priyanka Thakur, Nicola Rodway, Stuti Tiwari, Anita Yadav, Rohit Rojal, Vikram Singh, Rituraj Singh, Sumita Khatwani, Taiyaba Khatoon

Umschlaggestaltung Tanya Mehrotra

Herstellung Balwant Singh, Kavita Varma, Rachel Ng, Pankaj Sharma

Erste Ausgabe
Beratung David Bowker

Lektorat Antonia Cunningham

Gestaltung und Bildredaktion
Heather McCarry, Julia Harris-Voss

Für die deutsche Ausgabe:
Verlagsleitung Monika Schlitzer
Programmleitung Heike Faßbender
Redaktionsleitung Dr. Kerstin Schlieker
Projektbetreuung Carola Wiese
Herstellungsleitung Dorothee Whittaker
Herstellungskoordination Bettina Bähnsch
Herstellung Christine Rühmer

Titel der englischen Originalausgabe:
World Religions. The great faiths explored and explained

Übersetzung Margot Wilhelmi, Leo Strohm, Überarbeitung 2023: Brigitte Rüßmann, Wolfgang Beuchelt (Scriptorium – Köln)
Satz Roman, Bold & Black, Köln

ISBN 978-3-8310-4759-8

Druck und Bindung TBB, a.s., Slowakei

FSC www.fsc.org MIX Papier | Fördert gute Waldnutzung FSC® C018179

www.dk-verlag.de

INHALT

WAS IST RELIGION?

VORWORT

Seit Urzeiten suchen Menschen nach dem Sinn ihres Lebens und des Universums, nach grundlegenden Wahrheiten für sich und die Welt. Aus dieser Sinnsuche entstanden die Religionen. Auch die Naturwissenschaften hatten in ihren Anfängen eine sehr enge Beziehung zur Religion. Erst seit etwa 300 Jahren gehen Religion und Naturwissenschaft getrennte Wege. Heute betrachten wir Religionen als Gemeinschaften von Menschen, die einen gemeinsamen Kult und einen gemeinsamen Glauben (oft an Gott oder Götter) haben, die sich (meist) in eigens dafür errichteten Gebäuden zum Gottesdienst oder zur Meditation treffen und die ihr Leben nach bestimmten Richtlinien leben. Drei Viertel der Weltbevölkerung bekennen sich zu einer Religion.

▲ Tibetischer Kopfschmuck
Dieser Kopfschmuck eines Mönchs oder Lamas zeigt die fünf Buddhas, die in Tibet besondere Bedeutung haben: Amitabha, Vairocana, Akshobhya, Ratnasambhava und Amoghasiddhi. Sie herrschen über die Reiche des Paradieses, in denen Buddhisten wiedergeboren werden können. Die Bewohner des Paradieses haben noch keine Erleuchtung erlangt; sie sind noch immer dem Kreislauf der Wiedergeburt unterworfen und damit dem Leiden, das durch Begehren entsteht. Buddhisten glauben, dass man nur durch das Überwinden allen Verlangens Erlösung erlangen kann.

Was bedeutet aber nun *Religion*? Eine allgemeine Definition ist immer wieder versucht worden, aber nie gelungen. Denn Religion kann so viel und für verschiedene Menschen ganz Unterschiedliches, oft sogar völlig Gegensätzliches bedeuten. Es kann z. B. heißen, dass man an Gott als Ursprung und Ziel des Lebens glaubt, man kann solche Vorstellungen aber auch als Kinderglauben abtun. Es kann bedeuten, dass man seinen Nächsten wie sich selbst liebt, aber auch, dass man ihn aus der Glaubensgemeinschaft und damit aus der Heilsgemeinschaft ausschließt – ein Schicksal, das für den Betreffenden schlimmer sein kann als der Tod. Es kann bedeuten, dass man weise Frauen um Hilfe bittet oder dass man sie als Hexen verbrennt, dass man eine Seele hat oder nicht, dass man Gottes Auftrag »Wachset und mehret euch« wörtlich nimmt oder lebenslang zölibatär lebt, dass man ein Schweigegelübde ablegt oder von göttlicher Eingebung erfüllt redet, dass man sich den Kopf kahl scheren lässt oder sich nie das Haar schneidet. Es kann bedeuten, freitags in die Moschee, samstags in die Synagoge oder sonntags in die Kirche zu gehen; Beten, Meditieren, Opfern, Trance oder Verzückung; den Petersdom, den Goldenen Tempel oder die Großen Pyramiden bauen; Meere und Länder auf Wallfahrten oder Missionsreisen durchqueren; in Kreuzzügen oder Dschihads kämpfen; aber auch religiös inspirierte Musik, Texte, Ikonen oder Symbole schaffen, die die menschliche Vorstellungskraft beflügeln oder auch nur schlichte Gefühle zum Ausdruck bringen.

▶ Jaina-Furtbereiter
Diese Statuette stellt einen der 24 Tirthankaras (Furtbereiter) des Jainismus dar. Sie wiesen durch ihr Beispiel den Weg zur spirituellen Befreiung. Der Gründer des Jainismus ist Mahavira, der 24. Furtbereiter.

DAS WORT RELIGION

Das lateinische Wort *religio* stammt vermutlich von *religere* (»sorgsam beachten«, das Gegenteil von *negligere* (»vernachlässigen«) und bedeutet den heiligen, mit übernatürlicher Kraft erfüllten Gegenstand, dem man sich nur mit großer Vorsicht nähern darf, und – davon abgeleitet – die ehrfürchtige Haltung, die fromme Scheu eines Menschen gegenüber solch einem heiligen Gegenstand. Das Adjektiv *religiosus* (»religiös«) erhält von daher die Bedeutung »gottesfürchtig« oder »fromm«. In dieser Bedeutung hat das lateinische Christentum das Wort »Religion« als Schlüsselwort übernommen. Eine andere mögliche Ableitung ist die vom Verb *religari* (»zusammenbinden«) und kann die Bindung an Gott bedeuten, aber auch die Verbindung von Menschen untereinander in einem gemeinsamen Lebensziel. In der modernen Religionsphilosophie hat sich das Wort Religion als Bezeichnung für die Beziehung des Menschen zur übersinnlichen und ewigen Welt eingebürgert.

RELIGION UND KULTUR

Das Übersinnliche, das Ewige und auch die Welt, in der wir leben, wird in den unterschiedlichen Kulturen ganz verschieden gesehen, und diese Weltsicht prägt das Leben der Menschen in einem Kulturkreis. Der Götterkult alter Zeiten schuf Kulturen mit gemeinsamen Symbolen und Geschichten, gesellschaftlich anerkannten und abgelehnten Dingen und Vorstellungen. Kultur und Kult stammen beide

▲ Japanisches Teehaus
Die japanische Teezeremonie verkörpert Grundprinzipien des Zen-Buddhismus. Der »Weg des Tees« erwächst aus dem Glauben, dass die Erleuchtung ein langsamer Prozess ist, der durch die höchste Vollendung jeder Geste erlangt wird; jede Handlung hat in sich ihren Wert, das Ziel ist sekundär.

vom gleichen lateinischen Wort *cultus* ab, das so viel wie »Verehrung der Götter« oder »Verehrung eines höheren Wesens« bedeutet (siehe S. 22–25). Der Kult und der Glaube an eine höhere Macht bilden die Grundlage der Kultur, doch indem die Menschen mehr über sich, ihre Welt und die Macht, mit der sie sich beschäftigten, erfuhren, änderten sich ihre Vorstellungen, ihre Bilder und ihr Glaube von bzw. an Gott und Götter.

RELIGION UND GEMEINSCHAFT

Religion als prägendes Element der Kultur ist nicht nur Sache des Einzelnen, sondern vor allem auch der Kult- und Kulturgemeinschaft. Als sakrale Gemeinschaft erscheinen die Ehe, die Familie und Sippe, weiterhin der Clan, die Kaste, der Stamm und schließlich die Nation oder das Großreich. Die weiteste Gemeinschaft stellt, zumindest in den Weltreligionen, die gesamte Menschheit dar, wobei aber nach wie vor eine religions- und kulturübergreifende Toleranz Schwierigkeiten bereitet.

RELIGIÖSE ORGANISATIONEN

Besondere Aufgaben innerhalb der religiösen Gemeinschaft wurden schon in den ältesten Religionen von sakralen Genossenschaften, von geheimen Männer- und Frauenbünden übernommen, in »neueren« Religionen bildeten sich Mönchs- und Nonnenorden, Mysterienbruderschaften und Kirchen. Die mystischen Erlösungsreligionen wie die prophetischen Offenbarungsreligionen entwickelten sich zu Weltreligionen, die jedoch ganz unterschiedlich organisiert sind. Manche haben eine streng hierarchische Ordnung (wie die römisch-katholische Kirche), andere sind keine Organisationen im eigentlichen Sinne (so der Hinduismus). Die Organisation bringt religiöse Spezialisten hervor – Priester(innen), Schaman(inn)en, Gurus, Imame, Rabbiner, Bhikkus, Nonnen, Mönche, Päpste – die Liste ließe sich nahezu endlos weiterführen.

▶ Elefantengott Ganesh
Ganesh oder Ganesha ist einer der beliebtesten Hindugötter. Er gilt als Beseitiger von Hindernissen. Seinen Elefantenkopf soll er bekommen haben, als er seine Mutter bewachte. Sein Vater Shiva erkannte ihn nicht und schlug dem mutmaßlichen Eindringling den Kopf ab. Als Shiva seinen Fehler bemerkte, ersetzte er den abgeschlagenen Kopf durch den eines Elefanten.

RELIGION UND ERKENNTNIS

Religion dient vielfach dazu, Menschen zusammenzubinden, aber sie leistet mehr als das. Sie will immer auch dem Leben einen Sinn geben, Mensch und Welt deuten. Manche Betrachtungen in dieser Hinsicht wandten und wenden sich nach innen, auf die Entdeckung einer inneren Wahrheit, Erleuchtung, Frieden, Leere, Buddha-Natur (siehe S. 111–113). Die Erforschung dessen, was der Philosoph Thoreau »das private Meer« nannte, die Bäche und Ozeane unserer inneren Natur, hat Religionen wie den Jainismus und Buddhismus hervorgebracht. Andere Forschungen konzentrierten sich auf die äußere Welt, die Welt der Beziehungen, und fanden Wahrheit und Werte in der Beziehung der Menschen zueinander und zu einer höheren Macht. Daraus entstanden Religionen wie das Judentum, das Christentum und der Islam, in denen die höhere Macht als Gott erkannt wird, als Quelle allen Lebens und aller Schöpfung, als ewige Größe, unabhängig von dieser Welt oder anderer Universen.

Aus diesen Weltbetrachtungen entstanden die charakteristischen Glaubenspraktiken der Religionen wie Opfer, Gebet, Meditation, Yoga und Zazen (siehe S. 124). Ernsthaft betrieben, können diese Praktiken die Menschen zu Erfahrungen führen, die so real für sie sind, dass alles andere im Leben dagegen verblasst. All das steht in Zusammenhang mit Vorstellungen von der Natur des Menschen, der Welt oder des Universums. Diese »Welten« sind belebt von Göttern und Geistern, voller Macht und Gegenwärtigkeit, Gut oder Böse. Ihre Realität zeigt sich in ihrer Wirkung. Hier weiter zu fragen und tiefer zu forschen ist ein Hauptgegenstand der Religionsphilosophie.

WELTBILDER

Zu den Weltbildern (Kosmologien) aller Religionen gehören Kosmogonien, Berichte von der Entstehung der Welt. Vielfach wurden Schöp-

▶ Griechisch-orthodoxe Ikone
Ikonen sind ein Fundament der orthodoxen Kirche: Sie sind Bilder von Jesus, von Heiligen, von heiligen Handlungen, aber mehr als reine Darstellung. Sie sind Fenster zu Gott, durch die man eine tiefere Wahrheit erblickt. Diese Ikone zeigt die Auferstehung Christi.

◀ **Chanukka-Leuchter**
Die Menora, der siebenarmige Leuchter, ist ein altes Symbol des Judentums und offizielles Emblem des modernen Staates Israel. Hier abgebildet ist eine für das achttägige Lichterfest Chanukka (siehe S. 227) abgewandelte Menora mit acht Armen und einem neunten für das sog. Dienstlicht, mit dem die anderen entzündet werden.

fungsmythen als wissenschaftliche Tatsachen gesehen, die den neueren kosmologischen Theorien der Naturwissenschaften widersprachen. Doch religiöse bzw. naturwissenschaftliche Weltbilder beruhen auf völlig verschiedenen Ansätzen. Eine Religion kann viele Kosmogonien haben, die einander oft sogar widersprechen. Jede von ihnen erfüllt einen anderen Zweck. So finden sich in der jüdischen Bibel mindestens fünf Schöpfungsberichte (nicht nur im Buch Genesis), und die Hindus kennen noch viel mehr. Religionen entwickeln und entfalten Kosmogonien und Kosmologien nicht in Vorwegnahme der Naturwissenschaften des 20. Jh., sondern um das Universum als Arena der Möglichkeiten darzustellen, die es für ein Leben im Sinne und nach den Gesetzen der jeweiligen Religion gibt. Der Kosmos ist sinntragend, und das gibt bestimmte Wege des Handelns und Maßstäbe für das Leben vor.

LEBEN UND TOD

Die Weltbilder umfassen auch die zeitliche Dimension, das menschliche Wesen und die Art und Weise, wie die Lebenden für die Toten sorgen können. Bestattungsriten sind so alt wie die Menschheit. Sie weisen darauf hin, dass seit Urzeiten die Menschen den Tod nicht als absolutes Ende anerkannt haben. Welche Vorstellungen vom Leben nach dem Tod die frühen Menschen hatten, können wir nur vermuten. Grabbeigaben deuten an, dass man jenes Leben für nicht allzu sehr verschieden von diesem Leben hielt. Die großen religiösen Traditionen beruhen alle auf den Erfahrungen aus diesem Leben. Der Glaube, dass es nach dem Tod irgendwie weitergeht (unterschiedlich in den einzelnen Religionen), wurde von unseren Vorfahren in einem langen religiösen Erfahrungsprozess entwickelt. Was von uns weiterleben wird, beschreiben die einzelnen Religionen ebenfalls ganz unterschiedlich. Doch allen gemeinsam ist, dass sie Vorstellungen haben und bewahren, die es Menschen ermöglichen, nach Wert- und Normzielen für dieses Leben (naheliegende Ziele) und über den Tod hinaus (letzte Ziele) zu streben.

Diese Vorstellungen müssen geordnet, bewahrt und weitergegeben werden. Vieles wird nie in Worte gefasst, sondern in Zeichen und Symbolen enthüllt, in Kunst und Architektur, in Gesten, sogar im Schweigen. Selbst die grundlegendsten Bedürfnisse des Menschen, wie die Atmung, werden in manchen Religionen zu Wegen der Wahrheitserfahrung.

RELIGION UND SPRACHE

Vieles aber wird in Worte gefasst, und Erzählungen und andere literarische Formen spielen in den meisten Religionen eine große Rolle. Die Religionen selbst kann man als großartige Geschichten verstehen. Die Gläubigen lernen aus diesen Geschichten und versuchen, sie in ihr eigenes Leben zu übersetzen. Dazu gibt es viele Möglichkeiten: In Liturgie, Festen und Wallfahrten lassen sich die Inhalte einer Religion im Leben umsetzen. Neben der mündlichen Überlieferung spielen in den meisten Religionen Schrifttexte ein bedeutende Rolle. Einige von ihnen gelten als Offenbarungen Gottes, als »Wort Gottes«, so die christliche *Bibel*, der *Tanach* (die jüdische Bibel), der *Koran* (das heilige Buch der Moslems), die *Shruti* (Hinduschriften), die *Angas* (Jain-Schriften), der *Guru Granth Sahib* der Sikhs usw. Die Tatsache, dass diese Schriften nicht alle dasselbe erzählen, einander manchmal sogar deutlich widersprechen, verstärkt die Kluft zwischen den einzelnen Religionen (siehe S. 336–337).

GLAUBE UND VERHALTEN

Religionen verbinden Menschen und geben ihrem Leben Sinn und Perspektive. Religionen sind dabei wie große Familien. Sie verbinden Sippen oder Verwandtschaftsgruppen, manche Religionen gehen sogar darüber hinaus und sehen sich als Weltfamilie, als Weltkirche, wie die Christen sagen würden, oder als *Umma*, wie die Moslems es nennen. Durch die Entwicklung von Verhaltenskodizes (als Werte und Normen oder Gesetze) und durch den Aufbau einer gemeinsamen Sicht der Wirklichkeit ermöglichen die Religionen ihren Anhängern ein Leben in Geborgenheit. Glaube bedeutet Vertrauen in das, was die Religion verkündet, und das Vertrauen wird gestärkt durch den gemeinsamen Glauben, den man mit anderen teilt. Die Menschen unterscheiden nach ihren Grundsätzen Freund und Feind und erkennen, wer ihnen freundlich und wer ihnen feindselig begegnet. Die religiösen Erkennungszeichen und das erwartete Verhalten (auch über den ethischen Rahmen hinaus) sorgen nicht nur für gesellschaftliche Ordnung, oft für Rangordnungen, sie geben allen Mitgliedern der Gesellschaft, auch den Ärmsten und Unterprivilegierten, die Möglichkeit zu religiösem Erfolg, wie immer sich dieser auch darstellen mag. Religion schafft so Licht in der Dunkelheit und beseitigt das Böse und den Tod: Religion ist Sehnsucht nach, Vision von und Hoffnung auf das, was den Augenblick übersteigt, sie erhebt aus Schuld und Sünde.

MYTHOS UND RITUAL

Die höchsten intellektuellen Instrumente des religiösen Schöpfergeistes sind Mythos und Ritus. Das Wort »Mythos« steht im heutigen Sprachgebrauch oft für etwas Unwahres, Erfundenes. Doch ursprünglich ist der Mythos eine der größten Errungenschaften der Menschheit. Mythen sind Sagen, Erzählungen, die Wahrheiten vermitteln, die sich anders nicht darstellen lassen, z. B. nicht in naturwissenschaftlichen Kategorien. Mythen erzählen, »was niemals war und immer ist«. Das ist auch ein Grund, warum im 19. Jh. z. B. Richard Wagner Mythen aufgriff. Er akzeptierte, dass die Wissenschaft eine wahre Geschichte zu erzählen hat, aber eine begrenzte: Sie kann uns nichts über menschliche Liebe und menschliches Leid erzählen. Mythen stellen Einzelschicksale in einen viel größeren Zusammenhang und geben ihnen somit Sinn und Bedeutung. Mythen können Rituale erklären, aber Riten können auch völlig unabhängig von Mythen sein. Rituale bzw. Riten sind regelmäßig und auf vorhersagbare Weise wiederholte Handlungen, die Ordnung in den sonst eher zufälligen Zeitverlauf bringen. Es gibt zwar auch weltliche Rituale, aber vor allem findet man sie in Religionen. Übergangsriten kennzeichnen den Wechsel von einer Lebensphase in eine andere oder vom Leben zum Tod, andere Rituale gewähren Schutz in einer gefahrvollen Welt; manche wollen Veränderungen herbeiführen, wieder andere Sinn geben. Rituale sind Sprache der Handlung, in der die Menschen ihre Hoffnungen und Ängste zum Ausdruck bringen und mit ihren Ängsten umgehen. Durch sie wird das Leben ständig erneuert.

▲ Guru Gobind Singh
Die Sikh-Religion hatte zehn religiöse Führer (Gurus). Der letzte, Guru Gobind Singh, übertrug die Autorität der Gemeinschaft und dem heiligen Buch der Sikhs.

ERRUNGENSCHAFTEN DER RELIGION

Aus diesen Gründen kann man von den Religionen als den größten Errungenschaften der Menschheit sprechen – ja sogar von über-

menschlichen Errungenschaften. Zu allen Zeiten haben Menschen die Erfahrung gemacht, dass ihnen in ihren Bemühungen Übersinnliches auf halbem Weg entgegenkam und sie weiterführte, als es ihnen aus eigener Kraft je möglich gewesen wäre. Daher sind Religionen so wichtig: Sie bilden den Zusammenhang und die Folge der das menschliche Bewusstsein sprengenden Entdeckungen über die menschliche Natur und das menschliche Schicksal. Religionen sind Quelle und Inspiration für die dauerhaftesten Errungenschaften der Kunst, Architektur, Musik und Literatur. Doch sie weisen auch auf die größte aller Wahrheiten hin: auf das, was bleibt, wenn alles andere vergeht.

GEFAHREN DER RELIGION

Religionen waren also Triebfedern bedeutender Entwicklungen, das macht sie auch so gefährlich. Menschen sterben (und töten) für ihren Glauben. Religionen sind in die blutigsten Konflikte der Welt verwickelt (wie z. B. im Nahen Osten, Jemen, Myanmar, Kaschmir und China). Religionen schaffen Grenzen, um ihre Botschaft und ihre Gemeinschaft zu schützen. Die Grenzen können geografisch sein (ein heiliges Land) oder metaphorisch (Glaubenspraktiken, die von anderen abgrenzen und einer Glaubensgemeinschaft Identität geben). Wo es Grenzen gibt, gibt es immer auch Grenzstreitigkeiten. Das kann sich in der direkten Bekämpfung und Unterdrückung von Glaubensgemeinschaften äußern, wie es in kommunistischen Ländern der Fall war, aber auch in einer schleichenden Unterwanderung durch das, was man Säkularisierung nennt. Eine Reaktion darauf ist die Hinwendung zum Fundamentalismus und damit der Verzicht auf kritische Reflexion religiöser Überlieferung, eine andere ist Krieg. Alle Religionen (selbst diejenigen, die wie der Jainismus Gewaltlosigkeit lehren) rechtfertigen Kriege unter bestimmten Umständen. Sie haben viel zu verteidigen, das für die Menschen so wichtig ist, dass sie lieber sterben, als es aufzugeben. Das ist das Paradoxe an Religionen: Sie können für schreckliche Nachrichten sorgen, weil sie an ihrer guten Nachricht festhalten.

◄ Schild eines Kopfjägers
Die Kayan-Kopfjäger von Borneo trugen im 19. Jh. Schilde mit Gesichtern von Dämonengeistern und Menschenhaar, um den Feind einzuschüchtern. Der Rang eines Kayan hing davon ab, wie viele feindliche Köpfe er erjagt hatte. Die Kopfjagd galt als Garantie für die Fruchtbarkeit des Landes und der Dorfbewohner. Außerdem glaubten die Kayan, dass die Feinde, deren Köpfe sie besaßen, im nächsten Leben ihre Sklaven wären.

VERGANGENHEIT UND ZUKUNFT

Eine andere Reaktion der Religionen auf Bedrohungen ist konstanter Wandel und Erneuerung. Manche, wie der Zoroastrismus (siehe S. 20–21) und das Christentum (siehe S. 240–283), haben in der Geschichte große Veränderungen erlebt. Die grundlegenden Texte blieben als Inspiration und Richtlinien erhalten, wurden aber neu angewendet. Andere, wie die Religionen der alten Griechen und Römer (siehe S. 22–25), werden von uns heute gern als »tote Reli-

▲ Torbogen in der Alhambra, Granada
In der islamischen Architektur liebt man abstrakte geometrische Muster und kunstvoll kalligrafierte arabische Koran-Suren. Eines der prachtvollsten Beispiele ist die Alhambra in Granada. Die Stadtburg mit ihren reich mit geometrischen Mustern und Pflanzenmotiven verzierten Wänden und Decken stammt aus der Endphase der maurischen Herrschaft über Spanien.

gionen« betrachtet, aber ihre Glaubenssätze und Grundvorstellungen leben weiter und finden sich beispielsweise in den Idealen und Überzeugungen der europäischen Renaissance wieder. Die einzigen wirklichen toten Religionen sind die, die unwandelbar in der Vergangenheit verhaftet bleiben und keinen Platz in der Gegenwart für sich finden können. Religionen verändern sich also, aber Religion als solche hält sich, denn wir sind alle von Grund auf religiös. Wir sind von Geburt an auf Religion ausgerichtet, wie auf Sprache, Essen, Trinken, sexuelle Entwicklung und grundlegende Verhaltensweisen. Wir sind also genetisch auf religiöses Verhalten vorbereitet, nicht aber auf dessen spezifische Ausprägung. Die Biologie bestimmt nicht, welche Sprache wir sprechen oder was wir in ihr sagen. Und auch in der Religion bestimmt die Biologie nicht, was wir mit unserer angeborenen Religiosität anfangen. Wir können uns bewusst von Religion fernhalten, wie wir uns bewusst von Sex oder (kurzfristig) vom Essen enthalten können. Möglicherweise führt eine solche Abkehr von so etwas Grundlegendem wie Religion auch dazu, dass man auf einen Teil der eigenen Menschlichkeit verzichtet.

Was bleibt, ist die fundamentale Frage nach der Wahrheit. Religionen bestimmen über Natur und Wert des menschlichen Lebens. Sie bieten Entscheidungsmöglichkeiten, was man mit dem Angebot des Lebens alles anfangen kann. Aber gibt es diese Wahlmöglichkeit überhaupt und wenn ja, welche Option ist dann die Richtige? Ich habe diese Fragen in zwei anderen Büchern beantwortet, aber am Ende muss jeder von uns in seinem eigenen Leben die Antwort für sich selber finden.

▼ Laotse, der Vater des Daoismus
Dieses Bild von Qian-Gu (16. Jh.) zeigt den chinesischen Weisen und Philosophen Lao-Tzu (Laotse), der als Inspirator des Daoismus gilt, einer der drei Hauptreligionen Chinas. Der Daoismus beruft sich auf Texte wie das Tao-te-ching (Der Weg der Tugend) und hebt die Bedeutung eines einfachen Lebens im Einklang mit der Natur hervor. Laotse lebte im 6. Jh. v. Chr.

HINWEISE FÜR DEN LESER

Die Bibelzitate zum Kapitel Judentum entstammen der Tanach-Übersetzung von Buber und Rosenzweig (vgl. Zitatnachweis). Biblische Namen, Orte und Bücher sind (zusätzlich) in der entsprechenden Schreibung und Systematik der christlichen Bibel (Einheitsübersetzung) angegeben. Die Bibelzitate zum Kapitel Christentum sind, wenn nicht anders angemerkt, der Einheitsübersetzung entnommen. Die Koranzitate stammen aus *Der Koran* in der Übersetzung von Max Henning (vgl. Zitatnachweis).

Die Umschrift chinesischer Begriffe erfolgt in diesem Buch nach der Pinyin-Methode. Ausnahmen sind nach dem älteren Wade-Giles-System umschriebene Namen, die sich eingebürgert haben (z. B. *I Ching* statt *Yijing*).

ALTE RELIGIONEN

◀ Griechische Gottheiten Dieser Ausschnitt von einer Vase zeigt einige der vielen Götter und Göttinnen des griechischen Pantheons.

ALTE RELIGIONEN

SCHATZ DER KULTUREN

Religiöse Elemente finden sich zu allen Zeiten in allen Kulturen – in der Antike ebenso wie bei Naturvölkern bis hin zur sog. säkularisierten, modernen Gesellschaft. Gehört Religion zum Menschen, und ist der Mensch ein *homo religiosus*? Auch wenn viele Menschen sich selbst nicht für religiös halten, so haben auch sie eine religiöse Veranlagung in sich. Die Vielfalt der neuen und alten Religionen zeigt, wie diese Veranlagung, dieses innerste Bedürfnis nach Religiösem, sich ganz unterschiedlich entwickeln kann. Religion und Kultur sind dabei nicht unterschieden. Sind die vielen verschiedenen Religionen letztlich Ausdruck einer einzigen Religion, die die Menschen in ihren Herzen tragen?

Zeit, Land und Familie sind für jeden von großer Bedeutung. Die Kultur, der Augenblick der Geschichte, an dem wir zur Welt kommen, sind der Grund, warum sich unsere geistigen und körperlichen Anlagen unterschiedlich entfalten: Wir sprechen unterschiedliche Sprachen, essen unterschiedliche Speisen, haben unterschiedlich definierte Geschlechterrollen und auch unterschiedliche Religionen. Selbst wenn wir im gleichen Land leben wie unsere Vorfahren, unterscheiden wir uns von ihnen, auch wenn z. B. Sprache und Bräuche noch Ähnlichkeiten aufweisen. Unsere Kultur erfährt immer wieder Veränderungen, wir lernen aus der Vergangenheit, wir erkennen und korrigieren Fehler und ändern unser Verhalten. Das heißt nicht, dass es einen unausweichlichen Fortschritt gibt: Die Art und Weise, wie wir unsere Anlagen nutzen, kann voller Irrtümer und Bosheit sein. Doch die Vergangenheit ist nicht tot. Die Menschen vergangener Zeiten hatten eine andere Kultur, doch sie bauten ihre Kulturen und Gesellschaftsformen auf der Grundlage sehr ähnlicher genetischer, geistiger und körperlicher Faktoren. Deshalb können wir über die Jahrhunderte hinweg denen, die vor uns lebten, die Hand reichen und uns an ihren Entdeckungen erfreuen. In diesen alten Religionen gibt es viel, was uns falsch erscheint, aber auch vieles, das in unserer Kultur und der neuen, gegenwärtigen Sprache unseres Lebens weiterlebt.

◀ Christlicher Einfluss Dieses skandinavische Emblem aus dem 10. Jh. vereinigt das Kreuz Christi mit dem Thorshammer.

ZEITTAFEL DER ALTEN RELIGIONEN

Es gibt weit mehr alte Religionen als hier dargestellt. Manche scheinen wie die ägyptische vergangen und vorbei. Andere haben wie der Zoroastrismus eine direkte Linie in die Gegenwart (Parsen). Die Religionen der alten Griechen, Römer, Kelten und Germanen sind vom Christentum abgelöst worden, leben aber z. T. in Kunst, Literatur und Volksbräuchen weiter.

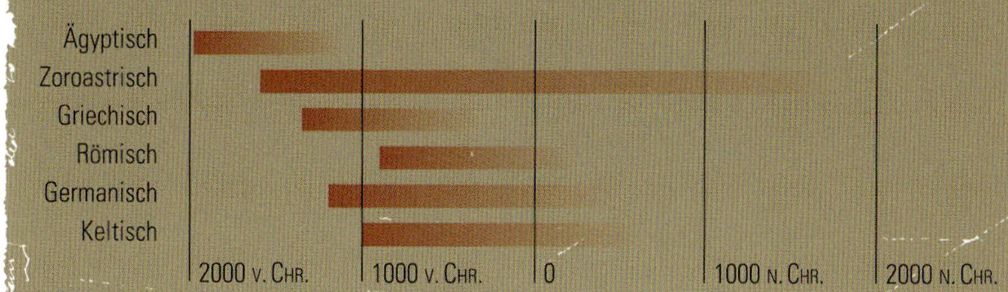

ÄGYPTISCHE RELIGION

Das alte Ägypten, sein Staat, seine Kultur und seine Religion waren eine Einheit, wenngleich (oder gerade weil) Glaube und Praxis sich änderten, wenn die Umstände es erforderten. Grundlegend waren der König und der Nil. Ägypten ist eine fast 1000 km lange, vom Nil fruchtbar gemachte Oase. Eine alte Hymne verkündet: »Heil dir, o Nil, der du aus der Erde fließt und Ägypten Leben schenkst.« Das Land war in zwei Teile gespalten: Oberägypten (der Süden, isoliert durch Wüste und die Nilfälle) und Unterägypten (das Nildelta mit Beziehungen zum Mittelmeerraum durch Handel und Eroberungen). Dieses gewaltige Gebiet brauchte eine starke Zentralregierung und einen gemeinsamen Glauben, der es zusammenhielt: die Pharaonen und die ägyptische Religion.

Von etwa 3000–323 v. Chr., über 31 Dynastien, prägte die Vorstellung vom sakralen Königtum Ägypten. Die Pharaonen waren Gott-Könige, und die vielen Götter und Glaubensrichtungen untermauerten nur ihre Macht. Anfangs sah man im König die Verkörperung des Falkengottes Horus, später, als der Sonnengott Re (oder Ra) aus Heliopolis an Bedeutung gewann, wurde der Pharao zum »Sohn des Re«. Re beginnt jeden Morgen seine Reise über den Himmel und besiegt das Chaos und das Böse. Selbst in der Nacht hält er das Böse in Schach. Im Re-Kult wurden die Herrscher zu Teilhabern seiner Siege. Die Götter anderer wichtiger Zentren wie Theben oder Memphis wurden zu seinen Verbündeten: Als eine Dynastie aus Theben den Pharaonenthron bestieg, verschmolz ihr Gott mit Re zu Amun-Re. Ähnliche Verschmelzungen finden sich auch bei anderen Gottheiten: Die Pharaonen sicherten sich die Loyalität verschiedener Stämme, indem sie die lokalen Götter zu sich in Beziehung stellten. Schließlich

◀ **Bastet, die katzenköpfige Göttin** Bastet, die Schutzgottheit der Region Bubastis, war die Tochter des Sonnengottes und stellte die Macht der Sonne dar, die die Früchte des Feldes reifen lässt. In ihrer Rolle als Göttin der Freude wurde sie zu einer der beliebtesten ägyptischen Gottheiten, und in ihrem Tempel in Bubastis feierte man rauschende Feste. Um der Göttin zu gefallen, fertigten ihre Anhänger zahllose Statuen und Statuetten. Katzen verehrte man als heilige Tiere der Bastet.

versuchten die Priester die Fülle der Götter durch Einteilung in Götterfamilien wie die Enneaden mit neun Ebenen von Hochgottheiten zu ordnen. Amenophis IV. (1379–1362 v. Chr.) erklärte den Sonnengott Aton revolutionär zum einzigen Gott und nannte sich Echnaton (»Es gefällt dem Aton«). Doch mit seinem Tod fand dieser Kult ein Ende, und Ägypten passte erneut seine Religion den Erfordernissen der Zeit an.

LEBEN UND TOD

Gott-Könige kann selbst der Tod nicht vernichten. Die Einbalsamierungskunst der Ägypter kam diesem Glauben an die Unsterblichkeit der Pharaonen zugute. Die Mumien der Könige wurden in prächtigen Gräbern bestattet; die großen Pyramiden zeugen noch heute von diesem Kult. Später weitete man den Totenkult aus, und zur Zeit der 18. Dynastie (1567–1320 v. Chr.) konnten sich alle der Unsterblichkeit gewiss sein, die sich die entsprechenden Bestattungsmodalitäten leisten konnten. Es entstanden Handbücher, die sog. Sargtexte (weil sie oft im Sarg versteckt wurden), die den Weg ins Jenseits weisen sollten. Am bekanntesten ist das ägyptische *Totenbuch*.

◀ Symbol des Lebens
Das *Anch*-Symbol war König(inn)en und Gottheiten vorbehalten: Wer es trug, hatte Macht, Leben zu geben und zu nehmen.

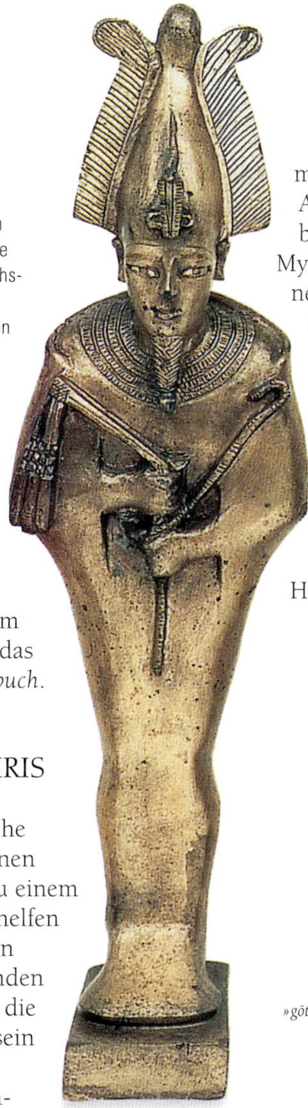

▶ Osiris, Gott der Unterwelt
Osiris, ursprünglich ein Fruchtbarkeitsgott, eine Verkörperung des Wachstums, wurde nach der Ermordung durch seinen Bruder zum Gott der Unterwelt. In dieser Rolle versprach er den Ägyptern eine gerechte Herrschaft nach dem Tode.

ISIS UND OSIRIS

Die Ägypter entwickelten magische Praktiken, die ihnen durch den Tod zu einem neuen Leben verhelfen sollten. Mit diesen Praktiken entstanden Kulte um Götter, die dabei eine Hilfe sein konnten. Zu den bekanntesten zählen Isis und Osiris. Osiris war ursprünglich ein lokaler Fruchtbarkeitsgott Unterägyptens. Als solcher konnte er Leben aus dem toten Erdreich sprießen lassen und wurde als Herr der Unterwelt, als Gott des Todes, dargestellt. Eine Gleichsetzung von Osiris mit Re machte Osiris zum Richter der Toten. Osiris soll die Menschen Ägyptens zivilisiert haben, sie dazu gebracht haben, sich vom Kannibalismus abzuwenden. Der Kult der Isis, ursprünglich im nördlichen Delta beheimatet, wurde später mit dem des Osiris zu einem Auferstehungskult verbunden. Nach ägyptischen Mythos wurde Osiris von seinem feindlichen Bruder Seth ermordet, mithilfe seiner Gattin Isis aber wieder zu neuem Leben erweckt. Daraus leiteten die Pharaonen durch Identifikation mit dem Gott ihre eigene Auferstehung ab. Weitere Legenden gaben auch anderen Menschen Hoffnung auf Auferstehung.

Horus als »göttliches Kind«

▶ Isis und Horus
Isis, Frau (und Schwester) des Osiris, empfing Horus, nachdem ihr Mann von seinem Bruder ermordet worden war. Sie zog ihn, von jeder Gefahr abgeschirmt, auf, und er wurde zum Nationalgott Ägyptens und zum Ahnen der Pharaonen, die als Verkörperung des Horus galten.

ZOROASTRISMUS

Die zoroastrische Religion geht auf den persischen Propheten Zarathustra (griechisch: Zoroaster) zurück. Seine Lebensdaten sind umstritten. Zeitliche Schätzungen reichen bis 1200 v. Chr. Als Ort seines Wirkens nimmt man den Nordosten des heutigen Iran an. Im 10. Jahrhundert n. Chr. flohen die unter Verfolgung durch die Muslime leidenden Anhänger seiner Religion ins religionstolerante Indien, wo für sie der Name Parsi oder Parsen (»Perser«) in Gebrauch kam. Zarathustras Lehren sind im Wesentlichen in 17 Hymnen, die als *Gathas* bekannt sind, und in der *Yasna,* dem ältesten Teil der Avesta, der heiligen Schrift der Parsen, enthalten. Den *Gathas* lässt sich entnehmen, dass Zarathustra als einzige Gottheit Ahura Mazda verehrte.

Im dualistischen Weltbild Zarathustras steht Ahura Mazda, dem Weisen Herrn, Schöpfer des Lebens und des Guten, Angra Mainyu (später Ahriman), der Böse Geist, gegenüber. Dem Weisen Herrn stehen tugendhafte Wesen mit menschlichen und göttlichen Eigenschaften zur Seite, die *Amesha Spentas*. Auch der Böse Geist hat seine Helfer, *Daevas* genannte Dämonen. Der Mensch muss sich zwischen einer der beiden Welten und der entsprechenden Lebensweise entscheiden. Nach dem Tode geleitet Daena (das Gewissen, dargestellt als Jungfrau) die Seele des Menschen zur Brücke der Trennung (*Cinvant*). Wessen gute Taten überwiegen, gelangt ins paradiesische Reich des Lichtes und der Wahrheit; wer böse war, fällt in das Haus der Lüge, des Bösen und Hässlichen, der Qual. Leichen gelten als Orte, an denen Agra Mainyu machtvoll zugegen ist, daher dürfen sie nicht in der Erde oder im Meer bestattet werden. Sie können aber auch nicht verbrannt werden, da sie gute Schöpfungen sind. Daher legt man sie auf »Türme des Schweigens« *(Daxma),* wo die Geier sie fressen können.

▲ Schutzgeist
Das Symbol des Parsismus stellt einen Fravashi, einen Schutzgeist, dar. Er steht für das Gute im Menschen, ebenso für das »geistige Selbst« oder für Ahura Mazda.

Die Welt an sich hielt Zarathustra nicht für böse, und er lehrte, dass am Ende Ahura Mazda über das Böse siegen werde. Der Mensch hat die Freiheit, sich für Gut oder Böse zu entscheiden, doch seine ethische Pflicht ist es, dem Weisen Herrn im Kampf gegen den Bösen Geist zu helfen – durch gute Worte, Gedanken und Taten.

Etwa im 7. Jh. v. Chr. hatte sich Zarathustras Lehre im persischen Hochland verbreitet, und als Kyros der Große im 6. Jh. das Persische Reich errichtete, wurde sie offizielle Staatsreligion – von Griechenland über Ägypten bis Nordindien. Zoroastrier sind anderen Religionen gegenüber tolerant, denn bei ihnen zählen Taten, nicht Glaubenssätze. Daher haben ihre Ideen auch andere Religionen beeinflusst, nicht zuletzt das Judentum (in der Perserzeit des Altertums und in der hellenistischen Epoche) und durch dieses Christentum und Islam – hinsichtlich der Vorstellungen über Engel, das Ende der Welt, das Jüngste Gericht, die Auferstehung der Toten, Himmel und Hölle.

Im 3. Jh. n. Chr. unterwarfen die Sassaniden aus dem Südwesten die Parther im Norden und errichteten eine glanzvolle Dynastie. Die Begründung ihrer Herrschaft überließen sie den Priestern, die Religion und Staat als »untrennbare Zwillinge, geboren aus einem Schoß« definierten. Die Vorherrschaft der Priester führte zu einer neuen Interpretation *(Zurvan)*, die als einzig richtige vertreten wurde, sodass eine Ablehnung nicht nur Ketzerei, sondern Hochverrat bedeutete – obwohl das dem ursprünglichen Grundsatz der freien Willensentscheidung entgegenstand. Die Geschichte des Zoroastrismus als Staatsreligion endete mit den islamischen Eroberungen im 7. Jh. n. Chr. Die Verfolgung der iranischen Zoroastrier verschärfte sich unter der Kadscharen-Dynastie (1796–1925), doch einige Gläubige blieben im Land. Als Schah Reza Pahlavi den letzten Kadscharen 1925 absetzte, kam es zu einer Rückwanderung in die alte Heimat. Der Sturz des Schahs trieb viele wieder ins Exil.

▶ Alter der Verantwortung
Junge Parsen übernehmen in der *Navjote*-Zeremonie symbolisch Verantwortung für die Aufrechterhaltung der Lehren des Parsismus. Sie erhalten ein heiliges Hemd und die heilige Schnur, die sie fortan als Gürtel tragen. Ihre 72 Fäden versinnbildlichen eine vollkommene Nachfolge.

▶ Segnungszeremonie
In *Jashan*-Zeremonien entbieten die Lebenden der Geisterwelt Dank und bitten um Segen. Die sieben »Unsterblichen Heiligen« *(Amesha Spentas)*, Wächter der sieben guten Schöpfungen Himmel, Wasser, Erde, Pflanzen, Tiere, Menschen und Feuer, werden symbolisch dargestellt.

GRIECHISCHE RELIGION

In ihrer einfachsten Form bedeutete die Religion der alten Griechen die Verehrung der zwölf Götter des Olymp, an deren Spitze Göttervater Zeus stand. Die einzelnen Gottheiten hatten unterschiedliche Zuständigkeitsbereiche. So war Apollo der Gott des Lichtes und der Musik; Athene die Göttin der Weisheit und des Krieges, außerdem Schutzpatronin Athens. Doch in Wirklichkeit war die altgriechische Religion vielschichtiger. Es gab viele Tausende lokale Gottheiten, von denen einige eine Entsprechung in einem olympischen Gott oder einer olympischen Göttin fanden. Solch eine Verschmelzung von Kulten nennt man Synkretismus. Die alten Griechen kannten kein Wort für »Religion«, doch die Religion durchdrang das ganze Leben und bestimmte nahezu jede Handlung in der *polis* (Stadtstaat).

Eine wichtige Form des Kultes war das Opfer, das man auf dem Altar vor einem Tempel darbrachte. Es sollte die Gottheit persönlichen Angelegenheiten gegenüber wohlgesonnen stimmen oder eifersüchtige, erzürnte Götter besänftigen. Damit ein Opfer wirksam war, musste man die Opfervorschriften genauestens befolgen. Das Opfertier musste sorgsam ausgewählt und in der richtigen Art und Weise geschlachtet werden, und man musste alle Kultnamen der Gottheit richtig aufrufen. Auch vor Orakeln wurde geopfert. Ohne Opfer konnte man keine göttliche Antwort erwarten.

◀ **Göttervater Zeus**
Zeus, der Himmelsgott, lenkte das Schicksal aller Sterblichen. Er trat für Recht und Moral ein, bestrafte die Bösen und half den Bedürftigen.

▲ **Befragung des Orakels**
In Notsituationen und vor wichtigen Entscheidungen befragten die Griechen ein Orakel. Am bekanntesten war das des Apollo in Delphi. Von überall kamen die Menschen nach Delphi, um sich beim Orakel Rat zu holen. Hier befragt ein König die Pythia. Diese Priesterin war Sprachrohr des Gottes.

FESTE

Der zeremonielle Aspekt der griechischen Religion wurde besonders deutlich in den Festen. Am bedeutendsten waren die vier panhellenischen (nationalen) Feste, zu denen die Menschen von weither herbeiströmten. In Athen gab es im Jahr mindestens 120 Feiertage, und durch diese und die herrlichen Tempel auf der die Stadt überragenden Akropolis, waren der Stadtstaat und die Götter unlösbar miteinander verbunden.

RELIGION IM PRIVATEN

Neben der Staatsreligion gab es auch Geheimkulte (so genannt wegen ihrer geheimen Riten und Initiationen) wie den Mysterien-

◀ Persephone und Hades
Persephone, Tochter des Zeus und der Demeter, ist die Gattin des Hades. Dieser ist der Herr der Unterwelt und als Pluton auch der Gott des Reichtums.

kult in Eleusis bei Athen. Grundlage dieses Kultes um Werden und Vergehen in der Natur war der Mythos von der Entführung Persephones, der Tochter der Erdmutter und Fruchtbarkeitsgöttin Demeter, durch Hades, den Gott der Unterwelt. Demeter wurde dadurch zur ruhelos suchenden Mutter und ließ die Erde verdorren. Göttervater Zeus, der Bruder des Hades, dem er die Entführung des schönen Mädchens gestattet hatte, entschied schließlich, nicht zuletzt, weil die hungernden Menschen den Göttern keine Opfer mehr brachten, dass Persephone nur den Winter bei Hades verbringen müsse. Die übrigen zwei Drittel des Jahres dürfe sie in die Oberwelt zurückkehren. Die Rückkehr Persephones zur Oberwelt symbolisiert die Wiederkehr des Frühlings, in dem Demeter die Pflanzen zum Leben erweckt. Die Eingeweihten waren sich eines befriedigenden Lebens nach dem Tode gewiss, während die Griechen allgemein vom Jenseits wenig erwarteten. Wenn Fährmann Charon die Seelen über den Styx gesetzt hatte, kamen sie in die Schattenwelt des Hades. Die Seelen Unbestatteter wandelten als Untote ruhelos auf der Erde. Und Plato vertrat die Meinung, dass reiche Menschen den Übergang in die Unterwelt nicht vollständig vollziehen könnten, weil ihre Reichtümer sie in dieser Welt festhielten. Ein weiterer Mysterienkult war der des Weingottes Dionysos. Seine meist weiblichen Anhänger fanden in Dionysien Entspannung und ekstatische Verzückung. Bei ihren Orgien sollen sie in Raserei lebende Tiere zerrissen haben. Die dunkle Seite der griechischen Religion zeigt sich in den vielen Funden von Fluchtafeln *(Katadesmoi)*. Sie tragen jeweils einen Namen und den Wunsch, dass der benannten Person Böses widerfahren soll.

▼ Kampf der Giganten
Der oberste Fries dieser Vase zeigt, wie Athene, die Göttin des Krieges und Patronin der Weisheit und Künste, den Riesen Enceladus besiegt. In diesem Kampf zwischen Göttern und Riesen waren die Götter siegreich.

RÖMISCHE RELIGION

Der römisch-lateinische Begriff der Religion *(religio)* meint ursprünglich die ehrfürchtige Scheu vor heiligen Orten, Dingen und Personen sowie die gewissenhafte, genaue Erfüllung kultischer Pflichten und Beobachtung magischer Vorstellungen und Vorschriften. Das Wesen der römischen Religion lässt sich in dem Leitsatz *do, ut des* (»ich [Mensch] gebe, damit du [Gott] gibst«) zusammenfassen. Um sich des Göttlichen zu versichern, waren Priester und bis in alle Einzelheiten geregelte Opfer erforderlich. Die Götterwelt wurde der der Griechen angepasst: Jupiter entspricht dem griechischen Zeus; der Gartengeist Venus wurde mit der griechischen Liebesgöttin Aphrodite gleichgesetzt. Auch alte Bauerngottheiten fanden ihre Entsprechungen, der Waldgeist Faunus z. B. im griechischen Hirtengott Pan, wenngleich er deutlich italienische Züge behielt.

◀ **Der Sonnengott Apollo**
Dieses Fresko aus dem 16. Jh. zeigt den Sonnengott Apollo, der seinen Wagen über das Firmament lenkt. Die Verehrung des griechischen Jugend- und Sonnengottes Apollon-Helios als Apollo gewann zur Zeit des Kaisers Augustus (29 v. Chr.–14 n. Chr.) in Rom an Bedeutung.

Die römische Religion war eng verknüpft mit dem öffentlichen Leben. Die Götter waren nicht fern, sondern nahmen Anteil am Schicksal Roms, Religion und Politik überschnitten sich. Priester gehörten zur politischen Elite. Ihre Aufgabe war es, Ratschläge in religiösen Dingen zu geben und Rituale und Opfer durchzuführen. Doch nicht die Priester, sondern die Mitglieder des Senats stellten die Bindeglieder zwischen Menschen und Göttern dar: Sie nahmen sich aller anfallenden religiösen Fragen des Volkes an. Vor Senatssitzungen wurden Rituale vollzogen, um festzustellen, ob die Götter dem Vorhaben zustimmten. Auguren (Wahrsager) deuteten Omen wie den Vogelflug oder die Lage der Eingeweide von Opfertieren.

Kaiser Augustus (29 v. Chr.–14 n. Chr.) benutzte die Religion zur Stärkung seiner Herrschaft. Nach einer Zeit politischer Wirren wollte er einen neuen Anfang machen. Er baute dem Apollo als Gott des Friedens und der Kultur einen Tempel auf dem Palatin. Seit Augustus wurde der Kaiserkult zum verbindlichen Staatskult für das gesamte Römische Reich. In ihm sah man das verbindende Glied zwischen verschiedenen Völkern und Religionen. Wer den Kaiserkult verweigerte, musste als Staatsfeind gelten. Verstorbenen Kaisern wurde durch Senatsbeschluss Göttlichkeit zugesprochen, daneben verehrte man den Schutzgeist des jeweils herrschenden Kaisers. Ab dem 3. Jh. schließlich ließen sich manche Kaiser schon zu Lebzeiten als Götter verehren. Damit war auch der unbeschränkte Anspruch auf Leben und Besitz der Untertanen verbunden.

HAUSGÖTTER

Gleichermaßen wichtig war eine privatere Seite der Religion, die sich in der Verehrung der Laren und Penaten zeigte. Laren, ursprünglich Geister der Felder, brachte man mit den Ahnen in Verbindung, die auf dem Land begraben waren. Oft gab es einen Hausaltar, das *Lararium*. Penaten, die Schutzgeister der häuslichen Speisekammer, wurden zusammen mit Vesta, der Göttin des heimischen Herdfeuers, verehrt. Der Vesta war auch ein Tempel an der Arena geweiht, in dem die Vestalischen Jungfrauen das heilige Herdfeuer in Gang hielten. Es gab auch eine Reihe von Mysterienkulten. Dazu gehörte der Bacchuskult (entsprechend dem griechischen Dionysoskult) mit ausschweifenden Orgien. Weiterhin gab es einen Kult um die ägyptischen Götter Isis und Osiris (siehe S. 19) und um Mithras, den persischen Gott des Lichtes und der Wahrheit. Mithras wird meist dargestellt, wie er das Urwesen des Stieres tötet. Das soll seine Funktionen als Krieger und Erlöser vom Tod darstellen. Der Mithraskult war ein Männerkult, der gelegentlich mit einem Kult der Magna Mater (Große Mutter) in Verbindung gebracht wurde (z. B. in einem Doppelheiligtum in Ostia). Diese und andere Mysterienkulte existierten neben der Staatsreligion. Christen aber wurden immer wieder verfolgt – wohl weil sie es ablehnten, neben ihrem Gott noch andere Götter zu verehren, und vor allem, weil sie den Kaiserkult ablehnten. Das sah man als Bedrohung des *pax deorum* (göttlicher Friede), und viele Pogrome gegen die Christen gab es gerade dann, wenn man diese für ein Unglück verantwortlich machen konnte.

▲ Die Laren und die Schlange
Dieser Schrein aus Pompeji zeigt Laren, Hausgeister, die das Haus mit all seinen Bewohnern schützten. Sie wurden in alle Bereiche des häuslichen Lebens einbezogen. Die Schlange ist ein Symbol des Todes.

◀ Mithras tötet den Stier
Mysterienkulte waren wichtiger Bestandteil der römischen Religion. Mithras war ein persischer Erlösergott. Um in die Reihen der Mithrasmysten aufgenommen zu werden, mussten Initiationsriten vollzogen werden, so die Taufe im Blut eines heiligen Stiers (Symbol des Lebens).

GERMANISCHE RELIGIONEN

Als Paradigma der germanischen Religion gilt oft die Religion der Wikinger, deren Blütezeit im 9./10. Jahrhundert n. Chr. lag und die in ganz Nordeuropa und in Island und Grönland ihre Spuren hinterlassen hat. Doch die Ursprünge dieser nordischen Religion liegen in der skandinavischen Bronzezeit (um 1600–450 v. Chr.). Aus jener Zeit stammen die ersten als solche erkennbaren Figuren nordischer Götter und Göttinnen. Später, ab dem 3.–6. Jahrhundert n. Chr., wanderten Kelten und Germanen durch Europa nach Westen und Norden und brachten neue Kulte mit. In jener Zeit erlebte der Kult des Wotan oder Odin eine Blüte. Dieser Gott wurde zum höchsten Gott des Wikingerpantheons.

Die Religion gab der harten, unwirtlichen Welt der Wikinger mit ihren langen, bedrohlichen Wintern einen Sinn. Die Wikinger gelten als hartes, oft brutales Volk. Ihre Religion gab ihren kriegerischen Aktionen eine Rechtfertigung. Sie lieferte aber auch einen Verhaltenskodex für den Umgang mit Freunden und Fremden, und die Gastfreundschaft z. B. war durch Allvater Odin geheiligt.

Nach der skandinavischen Mythologie bestand das Universum aus neun Welten. Asgard war das Reich der Götter und Göttinnen (Asen), Midgard das Reich der Menschen. Durch alle neun Welten und diese verbindend ragte Yggdrasil, der Weltenbaum, meist als gigantische Esche dargestellt. Ihre Wurzeln ragten in die Geisterwelten, in die die Menschen selten vordrangen. An ihrem Fuß saßen die Nornen, die drei Schicksalsschwestern, die oft als mächtiger als die Götter galten, denn sie webten das Schicksal, dem niemand entrinnen konnte. Der Baum selbst hing mit dem menschlichen Schicksal zusammen, denn er galt als Herkunftsort der ungeborenen Seelen.

▲ Ein Wikinger-Bildstein
Dieser Bildstein aus Gotland erzählt mehrere Geschichten. Oben trägt Odins achtbeiniges Pferd den Gott über den Himmel. Das kleine Boot unter dem großen, mit Kriegern besetzten Wikingerschiff zeigt möglicherweise den Gott Thor mit dem Riesen Hymir auf Fischfang. Thor soll die Weltenschlange gefangen haben, aber Hymir durchschnitt voller Schreck die Angelleine.

Von besonderer Bedeutung war auch der immerwährende Kampf gegen die Mächte der Dunkelheit und des Chaos, die Midgard ständig bedrohten. Jotunheim war die Heimat der Frostriesen, die die Welt mit Schnee und Eis bedecken wollten. Einer der Asen, der Donner- und Fruchtbarkeitsgott Thor (Donar), drang oft in dieses Reich vor, um die Riesen mit seinem Hammer (Mjölnir) zu vernichten. Es war üblich, den Thorshammer als Schutz gegen böse Geister auf Scheunentore zu zeichnen, und als die Wikinger in neue Länder reisten und neue Einflüsse mitbrachten, trugen sie den Thorshammer wie Christen das Kreuz. Diese Praxis war nur eine von mehreren, die sie von den Christen übernommen hatten.

JENSEITSVORSTELLUNGEN

Bei den Wikingern gab es verschiedene Vorstellungen vom Leben nach dem Tod. Diejenigen, die an Krankheit oder Altersschwäche starben, kamen in das Reich der Hel, einer Tochter des trickreichen Gottes Loki. Ihre Welt war ein Schattenreich, umzäunt von einem Flechtwerk aus Schlangen. Das Messer in der Bankethalle hieß »Hunger«, der Teller »Verhungern«. Die großen Taten einer

◀ Yggdrasil, der Weltenbaum
Hier nagt der Drache Nidhogg an den Wurzeln des Baumes, das Eichhörnchen Ratatosk trägt Flüche von Nidhogg zu dem edlen Adler, der ganz oben über alle neun Welten wacht. Vier Hirsche fressen die Blätter des Baumes und stellen so den ständigen Prozess von Tod und Erneuerung in der Welt dar. Links lauert der Wolf Fenrir, ein Symbol des Bösen.

Person machten sie allerdings in der Erinnerung der nachfolgenden Generationen und in den Liedern der Barden unsterblich. Krieger, die im Kampf fielen, wurden von den Walküren gerettet, den Töchtern des Odin. Sie nahmen die Helden mit nach Walhalla, wo Feste gefeiert und Scheinkämpfe gefochten wurden.

RAGNARÖK

In der Religion der Wikinger findet sich auch eine Vorstellung vom Weltuntergang: Ragnarök, die »Götterdämmerung« (eigentlich »Götterschicksal«). Die Götter und die Mächte des Bösen würden sich in einer letzten Schlacht gegenseitig vernichten. Aus der Zerstörung würde eine neue Welt mit zwei Menschen (Lif und Lifthrasir) erwachsen. Diese würden nicht die alten Asen anbeten, sondern den allmächtigen Gott des überragenden Paradieses Gimle. Diese Vorstellung scheint christlich beeinflusst. Die Verschmelzung der Religionen zeigt sich auch in Kunst und Literatur, so auch im Wikingerkreuz (siehe S. 17).

▶ Thor, der Donnergott
Thor war der Gott des Donners, der Fruchtbarkeit und des Krieges. Wenn es blitzte, so glaubte man, schleudere er seine feurige Waffe vom Himmel herab.

KELTISCHE RELIGION

Nur wenige Zeugnisse der alten Religion der Kelten sind erhalten, und vieles wurde erst sehr spät niedergeschrieben (im 7. Jahrhundert n. Chr.). Die Kelten besiedelten einst weite Gebiete Europas. Doch sie wurden zurückgedrängt und unterjocht und konnten sich nur an den Rändern des Römischen Reiches halten: In Irland, Schottland, Wales und Cornwall gaben sie dem sich ausbreitenden Christentum ein eigenes Gesicht. In der alten keltischen Religion hatte jede Sippe ihre eigenen Götter, nur wenige wurden überregional verehrt. Aus anderen Kulturen, u. a. aus Rom, wurden Götter übernommen. Grundlegend war der Glaube an Kriegerhelden mit übernatürlichen Kräften, an die Heiligkeit der Erde und der Kult der Großen Mutter, die Leben und Fruchtbarkeit schenkte und bewahrte.

Die keltische Religion ist geprägt durch historische Ereignisse, die in Mythen Niederschlag fanden. So gingen die Götter des irischen Adels auf die frühen Invasoren Irlands, die *Tuatha Dè Danaan*, zurück. Sie hatten die Fomorianen-Dämonen besiegt, später wurden sie von den Mil-Söhnen, den letzten Eroberern Irlands, entmachtet. Die *Tuatha* zogen sich daraufhin in die *Sidhs* zurück, eine Zwischenwelt zwischen dieser und der Götterwelt.

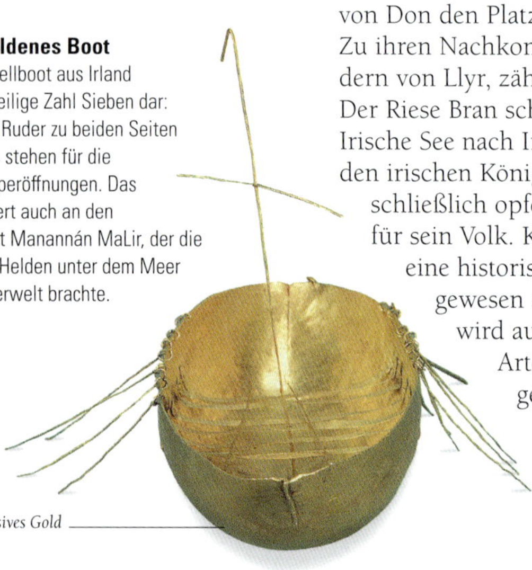

▶ Ein Goldenes Boot
Diese Modellboot aus Irland stellt die heilige Zahl Sieben dar: Die sieben Ruder zu beiden Seiten des Bootes stehen für die sieben Körperöffnungen. Das Boot erinnert auch an den Meeresgott Manannán MaLir, der die keltischen Helden unter dem Meer in die Anderwelt brachte.

GÖTTER UND GÖTTINNEN

Zu den *Tuatha* gehörte Dagda, der »Vater aller«, ein hässlicher, dickbäuchiger Zwerg mit einer Keule, die neun Männer auf einmal töten oder wieder zum Leben erwecken konnte. Er besaß einen Kessel, der niemals leer wurde. Lugus (Lugh) hatte viele Fähigkeiten: Er war der Krieger, Harfenspieler, Schmied, Dichter und Zauberer der keltischen Welt. Gobniu war ein Schmied und Bierbrauer. In Britannien nahmen die Kinder von Don den Platz der *Tuatha* ein. Zu ihren Nachkommen, den Kindern von Llyr, zählte auch Bran. Der Riese Bran schritt über die Irische See nach Irland, um gegen den irischen König zu kämpfen; schließlich opferte er sich selbst für sein Volk. König Artus mag eine historische Gestalt gewesen sein, doch er wird auch als Gott, als Artor, der Pflüger, gedeutet. Die Göttinnen waren als Lebensspenderinnen, Fruchtbarkeits- und Kulturbringerinnen von besonderer Bedeutung, unter ihnen die Göttermutter Danu, die Kultur- und Weisheitsbringerin

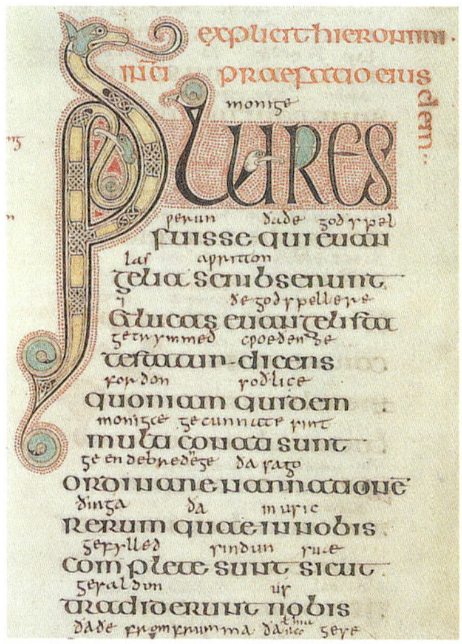

▲ Illuminierte Bibel
Diese Seite aus dem Evangelium von Lindisfarne mit dem Vorwort zum Text des hl. Hieronymus ist die älteste erhaltene angelsächsische Übersetzung der vier Evangelien und zeigt eine typisch keltische Buchmalerei. Die Kelten hatten bis in christliche Zeit keine Geschichtsschreibung: Die Druiden überlieferten Geschichte und Wissen der Kelten mündlich.

Briganti oder Morrigan, die »große Königin«, und die mit ihr zur Dreiheit zusammengeschlossenen Neman und Macha. Die Götter der Kelten lebten in der Anderwelt, die aus den *Sidh*, den natürlichen Hügeln, *Tir forthuinn,* »dem Land unter den Wellen«, *Tir na nOc,* »dem Land der Jugend«, und *Mag Mel,* »dem Feld der Glückseligkeit«, bestand. Die Anderwelt galt allgemein als Land der Erfüllung, wo alle unsterblich sind und jede Kampfwunde am nächsten Tag wieder geheilt ist. Keltische Helden hatten übermenschliche Kräfte, waren aber Menschen. Einer der bekanntesten ist Cú Chulainn, den die Christen später als Christus im Kampf gegen das Böse deuteten.

KULT

Kulthandlungen fanden meist im Freien statt, und Menschenopfer und Menschenköpfe spielten eine Rolle (Gefangene wurden häufig enthauptet). Seen, Berge, Haine und Inseln waren Kultstätten und haben ihren heiligen Charakter oft noch lange nach dem Verschwinden der Kelten erhalten. Die Ritual- und Kultexperten waren die Druiden. Sie waren aber auch Richter und Lehrer. Misteln sollen bei den Druidenriten eine Rolle gespielt haben.

KELTISCHES CHRISTENTUM

Als Patrick und andere das Christentum nach Irland brachten und als von dort Missionare wie Columba, Aidan und Brendan nach Britannien gingen, entstand eine Form des Christentums, die sich von der römischen unterschied.

Die keltischen Christen behielten alte Kunstformen mit rankenden Pflanzen und Tieren bei, die Kreuze und schließlich auch Manuskripte zierten. Seelenverwandtschaft (*Anamchairdeas*) und strenge Buße fanden besondere Betonung. Das Gebet bezog sich auf alle Bereiche des Lebens, vom Entzünden des Feuers am Morgen bis zum Löschen des Feuers am Abend. Klöster wie Iona und Lindisfarne entwickelten sich zu Zentren des christlichen Lebens. Als die Römer sich aus England zurückgezogen hatten, kehrte das Heidentum zurück. Gregor der Große (gest. 604) schickte Augustinus (gest. 604/605) als Missionar zu den Angelsachsen, und sein aus dem Süden importiertes Christentum traf auf das keltische. Es gab z. B. Unterschiede im Datum der Osterfeier, und 663/664 versuchte man auf der Synode von Whitby zu einer Einigung zu kommen. In der Manuskript-Dekoration und in der missionarischen Praxis zeigten sich in der angelsächsischen Kirche die keltischen Ursprünge.

▶ Das Hohe Kreuz von Co. Meath
Das Kreuz war schon in vorchristlicher Zeit ein weitverbreitetes religiöses Symbol, und das keltische Kreuz wies ornamentale und symbolische Verzierungen an Schaft und Basis auf. Das Christentum breitete sich im 4.–5. Jh. über Britannien und Irland aus, und alte keltische Stile fanden Eingang in die christliche Kunst.

HINDUISMUS

◀ **Vishnutempel**
Dieses Detail des Vishnutempels von Tamil Nadu (siehe S. 54–55) zeigt den zentralen Raum, in dem der Gläubige die wahre Gegenwart der Gottheit erfährt.

HINDUISMUS

DIE EWIGE WAHRHEIT

Hinduismus ist die Sammelbezeichnung aus dem 19. Jahrhundert für eine Gruppe alter Philosophien, Texte und Religionen des indischen Subkontinents. Das Wort »Hindu« hat dieselben Wurzeln wie der Name des Flusses Indus (Sanskrit: *Sindhu*). Der Hinduismus kennt keinen Gründer und ist eher eine Form der Spiritualität und Lebensweise als eine Religion im engeren Sinn. Er vereint eine Vielzahl religiöser Überzeugungen und Riten mit verbindenden Merkmalen. Von den 1,3 Mrd. Indern bezeichnen sich rund 80 Prozent als Hindus, 60 Mio. weitere Hindus leben in alle Himmelsrichtungen verstreut.

▲ Heilige Silbe
Om oder Aum ist für Hindus die heiligste Silbe und der Kern aller Mantras oder Gebete. Die drei Laute A-U-M stehen für *Atman* (Seele), *Brahman* (unveränderliche Realität) und die tiefste göttliche Ruhe (die durch das *M* repräsentierte Stille).

Der Hinduismus hat sich vermutlich über die Jahrhunderte hinweg in mehreren Evolutionsstufen entwickelt. Das soll aber nicht heißen, dass sich einige seiner frühesten Formen nicht nahezu unverändert bis in die heutige Zeit gehalten haben. Die Wurzeln des Hinduismus liegen in der frühen Kultur des Industals zwischen 2500 und 1500 v. Chr., der vedischen Zeit (1500–600 v. Chr.) und der dravidischen Kultur, die sich noch heute unter den Tamilen Südindiens findet. Der Begriff »vedisch« kommt von den *Veden*, alten hinduistischen Schriften aus der Zeit zwischen 1200 und 600 v. Chr. Die *Veden* setzen sich aus vier Sammlungen heiliger Texte zusammen, deren ältester der *Rigveda*, der jüngste der *Atharvaveda* ist. Weitere jüngere Hindutexte, die *Shruti* (das »Gehörte«), sind *Samhitas*, *Brahmanas*, *Upanishaden* und einige *Sutras*. Diese Schriften sollen ewige Wahrheiten enthalten und wurden mündlich tradiert, bevor sie in neuerer Zeit, dem *Kaliyuga*, in Sanskrit niedergeschrieben wurden. Nach der hinduistischen Kosmologie ist dies das letzte einer Reihe von vier zyklischen Zeitaltern der Schöpfung und Zerstörung (siehe S. 37). Andere Texte, die *Smriti* (»was erinnert wird«), verstärken die mündliche Überlieferung der *Veden*. Zu ihnen zählen so beliebte Epen wie das *Ramayana* (siehe S. 52–53) und das *Mahabharata*, das auch das hochverehrte Gedicht *Bhagavad Gita* enthält.

In der vedischen Zeit entstanden nicht nur heilige Schriften, sondern auch das Kastensystem und die Tradition von Opferzeremonien, bei denen Angehörige der Priesterkaste einem Pantheon von elementaren Göttern, wie der Sonne (*Surya*), dem Wind (*Vayu*) und dem Feuergott Agni, rituelle Opfer darbringen. Aus ihnen entstanden die puranischen Gottheiten mit der Dreieinigkeit von Brahma, Vishnu und Shiva (siehe S. 37).

Zwischen 200 v. Chr. und 500 n. Chr. entwickelte sich der fromme Hinduismus (*Bhakti*) als eine Adaption an die buddhistische und jainistische Ablehnung der vedischen Opferriten. Die Priesterkaste interpretierte Riten neu, während die Gläubigen lieber pflanzliche als tierische Opfer darbrachten.

ENTWICKLUNGEN IM HINDUISMUS

Zwischen dem 1. und 2. Jh. n. Chr. kontrollierten die *Brahmanen* (Priester) die religiösen Rituale in

▲ **Der Jagannath-Tempel in Orissa**
Dieses Bild des dem Vishnu-Jagannath(a) geweihten Tempels stammt aus der Zeit um 1900 und wurde von einem Pilger zur Erinnerung an seine Wallfahrt erworben. Jagannath war ursprünglich eine lokale Dschungelgottheit Orissas.

einem vierstufigen Kastensystem. An der Spitze standen die *Brahmanen*, gefolgt von den *Kshatriya* (Krieger), den *Vaishya* (Kaufleute und Bauern) und den *Shudra* (Tagelöhner und Diener). Dieses System existiert bis heute fort, auch wenn die indische Regierung immer wieder Bemühungen unternimmt, die Lebensumstände der *Dalits* (früher die niedrigste Kaste) zu verbessern. Hindus akzeptieren die Einteilung in gesellschaftliche Schichten oft klaglos, weil sie an die Existenz einer ewigen Seele (*Atman*) glauben, die aufgrund der universellen Gesetze des *Karma* immer wiedergeboren wird. *Karma* ist kein System aus Belohnung und Strafe, sondern ganz klar die Folge persönlichen Handelns. Im Hinduismus hat der Mensch auch die Möglichkeit, *Moksha* zu erzielen, die Erlösung von der Wiedergeburt. Die wichtigsten Wege dorthin sind: *Jnanamarga* (der Weg der Erkenntnis), *Karmamarga* (der Weg der Taten) und *Bhaktimarga* (der Weg der Hingabe an eine Gottheit). Diese Wege umfassen viele religiöse Praktiken wie Yoga, Meditation oder auch das Leben als *Sadhu*, als Heiliger (siehe S. 62). Mit der Zeit entstanden Traditionen der Lehre und der Glaubenspraxis, sogenannte *Sampradaya*, wie die von Caitanya (1485–1534) gegründete Schule, von der sich die Internationale Gesellschaft des Krishnabewusstseins ableitet.

Alle spirituellen Pfade zu *Moksha* beinhalten die Prinzipien von *Maya* und *Dharma*. *Maya* ist die Macht des *Brahman*, und steht für Illusion. *Dharma* hat viele Bedeutungen, aber die vermutlich beste Übersetzung ist »das, was angemessen ist«. Man kann sich den Hinduismus wie eine Straßenkarte des *Dharma* vorstellen, die angemessene Verhaltensweisen für eine angestrebte Wiedergeburt oder letztendlich *Moksha* aufzeigt. Hindus selbst nennen ihre Religion auch *Sanatana Dharma*, Ewiges *Dharma*. Es gibt vier traditionelle *Ashramas* (Lebensstadien): Schüler (*Brahmacarya*), Hausvater (*Grihastha*), Waldbewohner (*Vanaprastha*) und Wanderbettler (*Sannyasin*). Traditionell existieren zusätzlich darüber hinaus vier *Purushartha* (Lebensziele), die es zu verfolgen gilt: *Dharma*, *Artha* (das Streben nach rechtem weltlichem Erfolg), *Karma* (das Streben nach rechtem Glück) und *Moksha*. Einige Schulen des Hinduismus lehren, dass man *Moksha* nur dann erreicht, wenn man sich von allen weltlichen Empfindungen löst.

Der Hinduglaube ist im Wesentlichen fromm und dreht sich um die zentrale Verehrung von Gottheiten. Manche Hindus suchen Unterweisung durch religiöse Lehrer (*Gurus*) und ihre spirituellen Schriften. Philosophisch gesprochen, glauben Hindus an einen kosmischen *Brahman*, die universelle Quelle, die im Menschen als *Atman* (Seele) gegenwärtig ist.

Die Philosophie des *Advaita* ist eine nicht-dualistische Denkschule, für die der Anschein aller Unterschiedlichkeit in der Welt reine Illusion ist. Alle Dinge, die wir sehen – Erde, Mond, Himmel, Tiere, Menschen –, sehen nur unterschiedlich aus, sind aber im Grund eins. *Moksha*, die Erlösung vom Rad der Wiedergeburt, ist die Erkenntnis, dass der Einzelne und *Brahman* immer schon identisch waren. Für viele Hindus ist *Brahman* aber der Gott der Schöpfung und Bewahrung des Universums. Außerdem kann *Brahman* sich in menschlicher Form als *Avatara* (»Herabkunft«) manifestieren.

Die grundlegenden Bewegungen des Hinduismus sind die *Vaishnavas*, die Vishnu verehren, die *Shaivas* (die Shiva anbeten) und die *Smartas*, die sich frei für eine Gottheit entscheiden können, die sie verehren wollen. Hindus können eine bestimmte Gottheit verehren oder aber glauben, dass Gott sich in vielerlei Form in der Natur und im Leben äußert.

GÖTTERVEREHRUNG

Bei der Götterverehrung im eigenen Zuhause und im Tempel spielen im Hinduismus sowohl *Darshan* (das Götterbild) als auch *Puja* (das religiöse Zeremoniell) eine herausragende Rolle. Der Tempel ist das Haus des Götterbilds und soll die Gegenwart der Gottheit ermöglichen (siehe S. 54–55) – das Bildnis der Gottheit (*Murti*) erwacht durch den Ritus zum Leben. Die Architektur des Tempelbaus folgt der hinduistischen Vorstellung von der Struktur des Universums und sein höchster Punkt liegt über dem Götterbild. Dieser *Shikara* (Turm) repräsentiert den Heiligen Berg und Angelpunkt der Welt und beherbergt das Allerheiligste mit dem Abbild Gottes. Die heilige Kraft des Universums reflektieren zudem mystische Meditationsdiagramme (*Yantras* und *Mandalas*, siehe S. 66–67); sie findet Ausdruck in heiligen repetitiven Rezitationen (*Mantras*), die Zufallslaute in Macht und Ordnung verwandeln.

▶ Vishnus Inkarnationen
Neun der zehn Avatare des Vishnu (siehe S. 46–47) kamen in schwierigen Zeiten auf die Erde, um die Menschen von Bösem zu befreien oder ihnen zu zeigen, wie sie leben sollten. Krishna (Mitte) ist eine der bedeutendsten Menschwerdungen des Gottes. In der *Bhagavad Gita* fasst er das Hindu-Ideal der Verantwortung des Einzelnen zusammen, ebenso das Verhältnis des Menschen zu Gott und zur Gesellschaft.

URSPRÜNGE

Der Hinduismus selbst hat keinen Ursprung, er ist der ewige Weg, der den Grundregeln der kosmischen Ordnung im Werden und Vergehen folgt. Hindus nennen ihren Glauben *Sanatana-Dharma*, der ewige *Dharma* (siehe S. 34). Er hat in seiner Entwicklung mehrere Epochen durchlaufen: die prävedische, die vedische, die puranische, die upanischadische, die mittelalterliche und die moderne. Es existieren aber auch heute noch Überzeugungen und Praktiken aus all diesen Epochen und die Hindus feiern das pluralistische Wesen ihrer Traditionen. Die prä-vedische kennt man vor allem von den Fruchtbarkeits- und Erdmutter-Symbolen der Induskultur. Der prä-vedische Fokus auf heilige Bäume und Schlangen war vermutlich die Inspiration für die Symbolik der späteren Hindu-Ikonografie. In der vedischen Epoche gab es keine religiösen Ikonen, stattdessen lag der Fokus auf Riten, Opfern und der Besänftigung elementarer Gottheiten.

DER VEDISMUS

In der vedischen Religion spielte das Opfer eine wichtige Rolle. Die Rituale wurden von Brahmanen durchgeführt, die bei den Ritualen das Lebenselixier, den Unsterblichkeitstrank Soma, zu sich nahmen. Den Opferbund zwischen Menschen und Göttern garantierte das Feuer (*Agni*). Aus den heiligen Gesängen des Vedismus entwickelten sich die *Mantras* (siehe S. 54) als weitere Möglichkeit, Himmel und Erde zu verbinden.

◀ Agni, Gott des Feuers
Einer der ältesten und wichtigsten vedischen Götter und gleichzeitig das Sinnbild des Übergangs von der Volksreligion (Herdfeuer) zur brahmanischen Religion (Opferfeuer) ist Agni, der Gott des Feuers. Mit Vayu und Surya, die über Luft und Himmel regieren, bildet er die Dreifaltigkeit des Rigveda. Er nimmt Opfer entgegen und leitet sie an die Götter weiter. Somit ist er Mittler zwischen Erde und Himmel. Sein Reittier ist der Widder.

▶ Indra, Gott der Stürme
Indra büßte seine Stellung als oberster Gott und König der drei Welten (Himmel, Luftraum und Erde) in nachvedischer Zeit ein. Erzürnt darüber, dass seine ehemaligen Anhänger statt seiner Krishna verehrten (siehe S. 45–47), sandte er einen Sturm, um sie zu strafen. Sie beteten zu Krishna, und dieser richtete einen Berg auf, der den Sturm abhielt.

BRAHMAS VIER KÖPFE
Brahma sollen fünf Köpfe gewachsen sein, als er sich in Sarasvati verliebte. Sie versuchte, sich seinen Blicken zu entziehen. Wohin aber Brahma sich wandte – nach hinten, vorn, links, rechts und nach oben –, jedes Mal erwuchs ihm ein neuer Kopf. Der fünfte wurde ihm von Shiva abgeschlagen, weil er sich ihm gegenüber überheblich gezeigt hatte.

RUDRAKSHA-PERLEN
Shiva trägt heilige Rudraksha-Perlen, wahrscheinlich eine Anspielung auf seinen früheren Namen Rudra.

SHIVA, DER ZERSTÖRER
Shiva, ursprünglich Rudra, war eine weniger bedeutende Gottheit, die im *Rigveda* (siehe S. 51–53) nur dreimal angesprochen wird. Er gewann an Bedeutung, als er Merkmale früherer Fruchtbarkeitsgötter in sich vereinte und zu Shiva wurde, einem der drei Götter der *Trimurti*.

DIE DREI ASPEKTE DER NATUR
Shivas Dreizack gilt als Symbol für die drei Aspekte der Natur, die Shiva für seine Anhänger in sich vereint: Schöpfung, Erhaltung und Zerstörung.

BLATTWERK
Blätter sind ein Symbol des Wachstums, des Überflusses und der Fruchtbarkeit.

URLAUT DER SCHÖPFUNG
Das Schneckenhaus steht für die heilige Silbe *Om*, den Urlaut der Schöpfung und den Anfang der Materie, da Materie und Klang als synonym gelten. Gläubige intonieren die Silbe, um mit einer Gottheit eins zu werden.

DER SCHWAN
Brahmas *Vahana*, der Schwan oder die Wildgans, ist ein Symbol der Weisheit. Brahma ist die Quelle aller Weisheit. Seine Gemahlin Sarasvati ist die Göttin der Weisheit.

BRAHMA, DER SCHÖPFER
Brahma hat seine Schöpfungsaufgabe für diese Welt vollbracht und tritt erst wieder am Beginn eines neuen Weltzyklus in Erscheinung. In seinen acht Händen hält er die vier *Veden*, ein Zepter, einen Löffel, eine Gebetsschnur, ein Gefäß mit heiligem Wasser (Symbol der Fruchtbarkeit) und eine Lotosblume (Symbol der Schöpfung).

LOTOS DER SCHÖPFUNG
Mit dem Lotos verbindet man Wasser, Fruchtbarkeit und den Schöpfungsmythos, demzufolge Brahma dem Lotos entsteigt, der aus dem Nabel des schlafenden Gottes Vishnu sprießt.

VISHNUS KEULE
Vishnus Keule gilt als Lichtsymbol und als Elementarkraft, die alle körperlichen und geistigen Kräfte antreibt.

VISHNUS DISKUS
Vishnus Wurfscheibe gilt als Symbol der Sonne.

VISHNU, DER ERHALTER
Im *Rigveda* sind Vishnu nur fünf von 1028 Hymnen gewidmet. Seine Rolle als Erhalter kam dem Sonnengott, der mit seinen drei Schritten das Weltall durchmisst, erst später zu.

DER ADLER GARUDA
Vishnus Reit- und Begleittier ist der Sonnenadler Garuda. Er wird oft als geflügelter Mensch mit schnabelartiger Nase dargestellt. Garuda trägt Vishnu in sein Paradies *Vaikuntha*.

DIE DREIFALTIGKEIT

Dieses Relief aus dem indischen Warangal (12. Jh.) zeigt die drei Hauptgötter des Hinduismus: Brahma, den Schöpfer des Universums, Vishnu, den Erhalter, und Shiva, den Zerstörer – die hinduistische Dreifaltigkeit (*Trimurti*).

▼ Nandi, der Stier

Der Stier Nandi ist das Reittier oder »Fahrzeug« (*Vahana*) des Gottes Shiva. Auf Bildern wird er schneeweiß dargestellt. Der Stier gilt als Verkörperung sexueller Energie. Auf dem Rücken des Stieres reitend beherrscht Shiva diese Triebe. Nandi stammt vermutlich aus einem älteren Tierkult, in dem der Stier Symbol eines Fruchtbarkeitsgottes war.

► Shiva, Herr der Zeit

Shiva (siehe S. 39–41) hält hier einen Menschenschädel, der wie der Schädelkranz, auf dem er sitzt, den ewigen Kreislauf von Leben, Tod und Wiedergeburt *(Samsara)* darstellt (siehe S. 60). Shiva selbst steht für einen vollständigen Zyklus, denn er ist Mahakala, der Herr der Zeit, der alles Leben hervorbringt und am Ende der Weltperiode wieder in sich zurücknimmt. Die Gebetsschnur ist ein Symbol der Lehre.

Shiva erhebt seine Hand in einer Segnungsgeste.

▼ Vielgestaltiger Vishnu

Vishnu ist ein gutes Beispiel dafür, wie ältere Götter und Kulte im Hinduismus aufgegangen sind. Vishnu leitet sich wahrscheinlich von einem alten Sonnengott ab; seine zehn Inkarnationen oder *Avataras* (siehe S. 46) lassen sich ebenfalls von älteren Göttern ableiten. Krishna, die achte Inkarnation Vishnus, ist besonders beliebt. In der *Bhagavad Gita* verkündet er Gottesliebe als Erlösungspfand. Möglicherweise geht Krishna auf einen alten Kult um einen erotischen Helden zurück, dessen sexuelle Aspekte mit der Zeit an Bedeutung verloren haben.

Vishnus Krone: Symbol des Königtums

◄ Garuda, der Sonnenvogel

Der Sonnenadler Garuda leitet sich vom sagenhaften Pferd Tarksya ab und weist wie Vishnus Diskus auf den Sonnencharakter des Gottes hin. Eine weitere Verbindung stellen Parallelen zwischen dem Flug des Falken und dem Lauf der Sonne über das Firmament dar.

»NUR DIE UNWISSENDEN HALTEN MICH (VISHNU) UND SHIVA FÜR VERSCHIEDEN; ER, ICH UND BRAHMA SIND EINS, IN UNTERSCHIEDLICHEN NAMEN ALS SCHÖPFER, ERHALTER UND ZERSTÖRER DER WELT. ALS DAS DREIFALTIGE SELBST DURCHDRINGEN WIR ALLE WESEN; DIE WEISEN ERKENNEN DAHER IN ALLEN ANDEREN SICH SELBST.«

Vishnu erklärt die Natur der Dreifaltigkeit

SHIVA, DER ZERSTÖRER

Shiva ist der nach Brahma und Vishnu dritte Gott der indischen Dreifaltigkeit oder *Trimurti*. Er ist alles und erscheint als einer, drei, fünf, acht oder mehr. Im *Shiva Purana* hat er über tausend Namen, darunter Maheshvara (»Große Weisheit«) und Mahakala (»Große Zeit«). Er ist Schöpfer, Zerstörer und Erhalter und wird oft mit drei Gesichtern dargestellt: Zwei davon sind gegensätzlicher Natur, z. B. männlich und weiblich, schrecklich und friedlich, asketisch und weltzugewandt; das dritte Gesicht ist ernst und friedvoll, versöhnt und vereint die beiden anderen. Die heilige Stadt des Shiva ist Varanasi (Benares, siehe S. 57–59). Wer dort stirbt, gelangt durch den Tod zu Shiva, auch wenn er durch ein böses *Karma* (siehe S. 34) beladen ist. Oft wird Shiva in der Darstellung des *Linga* oder *Lingam* (Phallussymbol) verehrt, das das männliche Prinzip darstellt, und von der *Yoni*, dem weiblichen, lebengebenden Prinzip, umgeben ist.

▲ Symbol der Zerstörung
Viele Darstellungen zeigen Shiva mit einer Flammenzunge in einer seiner vier Hände. Sie ist ein Symbol der Zerstörung.

▲ Die sieben Heiligen Flüsse
Zu Shivas gütigen Aspekten gehört auch seine Rolle als Verteiler der sieben heiligen Flüsse Indiens. Der Mythos erzählt, dass Shiva unter den Wassern des Ganges – für die Hindus das Symbol ewigen Lebens – stand, als diese vom Himmel herabstürzten. Die Wasserströme teilten sich an seinen Haaren in sieben heilige Flüsse.

DER SHIVAKULT

Im Shivaismus (Shaivismus) finden sich viele Glaubensrichtungen, doch die meisten *Shaiva* (Shiva-Anhänger) erkennen drei Prinzipien an: *Pati* (Gott), *Pashu* (Einzelseele) und *Pasha* (Fesseln, die die Seele an das irdische Leben binden). Ziel ist es, die Seele von diesen Bindungen zu befreien und zur *Shivata* (»Shivanatur«) zu gelangen – durch Askese und Yoga, aber auch durch Beschmieren mit Asche, Flüstern heiliger Sprüche (*Mantras*) und andere tantrische Riten. Shaivas bemalen ihre Stirn meist mit drei waagerecht verlaufenden Linien *(Tripundra)*.

KEINE ANGST!
Eine von Shivas Händen weist in Schulterhöhe mit der Handfläche zum Betrachter. Diese Geste drückt Schutz und Wohlwollen aus.

GÖTTIN DES GANGES
In Shivas Haar aufgefangen ist die Göttin Ganga, der heilige Fluss Ganges. Weil sie dem Land Wasser schenkt, repräsentiert sie die Fruchtbarkeit. Sie ist eine weitere Gemahlin von Shiva.

MONDSICHEL
Die Mondsichel, die Shivas drittes Auge umgibt, leitet sich von Stierhörnern ab, die als Symbol der Fruchtbarkeit gelten – ebenso wie Shivas Begleittier Nandi.

DAS AUGE DER ERKENNTNIS
Das dritte Auge auf Shivas Stirn erklärt uns eine uralte Legende: Als Shivas Gemahlin Parvati ihm im Liebesspiel die Augen zuhielt, bildete sich dieses dritte, das mystische, das alles erkennende Auge auf seiner Stirn. Es ist ein Auge, das »anders sehen«, »tiefer sehen« kann, während die normalen Augen nur optische Sinneseindrücke wahrnehmen.

WIRRES HAAR
Shivas langes, ungekämmtes Haar, auf dem Kopf zum Knoten gedreht, weist ihn als asketischen Yogi aus (siehe S. 61–62) – ein starker Gegensatz zu seiner Rolle als liebender Gatte und Hausvater (s. u.).

TROMMELSCHLAG DER SCHÖPFUNG
Mit der Trommel (Gegenpol zur Flammenzunge in der gegenüberliegenden Hand) ruft Shiva eine neue Schöpfung ins Leben.

ZERSTÖRUNG UND ERNEUERUNG
Shiva hält und hütet die Flamme der Zerstörung in seiner Hand. In seinen Händen liegt die Erneuerung der Welt nach der Zerstörung.

FLAMMENRING
Als Nataraja, der König des Tanzes, ist Shiva von einem Flammenring umgeben. Im Tanz verbindet er die gegensätzlichen Kräfte der Dunkelheit und des Lichtes. Er vereinigt alle Gegensätze in sich und ist damit die Personifizierung des Absoluten.

GEWALTSYMBOLE
Attribute wie Schlangenkopfschmuck und die Schädelhalskette betonen die grausige, zerstörerische Rolle Shivas, in der er z. B. als Bhuteswara, Herr der Dämonen, auf Verbrennungsplätzen tanzt.

SHIVAS WAFFEN
Die drei Schlangen, die sich um Shivas Körper winden, dienen als Waffen, die nach Feinden schnappen. Eine Schlange windet sich durch Shivas Haar, die zweite um Hals oder Schulter, die dritte bildet die heilige Schnur der Brahmanen.

BHAIRAVA
Bhairava (»der Schreckliche«) stellt eine furchtbare Seite Shivas dar. Er verkörpert die absolute Zerstörung.

SICHERE ZUFLUCHT
Shivas vierte Hand zeigt auf seinen Fuß, unter dem der Gläubige sichere Zuflucht finden kann.

ERLÖSUNG
Shivas erhobener linker Fuß bedeutet Erlösung.

DÄMONENTÖTER
Viele Darstellungen zeigen Shiva als Nataraja auf dem von ihm getöteten Apasmara. Der zwergenhafte Apasmara ist der Dämon der Unwissenheit, der die geistige Blindheit der Menschen versinnbildlicht.

TANZ DES TODES

Diese Statuette aus dem 11. Jh. zeigt Shiva im Tandavatanz, in dem alle fünf kosmischen Phasen symbolisiert sind: Schöpfung, Erhaltung, Vernichtung, Täuschung und Erlösung. Vernichtung ist die Voraussetzung für neues Werden, die Zerstörung der Illusionswelt (*Maya*, siehe S. 34) geht der Erlösung voraus. Wenn Shiva tanzt, versammeln sich die Götter, um ihm zuzusehen, und selbst die Dämonen haben Shivas Macht nichts entgegenzusetzen.

SHIVAS SHAKTI: DURGA, KALI UND PARVATI

Wie Shiva, so hat auch seine weibliche Ausprägung, seine weibliche »Kraft« (*Shakti*), viele Gesichter. Diese kommen in den vielen Namen und Charakteren seiner Gattinnen zum Ausdruck. Die Gottesgemahlinnen Shivas, Vishnus und Brahmas leiten sich von alten Muttergottheiten ab (siehe S. 42–44), die durch ihre »Vermählung« mit dem Gott in den Hinduismus übernommen wurden.

▶ Durga
Durga ist eine mächtige Göttin, geschaffen aus der gebündelten Energie des Zorns vieler Götter. Sie hält Agnis Speer, Shivas Dreizack und Vishnus Wurfscheibe (siehe S. 45–47). Sie reitet auf einem Löwen oder Tiger. Oft wird sie als Bezwingerin des Büffeldämons dargestellt, der die Stabilität der Welt bedroht.

»WEIL DU DEN VERBRENNUNGSPLATZ LIEBST, HABE ICH MEIN HERZ ZU EINEM VERBRENNUNGSPLATZ GEMACHT, AUF DASS DU, DUNKLER, JÄGER DES VERBRENNUNGS-PLATZES, DEINEN EWIGEN TANZ TANZEST.«

Bengalische Hymne

◀ Parvati
Parvati, die Bergtochter, Tochter des Himalaja und Schwester der Ganga, ist die gütige, fruchtbare, mütterliche Gattin Shivas. Eine Sage erzählt, dass Shiva sie anfangs wegen ihrer dunklen Haut gemieden hätte. Um ihn für sich zu gewinnen, übte sich Parvati in asketischen Praktiken, bis ihr Körper leuchtete. Sie wird oft zusammen mit Shiva und ihren Söhnen dargestellt.

▶ Kali
Kali (siehe S. 42–44) ist eine der schrecklichsten Shaktis Shivas, und ihr Kult fordert blutige Opfer (früher brachte man auch Menschenopfer).

DIE MUTTERGÖTTIN

Die Muttergöttin Mahadevi hat viele Avatare. Sie kann als Gefährtin der puranischen Götter oder in einer generischen Form auftreten, die Tausende lokaler Göttinnen oder *Devis* umfasst. Diese können gütig und fruchtbar sein, wie Lakshmi und Parvati, oder mächtig und zerstörerisch, wie Kali oder Durga (siehe S. 41). Überall in Indien gibt es unzählige Schreine lokaler Göttinnen. Viele dieser *Devis* haben ihren Ursprung in der uralten ländlichen Vorstellung von einer Erd- oder Muttergöttin. Die Verehrung der Göttin als weibliche Energie oder *Shakti* ist eng mit dem Tantrismus (s. u.) verbunden. In einigen tantrischen Überlieferungen *(Tantras)* ist *Shakti* das weibliche Schöpfungsprinzip, das mit dem männlichen des Shiva zusammenwirkt; in anderen personifiziert sich *Shakti* in vielerlei sanften oder schrecklichen göttlichen Gestalten.

SHAKTISMUS UND TANTRISMUS

Shakti spielt im Tantrismus eine besonders große Rolle, der auf die aktive, weibliche Energie Shaktis im Gegensatz zur passiven männlichen Energie Shivas abhebt. Tantrische Riten können die Rezitation von Mantras und die Vorbereitung von Mandalas beinhalten und sollen bei den Ausübenden zu einer inneren Transformation in ihrem Streben nach Macht und Unsterblichkeit führen.

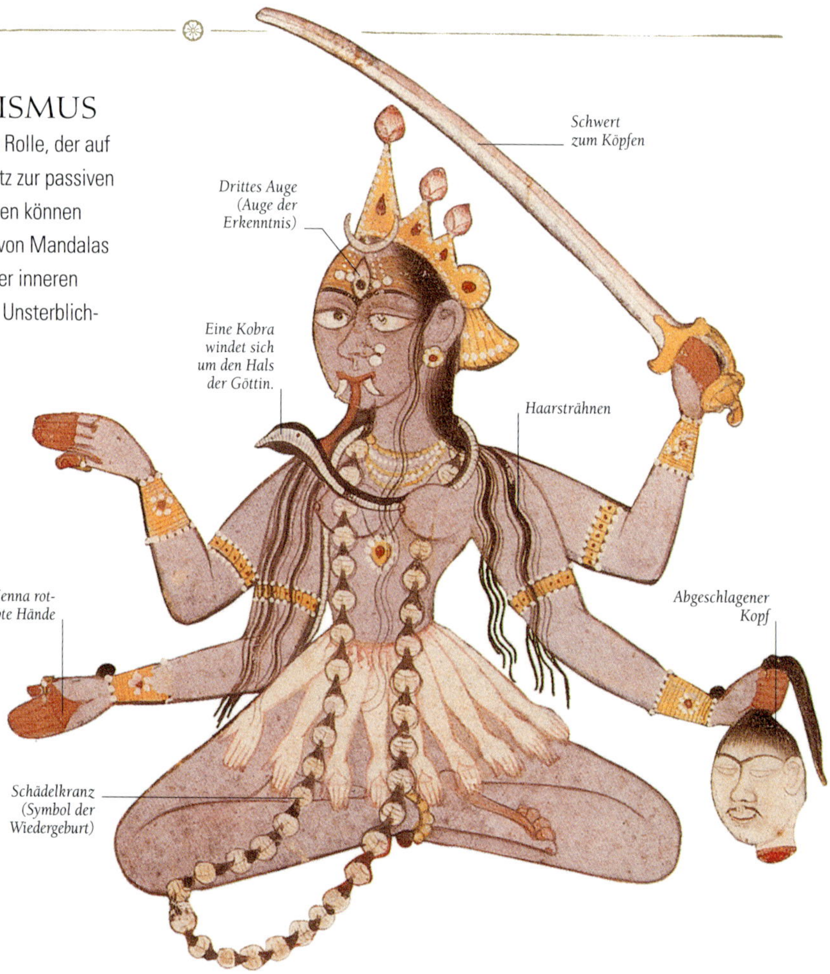

▶ Kali als Chinnamasta
Die mächtigsten Aspekte der Shakti sind Durga, die furchtlose Bezwingerin des Büffeldämons, die skelettartige Chamunda, und Kali, die wohl grausigste Verkörperung der Göttin. Als Chinnamasta trägt Kali ein Schwert, ihre heraushängende Zunge trieft vom Blut ihrer Opfer. Ihr Rock besteht aus abgeschlagenen Armen, ihre Halskette aus Schädeln. Chinnamasta ist eine der zehn *Mahavidyas*, die im tantrischen Hinduismus Manifestationen der Göttin Kali darstellt.

KALI-CHINNAMASTA

Diese Darstellung (19. Jh.) zeigt Kali-Chinnamasta (»deren Kopf abgeschnitten ist«), eine in Bengalen heimische Form der Großen Göttin. Sie sitzt auf Shiva, der auf einem Scheiterhaufen liegt. Vishnu (zur Linken) und Brahma (zur Rechten) huldigen ihr. Kali ist die weibliche, aktive Energie (*Shakti*) dieser drei Götter, die nach tantrischem Glauben ohne sie passiv und kraftlos (wie tot) sind.

BRAHMA HULDIGT DER GÖTTIN
Der vierköpfige Brahma (siehe S. 37) verehrt die Göttin. Männliche und weibliche Gottheiten stellen gegensätzliche Prinzipien dar: das weibliche ist aktiv und mächtig, das männliche eher passiv.

LEBENSSAFT
Blut ist die Lebensenergie des Universums. Manche Darstellungen zeigen Chinnamasta mit abgeschnittenem Kopf. Mit Blut aus der Wunde tränkt sie ihren Kopf und ihre *Dakinis*.

KALIS ZUNGE
Kalis bluttriefende Zunge stellt *Rajas* dar, einen Bestandteil der Urmaterie, aber auch Leiden und Leidenschaft. Es mag auch ein Bezug zum Namen Kali für eine der sieben Zungen des Feuergottes Agni (siehe S. 36) bestehen, die als die »Sieben Roten Schwestern« bekannt sind.

KALI, DIE ZERSTÖRERIN DES BÖSEN
Als schrecklich-grausige Kali zerstört die Muttergöttin das Böse und bringt gleichzeitig Leben hervor.

BLUTOPFER
Kalis Blutdurst soll entstanden sein, als sie den Dämon Raktavijra tötete. Dieser erneuerte sich tausendfach, wenn ein Tropfen seines Blutes auf die Erde fiel. Um das zu verhindern, durchbohrte Kali ihn mit dem Schwert und trank sein Blut, ehe es auf die Erde tropfen konnte.

SCHEITERHAUFEN
Die Totenverbrennung lässt den Geist der Toten ungehindert zu einer neuen Geburt fliegen. Feuer ist ein wichtiges Symbol, vor allem im Tantrismus, in dem es als Mittel der Meditation und Initiation in ein Stadium der Weisheit gilt.

PARVATI UND SHIVA
Parvati, ein milder Aspekt der Muttergöttin, liegt wie tot zusammen mit Shiva unter Kali. Parvati lockt Shiva in die häusliche Welt, Kali treibt ihn zum Kampf gegen das Böse, gegen Unglauben und Unwissen.

GÜRTEL UND KRANZ
Kali trägt einen Gürtel, von dem abgeschnittene Arme (vielleicht von Dämonen) wie ein Rock herabhängen, um den Hals einen Schädelkranz und eine Schlange. Schlangen gelten als Symbole der Unsterblichkeit und Wiedergeburt, als Manifestationen der kosmischen Energie.

VERBRENNUNGSPLATZ
Für orthodoxe Hindus sind die Orte, an denen die Toten verbrannt werden, unrein. Im Tantrismus aber kommen sie in den Legenden um Kali vor, die als Schöpferin und Zerstörerin die Zeit bezwingt und in ihren zwiespältigen Erscheinungsformen verehrt werden muss. Für manche Kalijünger sind Verbrennungsorte Meditationsstätten.

AASFRESSER
Schakale oder Hyänen fressen an Toten, die sie vom Scheiterhaufen gezerrt haben.

Das dritte Auge (Stirnauge), Symbol der Erkenntnis und Erleuchtung, entspricht dem dritten Auge Shivas.

Blutgefüllter halber Menschenschädel: Kali fordert Blutopfer von ihren Anhängern.

◀ Kalis Begleiterinnen
Kali wird begleitet von *Dakinis*, blutrünstigen Schreckensgöttinnen. Wie Kali selbst tragen sie Shivas Stirnauge und die Mondsichel.

SCHAMANISCHE BESESSENHEIT

Vor allem bei Dorf- und Stammeskulten für die Muttergöttin spielen Schamanen eine Rolle. Man glaubt, dass die Göttin in den Schamanen fahren kann, während er (oder sie) sich in einem Trancezustand befindet. Dann kann der Gläubige seine Bitten vortragen. Das Foto zeigt einen Schamanen in Trance. Das strähnige Haar und die heraushängende Zunge sind Kennzeichen der Göttin Kali und zeigen die Anwesenheit der Göttin unter den Menschen im Schamanen.

EIN VON KALI BESESSENER SCHAMANE

▲ Lakshmi, die Gütige und Schöne
Lakshmi ist eine der zugänglichsten und gütigsten Gestalten der Muttergöttin. Sie ist Vishnus Gemahlin (siehe S. 45–47), hat aber auch ihren eigenen Kult. Die älteste Darstellung, die möglicherweise Lakshmi zeigt, schmückt die Balustrade des Stupa von Bharhut (2. Jh. v. Chr.): Eine Frau sitzt mit gekreuzten Beinen auf einer Lotosblüte, zwei Elefanten weihen sie mit Wasser.

▶ Sarasvati, Gemahlin Brahmas
Sarasvati, die Gemahlin des Gottes Brahma (siehe S. 37), wird von Hindus, Jaina und Buddhisten verehrt. In den Veden war sie die Göttin des gleichnamigen Flusses im Himalaja, Spenderin von Reinheit und Fruchtbarkeit. Heute versickert der Fluss, an dem einst vedische Riten vollzogen wurden, in der Wüste. Der Lotos, auf dem sie sitzt, erinnert an ihre ursprüngliche Assoziation mit dem Fluss und betont ihre Rolle als fruchtbare, Leben spendende Mutter. Heute ist sie die Göttin der Dichtkunst, Musik und Weisheit und Schutzpatronin aller Künste.

Sarasvatis Hände sind erhoben, um die Saiten der Vina zu zupfen. Diese Bügelharfe symbolisiert die musische Seite ihrer Persönlichkeit.

VISHNU, DER ERHALTER

Vishnu ist unter etwa tausend Namen bekannt, u. a. als Vishvarupa, »die Quintessenz aller Formen«, und als Svayambhu, »der durch sich selbst Existierende«. In den *Veden* (siehe S. 33) eher unbedeutend, gewann er später als ein Gott der indischen Dreifaltigkeit (siehe S. 37) an Bedeutung. Er ist der Erhalter des Universums: Wenn er schläft, schrumpft das All zu einem Samen, aus dem es wieder wächst, wenn Vishnu erwacht. Für die große Gruppe der Vishnuiten ist er Ishvara, das höchste Wesen, Schöpfer und Erhalter der Welt. Er wird auch in seinen Inkarnationen (z. B. Krishna, Rama) verehrt. Von besonderer Bedeutung für den Kult sind Bildnisse und die Tempelarchitektur (siehe S. 54–56). Wichtige Vertreter der Vishnuiten sind Caitanya, dessen Philosophie der Hare-Krishna-Bewegung zugrunde liegt, Ramanuja (1050–1137), der die Hingabe an einen persönlichen Gott lehrt *(Bhakti)*, weiterhin Dichter der erotischen *Bhakti*-Mystik wie die Prinzessin Mira Bai (15. Jahrhundert) und der blinde Brahmane Surdas (1483–1563). Ein wichtiges Werk des Vishnuglaubens ist das *Vishnu-Purana*, eines der 18 großen *Puranas*.

◀ **Der Adler Garuda**
Vishnus Reittier Garuda ist der Adler, auf dessen Rücken Vishnu und seine Gattin Lakshmi reiten, ein Symbol des Himmels und der Sonne. Die Schlange in seinen Fängen symbolisiert Wasser. Die Tiere stehen für die widerstreitenden Kräfte, die Vishnu in sich vereinigt.

▶ Die Göttin Lakshmi, Gemahlin Vishnus
Lakshmi (siehe S. 42–44) ist die Glücksgöttin. Sie ist Vishnus Partnerin und trat mit jeder seiner Inkarnationen auf. Als Vishnu als Zwerg Vamana auf die Erde kam, erschien Lakshmi als Lotos; für Rama kam sie als Sita zur Welt. Bei Krishna war sie Radha. Lakshmi wurde geboren, als die Dämonen die Schöpfung hervorbrachten, indem sie das kosmische Milchmeer mit dem heiligen Berg Mandara quirlten, der auf dem Rücken von Kurma, der Schildkröten-Inkarnation Vishnus, einen festen Halt hatte. Das Quirlen brachte auch den himmlischen Nektar hervor, der die Götter unsterblich machte. Als eigenständige Göttin wird Lakshmi unter dem Namen Lakamata (Mutter der Welt) verehrt.

DIE INKARNATIONEN VISHNUS

Vishnus erhaltende, erneuernde und schützende Kräfte wurden und werden in der Welt in zehn aufeinanderfolgenden Inkarnationen wirksam, die man *Avataras* nennt. Sie kommen auf die Erde, um Böses abzuwenden oder Gutes zu wirken. Neun sind schon herabgestiegen: drei in nicht-menschlicher Form, drei als Mischformen und drei in menschlicher Gestalt. Die wichtigsten sind Rama, der furchtlos für das Gesetz des *Dharma* einsteht (siehe S. 34), und Krishna, der jugendliche Held des *Bhagavata Purana* (siehe S. 51). Vishnus letzte Inkarnation wird erwartet, wenn der jetzige Weltzyklus zu Ende geht.

▲ Krishna verkündet in der *Bhagavad Gita* Gottesliebe als Erlösungspfand.

▲ Matsya der Fisch rettete die Menschheit und die Veden vor der Flut.

▲ Kurma die Schildkröte half bei der Erschaffung der Welt.

▲ Varaha der Eber hob die Erde auf seinen Hauern aus dem Weltenmeer.

▲ Narasimha der Mann-Löwe zerriss einen tyrannischen Dämonenkönig.

▲ Vamana der Zwerg gewann König Bali Himmel und Erde ab.

▲ Der Brahmanensohn Parashurama zerschlug die Kriegerkaste.

▲ Rama rettete seine Frau Sita und tötete den Dämon Ravana.

▲ Kalki das Pferd wird am Ende dieses Weltzeitalters inkarniert.

▲ Buddha, der Stifter des Buddhismus, gilt als eine Herabkunft Vishnus.

DISKUS
Der Diskus ist ein Symbol des Geistes und der Sonne, diese wiederum steht für Allmacht.

LAKSHMI
Lakshmi, die Gemahlin Vishnus, wird auch als Bhudevi, die Göttin Erde, verehrt.

DER SONNENGOTT SURYA
Der vedische Sonnengott Surya fährt in einem von einer siebenköpfigen Stute gezogenen Wagen.

ISHANA UND KUBERA
Ishana ist einer der acht Götter der Elemente und Himmelsrichtungen (*Vasus*). Er ist *Vasu* des Nordostens. Unter ihm befindet sich Kubera, *Vasu* des Nordens und Symbol des Wohlstands.

WINDGOTT VAYU
Vayu ist der Windgott, der Wind selbst und der *Vasu* des Nordwestens.

WASSERGOTT VARUNA
Varuna, *Vasu* des Westens, sitzt auf einem *Makara*, einem sagenhaften Wasserwesen.

VIER ARME
Vishnus vier Arme symbolisieren die Haupthimmelsrichtungen: Norden, Süden, Osten und Westen.

STEHENDER VISHNU
Diese Form von Vishnu stellt die Achse des Universums dar, von den Höhen der Himmel bis zu den Tiefen der Unterwelt.

DIE NIEDEREN REGIONEN
Die sieben Unterwelten, in ihrer Gesamtheit *Patala* genannt, bilden das untere Ende des Kosmos. Am schlimmsten ist *Tala*, wo die Mörder wiedergeboren werden. In allen Unterwelten leben Schlangen.

GOLDENE KEULE
Die Streitkeule ist ein Zeichen ursprünglichen Wissens und der Macht des Geistes. Sie symbolisiert Autorität und Aufrechterhaltung der Ordnung.

SCHLANGEN DER UNTERWELT
Schlangen leben unter dem Meer und sind Symbole des Urozeans, aus dem die Schöpfung hervorging und in den sie zurückkehren wird.

DIE SCHLANGE SESHA
Vishnu ruht auf der tausendköpfigen Schlange Sesha. Sie ist auch bekannt als Ananta oder Anand Nag, Symbol der Unendlichkeit.

BRAHMA, DER SCHÖPFER
Brahma, der Schöpfer des Universums, thront auf dem Kosmos.

DER ATEM DES LEBENS
Aus Vishnus Nase steigt der Atem des Lebens, dessen Beherrschung zur Erleuchtung führt.

SCHNECKE
Das Schneckenhaus symbolisiert *Om*, den Urlaut, den Atem der Schöpfung. Die Schneckentrompete wird in Tempeln geblasen, um die Anwesenheit Vishnus kundzutun.

INDRA
Indra ist der oberste *Vasu* und König des Ostens. Er ist zuständig für Regen und Gewitter und wirft die *Varya*, den Donnerkeil.

DER FEUERGOTT AGNI
Agni ist der Mittler zwischen Göttern und Menschen, zwischen Himmel und Erde, außerdem *Vasu* des Südostens. Er ist der Feuergott oder das Feuer selbst.

YAMA, HERR DER TOTEN
Yama musste als Erster auf der Welt sterben. Er herrscht über die Toten und richtet sie aufgrund ihrer Taten im Leben. Sein Spruch entscheidet über die Art der Wiedergeburt. Yama ist *Vasu* des Südens.

NIRITI
Niriti oder Nairiti ist *Vasu* des Südwestens. Er hat zerstörerische Kräfte und ist hier auf einem Pferd dargestellt.

VISHNU ALS VISWARUPA
Als Viswarupa verkörpert Vishnu den Pantheon der Hindugötter sowie den Kosmos mit all seinen Kräften und Mächten.

WASSERLOTOS
Der Lotos ist ein Symbol universeller Reinheit und Fruchtbarkeit. Vishnus Gattin Lakshmi wird oft auf einem Lotos sitzend dargestellt.

VASUKI, KÖNIG DER SCHLANGEN
Die Kobra Vasuki ist Regent der niederen Regionen und unter vielen Namen bekannt, u. a. als Nagaraja (Schlangenkönig). Vasuki wird oft die Welt auf seinem Kopf tragend dargestellt.

VISHNU ALS UNIVERSUM

Dieses Gemälde (19. Jh.) zeigt Vishnu als das Universum, dessen unterschiedliche Kräfte er in sich vereinigt. Sein dunkles linkes Auge symbolisiert die Nacht, das helle rechte den Tag. Die Sonne entspringt seinem Mund, Flammen sind sein Gewand, Wolken sein Haar, an seiner Taille erscheint ein Regenbogen. Die Haut ist blau wie die Unendlichkeit.

ANDERE GÖTTER

Neben den Hauptgöttern Shiva, Vishnu, Brahma und der Großen Göttin in ihren vielen Formen gibt es zahlreiche weitere Götter, die im Hindupantheon eine wichtige Stellung einnehmen. Dazu gehören die Götter der *Veden* wie der Sonnengott Surya, der Feuergott Agni, der Kriegsgott Indra, der Windgott Vayu und Varuna, der Wächter der kosmischen Ordnung. Auch viele Dorfgottheiten aus vorvedischer Zeit werden noch heute verehrt, außerdem erkennt man das Göttliche in allen Lebewesen. Auch Tiere und Bäume werden verehrt und nehmen eine besondere Stellung in der göttlichen Hierarchie ein, so die Schlangengottheit Naga sowie *Yakshas* und *Yakshinas* (Naturgeister). Zwei Inkarnationen Vishnus, der Löwe Narasimha und der Eber Varaha, leiten sich wahrscheinlich von lokalen Tierkulten ab. Drei der wichtigsten Götter sind der Affengott Hanuman und die Söhne Shivas und Parvatis: der elefantenköpfige Ganesh und der jugendliche Karttikeya.

»IM HIMMEL WIRD GANESH DIE VORHERRSCHAFT DER GÖTTER ERRICHTEN, AUF DER ERDE DIE DER MENSCHEN, IN DER UNTERWELT DIE DER SCHLANGEN UND ANTIGÖTTER.«

Aus einem Hymnus des Sri Bhagavat Tathva

◀ Götterknabe Karttikeya
Karttikeya hat viele Namen, u. a. Skanda, Kumara und Subrahmanya. Das deutet darauf hin, dass er aus der Verschmelzung mehrerer Kulte entstanden ist. Über seine Herkunft gibt es viele Geschichten. Als Vater gelten Shiva oder Agni, als Mütter Ganga oder Parvati und die sechs Sterne der Plejaden. Er wurde geschaffen, um die Mächte des Bösen zu besiegen, die vom Dämon Takara verkörpert werden. Häufig wird er mit einem Pfau, dem Wappentier Indiens, und einem Speer, Zeichen seines Kriegertums, abgebildet.

▶ Ganesh, Beseitiger von Hindernissen
Ganesh oder Ganesha ist einer der beliebtesten Götter des Hinduismus. Ursprünglich wahrscheinlich ein Stammestotem, wurde er später in den Hinduglauben übernommen. Die Legende erzählt, wie Ganesha zu seinem Elefantenkopf kam: Shiva erkannte seinen Sohn nicht, als dieser die Gemächer seiner Mutter bewachte, und schlug ihm den Kopf ab. Als er seinen Fehler erkannte, schwor Shiva, den Kopf durch den des ersten Wesens zu ersetzen, das er zu Gesicht bekäme, und das war ein Elefant. Ganesh wird als Beseitiger von Hindernissen verehrt, als Herr der Anfänge und der Gelehrsamkeit.

GANESH

Ganesh-Statuen findet man in den meisten Städten Indiens. Sein Bildnis wird aufgestellt, wo man neue Häuser baut; man ehrt ihn zu Beginn einer Reise und vor Geschäftsabschlüssen. Dichter beten zu ihm, ehe sie ein neues Werk beginnen. Ganesh gilt als der erste Schreiber. Ihm soll das *Mahabharata* (siehe S. 51) diktiert worden sein.

DER BAUM DER YAKSHAS
Hinter Ganesh ist ein Baum abgebildet, der möglicherweise auf seine Herkunft als *Yaksha* hinweist. *Yakshas* waren altindische Naturgeister, die mit Bäumen assoziiert wurden. Ganeshs Vater Shiva zähmte die *Yakshas.*

FLIEGENDE APSARA
Apsaras sind himmlische Nymphen. Es wird erzählt, dass sie in Indras Himmel wohnen und Gattinnen von Männern und Göttern sind. Manchmal heißt es, dass sie gesendet wurden, um die Stärke und Motivation spiritueller Schüler zu prüfen.

DREIZACK
Ganesh hält einen Dreizack in der Hand – ein Bezug zu seinem Vater Shiva.

KEULE
Ganesh trägt die Keule, die in der Regel ein Symbol des Vishnu ist (siehe S. 45–47) – vielleicht ein Versuch, Ganesh in den Vishnukult zu integrieren.

WASSERSCHÜSSEL
In seinem Rüssel trägt Ganesh eine Wasserschüssel, aus der er trinkt.

SÜSSIGKEITEN
Ganesh wird fast immer mit Süßigkeiten abgebildet. Meist befinden sie sich in einer Schale, die man *Laddus* nennt. Sein Hunger auf Süßigkeiten ist legendär, und oft bringen ihm die Gläubigen Süßigkeiten dar.

GESTE DER FURCHTLOSIGKEIT
Diese Handhaltung (*Abhayamudra*) ist eine Geste der Furchtlosigkeit.

VYALA, DER WILDE LÖWE
Der wilde Löwe Vyala symbolisiert die ungezügelten Instinkte, die Ganesh zähmen kann.

GANESHS RATTE
Ganeshs Reit- und Begleittier ist die Ratte. Ratten gelten als Wesen, die sich durch nahezu alles hindurchnagen können. Das weist auf Ganeshs Fähigkeit hin, jedes Hindernis zu beseitigen.

KÖNIGLICHER KOPFPUTZ
Ganesh trägt den Kopfschmuck der Könige und gilt oft als König der Götter. Ein Mythos erzählt, dass Parvati, als sie ihren Sohn mit Elefantenkopf sah, in Tränen ausbrach. Um sie zu beruhigen, versprach ihr der Gott Brahma, dass Ganesh immer an erster Stelle in der Götterverehrung stehen solle.

ELEFANTENSTOCK
Ein häufiges Attribut Ganeshas ist der Stachelstock (*Ankusha*), den er benutzt, um Elefanten anzutreiben.

ELEFANTENKOPF
Dem bekannten Mythos zufolge schlug Shiva seinem Sohn den Menschenkopf ab. Nach einer anderen Sage war Parvati so stolz über die Geburt ihres Sohnes, dass sie alle Götter bat, ihn anzusehen. Unter dem Blick des Shani (Saturn) aber verbrannte Ganeshs Kopf zu Asche, wie alles, was Shani anblickte. Parvati fand als Ersatz nur den Kopf eines Elefanten.

GANESHAS GATTIN
Wie die meisten Hindugötter hat auch Ganesh eine Gemahlin. Sie ist als *Siddhi* (»Erfolg«) oder *Riddhi* (»Wohlstand«) bekannt und trägt einen Lotos.

ABGEBROCHENER STOSSZAHN
Der Gott der Gelehrsamkeit soll seinen Stoßzahn selbst abgebrochen haben, um ihn als Stift zum Aufschreiben des *Mahabharata* zu benutzen.

KOBRA
Um Ganeshs dicken Bauch ist eine Kobra gewunden. Sie hat die Funktion der »heiligen Schnur« des gläubigen Hindus. Die Kobra ist ein Tier aus dem Umkreis Shivas und erinnert daran, dass Ganesh Shivas Sohn ist.

KÖNIGLICHE HALTUNG
Ganeshs Haltung mit einem erhobenen Bein ist königlich und heißt *Lalitasana.*

ZWERG ODER GANA
Ganesh(a) bedeutet wörtlich übersetzt »Herr der *Gana*«. Als Entschädigung für den Verlust seines Menschenkopfes übertrug Shiva Ganesh die Herrschaft über die *Ganas,* Shivas ungehobeltes Zwergengefolge.

RAMAS TAPFERER FREUND UND HELFER HANUMAN

Hanuman ist eine wichtige Figur des *Ramayana* (siehe S. 51–53). Dieses heilige Gedicht erzählt von Hanumans wichtiger Rolle beim Sieg Ramas über den Dämon Ravana, den König der Insel Sri Lanka. Hanuman wird auch als Symbol des Heldentums und der Kraft verehrt. Ursprünglich brachte man ihm vor allem in Sri Lanka große Hochachtung entgegen, heute aber ist er in ganz Indien beliebt. Oft findet man Hanuman-Statuen an den Eingängen zu Tempeln, die er gegen Feinde verteidigen soll.

FÜNFKÖPFIGE SCHLANGE
Eine Schlange krönt das Hanuman umgebende Rad. Schlangengötter (*Nagarajas*) werden als eigenständige Gottheiten verehrt und spielen eine wichtige Rolle im Vishnuismus (siehe S. 45).

KRISHNA ODER BALARAMA
Die tanzende Figur ist entweder Krishna oder sein Bruder Balarama. Das weist auf den vishnuitischen Kontext dieser Figur hin (siehe S. 45–47).

MAGISCHE PFLANZE
Hanuman hält die Zauberpflanze für die Heilung von Ramas Bruder Lakshmana, der im Kampf gegen den Dämon Ravana auf dem Schlachtfeld verwundet wurde.

SCHNECKE
Die Schnecke ist eines der Symbole Vishnus. Die Verbindung zwischen Vishnu und Hanuman besteht über Vishnus *Avatara* Rama.

FLAMMENRAD
Hanuman ist hier in einem Flammenrad dargestellt, einem sonst eher shivaitischen Symbol.

DOLCH
Hanuman trägt den Dolch, mit dem er Rama den Dämon Ravana besiegen half.

HALSKETTE
Die juwelenbesetzte Halskette Hanumans ist im Stil Südindiens gearbeitet, der Region, in der man den Affengott besonders verehrt.

HOLZSCHUHE
Hanuman trägt die Holzschuhe des Asketen (siehe S. 61); das deutet sein zölibatäres Leben, seine Ehelosigkeit, an.

▲ Hanuman, der Affengott
Diese Bronze aus Südindien (18. Jh.) zeigt den Affengott Hanuman in einem flammenden Feuerrad. Das mag einen Bezug zu der Geschichte des *Ramayana* darstellen, in der Ravanas Sohn Indrajit Hanuman fing und seinen Schwanz anzündete. Agni aber teilte das Feuer, und es brannte um den Schwanz herum, ohne ihn zu verbrennen.

HEILIGE SCHRIFTEN

Die vier Veden aus brahmanischer Zeit stellen die älteste bekannte Sanskritliteratur dar. Sie sind Opferhymnen, die sich von einer älteren mündlichen Überlieferung ableiten. Das älteste Buch, der *Rigveda*, datiert um 1200 v. Chr., das vierte Buch, der hauptsächlich aus Formeln und Sprüchen bestehende *Atharvaveda*, um 900 v. Chr. Die *Brahmanas* (Priestertexte) stellen Opfertexte und Erläuterungen zu den vier *Veden* dar. Zwischen 800 und 300 v. Chr. entstand eine Reihe philosophischer Werke. Dazu gehören die *Aranyakas* (Waldtexte) und die *Upanishaden* (Geheimtexte). Die *Puranas* (»alte Erzählungen«) mit ihrer Fülle von Mythen und Legenden waren um 900 n. Chr. abgeschlossen. Bhakti-Kulte, Kulte der liebenden Hingabe an eine Gottheit, inspirierten und wurden inspiriert von großen Epen wie dem *Mahabharata* (zwischen 200 v. Chr. und 400 n. Chr.). Eingeschaltet in das *Mahabharata* ist die *Bhagavad Gita*, der »Gesang des Erhabenen« mit seinem philosophischen Dialog zwischen Krishna (siehe S. 45–47) und dem Krieger Arjuna. Das dem hl. Valmiki zugeschriebene *Ramayana* wurde zwischen 200 v. Chr. und 200 n. Chr. geschrieben.

► Krishna wartet auf Radha
Krishna wartet im Wald auf seine Geliebte Radha. Die Geschichte ihrer Liebe erzählt das Gedicht *Gitagovinda*. Die dunkle Haut Krishnas lässt einen Ursprung als Stammesgottheit vermuten. Auch die Bambusflöte und Krishnas relativ freizügige Sexualität sind Kennzeichen der indischen Stammesgesellschaft.

◄ Krishna, der romantische Held
Die Legenden um Krishna wurden zuerst niedergeschrieben im *Bhagavata Purana*, kurz *Bhagavatam*. Sie erzählen u. a., wie Krishna bei den Kuhhirten vor dem Tyrannen Kansa in Sicherheit gebracht wurde. Dort betätigte er sich als Dämonentöter und Herzensbrecher. Seine Tändeleien mit den Hirtinnen (*Gopis*) versinnbildlichen die Liebe Gottes zu den Seelen. Seine Geliebte und Gattin Radha (auf dem Bild rechts von Krishna) gilt als personifizierte Gottesliebe.

DAS RAMAYANA

Das *Ramayana* besteht aus 24 000 Doppelversen und erzählt die Geschichte des Prinzen Rama: von seiner erzwungenen Abdankung als Thronfolger, vom Exil mit seiner Frau Sita und seinem Bruder Lakshmana, von Sitas Entführung durch den bösen Dämon Ravana und von ihrer Rettung.

»DIESES BERÜHMTE UND HEILIGE EPOS … VOM ÜBEL BEFREIT WIRD, WER ES BESTÄNDIG IN DIESER WELT VERNIMMT; EINEN SOHN WIRD ERHALTEN, WER IHN SICH WÜNSCHT, REICHTUM WIRD HABEN, WER IHN BEGEHRT … WER DAS RAMAYANA ANHÖRT, ERHÄLT LANGES LEBEN UND SIEGE WIE RAMA, DER TÄTER UNSTERBLICHER TATEN. WER SEINEN ZORN BEHERRSCHT UND GLÄUBIG DIE GESCHICHTE VON VALMIKI VERNIMMT, DER ÜBERWINDET JEDES HINDERNIS … SINGT ES MIT LIEBE! MÖGE DIE KRAFT VISHNUS WACHSEN!«

Ende des *Ramayana*

▲ Die Affenarmee
Affenkönig Surgiva ist stark, demütig, tapfer, kenntnisreich und wagemutig, kann seine Gestalt geschickt wechseln und kennt die Schliche eines jeden Dämons. Rama hatte ihm geholfen, seinen Thron wiederzuerlangen, den sein böser Bruder besetzt hatte.

◀ Gefangene in Ravanas Schloss
Sita, Inbegriff der Keuschheit, Loyalität und Gattenliebe, teilte klaglos Ramas Exil in den Wäldern, bis sie von Ravana entführt wurde.

SIEG ÜBER RAVANA

Diese Illustration zeigt die im Sanskritepos *Ramayana* des Poeten Valmiki beschriebene Schlacht zwischen Prinz Rama und dem Dämon Ravana. Die Geschichte von Sitas Entführung geht möglicherweise zurück auf die Spannungen zwischen den Indo-Ariern, die um 1500 v. Chr. nach Indien vordrangen und im Gedicht von Rama verkörpert werden, und der dravidischen Urbevölkerung, die seit 10 000 v. Chr. im Land lebte (siehe S. 33) und von Ravana dargestellt wird.

DAS GOLD VON LANKA
Lanka, das die Überlieferung mit der Insel Sri Lanka gleichsetzt, war die Heimat Ravanas. Hierher brachte er Sita und bedrohte sie mit Folter und Tod, wenn sie ihn nicht heiraten wollte. Doch Hanuman fand die Gefangene, setzte die Stadt in Brand, kämpfte gegen die Dämonen und holte schließlich Rama zu Hilfe.

DÄMONENHORDEN
Die Stadt Lanka wird von Ravanas *Rakshasas* (wörtlich »Zerstörer«) verteidigt. Diese Dämonen fliegen schneller als der Wind und sind von Natur aus abstoßend hässlich. Allerdings können sie ihr Äußeres verwandeln.

ARME UND KÖPFE
Ravana hat zehn Köpfe und 20 Arme. Wird ein Kopf abgeschlagen, wächst ihm ein neuer. In seinen 20 Händen trägt er verschiedene Waffen.

RAMAS BOGEN
Ramas Bogen war ursprünglich ein Geschenk Shivas an die Götter, die ihn schließlich an einen Vorfahren von Sitas Vater weitergaben. Vor Rama war es niemandem gelungen, den Bogen zu spannen. Er aber schaffte es mit Leichtigkeit und gewann so Sitas Hand und Herz.

DER DÄMON RAVANA
Ravana, König der *Rakshasas* (Dämonen) und Herrscher von Lanka, kämpft gegen Rama, der ihn schließlich mit einem heiligen Pfeil tötet. Ravana entführte Ramas Frau Sita, um seine Schwester Surpanakha zu rächen, die sich in Rama verliebte, von diesem abgewiesen und von Lakshmana verwundet wurde, als sie Sita aus Eifersucht angriff.

PRINZ RAMA
Rama, der Prinz von Ayodhya, ist ein Sinnbild des Edelmuts, der Freundlichkeit und Begabung. Mit seinen Brüdern, deren ältester und edelster er ist, gilt er als Inkarnation Vishnus, was auch seine blaue Hautfarbe zeigt (siehe S. 45–47). Er wurde inkarniert, um den vom Dämon Ravana bedrängten Göttern zu helfen. Jahre zuvor hatte der Gott Brahma Ravana Unverwundbarkeit durch Götter und alle Wesen außer Menschen zugesagt. So wurde Rama Mensch, um der Tyrannei ein Ende zu bereiten.

HANUMAN
Der Affengott Hanuman, Feldherr der Affenarmee, ist selbstlos und loyal. Er entspricht dem Hindu-Ideal eines perfekten Dieners. Als das *Ramayana* entstand, war er wohl schon eine alte Gottheit, Relikt eines uralten Tierkults. Er kann seine Gestalt verändern und soll der Sohn des Windgottes Vayu sein.

LAKSHMANA
Ramas Halbbruder Lakshmana stand immer treu zu seinem Bruder. Sita wurde entführt, als sie unter seinem Schutz stand. Ravana machte Sita glauben, Rama sei in Gefahr. Daraufhin drängte sie Lakshmana, ihm zu Hilfe zu eilen. Nun war sie Ravana schutzlos ausgeliefert.

GLAUBENSPRAXIS

In der Glaubenspraxis der Hindus spielt *Puja,* die Verehrung des im Bildnis *(Murti)* anwesenden Gottes, eine zentrale Rolle. Wichtig sind auch zauberformelartige Gebete *(Mantras)* und kosmische Diagramme *(Yantras)*, in einfachster Form ein Kreis in einem Quadrat innerhalb eines Rechtecks mit vier Türen, die die vier Himmelsrichtungen darstellen. Die Architektur der Hindutempel beruht auf diesem Grundprinzip, allerdings gibt es viele Abwandlungen und Dekorationselemente. Im Mittelpunkt des Tempelkults steht die Ikone, das heilige Bild, das man wie den Tempel selbst als »Wohnung« und Symbol der Gottheit ansieht. Bilderverehrung *(Puja)* findet zu Hause ebenso statt wie im Tempel. Man betet Schrifttexte und *Mantras*. Das Götterbild wird liebevoll mit Opfergaben gespeist *(Prasad)*, rituell gebadet, bekleidet und mit Blumen und Räucherwerk verehrt. Die Gläubigen opfern häufig, wenn sie von der Gottheit die Erfüllung bestimmter Wünsche erbitten, letztes Ziel aber ist es, mit der Gottheit eins zu werden. *Darshana,* die Ikone schauen und ihr nahe sein, ist dabei wichtig.

◀ **Brahmanen**
Der Priester, der den Tempeldienst versieht, hat die Aufgabe eines Mittlers zwischen dem Gläubigen und der Gottheit. Nur er darf das Allerheiligste des Tempels betreten und dort die Opfergaben für die Gläubigen darbringen. Zu Beginn der Götterverehrung im Tempel beschwört der Brahmane die Anwesenheit der Gottheit durch Singen heiliger Silben. Zwar gibt es in manchen Dorftempeln keine Priester, doch ohne Brahmanen gilt ein Schrein nicht als orthodox.

▲ **Südliche Tempel**
Riesige Tempelbezirke mit Säulenhallen, Gartenanlagen, Teichen und mehrstöckigen Tortürmen (*Gopuram*) sind charakteristisch für die Tempelarchitektur des Südens. Im Norden herrschen Tempel mit sich nach oben verjüngenden Tempeltürmen (*Sikharas*) über der Cella vor.

DER VISHNU-RANGA-NATHA-TEMPEL VON SHRIRANGAM

Dieses Bild (um 1820) zeigt den Grundriss des Vishnutempels von Shrirangam in Südindien. Solche Bilder wurden als Souvenirs an Pilger verkauft.

AVATARA-SCHREIN
Vishnus Inkarnationen befinden sich in Tornähe. Das zeigt ihre Nähe zu den Menschen und der Welt, die zu retten sie herabgestiegen sind.

AMALAKA
Diese architektonische Form leitet sich von der flaschenkürbisartigen Frucht des Myrobalanenbaums ab. Das *Amalaka* bildet den krönenden Abschluss eines Tempelturms.

HEILIGER TEICH
Wasser ist wichtig. Wenn der Gottheit der Tempel nicht gefällt, nimmt sie dort nicht ihre Wohnung.

REINIGENDES WASSER
Wasserbecken in der Nähe der Tempeltore ermöglichen den Gläubigen, sich vor Betreten des Tempels rituell zu waschen.

BUDDHA-SCHREIN
Buddha gilt Hindus als neunte Inkarnation des Gottes Vishnu.

ÄUSSERE SCHREINE
Innerhalb oder außerhalb des Haupttempels befinden sich oft Nebenschreine anderer Gottheiten.

EINGANG
Vor dem Betreten des Tempels legen die Gläubigen zum Zeichen ihrer Ehrfurcht die Schuhe ab.

ZENTRALER TURM
Sikhara nennt man den Turm, der die Cella mit dem Götterbild im Zentrum des Tempels überragt. Er stellt die kosmische Achse zwischen Himmel und Erde dar und hat eine ähnliche Bedeutung wie das Foramen des menschlichen Schädels (das nach dem Tod rituell geöffnet wird, damit die Seele aufsteigen kann) oder die Rauchöffnung der vedischen Opferhütte. Er erinnert auch an den mythischen Götterberg Meru.

MUTTERSCHOSS
Das Allerheiligste des Tempels, die Cella mit dem Götterbild nennt man *Garbha Griha* (Mutterleib). Die dort befindliche Ikone kann eine bildliche Darstellung sein, aber auch ein Symbol wie das *Lingam* (siehe S. 39). Dieses Hauptbild des Tempels zeigt, wem er geweiht ist.

AUGEN DES GOTTES
Die Augen der Ikone sind besonders wichtig, denn durch sie erfolgt *Darshana*, wenn der Gott und der Gläubige miteinander kommunizieren. Daher sind die Augen im Verhältnis zum übrigen Körper immer sehr groß.

VOM LICHT INS DUNKEL
Die Gläubigen dringen von der prunkvollen äußeren Form – der Darstellung der göttlichen Kräfte – zum schmucklosen, dunklen Innenraum vor, dem »Mutterschoß«, in dem die einzige Ikone residiert. Hier lenkt nichts von der Gottesverehrung ab.

GÖTTER AM SCHREIN
Ehe der Gläubige das Heiligtum erreicht, kommt er in den Vorraum, wo sich das Reit- und Begleittier des Gottes befindet. Auch ihm huldigt der Gläubige mit Gaben. Der Eingang zum Schrein selbst wird von gütigen Gottheiten wie Ganesh oder Lakshmi (siehe S. 49 und 44) bewacht.

TEMPELRUNDGANG
Der direkte Weg zum Hauptschrein führt vom Tempeleingang geradeaus, aber die Gläubigen müssen sich ihm in einem Rundgang im Uhrzeigersinn nähern. Gegen den Uhrzeigersinn zu laufen wäre eine Beleidigung der Gottheit.

SCHREINORDNUNG
Die Schreine anderer Götter sind im Tempel entsprechend der Rolle der Götter und der Laufrichtung der Gläubigen angeordnet. Ganesh, der Beseitiger von Hindernissen, steht oft als Wächter am Eingang.

DIE VIER GOPURAM
Die vier Tortürme markieren die vier Himmelsrichtungen und gelten als Schwellen zwischen den Welten. Die Tore werden von in Stein gehauenen kriegerischen Torhütern bewacht, manchmal auch von Flussgottheiten wie Ganga oder Jumna.

SEGENSREICHE FLÜSSE
Flüsse gelten als Heil bringend, und Tempel werden möglichst an ihren Ufern oder zumindest in ihrer Nähe errichtet. Als besonders heilig gelten Tempel am Ganges.

HAUSANDACHT

Für die meisten Hindus ist der Hauskult von größerer Bedeutung als der Tempelkult. Am Hausaltar bringen Mitglieder der Familie Gaben und sprechen Gebete, allein oder gemeinsam. Der Familienschrein ist das heilige Zentrum des Hauses. Er kann einen ganzen Raum mit Altar, Bildern und Statuen einnehmen, aber auch eine einfache *Tulasi* (basilikumähnliche Pflanze), die Vishnu geweiht ist, kann genügen. Süßigkeiten, Kokosnüsse, Geld und Früchte können als Opfergaben dienen. Das Entzünden von Lichtern und Räucherwerk gehört ebenfalls zum häuslichen Ritual. Man kann jeden Tag opfern und beten, doch der Donnerstag gilt als besonders günstig.

EIN HAUSALTAR

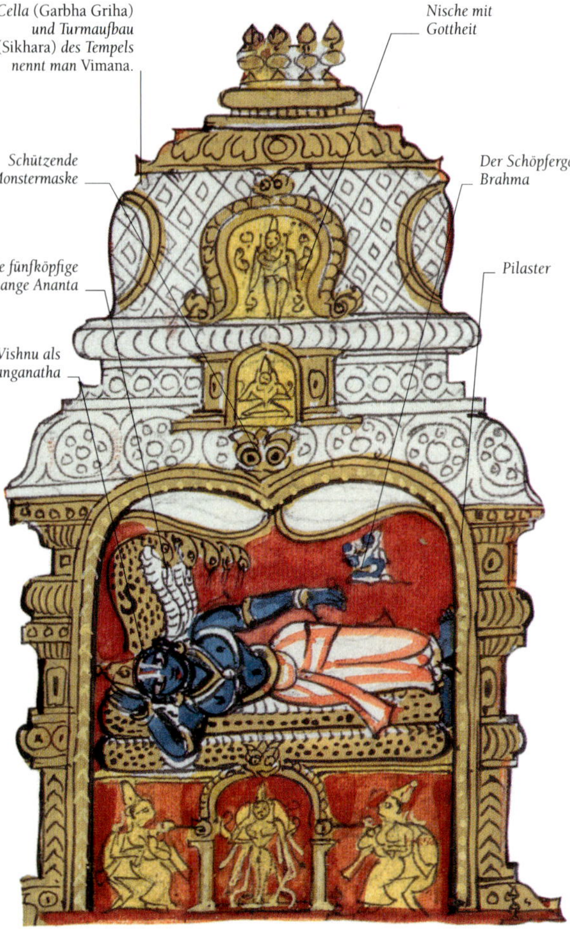

»FERNE IST ES DOCH SO NAH.
IN ALLEM IST ES INWENDIG, UND DOCH AUSSERHALB ALLEM DA.«
Aus dem *Isha-Upanishad*

▲ Besuch der Schreine
Die Gläubigen bringen oft an Schreinen der Götter, an denen sie auf dem Weg zum Hauptschrein vorbeikommen, Opfer dar.

◀ Das Heilige und Göttliche
Nach Auffassung der Hindus sind der menschliche Körper, der Tempel und das Universum letztlich gleich. Der Tempel ist nicht nur Sitz der Gottheit, sondern steht auch für das Universum und das Göttliche. Beim Bau müssen die Proportionen der einzelnen Elemente genau stimmen, damit der Tempel einen guten Einfluss auf die Gläubigen in seiner Umgebung ausüben kann. Das Hauptbildnis im *Garbha Griha* stellt ein heiliges Kraftfeld dar, das eine heilige Energie abstrahlt. Diese Energie wirkt beim *Darshana*, der »Anschauung« der Gottheit.

WALLFAHRTEN

Überall in Indien unternehmen die Menschen Pilgerreisen, eine Glaubenspraxis, die schon im *Mahabharata* (siehe S. 51) erwähnt wird. Beliebte Wallfahrtsorte sind Furten *(Tirthas)*, durch die man sicher durch Flüsse gelangt. Viele der großen Wallfahrtsorte liegen wie Varanasi (Benares) am Ufer der großen Flüsse. Die Furten hielt man im wörtlichen und im übertragenen Sinne für Orte des Übergangs von dieser Welt in eine andere und vom Kreislauf der Wiedergeburten *(Samsara)* zur Erlösung (*Moksha*, siehe S. 60). Ebenso wie Flüsse sind auch der Himalaja und bestimmte Tempel Ziele der Pilger. Viele heilige Stätten verdanken ihre Bedeutung Legenden, häufig sind es Orte, von denen man glaubt, dass dort Götter in die Welt kamen. Berühmte Wallfahrtsorte sind u. a. Kurukshetra, der Schauplatz der großen Schlacht des *Mahabharata*, Ayodhya, die alte Hauptstadt Ramas, oder Mathura, der in Nordindien gelegene Geburtsort Krishnas.

◀ Pilgeropfer
Die Pilger opfern an Schreinen entlang der Ufer des Ganges. Jeden Morgen bringen sie der aufgehenden Sonne zum Gruß Wasser aus dem Fluss dar.

▲ Die Flussgöttin Ganga
Der Ganges ist der heiligste Fluss der Hindus, vor allem in Varanasi gilt er als besonders reinigend. Der als Göttin Ganga verehrte Fluss floss ursprünglich nur im Himmel. Der Weise Bhagiratha, dem die Götter wegen seines Lebens voller guter Taten eine Bitte gewährten, bat darum, dass der Ganges auf der Erde fließe. Shiva fing den Fall Gangas zur Erde ab, indem er sie mit seinen Haarflechten auffing.

SATI

Sati, die Gattin des Shiva Virabhadra, stürzte sich zur Verteidigung der Ehre ihres Gatten in die Flammen und wurde so zum Vorbild für die treue Gattin und die Witwenverbrennung. Nach einer anderen Legende trug Shiva den Leichnam seiner Gattin, die aus Scham über die Beleidigung ihres Gatten durch ihren Vater gestorben war, durch ganz Indien. Um dem ein Ende zu machen, zerstückelte Vishnu Satis Körper und verstreute die Körperteile. Wo sie hinfielen, entstanden heilige Orte.

PASUPATINATH

Pasupatinath in Nepal gleicht mit ihren Shivatempeln und dem heiligen Fluss einem kleinen Benares.

TEMPEL VON ANNAPURNA

Annapurna, »die an Nahrung Reiche«, ist ein Aspekt der *Shakti* Shivas (siehe S. 41) und symbolisiert Fülle und Überfluss. Sie wird dargestellt mit goldener, übervoller Reisschale und einem randvollen Milchkrug. In Varanasi findet alljährlich im Herbst das Annakuta-Fest statt, das Fest des »Nahrungsberges«. Gläubige füllen den Annapurna-Tempel mit Speisen, die als *Prasad* (heilige Speise) an die Bedürftigen verteilt werden.

CHANDRA, DER MOND

Als die Götter die Erde schufen, indem sie das Weltmeer quirlten, kam u. a. der Mond zum Vorschein, mit dem Shiva seinen Kopf schmückte.

TEMPEL DES HERRN VISVANATH

Dies ist der heiligste Tempel in Kashi – mit der heiligen Lichtsäule, Shivas *Linga*, im Hauptschrein. Als Wächter liegt Shivas Reit- und Begleittier Nandi vor dem Tempel.

SHIVAS FAMILIE

Shiva als liebender Familienvater mit seiner Gattin Parvati und ihrem Sohn Ganesh

PILGERSTRASSEN

Zwei Pilgerstraßen führen in die Stadt. Der über 80 km lange Rundweg um Varanasi ist verdienstvoller als der kürzere direkte.

SADASHIVA

Sadashiva ist ein immer gnädiger Aspekt Shivas.

DURGA

Shivas *Shakti* Durga unterwirft in rechtschaffenem Zorn den Büffeldämon, der die Stabilität der Welt bedroht.

BHAIRAVA

Einem Mythos zufolge entsprang Bhairava Shivas drittem Auge, als dieser sich über den Gott Brahma erzürnte. Als Bhairava einen von Brahmas Köpfen abschlug, klebte dieser an seiner Hand, bis Bhairava Varanasi erreichte, wo alle Sünden abgewaschen werden. Er wird als junger Asket in Begleitung eines Hundes gezeigt.

TEMPEL VON KEDARNATH

Kedarnath im Himalaja gilt seit dem 13. Jh. als einer der wichtigsten Shiva-Wallfahrtsorte.

TEMPEL VON BISWANATH

Der Tempel von Biswanath ist Shivas »*Linga* des feurigen Lichtes« geweiht.

BESTATTUNG AM GANGES

Auf den Uferstufen (*Ghat*) hinab zum Ganges liegt ein Leichnam. Er muss noch vor Sonnenuntergang des Sterbetags verbrannt werden. Nach dem Tod wird der Schädel gespalten, damit die Seele austreten kann. Der älteste Sohn setzt den Scheiterhaufen in Brand und spricht die vorgeschriebenen Sanskritgebete.

TOD IN VARANASI

In Varanasi zu sterben, am Gangesufer verbrannt und als Asche in den Strom gestreut zu werden, gilt als heilfördernd.

MAURJA-SÄULEN IN SARNATH

Ein löwenköpfiges Kapitell krönt eine Ediktsäule des Kaisers Ashoka (3. Jh. v. Chr.). Nach blutigen Kämpfen wandte er sich dem Buddhismus zu und gelobte, fortan gütig und gerecht zu sein.

GANESHASCHREIN

Zu Shivas Sohn Ganesh betet man um Glück, vor allem in geschäftlichen Dingen.

LAKSHMI

Lakshmi, die Gemahlin Vishnus, ist die Göttin des Glückes und verkörpert Anmut und Freundlichkeit. Es gibt keinen Tempel, der ihr allein geweiht ist. Sie wird aber, ebenso wie Ganesh, in vielen Privat- und Geschäftshäusern verehrt.

KARTE VON VARANASI

Diese Karte zeigt die heiligen Stätten der Stadt. Die runden Bilder der Randborte zeigen Gottheiten, Mythen und andere berühmte Shiva-Wallfahrtsorte. Solche Karten werden für Pilger angeboten.

VARANASI, STADT DES LICHTES

In der britischen Kolonialzeit hieß Varanasi Benares. Ein weiterer Name der Stadt ist Kashi (»Stadt des Lichtes«). Varanasi ist das bedeutendste Wallfahrtszentrum Indiens. Es gilt als Heimat des Gottes Shiva (siehe S. 39–41). Hier, so erzählt die Legende, brach Shivas *Linga* des Lichtes, die feurige Achse der Welt, durch die Erde, um zum Himmel zu gelangen. Die ganze Stadt gilt als *Linga*, als Verkörperung Shivas. Nach Varanasi kommen viele Menschen, um dort auf ihren Tod zu warten.

DER HEILIGE FLUSS GANGES IN VARANASI

▲ Der Tempel von Ramesvaram
Der Shivatempel von Ramesvaram liegt am Westende der Adamsbrücke zwischen Indien und Sri Lanka. Dort huldigte Rama (siehe S. 52) dem Shiva, ehe er nach Sri Lanka übersetzte, um seine Frau zu befreien.

▲ Shivaschreine
Diese Schreine sind Shiva als Nagnath, dem Herrn der *Nagas* (Schlangen oder Wassergeister) gewidmet.

▲ Tempel der Durga
Durga, die schreckliche *Shakti* Shivas, ist auch als Kali (siehe S. 42–45) bekannt. Sie ist wahrscheinlich die wichtigste Hindugöttin.

»DER GANGES, SHIVA UND KASHI: WO DIESE DREIFALTIGKEIT WACHT, FINDET MAN DIE GNADE, DIE ZUR EWIGEN GLÜCKSELIGKEIT FÜHRT.«

Kashi Kanda

WEGE ZUR ERLÖSUNG

Moksha ist der Schlüsselbegriff für das letzte Ziel *Artha* (siehe S. 34) des Menschen im Hinduismus und bedeutet »Erlösung«, »Befreiung« aus dem Kreislauf der Wiedergeburten *(Samsara)*. Um dies zu erlangen, gibt es mehr als einen Weg *(Marga)*. Die drei wichtigsten sind: der Weg des wahren Wissens und der Erleuchtung *(Jnanamarga)*, der Weg der liebevollen Hingabe an einen persönlichen Gott *(Bhaktimarga)* und der Weg des selbstlosen Handelns *(Karmamarga)*. Da man möglicherweise Millionen Male wiedergeboren wird, besteht nicht die Notwendigkeit, in einem einzigen Leben alle Wege zu gehen. Vielmehr soll man in jedem Leben das tun, was jeweils angemessen ist (*Dharma*, siehe S. 34). In einigen Richtungen des Tantrismus (s. u.) muss man Dinge tun, die gegen das normale *Dharma* verstoßen, um die Kraft zu erhalten, alle Aspekte des irdischen Lebens zu überwinden. Das bedeutet, dass *Moksha* letztlich kein »Ziel« sein kann, da man die wahre Erlösung nur erreichen kann, wenn man sich von allen Begierden und Wünschen frei macht, auch von dem Streben nach *Moksha*. Erlösung lässt sich schon im Leben erreichen. Wer sie erlangt hat, lebt als *Jivanmukta* innerlich völlig frei und besitzt vollständige Herrschaft über Körper und Geist. Im Hinduismus gibt es keinen Erlöser, sondern viele Schulen, Gurus und Götter, bei denen die Gläubigen Hilfe finden.

HINDUISTISCHER TANTRISMUS

Tantra oder Tantrismus ist eine der Hauptströmungen der indischen Religionen. In ihr spielt die Symbolwelt eine besondere Rolle. Die Anhänger des Tantrismus suchen nicht Erlösung im orthodoxen *Dharma*, sondern streben nach übernatürlicher, göttlicher Kraft (*Siddhi*) und Freude in höheren Welten (*Bukhti*). Der Mikrokosmos des menschlichen Körpers entspricht dem Makrokosmos. Von zentraler Bedeutung ist das weiblich-energetische Prinzip des Universums (*Shakti*), das sich in der religiösen Erfahrung als Muttergöttin darstellt (siehe S. 42–44). Das männlich-geistige, ruhende Prinzip stellt sich als *Shiva* dar. Ohne das dynamische weibliche Prinzip ist es machtlos. Götterverehrung ist nach tantristischem Glauben nur Göttern möglich. Daher strebt man durch Rezitieren von *Mantras* die Identifikation mit der Gottheit und die eigene Göttlichkeit an. Der Tantrismus stützt sich auf Ritualtexte aus dem 7.–11. Jh., die mündliche Tradition aber reicht weiter zurück. Die meisten hinduistischen *Tantras* sind Dialoge zwischen Shiva und seiner Gemahlin. Die extremen Ausprägungen des Tantrismus streben Vollkommenheit auch durch Praktiken an, die nach der Lehre der Brahmanen zur Verderbnis führen. Dazu gehören der rituelle Beischlaf zwischen Angehörigen unterschiedlicher Kasten und der Genuss von Wein und Fleisch.

▲ Lebensstufen
Die Familie spielt in Indien eine große Rolle. Das spiegelt sich auch in den Lebensstadien (*Ashrama*) wider, die die Männer der oberen Kasten im Idealfall durchlaufen sollten. Die erste ist die des Schülers (*Brahmacarya*). Das Lernen wird als sehr wichtig erachtet, denn es spielt eine wesentliche Rolle auf dem Weg zur Erlösung. Es folgt die Stufe des Familienvaters (*Grihastha*), die des Waldbewohners (*Vanaprastha*) und schließlich die des Wanderasketen (*Sannyasin*).

SADHUS UNTER EINEM BAUM

Dieses Gemälde von Inayat stammt von 1630 und zeigt mehrere Wanderasketen unter einem heiligen Banyan-Baum. Das Wanderasketendasein (*Sannyasin*) ist die letzte Lebensstufe auf dem Weg zur Erlösung. Für die übrigen Hindus sind die *Sadhus* (»heilige Männer«) Quellen der religiösen Gelehrsamkeit.

DER HEILIGE BANYAN-BAUM
Nach alter indischer Tradition ziehen sich Asketen in die Wälder zurück. Dort kennt man seit alters die Baumverehrung. Den heiligen Banyan-Baum kennzeichnen Wurzeln, die von seinen Zweigen herabwachsen.

DER YOGI
Der Yogi ist im Lotossitz dargestellt, die Hände in Lehrhaltung. Auch Buddha oder Shiva werden oft so unter einem Baum sitzend abgebildet, umringt von Jüngern. Die Baumikonografie ist noch älter als der Buddhismus (siehe S. 94–95).

EHRERBIETUNG
Das Knien und die Gestik sind Zeichen der Ehrerbietung gegenüber dem Lehrer.

HEILIGES FEUER
Feuer ist ein Symbol des *Tapas*, der Hitze, die man durch Askese erlangt. Im *Rigveda*, der ältesten heiligen Schrift Indiens, wird die Welt durch die Macht dieser »(Brut-)Hitze« ins Leben gerufen, und einige Teile dieser Schrift sind Agni, dem »Gott Feuer« (siehe S. 36), gewidmet. In den später entstandenen *Upanishaden* sieht man Tapas als eine Art innere Kraft. Feuer spielt zudem seit Urzeiten als Opferfeuer eine Rolle, durch das die Menschen mit den Göttern kommunizieren. Der Yogi vollzieht vielleicht ein rituelles Feueropfer.

MOSLEM
Der Turban deutet an, dass es sich hier möglicherweise um einen muslimischen Sufi handelt (siehe S. 309). In Indien hat der Gedankenaustausch zwischen verschiedenen Religionen eine lange Tradition.

KASTEIUNG
Askese bedeutet nicht nur Verzicht auf besondere Genüsse, sondern oft auch harte Entbehrungen bis hin zum Sterbefasten und zur Selbstverstümmelung. Dieser Mann hat einen verkrüppelten Arm, der auf einer Krücke ruht – möglicherweise Folge einer solchen Selbstverstümmelung.

WASSERFLASCHE
Ein Wassergefäß oder eine Bettelschale *(Lota)* ist der einzige Besitz eines *Sadhu*.

NEULING
Der kahlgeschorene Kopf zeigt, dass dieser Mann gerade erst seinem vorherigen Leben entsagt hat. Er will nun als Asket leben und bringt seinem Lehrer als Zeichen der Ehrerbietung ein Getränk.

MÄCHTIGE SCHLANGE
Die Schlange ist ein Symbol Shivas, der Macht über Leben und Tod sowie über die sexuelle Energie hat. Zum asketischen Leben gehört auch sexuelle Enthaltsamkeit als ein Mittel, sich von der Welt zu lösen.

SHIVAJÜNGER
Shaivas tragen ihr Haar meist lang und ungekämmt, was an Shivas Haartracht erinnern soll. Viele Asketen sind Anhänger des Shiva, von dessen asketischem Leben viele Mythen berichten. Er gilt als der größte aller Bettelmönche und wird oft mit den Kennzeichen des Asketen dargestellt.

»WENN DES HERZENS BEGIERDEN ALL ER GÄNZLICH AUFGIBT, PRITHA-SOHN, AM SELBST UND DURCH DAS SELBST VERGNÜGT – DANN HEISSET ER IN WEISHEIT FEST!«

Krishna in der *Bhagavad Gita* (XII, 4)

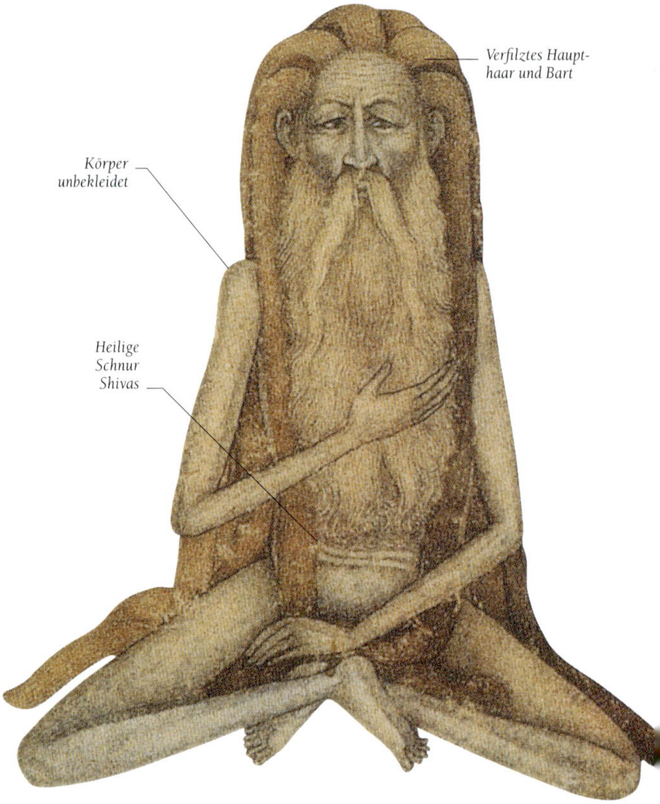

▼ Das Zeichen Shivas
Shaiva-Asketen erkennt man an dem roten Zeichen, das mit Asche auf die Stirn gemalt ist. Es symbolisiert Shivas drittes Auge, das Auge der Erkenntnis (siehe S. 40) und ist gleichzeitig ein Zeichen der Abkehr von der Gesellschaft und der Welt. Häufig bestäuben Asketen ihren ganzen Körper mit Asche, denn in der Asche der Totenverbrennungsplätze sann Shiva über die Vergänglichkeit des Lebens nach.

▲ Der Yogi
Der Yogi sitzt aufrecht im Lotossitz *(Padmassara)*. *Yoga* (»Verbindung«) ist eine wichtige hinduistische Praxis, durch die man durch bestimmte Körperhaltungen Kontrolle über Geist und Sinne erlangt. Auf der höchsten Stufe erreicht die Einzelseele Einheit mit der Weltseele, der *Yogi* verbindet den Atem, die Silbe *Om* und diese ganze Welt in ihrer Vielfalt. Seit dem 19. Jh. verbreiten *Yogis* ihre Lehren auch im Westen, und es sind neue religiöse Bewegungen wie die von Maharishi Mahesh Yogi gegründete Transzendentale Meditation™ entstanden.

LEBEN EINES SADHU

Solch ein *Sadhu* genießt großes Ansehen bei den Laien, auf deren Unterstützung er angewiesen ist. Die Menschen geben ihm Geld oder Speisen in seine Bettelschale. Manchmal kommen Menschen zu ihm, die religiöse Weisung oder *Darshana*, Anschauung des Göttlichen, suchen. Ein *Sadhu* lebt abseits der Gesellschaft, trägt nur wenig Kleidung und übt sich in Entsagung, z. B. durch Fasten oder Yoga. Dadurch erzeugt er *Tapas* (Hitze), die die körperliche und geistige Energie harmonisiert und ihn befähigt, *Moksha* zu erlangen.

HINDUFESTE

Die Feste des Hindukalenders markieren oft den Wechsel der Jahreszeiten oder dienen der Verehrung einzelner Götter und Göttinnen. Diese religiösen Feste verbinden Glauben und Kult mit Spaß und Freude. Sie sollen Schlechtes von den Menschen abwenden, die Bindungen innerhalb der Gemeinschaft stärken und die Lebensenergien der Natur stimulieren. Die wichtigsten Feste sind Holi, Divali und Dusserah, aber es gibt auch eine ganze Reihe von Festen, die gezielt zu Ehren einer lokalen Gottheit abgehalten werden. Holi hat seinen Ursprung in alten Fruchtbarkeitsriten und wird im März oder April als Neujahrs- und Frühlingsfest gefeiert. Am Vorabend des Festes wird ein Scheiterhaufen errichtet, auf dem das alte Jahr verbrannt wird. Am nächsten Morgen feiern die Festbesucher ausgelassen und bespritzen sich in übermütigem Treiben mit rotem Wasser und Puder.

DIWALI UND DASHAHARA

Diwali (Oktober/November) erinnert an Ramas Rückkehr aus dem Exil (siehe S. 52). Man lädt Lakshmi, die Göttin des Wohlstands, ins Haus ein. Die Geschäftsleute beginnen jetzt das neue Geschäftsjahr. Puja (siehe S. 54) soll Wohlstand bringen, Geschenke werden ausgetauscht, und man zündet Öllampen an, um böse Geister zu vertreiben. Das neuntägige Dashaharafest (September/Oktober) stellt den Triumph des Guten über das Böse dar. In Südindien feiert man den Sieg Ramas über den Dämonenkönig Ravana, im Osten und in Bangladesch erinnert das Fest daran, wie Durga den Büffeldämon bezwang (siehe S. 41). In Umzügen wird eine große Durgafigur durch die Straßen getragen, die man am letzten Tag des Festes in einem Fluss versenkt.

◀ **Sieg des Rama**
In Südindien feiert man an Dashahara den Sieg Ramas über den Dämon Ravana. Mit riesigen Pappmaschee-Figuren wird die Geschichte dargestellt. In der zehnten Nacht bringt ein Schauspieler, der Rama darstellt, durch Beschuss mit Brandpfeilen eine riesige, mit Feuerwerkskörpern gefüllte Ravanafigur zur Explosion.

▲ **Divali-Lampen**
Das fünftägige Divali-Fest ist ein Lichterfest: Kinder entzünden in und um das Haus Lichter – so viele, dass Lakshmi den Weg nicht verfehlen kann.

HUKA

Mit dieser Wasserpfeife werden Opium, Tabak oder Haschisch geraucht. Auch heute noch dienen an Holi Rauschgifte als Mittel zur Entspannung.

DER PRINZ MACHT MIT

Ein Höfling bewirft den Prinzen mit roter Farbe. Der heitere, karnevalistische Charakter des Holi-Festes erlaubt es auch Angehörigen der unteren Kasten, Menschen höherer Kasten mit Farbe zu bespritzen und einzupudern.

KÖNIGLICHER BALDACHIN

Der Prinz nimmt unter dem königlichen Baldachin am Fest teil.

ZEICHEN DER GRÖSSE

Die imaginäre Sonnenscheibe im ansonsten realistischen Porträt des Maharana zeigt uns, dass er zum Mewar-Clan gehört, der seine Herkunft von der Sonne ableitet.

LIEBESZAUBER

Das rote Pulver gilt als Aphrodisiakum, und seine Verwendung stammt aus der Zeit, als das Fest zu Ehren des Liebesgottes Kama gefeiert wurde. Kama gehört zu einer hinduistischen Tradition, die Liebe und Sinnesfreuden als lebensnotwendig ansieht. Kama inspirierte das *Kama-Sutra,* ein klassisches Werk der Erotik.

KRACH

Lärm am Holi-Fest geht auf eine alte Geschichte zurück, der zufolge die Zauberin Holika täglich ein Kind forderte, um es zu verschlingen. Eines Tages versteckten sich Frauen und Kinder. Als Holika dann erschien, um sich ein Kind zu holen, kreischten sie laut und schrien ihr Verwünschungen entgegen. Holika bekam eine solche Angst, dass sie die Menschen nie wieder belästigte.

HOLI

Dieses Gemälde aus Udaipur stammt aus der Zeit zwischen 1708 und 1710 und zeigt Maharana Amar Singh bei der Feier des Holi-Festes mit Freunden und Dienern in seinem Garten.

FRÜHLINGSBLUMEN

Holi ist in erster Linie ein Frühlingsfest, bei dem die Schöpfung und das neue Leben gefeiert werden.

◀ Rotes Holipulver
Das rote Pulver symbolisiert Opferblut. Rot ist auch die Farbe der Fruchtbarkeit und daher bei Hochzeiten unabdingbar.

▲ Die Rolle der Musik
Die Elemente eines Festes sind Farbe, Tanz und Musik. Es gibt die Gesangsrezitation einer *Veda*, die mit dem Fest in Zusammenhang steht, gemeinsames Singen von *Bhajans* (Lieder der Anbetung) und die Musik eines Doppelrohrblatt-Instruments (*Shehnai* oder *Nagasvara*). Dieses wird sehr laut geblasen, um unziemliche Geräusche zu übertönen.

DER FESTKALENDER

Januar
Lohri: Im Punjab zum Ende des Winters gefeiert.

Februar
Pongal-Sankranti: Südindisches Reis-Erntedankfest.

März
Holi: In ganz Indien Frühlings- und Neujahrsfest.
Shivaratri: Ein Nationalfeiertag zu Shivas Ehren. Gläubige fasten tagsüber und halten in den Tempeln Nachtwache.

April
Sri Vaishnavas: Wird in Madras zu Beginn der heißen Jahreszeit zu Ehren Vishnus und seiner Gemahlin Sri gefeiert. Bildnisse Vishnus werden aus den Tempeln ans Meer getragen.

Mai
Rathyatra: Der Geburtstag des Jagannatha wird in Puri mit Wagenumzügen gefeiert.

August
Janmashtami: Das Geburtsfest Krishnas wird in ganz Indien gefeiert. Die Gläubigen fasten bei Tage und brechen das Fasten am Abend nach einem besonderen *Puja*.

September
Dashahara: Feier des Sieges des Guten über das Böse, errungen von Rama oder Durga.
Ganesh Chaturthi: *Ganesh Chaturthi* (Ganeshas Geburtstag): Bilderverehrung des elefantenköpfigen Hausgottes mit Prozessionen überall im Land.

Oktober
Diwali: Mehrtägiges Nationalfest zu Ehren Vishnus und Lakshmis als Rama und Sita.

WELT UND WAHRHEIT

Im indischen Weltbild ist das Universum ein Ei mit verschiedenen Zonen oder ein *Mandala*, ein konzentrisches Diagramm aus einem Viereck, das in zahlreiche kleinere Vierecke aufgeteilt ist, die um die höchste Gottheit angeordnet sind. Die Gottheit ist die Quelle allen Seins und wird mit einem Spinnennetz verglichen, von dem alle Dinge ausgehen, und in das alle Dinge eingehen. Das *Mandala* verbindet die Welt der Götter mit dem Tempel (siehe S. 54–56). *Yantras* genannte Diagramme beruhen auf dem *Mandala* und beziehen sich auf verschiedene Götter und Gebräuche. *Yantras* verbildlichen Kraftmuster, denen ein Klang entspricht, und dienen als Meditationshilfen.

ÄUSSERER RAND
Der Außenrand ist ein Viereck mit vier Toren, die in die vier Haupthimmelsrichtungen weisen, nach Norden, Süden, Osten und Westen.

SRI YANTRA

Das Sri Yantra ist ein symbolisches Muster der Muttergottheit, das den fortwährenden Schöpfungsprozess zeigt. Der meditierende Gläubige stellt sich eine Reise vom äußeren Viereck zum Mittelpunkt vor. Dieses Sri Yantra aus Nepal datiert um 1700.

DIE ERSTEN DREI CHAKRAS
Der Raum zwischen dem Viereck und den drei Kreisen ist das *Trailokyanohana*. Dies ist das erste *Chakra*, wo der Jünger noch von Wünschen und Begierden beherrscht wird. Es ist meist weiß, rot und gelb. Die 16 Lotosblütenblätter der beiden äußeren Kreise, des zweiten und dritten *Chakra*, bedeuten Erfüllung des Verlangens.

SZENEN DER ANBETUNG
Anbetungsszenen zeigen nackte Tantristen, ein heiliges Feuer, *Linga* und *Yoni* in wiederholter Folge rund um das *Yantra*.

SCHUTZGOTTHEITEN

An den vier Toren und in den vier Ecken außerhalb des Quadrats (1. *Chakra*) stehen acht Schutzgottheiten. Dies sind im Uhrzeigersinn: Indra, Agni, Yama, Niriti, Varuna, Vayu, Kubera und Ishana.

LINGA UND YONI

Das aus der *Yoni* hervorragende *Linga* ist ein sexuelles Symbol der von Shiva und seiner *Shakti* verkörperten männlichen und weiblichen Energie.

NEUNTES CHAKRA

Der Mittelpunkt *(Bindu)* ist das neunte und letzte *Chakra*. Entlang der und durch die fünf verschachtelten Dreiecke, aus denen das *Yantra* besteht, hat der Gläubige einen Prozess durchgemacht, der ihn von irdischer zu himmlischer Erkenntnis geführt hat. Die aufrechten Dreiecke stellen die männliche Energie dar, die nach unten weisenden die weibliche.

ACHTES CHAKRA

Das umgekehrte Dreieck ist das achte *Chakra*, das letzte Stadium vor der letztendlichen Erkenntnis. Alle Dreiecke sind rot und weisen so auf Kraft, Feuer und Intensität der kosmischen Energie hin.

SIEBTES CHAKRA

Das siebte *Chakra* besteht aus acht Dreiecken. In diesem Stadium steht der Gläubige frei von irdischen Bindungen an der Schwelle der Erkenntnis.

FÜNFTES CHAKRA

Dies ist ein Teil des fünften *Chakra*, das aus zehn Dreiecken besteht. Auch das sechste *Chakra* hat zehn Dreiecke.

VIERTES CHAKRA

Dieses nach oben weisende Dreieck gehört zum vierten *Chakra*. Rund herum gezählt, kommt man auf 14 Dreiecke, die einen Kreis ergeben. Die Zahl der Dreiecke in jedem »Kreis« verringert sich zum Zentrum hin.

SRI YANTRA

Das hier gezeigte *Sri Yantra* findet bei den Tantristen Verwendung. Es ist eine symbolische Darstellung der *Shakti*, die sich, ausgehend vom ungeteilten, absoluten *Brahman*, zur vielfältigen, wandelbaren Natur entfaltet. Das *Sri Yantra* besteht aus neun ineinander verschachtelten Dreiecken, die um die *Bindu* (Mittelpunkt, Gottheit) angeordnet sind. Fünf nach unten zeigende Dreiecke stellen *Shakti*, das weibliche Prinzip, dar, vier aufrechte Dreiecke *Shiva*, das männliche Prinzip. Das *Sri Yantra* stellt nicht nur die Ebenen des irdischen und himmlischen Universums dar, sondern auch die Bewusstseinsstadien des Tantrika auf seiner Suche nach Erleuchtung.

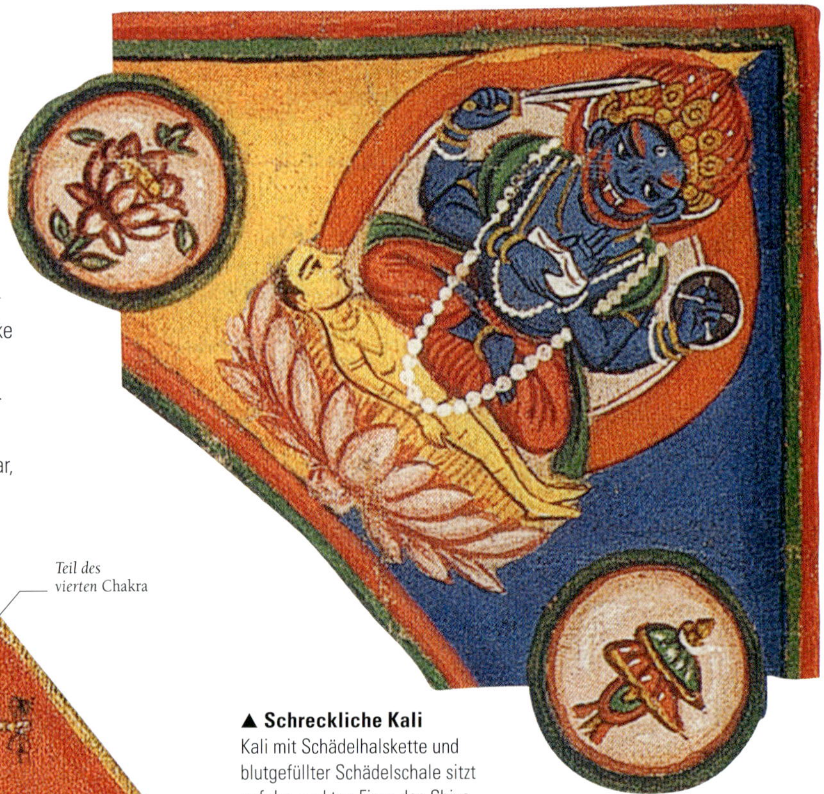

▲ Schreckliche Kali
Kali mit Schädelhalskette und blutgefüllter Schädelschale sitzt auf der nackten Figur des Shiva.

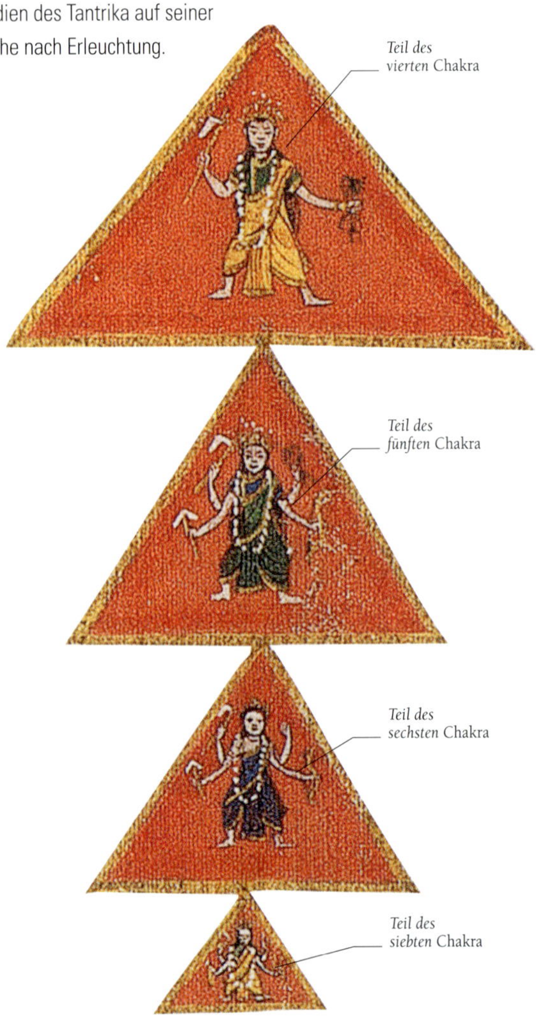

◀ Chakra-Dreiecke
Diese Dreiecke gehören zum vierten, fünften, sechsten und siebten *Chakra* des *Sri Yantra*. Sie sind alle rot zum Zeichen der Energie und Intensität und stellen die *Shakti* dar. Jedes *Chakra* besteht aus mehreren Dreiecken, die einen Kreis ergeben. Der Kreis wird enger, je näher der Gläubige dem vollkommenen Glück kommt.

▶ Die Göttin Parvati
Am Außenrand des Yantras finden sich wiederholt Figuren der Göttin Parvati (gelb) und der Göttin Kali (rot). Diese sind die beiden wesentlichen friedvollen bzw. schrecklichen Aspekte der *Shakti*.

GESTEN DER KOMMUNIKATION

Neben *Yantras* verwenden die Tantristen auch Handgesten *(Mudras)*, um ihren Anhängern Wissen zu vermitteln. Ein *Mudra* ist ein nonverbales Kommunikationsmittel und besteht aus wiederholten Gesten und Fingerhaltungen. Diese können mit Ritualen in Zusammenhang stehen und sollen im Geist des Betrachters eine Antwort hervorrufen. Im Tanz werden sie als komplexes Vokabular zum Ausdruck von Gefühlen und zum Erzählen eingesetzt, aber auch in nichterzählender Weise im reinen Tanz. Je nach Kontext haben sie unterschiedliche Bedeutungen.

ANJALI: »ICH VERBEUGE MICH VOR DEINER GÖTTLICHKEIT.«

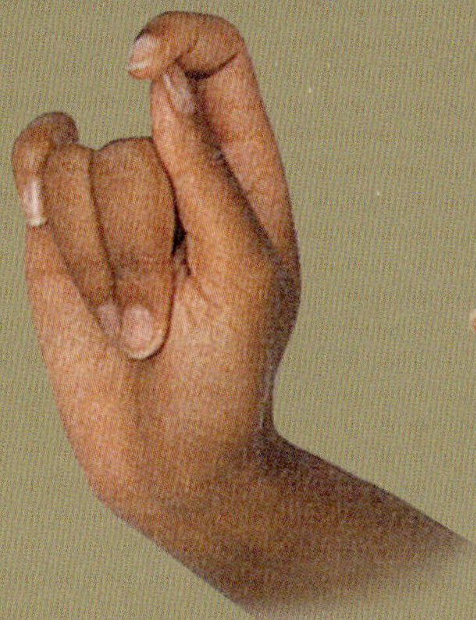

KAPITHA: EIN PAPAGEI SYMBOLISIERT DIE MUTTERGÖTTIN.

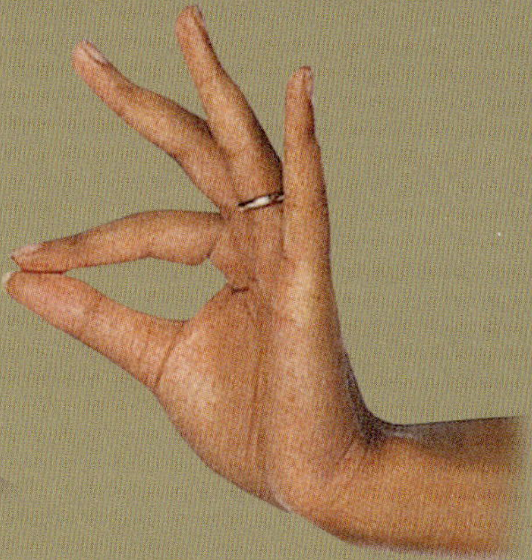

HAMSARYA: DER SCHWAN ODER DIE GANS SIND DAS FAHRZEUG SARASVATIS.

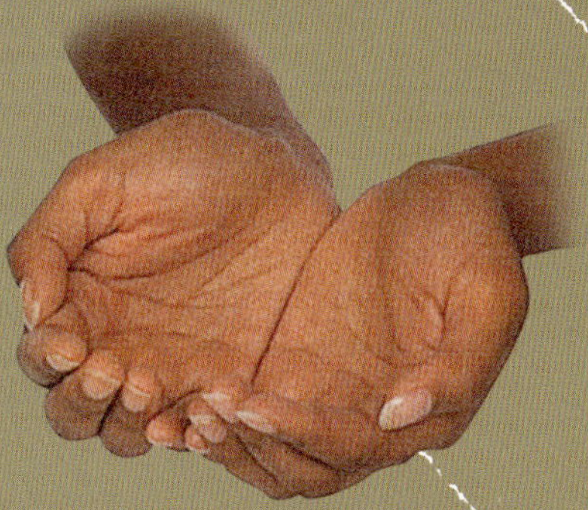

PUSHPAPUTA: EINE OPFERGESTE FÜR DIE GOTTHEIT

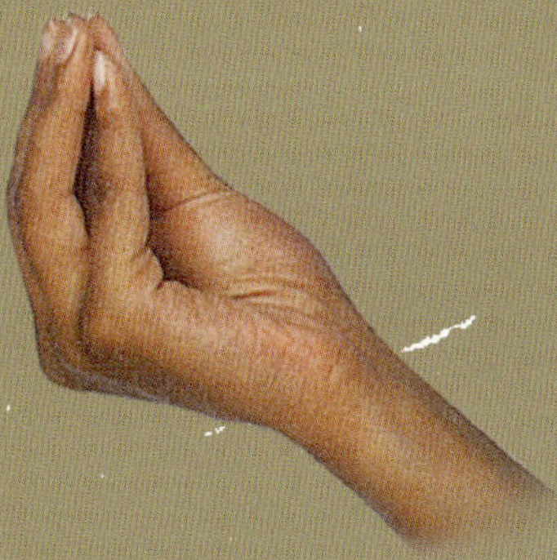

MUKULA: DIE LOTOSBLÜTE ALS KNOSPE

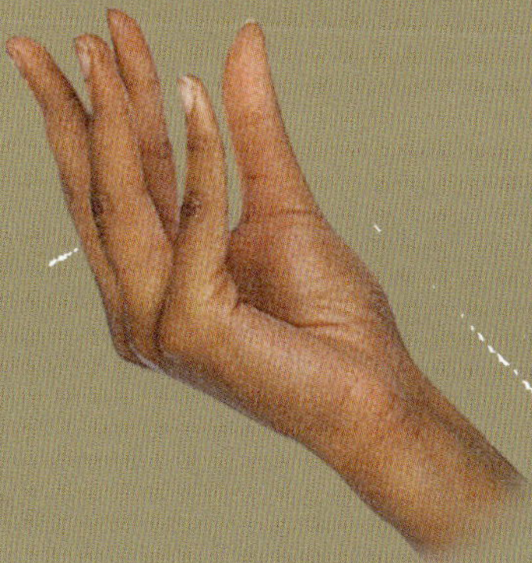

PADMAKOSHA: DIE LOTOSBLÜTE ÖFFNET SICH.

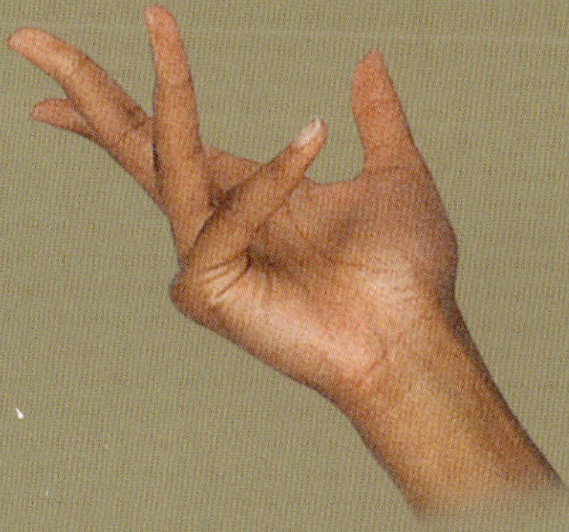

ALAPADMA: DIE LOTOSBLÜTE IST GEÖFFNET.

JAINISMUS

◀ Der Jaina-Kosmos
Dieser Ausschnitt (siehe S. 82–83) zeigt den Kosmos des menschlichen Körpers: oben das Reich der befreiten Seelen, darunter das Reich der Götter, im Zentrum das Reich der Menschen, darunter die Gefilde der Hölle.

JAINISMUS

DIE FRIEDLICHEN BEFREIER

Neben Altersasketen (*Sannyasin*, siehe S. 60–61) gab es in Indien immer auch jüngere Männer, die das Bettlerleben wählten, unter ihnen der große Lehrer des Jainismus. Vadhamana Nataputta wurde nach seiner Überwindung des Kreislaufs der Wiedergeburten mit Titeln wie *Jina* (»Überwinder«), *Tirthankara* (»Furtbereiter«) und *Mahavira* (»großer Held«) geehrt. Unter diesem letzten Namen ist er als Religionsstifter bekannt. Seine Anhänger nannten sich Jaina – nach dem Ehrentitel *Jina*. Sie glauben, dass in jeder Weltperiode (siehe S. 79) 24 *Tirthankaras* erscheinen, um den Weg der Seele aus den Verstrickungen der materiellen Existenz (*Karma*, s. u.) zu lehren.

Von den 24 *Tirthankaras* des gegenwärtigen Weltzeitalters ist geschichtlich kaum etwas belegt. Lediglich über die beiden letzten, Parsva und Mahavira (sie werden zusammen mit den beiden ersten, Rsabha und Nemi, verehrt), weiß man etwas mehr, aber auch hier ist vieles Legende. Parsva lebte im 9. Jh. v. Chr. und gründete den Orden der *Nigrantha* (»Fessellose«, d. h. der von den Banden des *Karma* Freigewordenen). Mahavira lebte im 6. Jh. v. Chr.

GLAUBE

Jaina glauben, dass die Seele selig werden, dass sie durch Befolgen der von den *Tirthankaras* niedergelegten Lehre von allen materiellen »Verunreinigungen« befreit werden kann. Das Loslösen der Seele vom *Karma*, der materiellen Natur des Universums, gelingt nach ihrer Ansicht nur durch Askese. Für Jaina ist *Karma*, anders als bei Hindus oder Buddhisten, kein moralisches Konzept von Ursache und Wirkung. Es bedeutet, dass materielle Substanzen in die Seele eindringen, sie binden und Leidenschaften wachrufen. Um Befreiung zu erlangen, müssen die Kanäle »verstopft« werden, durch die *Karma*-Stoffe eindringen können.

▲ Zeichen des Friedens
Seit 1975, dem 2500-jährigen Jubiläum der Erleuchtung des Religionsgründers Mahavira, ist die geöffnete Hand das Zeichen der Jaina. Normalerweise steht auf der Handfläche das Wort *Ahimsa* (»Gewaltlosigkeit«) geschrieben.

Die *Tirthankaras* verkörpern und lehren den Weg der Erlösung. Die erlösten, befreiten Seelen (*Siddhas*) thronen in geistiger Freiheit auf dem Scheitel des Universums.

Jaina suchen Hilfe in der Lehre, nicht aber bei Göttern, die lediglich als Teil des Kosmos angesehen werden, nicht als übernatürliche, außerhalb der Welt stehende Wesen. Wie die Buddhisten glauben die Jaina an keinen Schöpfergott.

Den Kern der jainistischen Lehre bilden die fünf großen Gelübde *(Mahavrata)*, die von Mönchen und Nonnen eingehalten werden: 1. Gewaltlosigkeit gegen alle Lebewesen *(Ahimsa)*, 2. Wahrhaftigkeit *(Statya)*, 3. nicht stehlen *(Asteya)*, 4. sexuelle Enthaltsamkeit *(Brahmacharya)* und 5. Besitzlosigkeit *(Aparigraha)*. Darüber hinaus üben sich Mönche und Nonnen in strenger Askese durch Fasten und Meditation. Laien erfüllen die Gelübde in einer Form, die an das Leben in der Welt angepasst ist. Sie halten die »kleinen« Gelübde *(Anuvrata)*. Sie leben vegetarisch und ergreifen keinen Beruf, der die bewusste Zerstörung von Leben erfordert (z. B. Jäger, Fischer). Als Bauern aber dürfen Jaina leben, da z. B. das Töten eines Wurmes beim Pflügen keine Absicht ist. Es gibt sechs Berufsfelder, die nach alter Tradition erlaubt sind: Verwaltung, Schreiben, Kunst, Landwirtschaft sowie Handel und Bankwesen.

DAS LAIENLEBEN

Die strengen Regeln des Jainismus im täglichen Leben zu befolgen, ist sicherlich nicht einfach. Doch wer ein im Sinne des Jainismus gutes Leben führt, kommt dem Ziel der Befreiung aus dem Rad der Wiedergeburten näher, auch wenn er es noch nicht sofort erreicht. In einem wichtigen Text, dem von den Sekten der Digambara und der Shvetambara (siehe gegenüber) gleichermaßen anerkannten *Tattvartha-Sutra*, wird dieser Weg in 14 Stadien unterteilt. Diese führen zu immer strengerer Askese, die die Zugänge für *Karma* zur Seele verstopft. Im letzten Stadium *ayogi kevalin* können keine *Karma*-Stoffe mehr eindringen, die Seele ist frei von allen materiellen Verunreinigungen: Im Tod erlangt sie Befreiung. Zwischen dem ersten und dem 14. Stadium praktizieren die meisten Laien einen Glauben, der sich auf einige Aspekte der Gelübde sowie tägliche Rituale und gelegentliche Tempelverehrung beschränkt. Da die *Tirthankaras* beim Kult nicht gegenwärtig sind, braucht man auch keine Priester oder anderen Mittler. Die Laien können daher nach ihrem Dafürhalten zu Hause oder im Tempel beten. Unter den öffentlichen Kultfeiern kommt dem jährlichen Samvatsari-Ritus, einem Fest der Shvetambara, besondere Bedeutung zu. Das Fest wird in acht bis zehn Tagen abgehalten, die man *Paryusanaparva* nennt. In dieser Zeit enthalten sich die Laien verschiedener Speisen. Überhaupt spielt Fasten bei den Jaina eine große Rolle. Gegen Ende dieser Zeit beichtet man, nicht nur einem asketischen Lehrer *(Guru)*, sondern auch der Familie und Freunden. Man bittet alle Wesen um Verzeihung für eventuell zugefügtes Leid. Viele Jaina beichten nicht nur dieses eine Mal im Jahr, sondern manche sogar täglich. Der Beichtvater erlegt dem Beichtenden immer ein Buße *(Prayascitta)* auf.

Zu den wesentlichen Glaubenspraktiken gehört *Samayika*, eine alte Meditationspraxis, die zu innerem Frieden führen soll. Dazu gehört auch der zeitweilige Verzicht auf jeglichen Besitz und 48-minütige Meditationssitzungen

◀ Tirthankara-Meditation
Dieses Votiv-Meditationsbild zeigt einen *Tirthankara*, der geistige Freiheit und Erlösung aus dem Kreislauf der Wiedergeburten erlangt hat. *Tirthankaras* können zwar nicht direkt helfen, doch die Konzentration auf solch eine Ikone gilt als spirituell förderlich.

◄ Die Kunst der Jaina
Der Jainismus hat ein lange künstlerische Tradition. Mönchen und Nonnen war das Malen zwar verboten, aber ein Laie konnte sich religiöse Verdienste erwerben, indem er illuminierte Handschriften und Votivmalereien wie diese aus Südindien in Auftrag gab. Seit dem 11. Jh. fanden Szenen aus Jaina-Erzählungen zunehmend Eingang in die Malerei Indiens.

(48 Minuten = ein *Mahurta*, ein Dreißigstel eines Tages, in Indien ein Standardzeitmaß, hat vielfach rituelle Bedeutung). Die Meditation beginnt mit einem Gebet, in dem der Meditierende allen vergibt, die ihm Böses wünschen, und alle beseelten Wesen für möglicherweise angetanes Leid um Vergebung bittet.

VERSCHIEDENE SEKTEN

Im 4. Jh. n. Chr. kam es im Jainismus zu einer Spaltung in zwei Hauptgruppen, die Digambara und die Shvetambara. *Digambara* bedeutet »luftbekleidet«: Die Mitglieder dieser Sekte glauben, dass das Tragen von Kleidung die Erlösung behindert, denn es zeigt, dass man nicht frei von sexuellen und Schamgefühlen ist und dass man es beim Waschen der Kleidung auf sich nimmt, Lebewesen zu töten. Sie gehen daher nackt. Die *Shvetambara* (»Weißgekleidete«) dagegen lehnen die Nacktheit ab, weil die Loslösung von allen irdischen Gefühlen im Geist stattfinden soll. Die vier übrigen wesentlichen Unterschiede zwischen den beiden Sekten betreffen die Rolle der Frau (die Digambara glauben, dass man als Mann wiedergeboren werden muss, um Erlösung erlangen zu können, die Shvetambara dagegen sehen Männer und Frauen in dieser Hinsicht als gleich an), die Verbindlichkeit bestimmter Schriften, die Frage, ob eine Bettelschale erlaubt oder wie aller Besitz abzulehnen ist, und schließlich ob die Erleuchteten und Allwissenden ihr Leben, z. B. durch Nahrungsaufnahme, erhalten sollen.

JAINISMUS HEUTE

Die Heimat des Jainismus liegt im Gangesbecken. Heute findet man diese Religion in Indien hauptsächlich in Maharasthra, Madhaya, Pradesh, Mysore, Gujarat und Rajasthan. Außerhalb Indiens gibt es die größten Gemeinden in den USA. Im religiösen und kulturellen Leben Indiens haben die Jaina eine größere Bedeutung, als ihre Anhängerzahl (nur 0,5 % der indischen Bevölkerung) erwarten lässt. Große Wirkung zeigte vor allem die Philosophie der Gewaltlosigkeit. Der Dichter und Philosoph Raychandbhai Mehta z. B. beeinflusste Mahatma Gandhi, der den passiven Widerstand und die Gewaltlosigkeit im Kampf für die Unabhängigkeit Indiens dem Jainismus entlehnte. Außerdem haben die Jaina einen nicht unbedeutenden Beitrag zur indischen Kunst, Wissenschaft und Literatur geleistet.

Die Jaina werden zahlenmäßig kaum je eine große Rolle spielen, außerdem werden sie weiterhin unter Sektismus zu leiden haben. Doch der Jainismus ist auch eine weltweit missionierende Religion, und er passt sich der Zeit an, ohne seiner ursprünglichen Botschaft untreu zu werden. Sein Missionszentrum im Westen bildet die in London gegründete Mahavira-Brotherhood.

DIE FÜNF HÖCHSTEN WESEN

Die fünf höchsten Wesensformen (Sanskrit: *Panca Paramesthin*) sind Idealtypen, um die sich das asketische Ideal der Jaina dreht. Sie stellen sowohl Praxis als auch Ziel des religiösen Weges dar. Die höchsten Wesen sind die *Arhats*, die »Würdigen« (auch *Jinas* oder *Tirthankaras*). Sie lehrten den Weg der Befreiung und erlangten sie nach der Gründung religiöser Gemeinschaften selbst. Die zweite Gruppe sind die befreiten Seelen (*Siddha*), die Vollendeten, die auf dem Dach des Universums im Zustand reinen Glückes leben (siehe S. 82–83). Als dritte kommen die »Meister«, die die Mönche und Nonnen leiten, als vierte diejenigen, die Mönchen und Nonnen die Jaina-Schriften lehren, schließlich alle anderen Mönche. Sie alle sind hier im Zentrum eines *Siddhachakra* zu sehen, eines esoterischen Diagramms, das als ein kultischer und meditativer Brennpunkt dient. An die fünf höchsten Wesen, die Heiligen des Jainismus, werden Hymnen und Gebete gerichtet. Die kürzeste Formel ist der *Paramesthi-mantra*, der täglich mehrmals von jedem Jaina wiederholt wird: »Verehrung den Arhats, Verehrung den Vollendeten, Verehrung den Meistern, Verehrung den Lehrern, Verehrung allen Mönchen in der Welt.«

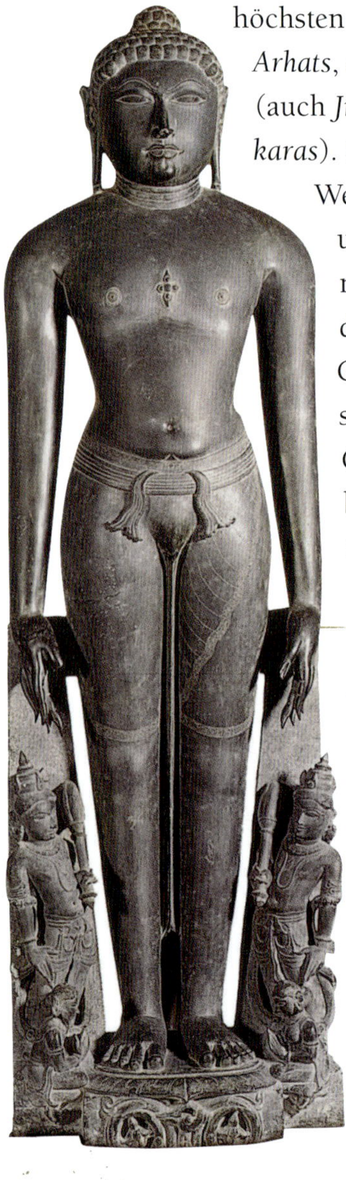

◀ Parsvanatha, 23. Tirthankara
Parsva(natha) ist der 23. *Tirthankara.* Den heiligen Schriften zufolge lebte er um 800 v. Chr. in Varanasi (Benares) und ist bei den Jaina besonders beliebt. Er verkörpert Mitgefühl, wenngleich er, befreit vom Kreislauf der Wiedergeburten wie alle *Tirthankaras*, seinen Anhängern nicht persönlich helfen kann.

▶ Symbole der 14 Träume
Die Sonne ist ein Symbol eines der 14 Träume, die die beiden Mütter Mahaviras (siehe S. 80) träumten. Die Träume kündeten von der edlen Natur des künftigen 24. *Tirthankaras.*

GEISTIGER SIEGER
Im Mittelpunkt des *Siddhachakra* steht das erste der höchsten Wesen: der *Arhat* oder *Tirthankara*, der große Jaina-Lehrer, der für andere den Weg zur Befreiung, den Weg zum Heil, ebnet. Ein *Arhat* gelangt, anders als ein *Siddha*, ohne Lehrer zum Verständnis der Heilslehre und zur Vollendung.

DER MÖNCH
Die Figur des Mönches, des fünfthöchsten Wesens, befindet sich westlich der Mitte des *Siddhachakra*. Nach dem Glauben der Digambara (siehe S. 85–87) können Frauen keine Erlösung erlangen, sondern müssen erst als Mann wiedergeboren werden.

MYSTISCHE SILBE
Über den vier Prinzipien des Jainismus stehen die mystischen Silben *om hrim*, deren Klang göttliche Kraft beigemessen wird.

GEKRÖNTE GÖTTER
Außerhalb des zentralen Lotos sieht man vier gekrönte Gottheiten in himmlischen Streitwagen. Götter sind wie die Menschen dem Kreislauf der Wiedergeburten unterworfen.

WEISSAGUNGEN
Entlang der Ränder des *Siddhachakra* finden sich die Symbole der 14 Träume, in denen Mahaviras Müttern die glorreiche Natur des zukünftigen Retters enthüllt wurde. Jede sah (von oben links nach rechts): einen Elefanten, einen Stier, einen Löwen, die Göttin Sri, eine Girlande, den Mond, die Sonne, ein Banner, eine Vase, einen Lotosteich, einen Milchozean, einen himmlischen Streitwagen, ein Juwel und ein rauchloses Feuer.

SIDDHA
Nördlich des *Tirthankaras* ist eine erlöste Seele *(Siddha)*. Erlösung erlangt man nach dem Glauben der Jaina nach einem langen Prozess immer neuer Wiedergeburten, indem man in jedem Leben durch entsprechende religiöse Handlungen Verdienste für die Seele erwirbt. Das *Siddha*-Stadium ist geschlechtslos.

DIE VIER PRINZIPIEN DES JAINISMUS
Die vier »Juwelen« des Jainismus sind in Mantras auf Lotosblütenblätter zwischen den fünf höchsten Wesen geschrieben. Es sind von Nordosten aus im Uhrzeigersinn: rechtes Wissen, rechter Glaube, rechter Wandel sowie rechte Buße und Askese.

DIE NEUN ERHABENEN RÄNGE
Die fünf höchsten Wesen und die vier Prinzipien stellen die neun höchsten Tugenden des Jainismus dar.

MEISTER
Im Osten des *Siddhachakra* ist der *Acharya*, das Oberhaupt eines Ordens von Jaina-Mönchen, das dritthöchste Wesen.

ERHABENE MENSCHEN
Weder die *Arhats* noch die *Siddhas* sind Götter, und sie können die Geschicke der Menschen nicht direkt beeinflussen. Sie sind aus dem Kreislauf der Wiedergeburten befreite Menschen.

LEHRER DER HEILIGEN SCHRIFTEN
Der *Upadhyaya*, das vierte der höchsten Wesen, ist der Schriftlehrer.

EWIG UND UNENDLICH
Die fünf höchsten Wesen stellen die idealen Wesen der Vergangenheit, Gegenwart und Zukunft dar. Sie existieren zu allen Zeiten in unendlicher Zahl.

JAINA-TEXTIL
Das *Siddhachakra* ist auf Stoff gestickt und gemalt, und hing wohl einst an einer Tempelwand oder fand Verwendung in esoterischen Ritualen.

RAD DER VOLLENDETEN

Diese Stickereiarbeit stellt das »Rad der Vollendeten« *(Siddhachakra)* dar, einen achtblättrigen Lotos, der die großen Tugenden des Jainismus symbolisiert. Es gilt als besonders heilig und wird vor allem beim Siddhachakrapuja-Fest im März/April verehrt. Das Mantra zur Verehrung der fünf höchsten Wesen stellt den Kern der heiligen Schriften des Jainismus dar. Es gilt als ewig und von keinem Autor geschaffen. Wahrscheinlich ist es im 1. Jh. v. Chr. niedergeschrieben.

▲ **Shantinatha, 16. Tirthankara**
Shantinatha steht für sozialen und persönlichen Frieden *(Shanti)* und die Abwendung von Gefahr. Sitzend ist er in Meditation versunken und wird von Schutzgottheiten bedient. Er trägt das *Srivatsa*-Mal, ein Zeichen der Göttlichkeit. An Shantinatha richtet man Gebete um den Weltfrieden.

▼ **Vollendet: die befreite Seele**
Nach dem Glauben der Jaina nimmt die Seele das äußere Erscheinungsbild des Körpers an, in dem sie weilt. Da die letzte Existenz vor der Erlangung der geistigen Freiheit menschlich sein muss, denkt man sich die befreite Seele *(Siddha)*, die auf dem Dach des Universums thront, in menschlicher Gestalt, wenngleich sie nicht körperlich ist. Diese Metallikone hilft bei der Meditation, den Dingen dieser Welt weniger Bedeutung beizumessen und die Seele von allen materiellen Verfangenheiten zu befreien.

»ES (DAS BLEIBENDE DES BEFREITEN) IST NICHT LANG NOCH KURZ NOCH KUGELIG … ES IST OHNE LEIB, OHNE WIEDERVERKÖRPERUNG, OHNE BERÜHRUNG (MIT MATERIE), ES IST NICHT WEIBLICH, NICHT MÄNNLICH, NICHT SÄCHLICH, ES ERKENNT, ES WEISS, DOCH ES GIBT KEINEN VERGLEICH; SEINE ESSENZ IST OHNE FORM; ES GIBT KEINE DINGLICHKEIT DES UNBEDINGTEN.«

Worte des Furtbereiters Mahavira

DAS LEBEN MAHAVIRAS

Nach jainistischer Vorstellung ist die Zeit unendlich und besteht aus Millionen Jahre dauernden aufsteigenden und absteigenden Weltzeitperioden. In jedem solchen Weltzeitalter erscheinen in Folge 24 Lehrer. Diese *Tirthankaras* (»Furtbereiter«) finden nicht nur für sich die Furt durch das Meer der Wiedergeburten, sie weisen auch anderen den Weg. Sie beleben den Jainismus zu Zeiten des spirituellen Verfalls der Menschheit. Mahavira ist der 24. *Tirthankara* im gegenwärtigen Weltzeitalter. Alle seine Vorgänger sind für die Jaina historische Persönlichkeiten, wenngleich nur Parsvanatha, der 23. *Tirthankara*, allgemein historisch anerkannt ist. Mahavira soll 599–527 v. Chr. als Zeitgenosse Buddhas gelebt haben. Er wurde als Prinz der Hindu-Kriegerkaste (*Kshatriya*, siehe S. 34) geboren. Mit 30 entsagte er der Welt und wurde zum Wanderasketen. Nach zwölf Jahren erlangte er Erleuchtung. Zwölf Jünger zeichneten seine Lehren in den heiligen Schriften auf. Mahaviras Leben endete im Sterbefasten, in der höchsten Askese.

»IN DER NACHT ALS MAHAVIRA GEBOREN WURDE, SCHWEBTEN ZAHLLOSE GÖTTER UND GÖTTINNEN AUF UND NIEDER. DIE GANZE WELT WAR VON EHRFURCHT ERGRIFFEN, UND AUS IHR ERHOB SICH EIN MÄCHTIGER WUNDERWIRBEL.«

Aus dem *Kalpa Sutra*

▶ **Mahaviras Samavasarana**
In der jainistischen Kunst wird Mahaviras erste Rede sinnbildlich als *Samavasarana* dargestellt. Dies ist eine runde, auf Geheiß des Götterkönigs Indra errichtete Tempelstadt mit vier Toren. Im Mittelpunkt steht der *Tirthankara*. Um ihn herum lauschen die Zuhörer auf Ringterrassen.

DER NEUGEBORENE MAHAVIRA
Vor seiner Geburt hatten beide Mütter Mahaviras prophetische Träume, in denen 14 Weissagungs-Symbole (siehe S. 76–77) andeuteten, dass das Kind einmal ein großer religiöser Führer werde. Die Legende erzählt, dass Mahavira im Mutterleib, getreu dem Jaina-Prinzip, niemandem Schmerz zuzufügen, nicht mit den Beinen trat, und dass er mit seinem Rückzug aus der Welt mit Rücksicht auf seine Eltern bis nach deren Tod wartete.

FREUND DER GÖTTER
Vor seiner Geburt residierte Mahavira im *Pushpottara*-Himmel. Das *Kalpa-Sutra* sagt, dass bei seiner Menschwerdung Himmelskönig Indra von seinem Thron herabstieg und die *Tirthankaras* pries, weil sie die Befreiung erlangen und den Menschen die Religion bringen, die Leid und Tod überwindet.

KÖNIGIN TRISHALA
Königin Trishala war Mahaviras zweite Mutter. Die Shvetambara-Sekte glaubt, dass einer der Diener des Gottes Indra Mahaviras Embryo versehentlich in die Gebärmutter von Devananda, einer Frau aus der Priesterkaste pflanzte. Da alle *Tirthankaras* aber in die Kriegerkaste geboren werden müssen, wurde der Embryo vom Boten Harinegameshin auf Königin Trishala übertragen.

SHVETAMBARA-SCHRIFT
Das *Kalpa-Sutra* stammt vermutlich aus dem 1. Jh. v. Chr. Es ist vor allem der Shvetambara-Sekte heilig. Beim alljährlichen Paryushan-Fest werden die Texte vorgelesen und die Bilder ausgestellt.

JAINA-SPRACHE
Das *Kalpa-Sutra* und andere Jaina-Schriften sind in einer Volkssprache, der *Ardhamagadhi*, abgefasst. Dieses sog. *Jaina-Prakrit* setzt sich vom Sanskrit, der Sprache der Brahmanen (Hindupriester, siehe S. 33), ab.

DAS KALPA-SUTRA

Das Kalpa-Sutra ist einer der beiden Haupttexte des Shvetambara-Jainismus (siehe S. 85–87). Es ist das älteste Zeugnis vom Leben des Mahavira und stellt den 24. Furtbereiter in die Reihe seiner 23 Vorgänger. Dieses Blatt berichtet von Mahaviras Geburt als Sohn der Königin Trishala.

INDRAS HIMMEL
Im vorigen Leben war Mahavira ein Gott in Indras Himmeln. Als Mahavira Mensch wurde, soll Indra eine Hymne zu Ehren der *Jinas* rezitiert haben.

KRIEGERGOTT INDRA
Indra ist der König der vedischen Hindugötter und der Gott des Krieges. Im Jainismus aber ist er kaum mehr als ein Zeremonienmeister für die Geburt des Mahavira.

▶ Mahavira und Indra
Mahavira wurde mithilfe des Gottes Indra geboren. Diese Buchmalerei aus dem *Kalpa-Sutra* zeigt das Kind Mahavira auf dem Schoß Indras, der auf dem Gipfel des kosmischen Berges Meru sitzt, umgeben von göttlichen Dienern. Dieses himmlische Leben ging dem menschlichen Leben Mahaviras voraus.

KOSMOLOGIE

Nach den jainistischen Schriften erkannten Mahavira und die anderen *Tirthankaras* (siehe S. 76–78) in ihrer Erleuchtung die Natur des Universums, das man in Sanskrit *Loka* (»Raum«) nennt. Die Beschaffenheit des *Loka* war und ist ein wichtiges Thema der Jaina-Gelehrsamkeit und Beschäftigungsfeld vieler Jaina-Mönche. Das *Loka* hat drei Hauptbereiche und ist unendlich weit. Ganz unten liegen die sieben Höllen, von denen eine schlimmer ist als die andere. Ganz oben befinden sich eine Reihe von immer herrlicheren Himmeln. Über allen Himmeln liegt die Heimat der befreiten Seelen (siehe S. 76–78). In der Mitte befindet sich das *Madhya Loka*, die »Mittelwelt«, ein schmales Band mit konzentrischen Kontinenten und Ozeanen. Darin liegt der Kontinent Jambudvipa. Nur auf Jambudvipa und den eineinhalb nächstgelegenen Kontinenten ist menschliches Leben möglich. Gegen Ende des Mittelalters wurde es gebräuchlich, das *Loka* in menschlicher Gestalt darzustellen. Diese Bilder sind heilig. Sie erinnern die Jaina daran, wie wichtig es ist, die seltene Gelegenheit einer Geburt als Mensch zu nutzen.

▶ Jambudvipa
Jambudvipa, der »Kontinent des Rosenapfelbaums«, wird durch sechs Gebirgszüge in sieben Zonen eingeteilt. Im Zentrum des Kontinents liegt der goldene Berg Meru. Im Süden liegt Bharata (Indien), im fernen Norden Airavata, in der Mitte Mahavideha. Dies sind die Regionen, in denen religiöses Handeln Frucht tragen kann und Erlösung aus dem Rad der Wiedergeburten möglich ist.

DIE KOSMISCHE WELT

Der Jaina-Kosmos (*Loka*) ist hier in menschlicher Gestalt dargestellt. Das *Loka* ist nicht geschaffen, und es ist ewig, ohne Anfang und Ende.

DAS REICH DER JINA
An der Spitze des *Loka* befindet sich Ishatpragbhara, das Reich der Vollendeten *(Siddhas)*. Sie sind von der Welt erlöst, haben keinen Anteil an der Welt, in der sie leben, und keine Beziehung zueinander.

EBENEN DER WIEDERGEBURT
Götter spielen im Glauben der Jaina keine zentrale Rolle, und sie sind wie alle Lebewesen dem Kreislauf der Wiedergeburten unterworfen. Wenn sie im Himmel die richtige religiöse Einstellung entwickeln, können sie in einer frommen Jaina-Familie wiedergeboren werden und erhalten damit die Möglichkeit, Erlösung zu erlangen.

DER INNERE KONTINENT
Jambudvipa ist der innere Kontinent der Mittelwelt. Er wird von zwei Sonnen und zwei Monden umkreist und ist von zwei Ozeanen und zwei weiteren Kontinenten umgeben.

SCHNUREINHEITEN
Die Dimensionen des *Loka* werden nach Schnureinheiten gemessen – der Entfernung, die ein Gott mit einer Geschwindigkeit von 16 Mio. km/Sek. in sechs Monaten durchfliegt. Das *Loka* soll 14 Schnüre hoch sein, die mittlere Region von Jambudvipa eine Schnur breit, aber längst nicht so hoch.

STUFEN DER HÖLLE
Es gibt zehn Ebenen der Hölle, die je weiter sie nach unten reichen, immer schlimmer werden. Der Aufenthalt in der Hölle aber ist nicht ewig. Sobald die Dämonen und anderen Höllenkreaturen die Lebewesen genug gequält haben, werden diese wiedergeboren.

HIERARCHIE DER GÖTTER
Je höher der Himmel, desto größer sind Macht und Glanz der jeweiligen Götter. Die Götter des höchsten Ranges sind jenseits der Erfahrungen von Begierde, während die in den unteren Regionen sich mit ihren Palästen, Gefolgen und Armeen kaum von irdischen Herrschern unterscheiden.

DAS NICHT-UNIVERSUM
Außerhalb des *Loka* gibt es drei Windschichten. Jenseits davon befindet sich das *Aloka*, das »Nicht-Universum«, wo absolut nichts existiert.

NICHTRELIGIÖSE REICHE
Nicht alle Bereiche von Jambudvipa sind für religiöses Handeln geeignet. Viereinhalb der äußeren Regionen sind Reiche der Sinnesfreuden, deren Bewohner sich von Natur aus keine Verdienste für ein religiöses Weiterkommen erwerben können.

DER BERG MERU
Mitten in Jambudvipa liegt der kosmische Berg Meru. Jambudvipa ist nach dem *Jambu* benannt, dem Rosenapfelbaum, der nordwestlich des Berges wachsen soll.

MAHAVIDEHA
Viele Jaina möchten in Mahavideha wiedergeboren werden, weil nach ihrem Glauben dort die *Tirthankaras* gerade lehren.

GEOGRAFISCH KORREKT
In den indischen Städten Hastanapur und Palitana wurden zwei maßstabgetreue Modelle des *Loka* erstellt. Viele konservative Jaina-Mönche und -Nonnen behaupten, dass ihr religiöses Weltmodell der Wahrheit näher kommt als die westliche Geografie.

▲ Huldigung eines Gottes
Der – von Jambudvipa aus gezählt – achte Kontinent heißt Nandishvara. Nach der Jaina-Mythologie befinden sich dort 52 Tempel, die die Götter jährlich aufsuchen, um in ihnen die *Tirthankaras*, die Furtbereiter des Jainismus, zu verehren.

▲ Jambudvipa und der Salzozean
Jambudvipa ist hier vereinfacht dargestellt. Der Kontinent ist vom Salzmeer Lavanasamudra umgeben, dargestellt durch den äußeren Kreis. Das Salzmeer ist voll von Meerestieren und Menschen.

▲ Bahubali
Die Digambara (siehe S. 85–87) glauben, dass Bahubali die erste Person des gegenwärtigen Weltzeitalters ist, die Befreiung erlangte. Er besiegte seinen Halbbruder im Kampf, tötete ihn aber nicht, sondern entsagte der Welt und wurde zum Asketen. Alle zwölf Jahre wird in der südindischen Stadt Shravana Belagola in einer eindrucksvollen Zeremonie eine 16,50 m hohe Bahubali-Statue von Tausenden von Pilgern verehrt.

▲ Sandfarbene Hölle
Die sandfarbene Hölle ist die zweite Höllenstufe. Nach der dritten wird es wesentlich kälter. Die Art, der ein Lebewesen im vorherigen Leben angehörte, bestimmt zusammen mit dem Karma (siehe S. 73), in welche Hölle ein Wesen geboren wird.

ASKESE

Zwar sind die meisten Jaina heute Laien, doch in nicht unerheblichem Maße prägen Männer und Frauen, die der Welt entsagen und ein asketisches Leben führen, diese Religion. Die Askese dient dem Erreichen des letzten Zieles eines jeden Jaina, der Befreiung von der Wirkung des *Karma* (siehe S. 73). Mönche und Nonnen legen die fünf großen Gelübde ab: Gewaltlosigkeit, Wahrhaftigkeit, nicht stehlen, sexuelle Enthaltsamkeit und Besitzlosigkeit. Die zehnfache sittliche Pflicht umfasst Langmut, Armut, Redlichkeit, Demut, Schuldlosigkeit, Wahrhaftigkeit, Selbstzucht, Askese, Enthaltung und Reinheit. Die Schwerpunkte im Alltag der Wanderasketen liegen auf Predigt, Fasten und Schriftstudien. Die Führung und Disziplinierung der Asketen übernimmt ein älterer Mönch, den man *Acharya* nennt. Er hat auch die Autorität, die Schriften zu deuten. Die Laien halten vor allem das Gelübde der Gewaltlosigkeit und sind daher Vegetarier. Die anderen Gelübde werden in abgeschwächter Form eingehalten.

▲ Shvetambara-Nonnen
Hier sieht man Nonnen der Shvetambara-Sthanakavasi-Sekte bei einer Wallfahrt. Die Sthanakavasi traten im 17. Jh. auf und setzen sich für das Tragen eines Mundschutzes ein, um die Gefahr zu verringern, dass man ein Insekt verschluckt. Heute gibt es dreimal so viele Shvetambara-Nonnen wie -Mönche. Sie sind den Männern gleichgestellt und werden *Sadhvi* (»heilige Frau«) genannt. Digambara-Nonnen (*Arya* = »Edle«) tragen im Gegensatz zu den Mönchen dieser Sekte Kleidung. Nach Digambara-Glauben kann eine Frau keine Erlösung erlangen, sondern muss als Mönch wiedergeboren werden.

DIGAMBARA UND SHVETAMBARA

Das Gelübde der Besitzlosigkeit wird bei den Jaina unterschiedlich gedeutet: Die Digambara (»Luftbekleidete«) vertreten den Standpunkt, dass dies für männliche Asketen (nicht aber für Frauen) auch den Verzicht auf Kleidung bedeutet. Die Shvetambara (»Weißgekleidete«) dagegen erlauben den Mönchen das Tragen weißer Kleider. Für beide Auffassungen gibt es Begründungen in den Jaina-Schriften. Religionsgründer Mahavira (siehe S. 80–81) allerdings soll sein Leben als Asket vorwiegend als nackter Mönch verbracht haben. Es heißt, dass er am Anfang seiner Asketenlaufbahn so in Meditation vertieft war, dass er gar nicht bemerkte, wie sein Kleid an einem Dornstrauch hängen blieb – fortan ging er nackt.

»OHNE FESTEN WOHNSITZ ALS BETTLER VON HAUS ZU HAUS ZIEHEN, SICH BEGNÜGEN MIT DEM, WAS ANDERE BETTLER ÜBRIGGELASSEN HABEN, NUR WENIGE DINGE BRAUCHEN, STREIT UND ÜBERHEBLICHKEIT IN EINER MENSCHENMENGE VERMEIDEN: DAS IST DAS MÖNCHISCHE LEBEN DER WEISEN.«

Aus dem *Dashavaikalika-Sutra*

EIN MÖNCH
Dieses Porträt eines Shvetambara-Mönches ist eine Auftragsarbeit des Mogulkaisers Akbar. Akbar soll mit mehreren Jaina-Mönchen befreundet gewesen sein. Auf ihren Einfluss hin verbot er zeitweilig in seinem Reich die Jagd sowie Fleischspeisen.

SCHÜTTERES HAAR
Jaina-Asketen sollen sich in regelmäßigen Abständen ihre Haare auszupfen. Gemäß den Schriften riss sich Mahavira, als er der Welt entsagte, sein Haar in fünf Büscheln aus. Heute wird dem angehenden Jaina-Mönch meist der Kopf geschoren. Doch fünf Büschel reißt er sich mit der Hand aus.

WANDERZEIT
Während der viermonatigen Zeit der Monsunregen unterbricht der Mönch seine Wanderschaft. In dieser Zeit lebt er in einer Laiengemeinde in einer Herberge für Mönche (*Uprashraya*), predigt und widmet sich dem Studium der Schriften. Asketen sollen nie lange an einem Ort verweilen, da dies Bindungen mit sich bringt. Doch unter bestimmten Umständen gibt es Ausnahmegenehmigungen.

BESITZ EINES MÖNCHES
Shvetambara-Mönche dürfen einen Staubwedel, einen Stab, eine Almosenschale und eine Ausgabe der heiligen Schriften (*Agama*) mit sich führen. Manche tragen auch ein Bildnis der *Tirthankaras* (siehe S. 76–78) bei sich.

WEISSE KLEIDUNG
Die nahtlose weiße Kleidung und ein *Rajoharana* (kleiner Besen) unter dem Arm weisen diesen Mönch als Shvetambara aus.

EINSAMER MÖNCH
Im 19. Jh. gab es kaum noch Jaina-Mönche. Bei den Shvetambara belebte vor allem der Lehrer Atmaramji gegen Ende des 19. Jh. die alte Tradition wieder, bei den Digambara der charismatische Jaina-Führer Shantisagar (1873–1955).

ALMOSEN
Jaina-Mönche dürfen weder Nahrung anbauen noch zubereiten. Das um Essen Betteln nennen die Shvetambara-Asketen *Gocari* (»Grasen wie eine Kuh«). Es sollte in Stille geschehen, ohne jemanden zu bedrängen. Das Essen wird in der Almosenschale gesammelt und im Kloster oder an einem abgelegenen Ort verzehrt. Jaina-Laien können sich religiöse Verdienste erwerben, indem sie Mönchen Almosen geben.

PORTRÄT EINES JAIN-ASKETEN

Dieses Aquarell eines Shvetambara-Asketen (16. Jh.) ist eine Auftragsarbeit des Hindumalers Basawan für den muslimischen Kaiser Akbar, der von den heiligen Männern der Jaina tief beeindruckt war. Es ist das einzige bekannte Porträt eines Jain-Asketen aus der Mogulzeit.

BARFUSS UND SCHMUTZIG
Asketen sind viel unterwegs. Das Gelübde der Besitzlosigkeit verlangt auch von den »Weißgekleideten«, dass sie keine Schuhe tragen. Sie dürfen sich z. B. auch nicht unter fließendem Wasser waschen. Dadurch wird ein Mönch unrein, und er kann nur »innere Anbetung« vornehmen, z. B. Hymnen singen, *Darshana* (siehe S. 88) oder Ehrbezeugungen ausführen. Direkter Kontakt mit einem Standbild ist wegen der Unreinheit verboten. Heute waschen sich die Mönche mit feuchten Lappen, doch früher waren sie wirklich sehr schmutzig.

»ER SOLLTE DEM LEBEN IM KÖRPER, DIESEM SCHMUTZIGEN UND VERGÄNGLICHEN HAUS, ALS WOHNUNG ENTSAGEN, SEINE SEELE FEST IN EWIGER GÜTE. EIN MÖNCH, DER DIE FESSELN VON GEBURT UND TOD ABGESTREIFT HAT, GELANGT ZUR BEFREIUNG, AN DEN ORT OHNE WIEDERKEHR.«

Aus dem *Dashavaikalika-Sutra*

▶ Aufstellen eines Tirthankara
Die *Tirthankaras*, die Führer der Jain-Religion (siehe S. 76–78), lebten alle als Asketen, ehe sie Erleuchtung und Erlösung erlangten. Wird ein *Tirthankara*-Bildnis in einem Tempel aufgestellt, müssen die wichtigsten Stationen des Lebens und Asketendaseins des *Tirthankara* nachvollzogen werden: Salbung im Himmel, Geburt, Weltentsagung, Erleuchtung und schließlich Erlösung. Hier tragen Laien in einer Prozession, die die Asketenwanderschaft des *Tirthankara* versinnbildlicht, ein Bildnis zum Tempel von Mahavirji in Rajasthan.

◀ Almosenschale
Die Asketen der größten Jain-Sekte, der Shvetambara-Bildanbeter, bestehen aus Untersekten (*Gaccha*), deren älteste im 11. Jh. entstand. Die Zugehörigkeit eines Mönches zu einer bestimmten Untersekte ist an den Farbmarkierungen auf seiner Almosenschale erkennbar.

»WER HÄNDE, FÜSSE, SPRACHE UND SINNE KONTROLLIERT, DIE GEDANKEN NACH INNEN WENDET, EINE RUHIGE SEELE HAT UND DIE HEILIGEN TEXTE KENNT, DER IST EIN WAHRER MÖNCH.«

Aus dem *Dashavaikalika-Sutra*

EIN NACKTER ASKET

Hier sieht man einen nackten (»luftbekleideten«) Digambara-Mönch vor einer Jaina-Statue in Südindien. In seiner Hand hält er einen Wedel aus Pfauenfedern. Damit fegt er kleine Insekten weg, ehe er sich niedersetzt. So vermeidet er, dass er die Tierchen zerquetscht. Gleichzeitig ist der Wedel ein Sektenzeichen, ein Bekenntnis zur absoluten Gewaltlosigkeit *(Ahimsa)*. Neben dem Wedel darf der Digambara-Mönch nur noch eine Waschschüssel besitzen, aber keine Almosenschale: Er empfängt die Gaben mit den Händen. Nach dem Glauben der Digambara behindert jeglicher Besitz die Erlösung, daher tragen sie keinerlei Kleidung. Heute gibt es nur noch wenige hundert Digambara-Mönche, dagegen fast 3000 Mönche und 9000 Nonnen der Shvetambara-Sekte.

EIN NACKTER DIGAMBARA-MÖNCH VOR EINER JAINA-STATUE

TEMPEL- UND BILDERKULT

Die ältesten Schriften des Jainismus sagen nichts über Tempel und Bilder. Für das 2. Jahrhundert v. Chr. aber ist im nordwestindischen Mathura ein Kult belegt, in dessen Mittelpunkt die *Tirthankara*-Verehrung stand. Dort hat man Standbilder der großen Jaina-Lehrer ausgegraben. Die Tempel unterscheiden sich meist kaum von denen der Hindus (siehe S. 54–55). Sie haben einen Hauptturm *(Sikhara)* und einen Außenbezirk *(Rang Mandap)*. Jain-Tempel haben ein Allerheiligstes, das das Bildnis des *Tirthankara* beherbergt, dem der Tempel geweiht ist. Jeder Tempel gilt als Äquivalent der Predigtversammlung *(Samavasarana)* des *Tirthankaras*, und sein Betreten gilt als Kontakt mit der Lehre. Zum Kult können das stille Rezitieren eines *Mantras* und Blickkontakt mit dem Bildnis *(Darshana)* gehören, aber auch das Salben und Schmücken des Standbilds *(Puja)*. Da die *Tirthankaras* aus der Welt erlöst sind, können sie auch nicht mehr direkt in der Welt wirken und den Gläubigen helfen. Die Bilderverehrung hat daher nicht die Bedeutung eines Bittgebets, sondern einer geistigen Verwandlung des Gläubigen durch Meditation und Betrachtung der Bilder, durch Vergegenwärtigung der Lehre und des Beispiels der *Tirthankaras*. Das alles dient der Bestärkung in der Nachfolge.

▶ Zu Füßen des Bahubali
Für die Digambara ist Bahubali ebenso bedeutend wie die *Tirthankaras*. Der Königssohn gab ein Leben in Reichtum auf und zog sich in den Wald zurück. In den Jahren, die er dort in Meditation versunken saß, umrankten Kletterpflanzen seinen Körper, und Vögel bauten ihre Nester in seinem Haar. Doch die wahre Erleuchtung wurde ihm erst zuteil, als er seinem Bruder vergeben hatte, der versucht hatte, ihn zu töten. Hier salbt ein Gläubiger die Füße des riesigen Bahubali-Standbilds im Digambara-Heiligtum von Shravana Belagola in Indien, dem ältesten und wichtigsten Jaina-Pilgerzentrum. Die erste Salbung des Bildnisses, 981 von dem Feldherrn Camundraya vorgenommen, soll nur mithilfe der Göttin Kushmandini gelungen sein.

▶ Blüten
Blumen finden vielfach in Tempelritualen Verwendung. Pflanzen sind zwar auch Lebewesen, doch gilt es nicht als Sünde, sie für diesen Zweck zu schneiden. Manche Jaina nehmen dennoch lieber abgefallene Blütenblätter.

◀ Muttergöttin Ambika
Um Hilfe in weltlichen und materiellen Dingen können die Jaina viele Gottheiten anrufen, deren Bildnisse sich meist im Außenbezirk von Tempeln bestimmter »Bezugs-*Tirthankaras*« befinden. Die sehr beliebte Muttergöttin Ambika war in ihrem vorigen Leben eine fromme Jaina-Laiin. Zusammen mit ihren beiden Söhnen sprang sie auf der Flucht vor ihrem brahmanischen Ehemann in einen Brunnen. Ihr Mann verfolgte sie voller Zorn, weil sie einem Jaina-Mönch die Almosenschale gefüllt hatte. Als Göttin wiedergeboren, ist sie die Schutzpatronin der Geburt und des Wohlstands und wird meist zusammen mit Kindern abgebildet. Sie gehört zu Nemi, dem 22. *Tirthankara*.

HAUSKULT

Zu den Pflichten eines Jaina gehören die Bilderverehrung und ein Beitrag zum Tempelbau. Zur Bilderverehrung braucht ein Jaina nicht unbedingt einen Tempel. Viele Jaina haben zu Hause einen Schrein für den häuslichen Kult, der vor allem in Zeiten moslemischer Verfolgung in Westindien eine große Rolle spielte. Hausschreine sind meist aus Holz gefertigte Nachbildungen von steinernen Tempelschreinen. Die meisten sind mit Schnitzereien von Göttern und himmlischen Musikanten geschmückt. Wie im Tempel sollten männliche Jaina auch beim Hauskult saubere, nahtlose Kleidung tragen.

EIN JUNGE AN EINEM HAUSSCHREIN

DER JAINA-TEMPEL VON SITAMBAR/KOLKATA

Der Badridas-Tempelkomplex von Sitambar/Kolkata ist Shitala, dem 10. *Tirthankara* geweiht. Im Mittelpunkt des Tempelkomplexes steht ein Shitala-Standbild. Erbauer des Tempels ist der Jaina Raibahadur Badridas, der im Traum gesehen hatte, wo das Standbild begraben lag.

EINGANGSHALLE
Die Eingangshalle der meisten Jaina-Tempel ist mit Götterbildern geschmückt. Zum Jaina-Pantheon zählt auch die Hindu-Göttin Lakshmi, die Göttin des Wohlstands. Sie wurde wahrscheinlich übernommen, weil so viele Jaina Kaufleute und Händler sind.

HAUPTSCHREIN
Das Heiligtum des Badridas-Tempels beherbergt das Standbild des 10. *Tirthankaras.*

WOHNUNG AUF ZEIT
Die meisten großen Jaina-Tempel haben Nebengebäude, u. a. Bibliotheken und Herbergen *(Upashraya)*, in denen Mönche und Nonnen während der Regenzeit Zuflucht finden.

TEMPELREINHEIT
Die großen Jaina-Tempel werden von Tempeldienern *(Pujaris)* sauber gehalten. Sie übernehmen die täglichen Verrichtungen wie Anzünden der Lampen und Bereitstellen von Kultutensilien. Ihr Lohn stammt meist aus den (Geld-)Opfern.

IM TEMPEL
Wenn der Gläubige den Tempel betritt, übt er *Darshana:* Er betrachtet den *Tirthankara* und sieht sich in seiner Nähe. *Darshana* ist auch eine wichtige Glaubenspraxis im Hinduismus (siehe S. 54–55).

BILDERVEREHRUNG
Nicht alle Jaina sind Bilderverehrer. Die Sthanakavasi-Sekte z. B. verwirft Tempel- und Bilderkult und beschränkt den Gottesdienst auf Schrifterklärung und Predigt in Gemeindehäusern.

»WAS IMMER IN DEN HIMMLISCHEN, HÖLLISCHEN ODER MENSCHLICHEN REICHEN SCHREIN GENANNT WIRD, WIE VIELE BILDNISSE DER TIRTHANKARAS DORT SEIN MÖGEN, ICH PREISE SIE ALLE.«

Aus dem *Vandana-Sutra*

PRACHTVOLL

Viele Jaina-Tempel sind ausgesprochen prachtvoll. Die Jaina sehen sie als Nachbildungen der himmlischen Versammlungsräume *(Samasavarana)* der *Tirthankaras*. Auch in dieser Hinsicht unterscheidet sich der Jainismus vom Hinduismus, wo der Tempel als tatsächlicher Sitz einer Gottheit gilt.

HAUPTRAUM

Wenn der Gläubige den Hauptraum im Zentrum des Tempels betritt, opfert er acht »Stoffe«: Wasser, Sandelholz, Blüten, Weihrauch, eine Lampe, Reis, Süßigkeiten und Obst. Das symbolisiert die für das Seelenheil nötige Abkehr von weltlichen Dingen.

GLÄUBIGE

Wenn sie rein sind, dürfen Jaina das *Tirthankara*-Bildnis salben, bekränzen und auch sonst beim Opferbringen berühren. Mönche und Nonnen dürfen das nicht. Weil sie alles weltliche Verhalten ablegen, auch das Waschen unter fließendem Wasser, werden sie unrein. Damit aber ist es ihnen nicht erlaubt, heilige Bilder zu berühren.

BEDEUTUNG DES WASSERS

Wenngleich Laien sich waschen und saubere Kleidung tragen sollen, wenn sie den Tempel besuchen, legt man im Jainismus doch mehr Wert auf »innere Reinheit« und lehnt die hinduistische Vorstellung ab, dass das Wasser heiliger Flüsse und Tempelbecken seelisch reinigen könne (siehe S. 54–55).

BUDDHISMUS

◀ **Yama und das Rad des Lebens**
Yama, der Herr des Todes (siehe S. 113), hält das Rad des Lebens, ein Symbol des Kosmos, in seinen Händen. Im Mittelpunkt des Rades symbolisieren drei Tiere die drei Kardinalsünden: Gier (Schwein), Hass (Schlange) und Täuschung (Hahn).

BUDDHISMUS

DER PFAD ZUR ERLEUCHTUNG

Die Geschichte des Buddhismus begann im 6.–4. vorchristlichen Jahrhundert in Nordindien mit der »Erleuchtung« eines Mannes namens Siddhartha Gautama. Er erkannte die letzte Wahrheit und erlangte damit die Befreiung aus dem Kreislauf der Wiedergeburten. Damit wurde er zum Buddha (d. h. »der Erleuchtete« oder »der Erwachte«), der andere den Weg aus Wiedergeburt und Leid lehrte. Die Wahrheit der buddhistischen Praxis *(Buddha Sasana)* und die Lehren des Buddha *(Buddha Dharma)* bestehen nach dem Glauben der Buddhisten allerdings schon seit ewigen Zeiten.

Über das Leben des Gautama (Sanskrit) oder Gotama (Pali) gibt es kaum historische Zeugnisse. Für die Buddhisten ist die historische Person aber auch gar nicht so wichtig wie Buddhas Beispiel und seine Lehre. Auch Buddha selbst wollte nicht seine Person in den Mittelpunkt stellen, sondern den Weg zum Heil aufzeigen. Er war aus königlichem Hause und wuchs abseits des Leids der Welt auf. Auf Ausfahrten aus dem väterlichen Palast aber sah er einen Kranken, einen Alten und einen Toten. Verstört von dem, was ihn augenscheinlich erwartete, suchte er einen Ausweg. Da begegnete ihm bei einer vierten Ausfahrt ein glücklicher religiöser Asket (siehe S. 60–61). Gautama verließ daraufhin Frau und Kind und wurde selber zum Asketen. Er erreichte alles, was man mit strenger Selbstdisziplin erreichen kann, aber einen Ausweg aus Leid und Tod fand er auch durch die Askese nicht. Als er dann in Bodh Gaya unter einem wilden Feigenbaum (Bodhi-Baum) saß, durchlief er die vier Stufen meditativer Trance *(Dhyana/Jhana)* und erlangte schließlich die Erleuchtung. Gern hätte er einfach an diesem Ort und in diesem Stadium der wahren Sicht der Dinge verharrt. Doch der Hindugott Brahma (siehe S. 37) beschwor ihn, anderen die Wahrheiten zu verkünden, die selbst die Götter nicht erkannt hatten.

▲ Das Rad der Lehre
Buddha hat das »Rad des Dharma« in Bewegung gesetzt, als er in seiner ersten Predigt in Sarnath bei Benares in Nordindien fünf Asketen das Gesetz des Daseins darlegte. Seine Lehre wird oft als Rad mit acht Speichen dargestellt.

DIE VIER EDLEN WAHRHEITEN

Was Buddha erkannte, ist in den »vier edlen Wahrheiten« zusammengefasst: 1. Alles Dasein ist leidvoll *(Dukkha)*. 2. Leiden entsteht aus Begehren *(Tanha)*. 3. Wer das Begehren aufhebt, beendet das Leiden und kann ins *Nirwana* eingehen. 4. Der edle achtfache Pfad, den Buddha vorangegangen ist, führt zur Aufhebung des Leidens. Die acht Schritte dieses Pfades müssen nicht in einer bestimmten Reihenfolge gegangen werden, jeder ist »recht« *(samma)*: rechtes Denken, rechtes Entschließen, rechtes Wort, rechte Tat, rechtes Leben, rechtes Streben, rechtes Gedenken, rechtes Sichversenken. Das rechte Denken umfasst auch das Verständnis des Gesetzes der »Entstehung in Abhängigkeit« *(Pratityasamutpada)*. Dieses Gesetz ist eine zwölfgliedrige Kette. Diese erklärt, wie alle Dinge zusammenhängen, wie es zu der leidvollen Kette der Wiedergeburten kommt. Jedes Glied der Kette ist gleichzeitig bedingt durch die vorhergehenden und bedingt die nach-

◀ Der verborgene Buddha
Diese Bronzestatue (9. Jh.) stellt einen Stupa dar. Nach dem Tode Buddhas wurde sein Leichnam verbrannt, die Asche unter acht Stämmen Zentralindiens aufgeteilt und jeweils ein Stupa als Gedenkstätte und Reliquienschrein errichtet. Die Stupen entwickelten sich zu Zentren der Buddhaverehrung und der Meditation. Später errichtete man auch über den Reliquien bedeutender Mönche Stupen.

folgenden. Die Einsicht in diese Gesetzmäßigkeit ist Erleuchtung, *Nirwana*.

Buddha akzeptiert als Inder das hinduistische Weltbild; aber er hat auch einige Vorstellungen für den Buddhismus radikal verändert: Er akzeptiert zwar die Wiedergeburtslehre *(Samsara)* und die damit zusammenhängende Theorie vom Karma, dem moralischen Gesetz von Ursache und Wirkung der Taten. Aber an eine substanzielle Seele *(Atman)* glaubte er nicht. Nichts ist für ihn von Dauer: Alle Daseinsformen bedingen einander, sind jedoch zeitlich begrenzt, wie alle Wesen, auch die Götter, dem Wiedergeburtskreislauf unterworfen sind. Buddha lehnte die Opferriten der Hindus ab. Er lehrte seine Anhänger vielmehr: »Arbeitet mit Sorgfalt und Fleiß an eurem eigenen geistigen Wohl.« Das Ziel ist nicht, im *Brahman*, dem Absoluten, aufzugehen oder sich mit Gott zu vereinigen, sondern das *Nirwana*, d. h., das absolute Verlöschen allen Verlangens zu erlangen. Das kann schon in diesem Leben gelingen. Wer, wie einst Buddha unter dem Bodhi-Baum, das *Nirwana* erreicht hat, ist ein *Arhat* (»Ehrwürdiger«). Buddha blieb nach seiner Erleuchtung in der Welt, um die Wahrheit für das Heil der Welt zu verkünden. Er scharte Jünger um sich und zog mit ihnen als Wanderprediger durch das Land. In der Regenzeit aber blieb er an einem Ort. So entwickelte sich eine Beziehung zwischen den Mönchen *(Bhikkhu/Bhikshu)* in der Ordensgemeinschaft *(Sangha)* und den Laien. Die Laien versorgen die Mönche mit dem, was sie zum Leben brauchen. Dadurch können sie gutes *Karma* für eine bessere Wiedergeburt sammeln.

Die Grundlehre des ursprünglichen Buddhismus lässt sich in der Formel der »dreifachen Zufluchtnahme« (»drei Kleinode«) zusammenfassen: »Ich nehme meine Zuflucht zum Buddha. Ich nehme meine Zuflucht zur Lehre *(Dharma/Dhamma)*. Ich nehme meine Zuflucht zum *Sangha*.«

FORMEN DES BUDDHISMUS

Etwa im 12. Jh. verschwand der Buddhismus in Indien. Die Gründe waren vielfältig, wie das Aufkommen neuer Formen des Hinduismus, Invasionen und die muslimische Eroberung. Zu diesem Zeitpunkt hatte der Buddhismus aber bereits verschiedene Formen ausgeprägt und war in vielen anderen Ländern längst etabliert. In Sri Lanka und anderen Teilen Südostasiens, u. a. dem heutigen Thailand und Myanmar, war dies der Theravada auf Grundlage des Pali-Kanons oder *Tripitaka* (»Dreikorb«). In anderen Ländern fassten diverse, auf anderen Texten oder Textsammlungen basierende Traditionen Fuß, die man kollektiv als Mahayana (»Großes Fahrzeug«) bezeichnet. Im Gegensatz zum Theravada ist Mahayana keine philosophische Schule, sondern eine andere Sichtweise auf den Buddhismus. Mahayana findet sich heute in China, Japan, Tibet, der Mongolei, Südkorea und Vietnam.

Der Mahayana versteht den Buddha als *Shakyamuni*, den Weisen vom Volk der Shakya, und er hebt sich durch eigene *Sutras*, Texte mit den Lehren Buddhas, ab, die sich von denen des Pali-Kanons unterscheiden. Der Mahayana lehrt ein eigenständiges Buddha-Verständnis und einen neuen spirituellen Weg, den der *Bodhisattvas*, die das *Nirwana* erlangt haben, aber darauf verzichten, um allen zu helfen, die noch unerleuchtet sind. Mahayana lehrt, dass Buddha den Kontakt zu uns nicht verloren hat, sondern immer noch bei uns ist. In anderen Welten existieren viele weitere Buddhas. Manche Formen des Mahayana lehren, dass alle Dinge bereits Buddha-Natur haben, und dass man diese nur noch erkennen muss, um das *Nirwana* zu erlangen. Damit kann auch dieses Leben *Nirwana* sein. Der Mahayana umfasst die Verehrung der vielen Buddhas und *Bodhisattvas* sowie den Glauben, dass eine plötzliche Erleuchtung möglich ist.

Der Mahayana-Buddhismus hat sich über diverse Schulen und Strömungen entwickelt, vor allem durch die Philosophieschulen Madhyamaka und Yogacara sowie Reines Land, Chan, Tiantai und Huayan in China, Soto, Rinzai und andere Formen des Zen, Jodo und Jodo Shinshu (Formen des Reinen Landes), Tendai, Shingon und Nichiren in Japan, Nyingmapa und Sarmapa in Tibet (einschließlich Kagyupa, Sakyapa und Gelugpa, dem der Dalai Lama angehört) und Son, Popsong, Kyo und Chogye in Korea.

▶ Der Bodhisattva und die Seele
Bodhisattvas haben Erleuchtung erlangt, aber sie geloben, nicht eher ins *Nirwana* einzugehen, bis alle lebenden Wesen vom Leid befreit sind. Einer der beliebtesten *Bodhisattvas* ist Avalokiteshvara. Er gilt als Verkörperung des Mitgefühls. In China heißt er Guanyin und ist, wie man auf diesem chinesischen Bild aus dem 10. Jh. deutlich erkennen kann, eine Frau. Hier führt sie eine Seele, dargestellt als modisch gekleidete Frau, ins Paradies.

DAS LEBEN DES BUDDHA

Siddhartha Gautama wurde wahrscheinlich um 560 v. Chr. in Nordostindien als Sohn eines Fürsten geboren und gehörte zum Clan der Shakya (daher auch *Shakyamuni* = »Weiser der Shakya« genannt). Im väterlichen Palast hielt man alle Unbilden des Lebens von ihm fern. Mit 29 aber begegnete Gautama bei Ausfahrten dem Leid in Gestalt von Alter, Krankheit und Tod. Bei der vierten Ausfahrt sah er einen Wanderasketen und beschloss, dessen Vorbild zu folgen. Er verließ Frau und Kind und mühte sich sechs Jahre als Asket, Erlösung aus dem Leid der Welt zu finden. Es gelang ihm nicht. Er zog sich zurück, um unter einem wilden Feigenbaum (Bodhi-Baum) am Gaya-Fluss zu meditieren. Dort durchlief er alle Stadien der Meditation *(Jhana)* und erlebte die große Erleuchtung. Von nun an war er der Buddha, »der Erwachte«. In den folgenden 40 Jahren bis zu seinem Tode lehrte er andere den »mittleren Pfad« zwischen Sinnenlust und Askese. Seine erste Predigt hielt er in Sarnath. Dem Theravada-Buddhismus zufolge war Siddartha Gautama der 24. in einer langen Reihe von Buddhas. Wenn seine Lehren nicht mehr beachtet werden, erscheint der zukünftige Buddha Maitreya. Im Mahayana-Buddhismus gibt es viele Universen, mehrere davon haben ebenfalls Buddhas, auch in der Gegenwart, wie der Buddha Amida im Reines-Land-Buddhismus.

◀ Geburt des Buddha
Als Eltern des Buddha gelten König Suddhodana und Königin Maya. Diese brachte ihren Erstgeborenen im nepalesischen Lumbini unter einem Sala-Baum zur Welt. Sieben Tage später starb sie – denn kein weiteres Kind ist würdig, aus demselben Schoß geboren zu werden wie ein Buddha. Maya soll im Tusita-Himmel als Mann wiedergeboren worden sein. Diese thailändische Buchmalerei zeigt sie mit menschlichen und göttlichen Geburtshelfern.

DIE SHAKYA-SCHULE
Die Darstellung des Lama weist diesen Bildteppich als Tempel-Wandbehang *(Than-Kha)* aus, der möglicherweise in einem Kloster der tibetischen Shakya-Schule hing.

BAUM DER ERLEUCHTUNG
Die Erleuchtung des Buddha unter einem wilden Feigenbaum im heutigen Bodhgaya wird in Legenden zu einem von Geistern *(Devas)* bezeugten Ereignis unter dem »Baum der Weisheit« in einem Wald.

ZEICHEN DER ÜBERMENSCHLICHKEIT
Der »Weisheitshöcker« *(Ushnisa)*, hier von einem Edelstein gekrönt, ist eines der 32 körperlichen Zeichen eines Buddha. Das kleine Haarbüschel *(Urna)* zwischen den Augenbrauen, die lang gezogenen Ohrläppchen, das Haar, das (hier nicht zu erkennen) strähnenweise aus einem Balg gerade nach oben wächst und sich dann nach rechts kringelt, sind weitere Kennzeichen.

ZEICHEN DER ERLEUCHTUNG
Nach seinem Sieg über Mara meditierte Shakyamuni die ganze Nacht hindurch. Im Morgengrauen wurde er zum Buddha. Sichtbares Zeichen der Erleuchtung war eine sechsfarbig strahlende Aura (*Rasmi*) von sechs Metern Durchmesser, hier als den ganzen Körper umgebender »Heiligenschein« (Nimbus) dargestellt, über dem der Schlangenkönig Mucalinda schwebt. Nach seiner Erleuchtung meditierte Buddha weitere sieben Wochen.

SYMBOL DER LEHRE
Das achtspeichige Rad in Buddhas Hand symbolisiert die Lehre (*Dharma*), die er nach seiner Erleuchtung formulierte: Die Speichen stehen für den achtfachen Pfad, der zur Erleuchtung führt: rechtes Denken, rechtes Entschließen, rechtes Wort, rechte Tat, rechtes Leben, rechtes Streben, rechtes Gedenken, rechtes Sichversenken.

HAND UND FUSS
Handflächen und Fußsohlen Buddhas sind mit Henna rot gefärbt. Das gilt in der indo-tibetanischen Welt als Zeichen der Schönheit.

SIEG ÜBER MARA
Buddha berührt mit der rechten Hand den Boden. Mit dieser Geste ruft er die Mutter Erde als Zeugin seines Sieges über Mara (das Böse) an. Mara wollte verhindern, dass Shakyamuni Erleuchtung erlangte und anderen dann den Weg zum *Nirwana* weisen konnte. Daher sandte er Boten, die Shakyamuni zur Rückkehr in sein Königreich bewegen sollten. Er sandte seine schönen Töchter, ihn zu betören, hetzte ein Heer von Dämonen auf ihn und warf schließlich seinen magischen, Berge spaltenden Diskus nach ihm. Doch keines dieser Mittel hatte Erfolg.

LOTOSTHRON
Der Buddha sitzt auf einem Lotos-Meditationsthron. Der Lotos hat seine Wurzeln im Schlamm, seine Blüten aber öffnen sich in den freien Raum: Symbol der Erleuchtung. Die Legende erzählt von sieben Schritten des neugeborenen Buddha, bei denen sich jeweils eine Lotosblüte öffnete.

SCHATZ DER BEGIERDE
Eine Vase symbolisiert den Schatz aller Begierden. Sie steht als Opfergabe auf einem Tischchen vor dem Meditationsthron. Erleuchtung kann man nur erlangen, wenn man von allen Begierden frei ist.

BUDDHA BESIEGT MARA

Dieser Wandbehang zeigt Buddha, als er noch ein *Bodhisattva* war, ein »zukünftiger Buddha« (siehe S. 118–119), wenngleich vieles darauf hinweist, dass seine Erleuchtung bald bevorsteht. Hier ist er an dem Punkt angelangt, an dem er die Mutter Erde als Zeugin über seinen Sieg über Mara (»Töter«), die Verkörperung des Bösen, anruft. Mara wollte der Legende zufolge verhindern, dass Shakyamuni die Erleuchtung erlangte.

▶ Buddhistischer Meister
Das zentrale Bild eines tibetischen Tempel-Wandteppichs *(Thangkha)* ist üblicherweise von untergeordneten Heilsfiguren umrahmt. Über dem Kopf des Buddha sind einige tibetische und indische Buddhistenmeister angeordnet. Das Rad der Lehre in der einen Hand und die heiligen Schriften in der anderen kennzeichnen diese Figur als besonders gelehrten Buddhisten.

»ES IST … JENES REICH, WO NICHT ERDE NOCH WASSER IST, NICHT FEUER NOCH LUFT, NICHT UNENDLICHES RAUMGEBIET, … EBEN DIES IST DAS ENDE DES LEIDENS.«
Buddha, *Udana VIII 2–3*

▲ Ausgemergelter Buddha
Diese Statue zeigt Buddha vor seiner Erleuchtung. Nachdem Shakyamuni Heim und Familie verlassen hatte, verbrachte er sechs Jahre in Begleitung von fünf anderen Bettelmönchen als Wanderasket. Er praktizierte strenge Askese. Doch er erkannte schließlich, dass dieser Weg ihn nicht zum Ziel brachte. Nur der »mittlere Pfad« zwischen den beiden Extremen Selbstverleugnung und Sinnenlust ist der richtige. Die dunkle Lackfarbe dieser Figur deutet den überlieferten Glauben an, dass die extreme Askese das natürliche Leuchten von Shakyamunis goldener Haut verblassen ließ.

▶ Himmlischer Beschützer
Diese Figur stellt einen der vier Beschützer *(Lokapala)* des Buddha dar, wahrscheinlich den hinduistischen Sonnengott Surya. Als der Buddhismus entstand, sah man die Hindugötter als Beschützer von Buddhas Lehren an, und glaubte, dass die Götter Brahma und Indra Buddhas Geburtshelfer gewesen seien.

DAS BUDDHABILD

In der frühen buddhistischen Kunst wird der Buddha selbst nicht dargestellt. Er war ins höchste *Nirwana* eingegangen, »völlig verloschen« und somit körperlos und nicht mehr von dieser Welt. Doch seine Lehre wurde symbolisch als Rad dargestellt (siehe S. 95). Auch Buddhas Fußstapfen (symbolisch für den Weg, den er vorangegangen war), sein Stupa (Reliquienschrein) und der Baum der Erkenntnis wurden dargestellt und verehrt. Die ersten Buddha-Darstellungen stammen aus dem 2. Jh. n. Chr. aus Nordindien, doch bald verbreitete sich der Bilderkult über ganz Asien. Die Vielfalt der Stile zeigt die Fülle der Kulturen, in denen der Buddhismus erblühte. Dargestellt werden vor allem zwölf Elemente aus Buddhas Leben (siehe S. 98–99): Vorleben im Tusita-Himmel, Empfängnis, Geburt, Erziehung, Hochzeit, die vier Ausfahrten, der »große Verzicht« und das Asketenleben, der Bodhi-Baum, der Sieg über Mara, die Erleuchtung, die erste Predigt, der Tod.

▶ Begleitfiguren
Haartracht und Kleidung deuten an, dass es sich bei der Figur in der Mitte des Reliefs am Fuße des Meditationsthrons um einen *Bodhisattva*, einen zukünftigen Buddha, handelt. Möglicherweise ist es der noch erwartete Maitreya, es könnte sich aber auch um eine Szene aus dem Leben des Buddha vor seiner Erleuchtung handeln. Maitreya erscheint häufig in der Gandhara-Kunst. Er gilt als Beschützer des Buddhismus, besonders der missionierenden Mönche. Daher war er früher in Innerasien sehr beliebt, wo die Mönche sich vielfach fremden Religionen und feindlichen Völkern gegenübersahen.

◀ Buddha und Mucalinda
Statue aus Kambodscha: Schlangenkönig Mucalinda schützt den Erleuchteten vor Regen. Mucalinda »umschloss des Erhabenen Leib siebenmal mit seinen Schlingen und verharrte über das Haupt des Erhabenen seine große Haube haltend« *(Mahavagga)*.

Der zukünftige Buddha

»INDEM ER SICH DAVON (VOM SICHTBAREN) ABWENDET, WIRD ER FREI VON BEGEHREN; DURCH DAS AUFHÖREN DES BEGEHRENS GEWINNT ER DIE ERLÖSUNG; IN DEM ERLÖSTEN ENTSTEHT DAS WISSEN VON SEINER ERLÖSUNG: VERNICHTET IST DIE WIEDERGEBURT, VOLLENDET DER HEILIGE WANDEL, ERFÜLLT DIE PFLICHT (...)«

Aus der Feuerrede *(Theravada Sutta Pitaka)*

GANDHARA-BUDDHA

Diese Figur (2.–3. Jh. n. Chr.) ist ein Beispiel für die graeco-buddhistische Kunst der Gandhara-Ebene in Nordwestindien. Deutlich sind griechische Einflüsse erkennbar, die auf die Eroberung dieser Region durch Alexander den Großen zurückgehen. Gandhara soll Schauplatz von Ereignissen früherer Leben des Buddha gewesen sein.

ASKETENHAAR
Buddhas Haar ist im indische Wanderasketen kennzeichnenden Knoten zusammengebunden. Diese Darstellung erinnert jedoch auch an Frisuren griechischer Götter.

BUDDHA-AUREOLE
Der »Heiligenschein« ist als flache Sonnenscheibe dargestellt, ein Charakteristikum der Buddhas vom Gandhara-Typ.

ZEICHEN DES BUDDHA
Die *Urna*, eine kleine kreisförmige helle Haarlocke zwischen den Augen, ist eines von den 32 körperlichen Kennzeichen eines Buddha. Weitere sind: Antilopenbeine, Kuhlider, 40 Zähne, in einer Scheide eingeschlossene Genitalien.

MÖNCHSGEWAND
Auch das schwere, beide Schultern bedeckende Mönchsgewand kennzeichnet den Stil Gandharas.

GESTE DES RADDREHENS
Häufig zeigen Buddha-Bildnisse besondere Handhaltungen *(Mudras)*. Diese Fingerstellung gleicht dem *Dharmachakra Mudra*, der Geste des Raddrehens. Allerdings ist dies eine sehr frühe Darstellung, die noch nicht den später aufgestellten Regeln folgt.

MEDITATIONSHALTUNG
Da die Beine bedeckt sind, kann man die genaue Beinhaltung *(Asana)* nicht feststellen. Wahrscheinlich hat der Buddha in Meditationshaltung *(Dhyanasana)* die Beine gekreuzt, und die Füße liegen auf dem jeweils anderen Oberschenkel.

GRIECHISCHER EINFLUSS
Die griechischstämmigen Herrscher Gandharas unterdrückten den Buddhismus nicht, sie sollen sogar großes Interesse an dieser Religion gezeigt haben. Der Palitext *Milindapanha* (Fragen des Königs Milinda) stellt die buddhistische Lehre in Form eines Dialogs zwischen dem buddhistischen Mönch Nagasena und dem indo-griechischen König Milinda (Menandros) dar.

MEDITATIONSTHRON
Der Buddha sitzt auf einem Meditationsthron. Solche Throne stellten in der frühen buddhistischen Kunst Symbole der Anwesenheit des Buddha dar.

DIE GESICHTER-TÜRME DES BAYON

Wen die Gesichter des Bayon-Tempels in Kambodscha darstellen, weiß man nicht genau. Möglicherweise handelt es sich um König Jayavarman IV. (14. Jh.), in dem die Kambodschaner Buddha, den Hindugott Shiva (siehe S. 39–41) und den *Bodhisattva* Avalokiteshvara (siehe S. 118–119) vereint sahen. Solche Darstellungen spiegeln den kambodschanischen Glauben wider, in dem hinduistische und buddhistische Elemente mit Personenkulten verschmolzen sind. Der Tempel selbst stellt eine irdische Version von Indras Himmel dar. Hauptkultbild war eine Statue des Buddha mit dem Schlangenkönig Mucalinda.

DIE GESICHTER-TÜRME DES BAYON IN KAMBODSCHA

▲ Buddha auf dem Lotosthron
Dieser geschnitzte Buddha aus Birma sitzt auf einem Lotosthron, umgeben von Szenen aus seinem Leben. Die oberste Szene zeigt Buddhas Tod: Er liegt auf der rechten Seite und wird von Göttern und Mönchen umsorgt. Über ihm ist ein Stupa (Reliquienschrein) errichtet. Die letzten überlieferten Worte des Buddha sind: »Der Vergänglichkeit unterworfen ist alles, was aus den bildenden Kräften entstanden ist. Haltet an in strebendem Bemühen.«

► Stehender Buddha
Darstellungen, in denen der Buddha steht, sind ungewöhnlich, wahrscheinlich weil sich so die meditative Versenkung schwer zum Ausdruck bringen lässt. Diese Figur (Indien, 6. Jh.) zeigt den Buddha im Mönchsgewand, das die linke Schulter freilässt. Die langen Ohrläppchen erinnern an die Zeit, als Buddha als junger Prinz schwere Ohrringe trug. Der Weisheitshöcker *(Ushnisa)*, eines der 32 Kennzeichen des Buddha, tritt stark hervor. Die rechte Hand ist in einer Gnade gewährenden Geste erhoben.

STUPEN, TEMPEL UND RELIQUIEN

Ein Stupa ist ein Grabhügel, ein Kenotaph (Erinnerungsgrab) oder ein Reliquiar, errichtet als Gedenkstätte, als Weihegeschenk oder Markstein des Glaubens. Die ersten Stupen wurden über der Asche des Buddha selbst errichtet. Später baute man auch Stupen für die Reliquien anderer bedeutender Persönlichkeiten des Buddhismus. Heute gibt es zwar keinen vollständig erhaltenen Stupa mehr, doch in der Zeit der buddhistischen Expansion unter dem indischen Kaiser Ashoka (268–239 v. Chr.) wurden viele gebaut. Einige von ihnen wurden bald zu wichtigen Wallfahrtsorten, und mit ihrem Ruhm wuchs ihre Pracht. In Stein gehauene Szenen aus dem Leben des Buddha schmückten die Bauwerke. In Tibet wurde der Stupa zum Tschorten mit einer Kuppel, die auf einem fünfstufigen Unterbau ruht, der die fünf Elemente dieser Welt darstellt. Auf der Turmspitze sitzt eine Sonne auf einer Mondsichel, was Weisheit und Mitgefühl symbolisiert. In Südostasien, China und Japan baute man Pagoden, die den buddhistischen Kosmos versinnbildlichen.

GOLDENES RELIQUIAR

Diesen goldenen Reliquienbehälter (2. Jh. v. Chr.) fand man bei Ausgrabungen in einem Stupa im afghanischen Bimaran. In der mittleren Nische ist ein lehrender Buddha dargestellt. Rechts und links von ihm sieht man die hinduistischen Götter Brahma und Indra in Huldigungshaltung. Das Reliquiar ist mit Granatsteinen besetzt und enthielt vermutlich die Asche eines buddhistischen Heiligen, wenngleich auch von Heiligen benutzte Gegenstände als Reliquien gelten. Solche Funde belegen den Erfolg der buddhistischen Missionare auch über den indischen Subkontinent hinaus.

RELIQUIENBEHÄLTER FÜR DIE ASCHE EINES BEDEUTENDEN BUDDHISTISCHEN HEILIGEN

◀ Thailändischer Königspalast
Der Theravada-Buddhismus (siehe S. 96) ist die Staatsreligion Thailands und die Religion der überwiegenden Mehrheit der dortigen Bevölkerung. Vom Königspalast von Ajuthia aus regierten eine Reihe von Thai-Königen. Die Stupen des Palastes sind glockenförmig, ähnlich wie die in Sri Lanka. Nach der Zerstörung Ajuthias (1767) wurde Bangkok Hauptstadt Thailands. Dort förderten die Könige der Tschakri-Dynastie, allen voran Rama IV. (1851–1868), die Erneuerung und Neubelebung der buddhistischen Mönchsgemeinden.

Der Turm symbolisiert die kosmische Ordnung.

▶ Modelltempel
Dieses Tempelmodell aus Laos oder Thailand ist ein Kunstwerk des Theravada-Buddhismus. Buddhas rechte Hand erinnert daran, wie er Mutter Erde als Zeugin für seine Erleuchtung anrief, nachdem er den Versuchungen Maras (siehe S. 99) widerstanden hatte. Der spitze Turm stellt die hierarchische Ordnung des traditionellen buddhistischen Weltbilds dar (siehe S. 111–113).

Buddha in erdberührender Haltung

»DEN KREISLAUF VIELER GEBURTEN HABE ICH RUHELOS DURCHLAUFEN, DEN BILDNER DES HAUSES SUCHEND. SCHLIMM IST DIE EWIGE WIEDERGEBURT. … DEINE BALKEN SIND GEBROCHEN UND DES HAUSES DACH VERNICHTET, DAS HERZ, FREI GEWORDEN, HAT ALLE BEGIERDEN GETILGT …«
Buddha zu seiner Erleuchtung (Aus dem *Dhamma-pada*)

RELIEFTAFEL

Diese steinerne Relieftafel (3. Jh. v. Chr.) vom Stupa von Nagarjunakonda in Südindien zeigt einen Stupa – vielleicht den von Nagarjunakonda selbst in seiner Blütezeit.

◀ Vor den Toren des Stupa
Vor den Toren des Wandelgangs des Stupa finden sich Pilger, Essensverkäufer und dickbäuchige Zwerge, die Schalen für Almosen auf ihrem Kopf tragen. Stupen wurden von Laien erbaut und dienten vorwiegend der Laienschaft als Kultstätten, die sie an das *Nirwana* des Buddha erinnerten.

Ein Löwe bewacht den Stupeneingang.

Almosenschale

Pilger mit Blumen als Opfergabe

BUDDHAS LEBEN
Das Stupabild zeigt eine Szene aus dem Leben des Buddha vor seiner Erleuchtung. Im Theravada-Buddhismus wird Buddha zu dieser Zeit als *Bodhisattva* (»Buddha-Anwärter«) bezeichnet.

SCHIRM

Der stilisierte Sonnenschirm ist ein Zeichen des Königtums und hebt die spirituelle Überlegenheit des Buddha hervor, der vom Stupa symbolisiert wird. Der Schirm soll auch den Bodhi-Baum im indischen Bodh Gaya darstellen, unter dem Buddha seine Erleuchtung erfuhr.

HIMMLISCHE GEISTER

Himmlische Wesen bringen dem Buddha Girlanden als Opfergaben. Solche Girlanden zieren oft die Kuppel eines Stupa.

UMZÄUNUNG

Die *Harmika*, eine niedrige Brüstung, umgibt einen quadratischen Bezirk. Sie umschließt einen »heiligen Bereich«.

DER STUPA

Als Objekte der Anbetung wurden Stupen oft in einen größeren Heiligtumskomplex eingebunden. Sie bestanden meist aus einer gewaltigen Halbkugel (*Anda* = Ei) auf einem zylindrischen Sockel, umgeben von prachtvollen Brüstungen. Die Brüstung hatte eine Reihe von Toren, durch die die Pilger auf einen Laufweg gelangten. Der Stupa selbst wurde als Symbol des Buddha verehrt.

STUPATORE

Die Torsäulen des Stupa nennt man *Ayaka*-Säulen.

DER BUDDHA

Im Mittelpunkt des Stupa befindet sich der Buddha, umgeben von Anhängern. Er ist hier in der furchtabwehrenden Geste dargestellt: die rechte Hand ist geöffnet und erhoben. Nach einem alten buddhistischen Text (siehe S. 114–117) hat Buddha den Laien empfohlen, sich durch Stupa-Kult religiöse Verdienste zu erwerben.

STEINLÖWEN

Zwei Löwen in der Stupa-Brüstung bewachen den Eingang zum Torweg. Löwen zieren viele der Stupen und Tempel, die zur Regierungszeit des Kaisers Ashoka erbaut wurden. Sie sind Symbole des Königtums.

MEDITATIONSHILFE

Im 2. Jh. v. Chr. hatten sich Stupen zu Meditationshilfen entwickelt. So symbolisiert der Boden, auf dem ein Stupa steht, Großzügigkeit. Die Basis ist ein Symbol der Selbstbeherrschung. Gekrönt wird das Ganze von Buddhas Barmherzigkeit.

EINE JUGENDLICHE GESTALT

Männer und Frauen folgen voll Ehrerbietung einem jungen Mann in königlichem Gewand. Das Radmotiv in der oberen rechten Ecke des Frieses deutet darauf hin, dass dieser wahrscheinlich einen buddhistischen Weltenherrscher darstellt. Seine erhobene Hand lässt Gold herabregnen.

BUDDHA-VEREHRUNG

Im Westen verbindet man mit Buddhismus in erster Linie klösterliche Kontemplation. Doch es gibt auch eine volkstümliche Frömmigkeit. Schon bald nach Buddhas Tod begannen die Menschen zu seinen Reliquienschreinen (Stupen) zu pilgern, im Glauben, dadurch der Erlösung näherzukommen. Auch Wallfahrten zu Orten, die durch die Anwesenheit des Buddha zu seinen Lebzeiten geheiligt worden waren, wie Bodh Gaya (siehe S. 95) waren beliebt. Mit der Zeit entstanden Kulte um mehrere bedeutende himmlische Buddhas und *Bodhisattvas* wie Amitabha und Avalokiteshvara. In China kam auch den *Lohan* (Chinesisch für *Arhat* = »Ehrwürdiger«, wörtlich »Mann von Wert«), den 18 Jüngern, die noch zu Lebzeiten des Buddha Erleuchtung erlangt hatten, eine große Bedeutung zu.

HEILBRINGENDE HANDLUNGEN

Fromme Texte wurden geschrieben und als Kulthandlung gesungen. Immer neue Tempel entstanden, in denen großartige Zeremonien abgehalten wurden, zumal es als heilbringender galt, neue Tempel zu bauen, als alte zu erhalten. Indem buddhistische Laien z. B. Mitgliedern der Mönchsgemeinde (*Sangha*) Essen, Kleidung, Unterkunft und Medikamente geben, erwerben sie sich Verdienste, die ihre nächste Wiedergeburt begünstigen. So erhalten alle die Möglichkeit, den Lehren des Buddha in ihrem Leben zu folgen.

»WENN WIR AUF DER FÄHRE DES GROSSEN MITLEIDS DES AMIDA DAS MEER DES LEIDES ÜBERQUERT HABEN, KÖNNEN WIR ALLE ERKENNENDEN WESEN RETTEN.«

Yiuen, Schüler Shinrans, des Begründers der »Wahren Schule des Reinen Landes«

◀ Tempel des Jadebuddha in Shanghai
In diesem Tempel wird der Buddha durch die 18 *Lohan* verehrt. In chinesisch-buddhistischen Texten und Bilddarstellungen gefeiert, stellen die *Lohan* exemplarisch bestimmte buddhistische Tugenden und Fähigkeiten dar, z. B. Meditationsfertigkeiten, magische Kräfte, Fähigkeiten in der Vermittlung der Lehre und Besänftigung wilder Tiere. Der Buddha hält eine Lotosblume, ein altes Symbol der Reinheit und Erleuchtung. Der Lotos erhebt sich unbefleckt aus dem Morast der Welt und steht daher für erleuchtete Wesen: Buddhas, Arhats und Bodhisattvas.

▶ Zeichen der Frömmigkeit
Das Kloster und der Tempelkomplex von Wat Phrathat Doi Suthep bei Chiang Mai im Norden Thailands stehen in der Theravada-Tradition des Buddhismus, die in Thailand Staatsreligion ist. Der hier abgebildete Hauptstupa hat vier Zeremonienschirme, an jeder Ecke einen. Die Schirme sind ein altes Symbol des Königtums. Der Tempel wurde 1371 für eine Buddhareliquie gebaut und 1545 in seiner heutigen Form erneuert. Seine Pracht ist ein Zeugnis buddhistischer Frömmigkeit und Kultur.

▲ Der Buddha mit vier Schülern
Bei seiner ersten Predigt in Sarnath bei Varanasi (Benares) lehrte der Buddha die »vier edlen Wahrheiten« (siehe S. 95–96) und den »mittleren Pfad« zwischen den Extremen eines Lebens in weltlicher Lust und eines Lebens in asketischer Selbstpeinigung. Diese Schnitzerei aus Afghanistan zeigt vier der fünf Schüler, die nach alter Überlieferung der Rede beiwohnten. Alle richten ihre Aufmerksamkeit und Bewunderung auf den Buddha in der Mitte. Sein Sitz zeigt das »Rad der Lehre«, das an jenem Tag in Bewegung gesetzt wurde. Die beiden Hirschkühe erinnern an den Ort der Predigt – einen Wildpark.

NOVIZEN DES REINEN LANDES

Jungen Mönchen des »Reinen Landes«, einer der größten buddhistischen Schulen Japans, wird in einer besonderen Zeremonie das Haupt geschoren. Die wichtigste Lehre der Schule, die von dem chinesischen Mönch Huiyuann (334–417) gegründet worden sein soll, ist die von der erlösenden Kraft des Buddha Amitabha (Amida), des Herrn des westlichen Paradieses. Dieser Glaube verlangt absolute Hingabe und völliges Vertrauen. Der Gläubige muss alle persönlichen Wünsche, selbst den Wunsch nach Erleuchtung, hinter sich lassen und sich ganz in die Macht Amitabhas begeben, der alle rettet, die ihm vertrauen. Eine besondere Praxis der Schule ist das Singen eines einfachen *Mantras*, des *»Namu Amida Butsu«* (»Verehrung sei dem Buddha des unermesslichen Lichtglanzes«).

JUNGE MÖNCHE MIT FRISCH GESCHORENEN KÖPFEN

FABELWESEN
Ein *Makara*, ein mythologisches Seeungeheuer mit Elefantenrüssel und Fischschwanz, beschützt das innere Bild. Die Borte mit Lotosblüten und -knospen entspringt dem Maul des Monsters.

ÜBERMENSCHLICH
Eines von den 32 Kennzeichen des Buddha in der buddhistischen Überlieferung ist der Besitz langer, gerader Zehen. Die sichtbaren Zehennägel zeigen, dass die Oberseite der Füße abgebildet ist.

▲ Die Swastika
Die Swastika ist ein altes indogermanisches Glückssymbol. Hierzulande ist das Zeichen verboten, weil es von den Nationalsozialisten missbraucht wurde.

RAD DER LEHRE
Das Rad in der Mitte ist Symbol der Lehre des Buddha. Er hat mit seinen Predigten das Rad des Dharma in Bewegung gesetzt.

DREIFACHES KLEINOD
Dieses dreispitzige Symbol zeigt das »dreifache Kleinod« *(Triratna)*, dessen drei Juwelen der Buddha, seine Lehre *(Dharma)* und die Ordensgemeinschaft *(Sangha)* sind. Eine Definition des Buddhismus besagt: Buddhist ist jemand, der seine Zuflucht zum dreifachen Kleinod nimmt.

LOTOSBLUME
Verbunden mit dem dreifachen Kleinod ist eine Lotosblüte. Die Lotosblume wächst im Morast, aber die Blüte erhebt sich auf einem hohen, schlanken Stängel unbefleckt zum Licht: Symbol der Erleuchtung, des wahren Lebens und der Lehre des Buddha.

▲ Der Lotos
Der Lotos wurde zum Symbol für die buddhistische Lehre. Da die Ordensgemeinschaft der Lehre entspringt, ist ein verbreitetes Bild für die *Sangha* der Mönch, der aus dem Lotos steigt.

BUDDHAS SPUREN

Diese Steintafel zierte den Stupa von Amaravati, das einst ein bedeutendes Kloster und eine bedeutende Wallfahrtsstätte im indischen Andhra Pradesh war. Die Tafel zeigt den *Buddhapada*, die Fußstapfen des Buddha. Ehe es gebräuchlich wurde, Buddha als Person darzustellen, symbolisierten seine Fußstapfen seine Anwesenheit und vermittelten eine Vorstellung von seiner Transzendenz und Macht. Buddhas Fußspuren sollen sich mit 108 Symbolen abgedrückt haben, doch diese Darstellung zeigt weniger. Vor allem in Theravada-Domänen entstand ein reicher Kult um den *Buddhapada*.

DAS WELTBILD

Dem buddhistischen Weltbild liegen ähnliche Vorstellungen zugrunde wie dem anderer indischer Religionen. Der Kosmos ist nicht dauerhaft und nicht geschaffen. Ganz oben stehen die vier Bereiche rein geistiger Wiedergeburt. Darunter liegen die Reiche der reinen Form, in denen die Götter wohnen. Auch die Götter sind der Wiedergeburt unterworfen und müssen Erleuchtung suchen. Auf der untersten Stufe befindet sich das Reich der Wünsche und Begierden. Es besteht aus den Himmeln, in denen die 33 vedischen Götter wohnen (siehe S. 48), darunter Indra (unter dem Namen Sakka), der Beschützer des Buddhismus. Hier liegen auch die Reiche der Tiere, der Menschen und der eifersüchtigen Götter. Darunter befinden sich der Bereich der hungrigen Geister und die Hölle.

▼ Die sechs Sphären der Existenz
Für Buddhisten zieht sich *Samsara*, der Kreislauf der Wiedergeburten, durch viele Leben. Im Rad des Lebens liegen die sechs Bereiche, in denen Wesen wiedergeboren werden können. Diese sind von oben aus im Uhrzeigersinn: das Reich der Götter, das Reich der eifersüchtigen Götter (*Asuras*); das Reich der hungrigen Geister (*Pretas*); das Reich der Hölle; das Reich der Tiere und das Reich der Menschen, gekennzeichnet durch Geburt, Alter, Krankheit und Tod.

▲ Die drei Kardinalsünden
Im Zentrum des Rades sind die drei Kardinalsünden (die drei Gifte) der Menschheit dargestellt. Sie sind die Wurzel allen Leidens in der Welt und der Grund für jede leidvolle Wiedergeburt. Das schwarze Schwein stellt Gier und Verlangen dar, der rote Hahn Unwissenheit und Täuschung, die grüne Schlange Neid und Hass.

HEILIGE DARSTELLUNGEN DES KOSMOS

Ein *Mandala* (Sanskrit: »Kreis«) stellt schematisch eine ideale Welt dar, die meist mit einem bestimmten Buddha in Verbindung gebracht wird. In dieser Hinsicht sind Mandalas wichtige Hilfsmittel der Meditation im Tantrismus (siehe S. 127–129), durch die der Eingeweihte sich verschiedene himmlische Buddha-Reiche vor Augen führen lernt. Diese Kosmogramme können Malereien, aus Stein gebaut oder mit farbigem Sand angelegt sein. Sie gelten als mächtige Zentren psychischer Energie und werden von der Alltagswelt durch bestimmte Riten abgesetzt, zu denen auch das Singen von *Mantras* (siehe S. 109) gehört. *Mandalas* repräsentieren nicht nur den Makrokosmos, sondern auch den Mikrokosmos der psychischen Energie dessen, der sich damit beschäftigt.

▲ Der Terrassentempel Borobudur
Borobudur auf Java (9. Jh. n. Chr.), das größte buddhistische Monument der Welt, besteht aus einem zentralen Stupa, umgeben von drei Kreisen kleinerer Stupen auf fünf großen quadratischen Terrassen. Die Pilger werden von den unteren Bereichen (symbolisch für die Hölle und die niederen Welten) durch die Reiche der Erde schließlich zu den himmlischen Reichen auf dem Gipfel geführt.

▼ Ein *Mandala* aus Sand
Tibetische Mönche legen für einen tantrischen Initiationsritus ein *Kalachakra-Mandala* aus Sand. Es dauert Monate, bis es fertig ist, der Ritus selbst erstreckt sich über mehrere Tage. Am Ende wird das Mandala zerstört und damit die Vergänglichkeit aller Dinge verdeutlicht.

▼ Ein Weltmodell
Dieses Modell für ein tibetanisches Opferritual stellt den Kosmos dar. Im Zentrum liegt der Berg Meru mit einem Stupa, von dessen Spitze die heilige Silbe *Om* (siehe S. 33) aufragt. Um den Berg sind Götterpavillons angeordnet, die von sieben Ringen kleinerer Berge umgeben sind. Jenseits dieser Gebirge liegt der große Ozean mit vier Kontinenten. Die Menschen leben auf Jambudvipa. Zwischen den Kontinenten und den Bergen liegen die Sonne und der Mond.

»DIES NUN, O MÖNCHE, IST DIE EDLE WAHRHEIT VON DER LEIDENSENTSTEHUNG. ES IST DIESER ›DURST‹, DER ZUR WIEDERGEBURT FÜHRT, VERBUNDEN MIT VERGNÜGEN UND LUST, AN DEM UND JENEM SICH BEFRIEDIGEND, NÄMLICH DER LIEBESTRIEB, DER SELBSTERHALTUNGSTRIEB, DIE SUCHT NACH REICHTUM.«

Worte des Buddha (*Dhammacakkappavattana-Sutta*)

DAS RAD DES LEBENS

Dieses Rad der Wiedergeburten, gedreht von Yama, dem Herrn des Todes, ist auf einem Tempel-Wandbehang (*Thangkha,* 19. oder 20. Jh.) dargestellt. *Thangkhas* dienen als Meditationsbilder.

DER HERR DES TODES
Yama, der Herr des Todes, hält das Rad des Lebens in seinen Zähnen und Klauen. Das verdeutlicht die Endlichkeit allen Lebens im Rad der Wiedergeburten.

DIE ZWÖLF *KARMA*-STUFEN
Der äußere Kreis zeigt die zwölf *Karma*-Formationen. Die unwissenden Sünder werden durch die zwölf einander bedingenden Ursachen und Wirkungen durch das Rad des Lebens getrieben. Um ins *Nirwana* einzugehen, muss man von all diesen Ursachen und Wirkungen frei werden.

BESITZSTREBEN
Dieser Mann pflückt Früchte von einem Baum. Er steht für das Verlangen nach Besitz.

VERLANGEN
Zwei verliebte junge Menschen stellen sexuelles Verlangen dar.

DAS REICH DER GÖTTER
Die Götter ernten die Früchte eines guten *Karmas*. Doch dieser glückliche Zustand währt nicht ewig. Wenn das *Karma* aufgebraucht ist, werden sie wiedergeboren. Der verklingende Ton der Laute des weißen Buddhas erinnert die Götter an die Vergänglichkeit ihres Paradieses.

GEFÜHLE
Der Pfeil, der das Auge dieser Person durchbohrt, zeigt, wie uns Gefühle verletzen.

ANZIEHEND
Dieser Mann und diese Frau sind Opfer ihrer Sinnenlust.

DAS REICH DER MENSCHEN
Das Leid der Menschen wird durch Egoismus, Unwissen, Unglauben und Begierden verursacht. Daraus entsteht der ewige Kreislauf von Geburt, Krankheit, Alter und Tod. Das Reich der Menschen ist das wichtigste, da nur hier die Wesen die Macht haben, ihr Verhalten unter Kontrolle zu bringen und den Weg zur Erleuchtung zu beschreiten. Ein gelber Buddha predigt die Tugend der Willenskraft, durch die die Menschen verzichten und loslassen und den Weg ins *Nirwana* finden können.

DAS REICH DER *ASURAS*
Durch grenzenlosen Neid – oft dargestellt durch Menschen, die um die Frucht des Wunschbaums kämpfen – kommt es hier zu ständigem Krieg. Ein grüner Buddha in Kriegerrüstung mit flammendem Schwert erklärt die Tugend der Selbstbeherrschung und befiehlt den eifersüchtigen Göttern, ihre Kämpfe einzustellen.

WIEDERGEBURT
Die natürliche Folge von Ehe und sexueller Vereinigung ist die Geburt.

WELTKONTAKT
Mit seinen sechs Sinnen kommt der Mensch mit den Dingen der Welt in Berührung. Dadurch entstehen Begierden und Wünsche.

DAS REICH DER HUNGRIGEN GEISTER
Unersättliche Gier erzeugt ständigen Hunger und Durst, dargestellt durch groteske Figuren mit dünnen Hälsen und aufgeblähten Bäuchen. Ein roter Buddha hat ein Gefäß mit himmlischer Nahrung als Geschenk zur Besänftigung der hungrigen Geister *(Pretas)* und predigt die Tugenden der Großzügigkeit und Opferbereitschaft.

DIE SECHS SINNE
Die sechs Sinnesorgane, über die der Mensch mit den sechs äußeren Sinnesobjekten in Kontakt tritt, sind: Auge, Ohr, Nase, Zunge, Körper und Geist.

ALTER UND TOD
Die unausweichlichen Folgen der Geburt sind Krankheit, Sorge, Alter und Tod.

DAS REICH DER TIERE
Im Reich der Tiere regieren Unwissen, Apathie, Lethargie, Instinkthandlungen und geistige Unzulänglichkeit. Das bringt Leiden: Die Tiere jagen und fressen einander, die Menschen laden ihnen Lasten auf. Ein blauer Buddha mit dem *Buch der Erkenntnis* lehrt sie Weisheit. Denn diese ermöglicht den Eintritt in das Reich des Wissens und der kosmischen Gesetze.

UNWISSENHEIT
Geistige Blindheit wird durch einen blinden Mann dargestellt.

NAME UND FORM
Diese zwei Figuren symbolisieren Namen und Form, die den Bewusstseinsgrundlagen entspringen.

BEWUSSTSEIN
Der sich von Ast zu Ast schwingende Affe steht für fehlende Kontrolle über das Bewusstsein.

WERKE DER WILLENSKRAFT
Die Töpfer formen ihr eigenes Schicksal *(Karma)*. Jedes ihrer Gefäße stellt eine Tat dar. Als Taten gelten Handlungen, Gedanken oder Worte.

DAS REICH DER HÖLLE
Kalter Hass und brennende Wut bringen Wesen in die Hölle, die dunkelste aller Welten, wo sie die Qualen sengender Hitze und eisiger Kälte erleiden. Ein indigofarbener Buddha mit Wasser (Zeichen der Geduld) und Feuer (Licht der Hoffnung) predigt die Tugend der Geduld, die die Wogen des Hasses glättet, und weist den Weg zum Licht.

TEXTE UND KLÖSTER

Das »dreifache Kleinod« des Buddhismus besagt: »Ich nehme meine Zuflucht zum Erleuchteten, ich nehme meine Zuflucht zur Heilslehre, ich nehme meine Zuflucht zur Ordensgemeinschaft.« Daher gibt es eine enge Verbindung zwischen Texten und Klöstern. Schon früh wurden für die Ordensgemeinschaft *(Sangha)* Textsammlungen zusammengestellt. Eine der ältesten ist der »Dreikorb« *(Tripitaka/Tipitaka)*. Die ersten Schriften, *Suttapitaka* (Lehrreden) und *Vinayapitaka* (Grundsätze der Ordenszucht), sollen kurz nach Buddhas Tod auf dem Konzil von Raja-gaha festgelegt worden sein, als seine Jünger Ananda und Upali Buddhas Lehrreden und Regeln für die Mönche rezitierten. Die Herkunft einer dritten Sammlung, des *Abhidhammapitaka* (weitere Lehren und Deutungen), ist umstritten. Eine einheitliche heilige Schrift wie die Bibel gibt es im Buddhismus nicht. Die unterschiedlichen Schulen des Buddhismus legten ihren eigenen Schriftenkanon fest. Im Mahayana-Buddhismus sind die Ausdeutungen der Lehren des Buddha in *Sutren* (Sanskrit) und *Suttas* (Pali) erhalten.

► Mönche in Mandalay
Novizen vor einem Tempelkomplex mit Stupa/Pagode. Im Theravada-Buddhismus Birmas (Myanmar) erfolgt die Aufnahme in die Mönchsgemeinschaft in zwei Stufen. Ab dem achten Lebensjahr kann ein Junge als Novize aufgenommen werden, die volle Mitgliedschaft in der *Sangha* erhält er mit höheren Weihen im Alter von etwa 20 Jahren.

◄ Kloster Samye in Tibet
Samye ist das älteste Kloster Tibets. Der Bau des Komplexes war angeblich erst möglich, nachdem der Baugrund durch den tantrischen Yogi Padmasambhava von antagonistischen Kräften gereinigt worden war. Dazu musste er ein gewaltiges Mandala zeichnen, das zum Grundriss des Klosters wurde. Im Zentrum liegt ein Tempel, der einst goldene Buddhabildnisse beherbergte. An dessen vier Ecken steht jeweils ein Stupa. Unter der chinesischen Besatzung Tibets hat Samye schwer gelitten.

DIE VOLLKOMMENE WEISHEIT

Diese vier Palmblätter gehören zum 8000 Verse umfassenden *Sutra der vollkommenen Weisheit* (11. Jh.). Der Sanskrittext war zwischen zwei Holzplatten gebunden und wurde von einem frommen Laien aus Ostindien angefertigt. Solche Texte spielten im frühen Mahayana-Buddhismus (siehe S. 96–97) eine große Rolle. Das Abschreiben von Texten wurde als religiös verdienstvoll angesehen. Diese Palmblätter sind reich verziert mit Szenen aus dem Leben des Buddha und mit Bildern himmlischer *Bodhisattvas* und Gottheiten, darunter Prajnaparamita, Personifikation der vollkommenen Weisheit, Mutter aller Buddhas.

◀ Geburt des Buddha
Der Buddha wird aus der rechten Seite seiner Mutter, der Königin Maya geboren. Sie steht dabei und hält sich an einem Baum fest. Buddha soll um 566 v. Chr. als Sohn des Fürsten Suddhodana in Nepal geboren worden sein.

◀ Die erste Predigt
Der Buddha hält seine erste Predigt (siehe S. 95) im Wildpark von Sarnath. Neben ihm sieht man zwei der fünf dabei anwesenden Asketen. Seine Hände zeigen die klassische Geste des Lehrens.

◀ Der himmlische Bodhisattva
Ein himmlischer *Bodhisattva*, wahrscheinlich Maitreya: Maitreya ist ein schöner junger Mann, der zurzeit im Tusita-Himmel lebt. Er wird als der nächste Buddha auf der Erde erwartet.

◀ Der Mondlicht-Bodhisattva
Candraprabha ist der *»Mondlicht«-Bodhisattva*. Für viele Buddhisten sind die *Bodhisattvas* Personifikationen von Weisheit und Barmherzigkeit.

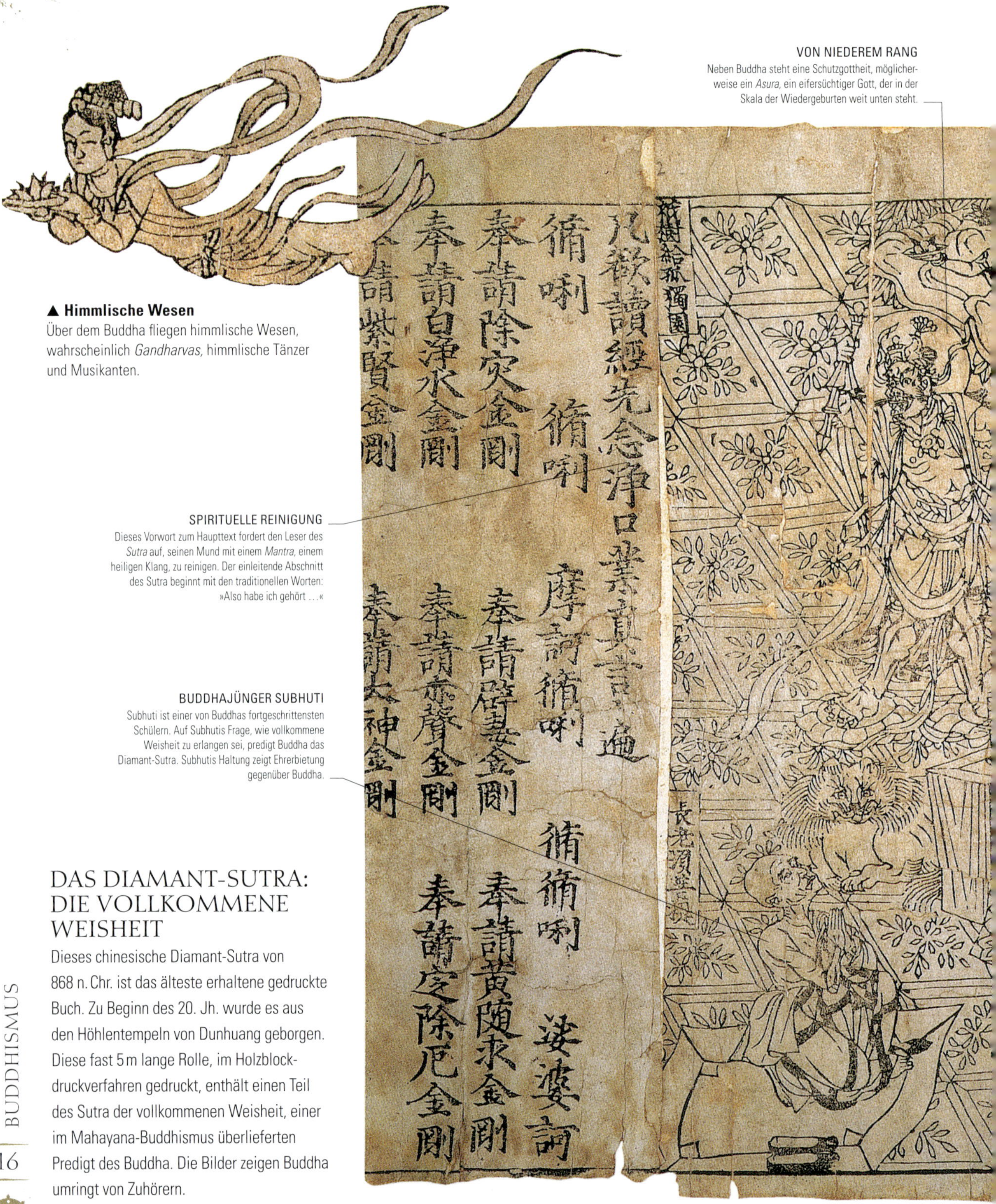

VON NIEDEREM RANG
Neben Buddha steht eine Schutzgottheit, möglicherweise ein *Asura*, ein eifersüchtiger Gott, der in der Skala der Wiedergeburten weit unten steht.

▲ Himmlische Wesen
Über dem Buddha fliegen himmlische Wesen, wahrscheinlich *Gandharvas*, himmlische Tänzer und Musikanten.

SPIRITUELLE REINIGUNG
Dieses Vorwort zum Haupttext fordert den Leser des *Sutra* auf, seinen Mund mit einem *Mantra*, einem heiligen Klang, zu reinigen. Der einleitende Abschnitt des Sutra beginnt mit den traditionellen Worten: »Also habe ich gehört …«

BUDDHAJÜNGER SUBHUTI
Subhuti ist einer von Buddhas fortgeschrittensten Schülern. Auf Subhutis Frage, wie vollkommene Weisheit zu erlangen sei, predigt Buddha das Diamant-Sutra. Subhutis Haltung zeigt Ehrerbietung gegenüber Buddha.

DAS DIAMANT-SUTRA: DIE VOLLKOMMENE WEISHEIT

Dieses chinesische Diamant-Sutra von 868 n. Chr. ist das älteste erhaltene gedruckte Buch. Zu Beginn des 20. Jh. wurde es aus den Höhlentempeln von Dunhuang geborgen. Diese fast 5 m lange Rolle, im Holzblockdruckverfahren gedruckt, enthält einen Teil des Sutra der vollkommenen Weisheit, einer im Mahayana-Buddhismus überlieferten Predigt des Buddha. Die Bilder zeigen Buddha umringt von Zuhörern.

MÖNCHE ALS ZUHÖRER
Gemäß dem *Diamant-Sutra* lauschten 1250 Mönche dieser Predigt.

DER BUDDHA
Auf einem Lotosthron predigt Buddha das *Diamant-Sutra*. Seine rechte Hand ist in Lehrerhaltung erhoben, seine linke deutet meditative Ruhe an. Sein drittes Auge, Symbol der inneren Weisheit, umfasst eine Sonne und einen Mond, ein Symbol des Tantrismus.

ZWEI BODHISATTVAS
Bodhisattvas sind auf dem Weg zur Erleuchtung weit fortgeschritten. Ihre Hoheit und Heiligkeit wird durch Kronen und Heiligenscheine angezeigt.

GLÜCK
Auf der Brust des Buddha sieht man eine Swastika. Meist findet man dieses Glückssymbol auf Handflächen und Fußsohlen von Buddhabildnissen.

FROMME LAIEN
Vornehme chinesische Laien mit ihren Dienern lauschen der Predigt.

HIMMLISCHE WESEN

Der Mahayana-Buddhismus entwickelte Lehren des Buddha, die sich in den frühen Texten nicht finden oder nur angedeutet sind. Sie sollen zurückgehalten worden sein, bis die Menschen für sie bereit waren. Buddha passte seine Lehre immer dem Niveau seiner jeweiligen Zuhörer an, daher sehen sich die Mahayana-Buddhisten in seiner Tradition. Ein zentraler Glaubensinhalt ist, dass Erleuchtung und *Nirwana* nicht Sache des Einzelnen sind, sondern dass es Hilfe für die leidenden und nach Erlösung strebenden Wesen gibt: *Bodhisattvas* helfen anderen, zur Erlösung zu gelangen. Sie selbst könnten das *Nirwana* längst erreicht haben, verzichten aber darauf aus Mitleid mit den anderen Wesen. Sich die Buddhas oder *Bodhisattvas* zu vergegenwärtigen und so Einheit mit ihnen zu erlangen, ist eine grundlegende Glaubenspraxis. Diese Vergegenwärtigung, nennt man in der japanischen Schule des Reinen Landes *Nembutsu*. Die Buddhisten der Schule des Reinen Landes betonen die Gnade von Amitabha (Jap.: Amida), dem Buddha des Westens. Der Glaube an seine Macht soll zur Wiedergeburt in *Sukhavati*, dem Reinen Land, führen, wo es kein Leid gibt.

◀ Die Weiße Tara, Göttin der Barmherzigkeit
Tara, hier in ihrer weißen Form, gilt als Mutter aller Buddhas. Sie ist die Begleiterin des Avalokiteshvara (gegenüber), des *Bodhisattvas* des Mitgefühls, und soll aus einer seiner Tränen entstanden sein, die er über das Leid anderer vergoss. Eine tibetische Legende deutet die grüne und weiße Form der Tara als die beiden Frauen des ersten tibetischen Königs. Tara ist als »Überlisterin des Todes« bekannt: Ihre Anhänger glauben, dass sie ein langes, gefahrloses Leben gewährt. Bei dieser Statue verdeutlichen die Augen auf der Stirn und auf der Handfläche ihr allessehendes Wesen.

»DER, DER DIE RUFE DER WELT BEACHTET, AVALOKITESHVARA, REIN UND HEILIG, IST FÄHIG, DENEN IN LEID, BEDRÄNGNIS, TOD UND GEFAHR EIN UNUMSTÖSSLICHER HORT ZU SEIN.«
Aus dem *Lotos-Sutra*

TIBETISCHE LEHRER
Avalokiteshvara ist umgeben von tibetischen Lamas der Kagyudpa-Schule (»Rote Kirche«, »Sekte der Rotmützen«).

ERLEUCHTUNG
Avalokiteshvara hält eine Lotosblume (Symbol der Erleuchtung) in der Hand.

DER BUDDHA
Der Kopf des Buddhas an der Spitze der elf Häupter Avalokiteshvaras ist der des Amitabha-Buddhas des Reinen Landes, mit dem der *Bodhisattva* eng verbunden ist.

KÖNIGLICH GESCHMÜCKT
Avalokiteshvara trägt den Schmuck eines Prinzen, den man mit himmlischen *Bodhisattvas* verbindet. Die schweren Ohrgehänge sind ein Kennzeichen der tibetischen Ikonografie.

PFEIL UND BOGEN
Pfeil und Bogen sind ein verbreitetes Symbol des Tantrismus. Sie bedeuten: Der *Bodhisattva* zielt auf das Herz aller Wesen.

GEFALTETE HÄNDE
Die mittleren beiden Hände sind in einer Huldigungsgeste dargestellt.

MANDORLA
Der mandelförmige Heiligenschein, der Avalokiteshvara umgibt, setzt sich aus 1000 Armen zusammen, die die unermüdliche Barmherzigkeit des *Bodhisattva* symbolisieren.

AVALOKITESHVARA
Avalokiteshvara verschiebt immer wieder sein Eingehen ins *Nirwana*, um anderen auf ihrem Weg zur Erlösung helfen zu können. Der gegenwärtige Dalai Lama, das geistliche Oberhaupt der Tibeter, gilt als Manifestation Avalokiteshvaras.

WEISSE TARA
Die Weiße Tara, eine Gefährtin Avalokiteshvaras, wird auch »die Retterin« genannt. Sie ist die Schutzgöttin Tibets.

GRÜNE TARA
Die Grüne Tara, wie die Weiße Tara Avalokiteshvaras Begleiterin, unterscheidet sich hier nur in der Farbe von der weißen Form, oft aber sind auch ihre Symbole anders.

AUGE DES MITGEFÜHLS
Das Auge auf der erhobenen Hand ist Symbol der Allwissenheit und der Barmherzigkeit.

ACHTSPEICHIGES RAD
Es heißt, Avalokiteshvara habe 108 Formen. Hier ist er mit tausend Armen abgebildet, in einer der rechten Hände hält er das achtspeichige Rad der Lehre des Buddha (siehe S. 95).

BODHISATTVA AVALOKITESHVARA

Dieser Wandbehang stellt Avalokiteshvara (»der die Rufe der Welt beachtet«) dar und diente Mönchen der »Rotmützen« als Meditationshilfe. Avalokiteshvara, der *Bodhisattva* des Mitgefühls, erfreut sich besonderer Beliebtheit. Der *Bodhisattva* weilt mit Amitabha im Reinen Land, kann sich aber im *Samsara*, dem Kreislauf der Wiedergeburten, in jeder erforderlichen Form manifestieren, um Wesen in Not zu helfen.

▶ Der schwarze Manjushri, Bodhisattva der Weisheit
Manjushri, der *Bodhisattva* der Weisheit, wird meist als gut aussehender junger Mann dargestellt, hier aber sieht man seine wilde tantrische Form (siehe S. 127–129). Er schwingt das Schwert der Weisheit, das die Unwissenheit zerstört. In seiner linken Hand balanciert er auf einer Lotosblume das Sutra der Vollkommenen Weisheit.

Die weisen Meister des Tantra gelten zuweilen als Inkarnationen des Manjushri.

Ein Feuerschein umgibt die wilde Form des Manjushri, des Bodhisattvas der Weisheit.

Der dem Hindu-Pantheon entliehene mythische Vogel Garuda ist der Feind der Schlangen, die im Buddhismus für das Böse stehen.

▲ Elfköpfiges Himmelswesen
Avalokiteshvara ist hier mit elf Köpfen abgebildet. Der rote ganz oben ist Amitabha, der Buddha, mit dem Avalokiteshvara in besonderer Weise verbunden ist. Avalokiteshvara wird von Menschen in Not angerufen, dass er sie errette und zu Amitabha führe. Dieser ist der Buddha des Westens, einer der vielen Welten des Mahayana-Kosmos.

DIE BODHISATTVAS

Bodhisattva war im alten Buddhismus ein Mensch auf dem Weg zur Buddhaschaft. Gautama war ein *Bodhisattva,* als er vom Heim in die Heimatlosigkeit zog. Im Mahayana erhält die Vorstellung vom *Bodhisattva* eine andere Dimension. Es gibt nun viele *Bodhisattvas.* Sie sind den Pfad der Erleuchtung gegangen, aber sie haben aus Mitleid den Schritt zum *Nirwana* nicht getan. Denn dann könnten sie anderen nicht mehr helfen. Ein *Bodhisattva* wirkt drei, sieben oder 33 Äonen – eine Zeit der Vervollkommnung in Großherzigkeit, Moral, Geduld, Kraft, Meditation und Weisheit. Jenseits dieser sechs Vervollkommnungen durchschreitet ein *Bodhisattva* vier letzte Stadien, in denen er (oder sie) überirdische Kräfte hat. Wenn das zehnte Stadium vollendet ist, wird der *Bodhisattva* zum Buddha.

CHINESISCHER BUDDHISMUS

Im 1. Jahrhundert n. Chr. kam der Buddhismus nach China. Im 5./6. Jahrhundert erlebte er eine Blüte, und selbst Verfolgung während der Tang-Dynastie (618–907) konnte ihn nicht völlig zerstören. Seine Gedankenwelt, die dem Einzelnen Verantwortung für sein Schicksal überträgt und Hoffnung auf Erlösung bietet, zog die Menschen an. Durch Meditation, Rituale, Gesänge, Vermittlung der Lehre und Studium der buddhistischen Texte konnten Mönche und Nonnen Verdienste für eigene künftige Leben erwerben und auch für die ihrer Verwandten und der sie unterstützenden Laien. Die hohe Philosophie der buddhistischen Texte sprach chinesische Gelehrte an, die Hoffnung auf eine bessere Wiedergeburt oder ein Leben in Buddha Amitabhas Paradies sowie Kunst und Architektur hatten für einfache Menschen ihre Reize.

▼ Der Ehrwürdige
Diese Keramikfigur eines *Lohan* stammt aus dem China des 10. oder 11. Jh. Ein *Lohan* ist erleuchtet. Die 18 *Lohan* waren Jünger Buddhas und erlangten noch zu dessen Lebzeiten Erleuchtung. In chinesisch-buddhistischen Texten und Bildern werden sie gefeiert, und oft stellen sie besondere buddhistische Tugenden dar (siehe S. 95). Einer dieser *Lohan* soll Buddhas leiblicher Sohn gewesen sein. Der hier abgebildete erscheint in Meditation versunken, in tiefem inneren Frieden. Möglicherweise handelt es sich um Vanavas, den 14. *Lohan*.

Lange Ohrläppchen kennzeichnen einen Buddha, einen Erleuchteten.

► Ch'an-Patriarch Bodhidharma
Diese Steinabreibung aus der Ming-Dynastie (1368–1644 n. Chr.) zeigt Bodhidharma, den Vater des Ch'an-Buddhismus, dessen Name in China für ernsthafte Meditation, asketische Disziplin und seelische Kraft steht. Der indische Mönch aus königlichem Hause reiste Ende des 5. Jh. nach China. Neun Jahre lang soll er ununterbrochen in einer Höhle meditiert haben. Sein Wahlspruch war: »Blicke in dein eigenes Herz, dort wirst du Buddha finden.« Sein Einfluss findet sich im Yoga und in der Shaolin-Schule.

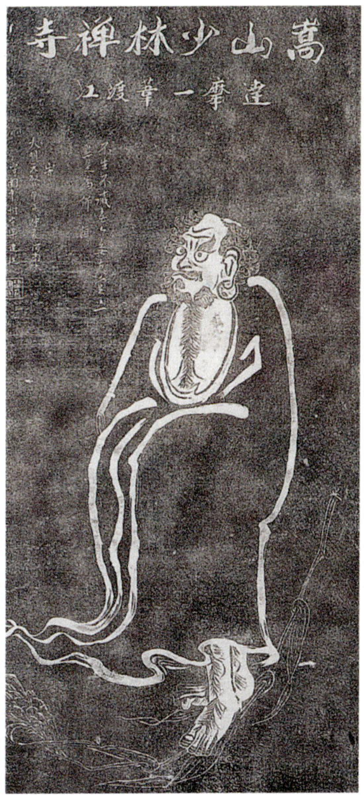

BUDDHA DES WESTLICHEN PARADIESES
In Guanyins Krone sitzt Amitabha, der Buddha des Reinen Landes oder Westlichen Paradieses. Die liebende Hingabe zu einer der beiden Gestalten bewirkt Wiedergeburt im Westlichen Paradies.

MEDITATIONSHILFE
Guanyin ist im Stil eines königlichen *Bodhisattva* gekleidet, was vor allem der große Juwelenrosenkranz zeigt. Der Rosenkranz ist eine wichtige buddhistische Gebets- und Meditationshilfe. Die Fingerhaltung der rechten Hand bedeutet die Lehre des Buddha.

FLAMMENDES KLEINOD
Das flammende Juwel, das Guanyin in der rechten Hand hält, symbolisiert ihre Rolle als »Wunschjuwel-*Bodhisattva*«, als Erfüllerin von Wünschen und Bitten. Der Edelstein ist ein Schlüsselsymbol des Buddhismus. Er stellt die Brillanz und Reinheit des *Dharma* (siehe S. 95) dar und die Wahrheit, die diesen Lehren innewohnt. Der Buddha, das *Dharma* und das *Sangha* (die Ordens- oder Glaubensgemeinschaft) sind die »drei Kleinode« bzw. das »dreifache Kleinod«.

LOTOS DER VOLLKOMMENHEIT
Weil er im Sumpf wurzelt, aber eine wunderschöne Blüte treibt, stellt der Lotos Reinheit und Vollkommenheit dar, die sich aus dem Morast des Irdischen erhebt. Er dient Buddhas und *Bodhisattvas* als Thron.

HIMMLISCHE DIENER
Guanyins himmlische Diener sind im Stil königlicher Diener gekleidet. Die Schriftrollen in ihren Händen stellen höchstwahrscheinlich die Guanyin betreffenden Kapitel des *Lotos-Sutra* (siehe S. 196–197), eines der wichtigsten Texte des chinesischen Buddhismus, dar.

AUFTRAG FÜR DAS BILD
Mi Huang Te, ein hoher Beamter, gab dieses Votivbild in Auftrag, um damit an seine Familienwallfahrt nach Dunhuang zu erinnern. Er musste im Dienste des Reiches nach Tai Han Shan reisen. Dafür bat er als frommer Buddhist Guanyin um ihren Schutz.

GUANYIN

Diese Malerei (10. Jh.) zeigt Guanyin, die chinesische Form von Avalokiteshvara, dem *Bodhisattva* der Barmherzigkeit (siehe S. 118–120). Sie gilt als Heilerin, als Patronin der Schiffer und als »Jungfrau, welche Leibesfrucht schenkt«. Sie ist die wohl beliebteste Gestalt des chinesischen Pantheons. Wer in Gefahr ist, ruft ihren Namen an, und wer eine Reise unternimmt, bringt ihr Opfer.

▼ Kinder des Spenders
Im unteren Bereich des Bildes sind die Kinder und Enkel des Spenders Mi Huang De als ehrfürchtige Anbeter Guanyins abgebildet. Über ihnen sieht man die Frau des Spenders und ihre Schwägerinnen. Guanyins Mitgefühl und Güte gelten als weibliche Tugenden.

Verwandte des Spenders

◀ Himmlische Kinder
Betende Kinder untermalen Guanyins Mütterlichkeit. Die Hände sind in der buddhistischen Handhaltung der Ehrerbietung erhoben.

»WENN ES UNERMESSLICHE MILLIONEN LEBEWESEN GIBT, DIE VERSCHIEDENE LEIDEN ERTRAGEN, UND WENN DIESE VON BODHISATTVA GUANYIN HÖREN UND MIT GANZEM HERZEN DEREN NAMEN RUFEN, SO ACHTET SIE SOFORT AUF IHRE STIMMEN UND BEWIRKT, DASS SIE ALLE BEFREIT UND GERETTET WERDEN.«
Aus dem *Lotos-Sutra*

Weihrauchfass

▶ Der Spender
Ein Beamter mit Weihrauchfass huldigt Guanyin. Es ist der Spender des Bildes, Mi Huang De. Die Inschrift besagt, dass Mi Huang De ewig und mit ganzem Herzen Guanyin die Ehre erweist und dass seine jüngeren Brüder ihn begleitet haben, um ihr ebenfalls zu huldigen.

DIE CHINESISCHEN BUDDHAS

Der Buddhismus kam im 1. Jh. n. Chr. nach China. Im 4. Jh. waren viele buddhistische Schriften aus dem Sanskrit ins Chinesische übersetzt, und die Buddhas und *Bodhisattvas* erhielten chinesische Namen und Formen: Aus Avalokiteshvara (siehe S. 118–120) wurde Guanyin, aus dem zukünftigen Buddha Maitreya, meist als schöner junger Mann dargestellt, wurde der übergewichtige Lachende Buddha, und das Reine Land des Amitabha siedelte man im Kunlun-Gebirge an.

JAPANS BUDDHISMUS

Der Buddhismus kam etwa tausend Jahre nach Buddha über Korea nach Japan. Vom 7. Jahrhundert an schwappten immer wieder Wellen des Buddhismus, vornehmlich der Mahayana-Richtung (siehe S. 97), von China nach Japan. Für die Verbreitung sorgten vor allem japanische Mönche, die in chinesischen Klöstern geweilt hatten. So kamen u. a. nach Japan: Tendai, Shingon (eine tantrische Abart), die Schulen des Reinen Landes und die drei Hauptsekten des Zen (die japanische Version des chinesischen Ch'an) – Rinzai, Soto und Obaku. Im 13. Jahrhundert begründete der Mönch Nichiren eine rein japanische Form, die auf einer Interpretation des *Lotos-Sutra*, eines Schlüsseltextes des Tendai, beruht.

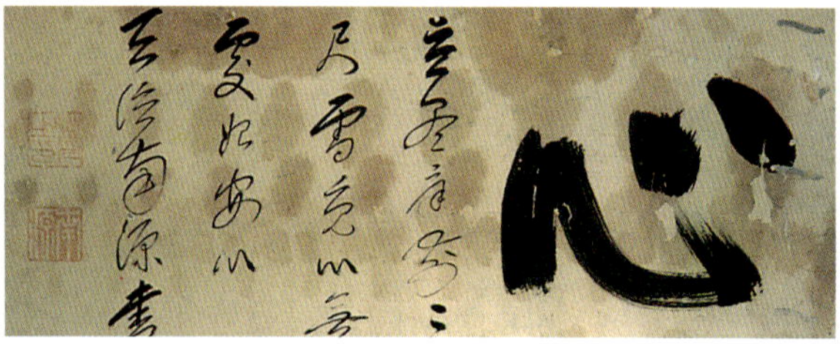

◀ **Das Zen der Kalligrafie**
Kalligrafie (*Shodo*) ist eine der Rinzai-Zen-Künste, die in der Kamakurazeit (1185–1333) von China nach Japan gelangte. Das Bild links zeigt ein Werk eines Zenmeisters aus dem 17. Jh. Mittels der Pinselstriche kann man nach Zen-Auffassung in die eine Buddha-Natur (siehe S. 118) aller Dinge eingehen.

NEUE SCHULEN DES BUDDHISMUS

Im letzten Jahrhundert entstanden neue Formen des Buddhismus, darunter Soka Gakkai (»Studiengemeinde zur Schaffung von Werten«), eine Laienbewegung, die ihre Wurzeln im Nichiren-Buddhismus hat. Wie viele der neuen japanischen Religionen missioniert Soka Gakkai vor allem unter den Armen und Benachteiligten. Etwa drei Viertel der Japaner sind Buddhisten, wenngleich viele gleichzeitig zu Hause shintoistische Götterverehrung betreiben.

»VOR EINEM ALTEN TEMPEL, BEI KALTEM WETTER VERBRACHTE ER DIE NACHT. ER KONNTE DIE DURCHDRINGENDE KÄLTE UND DEN TOSENDEN WIND NICHT ERTRAGEN. WENN ER KEINE HEILIGE ASCHE BIRGT, WAS IST AN IHM SO BESONDERES? SO NAHM ER DEN HÖLZERNEN BUDDHA AUS DER HALLE UND VERBRANNTE IHN.«

Gedicht des Zenmeisters Zhu Shijie auf dem Bild rechts

ZEN-BUDDHISMUS

In Japan sind die vom Reinen Land und Nichiren abgeleiteten Schulen des Buddhismus beliebter, aber die im Westen bekannteste ist sicherlich Zen. In der 800-jährigen Geschichte des japanischen Zen-Buddhismus gab es viele Spaltungen und Veränderungen. Die beiden bedeutendsten Zen-Schulen sind heute Rinzai und Soto. Beide haben ihren Ursprung in China. Rinzai wird manchmal als Schule des »Schreiens und Schlagens« bezeichnet, weil der Meister bei Aussprachen oft in barschem Ton mit dem Schüler redet und ihn gar mit Stockschlägen zurechtweist. Die zentrale Meditationspraxis des Rinzai kreist um das *Koan*, eine Weisheit in paradoxer, oft absurder Form. Die Soto-Schule übt vor allem *Zazen*, das Sitzen in der Meditation. Nach Dogen (1200–1253), dem Gründer der Schule, ist *Zazen* nicht als Weg zur Erleuchtung zu verstehen, sondern als Ausdruck des Erleuchtetseins, des Einsseins mit der Buddha-Wesenheit.

ZENMALEREI

Dieses Fragment einer viel größeren Bildrolle wurde im 13.–14. Jh. von Yintuoluo gemalt. Das Bild ist zwar nicht japanisch, sondern chinesisch, doch es fand in Japan großen Anklang, weil es eine der Hauptlehren des Zen ausdrückt.

MEDITATIONSQUELL
Diese Art von Malerei versucht, den Kern der Lehre der Zenmeister ins Bild zu setzen. Solche Geschichten waren beliebt und stellten geeignete Themen für die klösterliche Meditation dar.

LANDSCHAFTSMALEREI
Diese für die chinesische Landschaftsmalerei typische Art der Tuschezeichnung prägte die buddhistische Kunst Japans. Von Yintuoluo gibt es nur noch wenige Werke, er war aber in Japan hochgeschätzt.

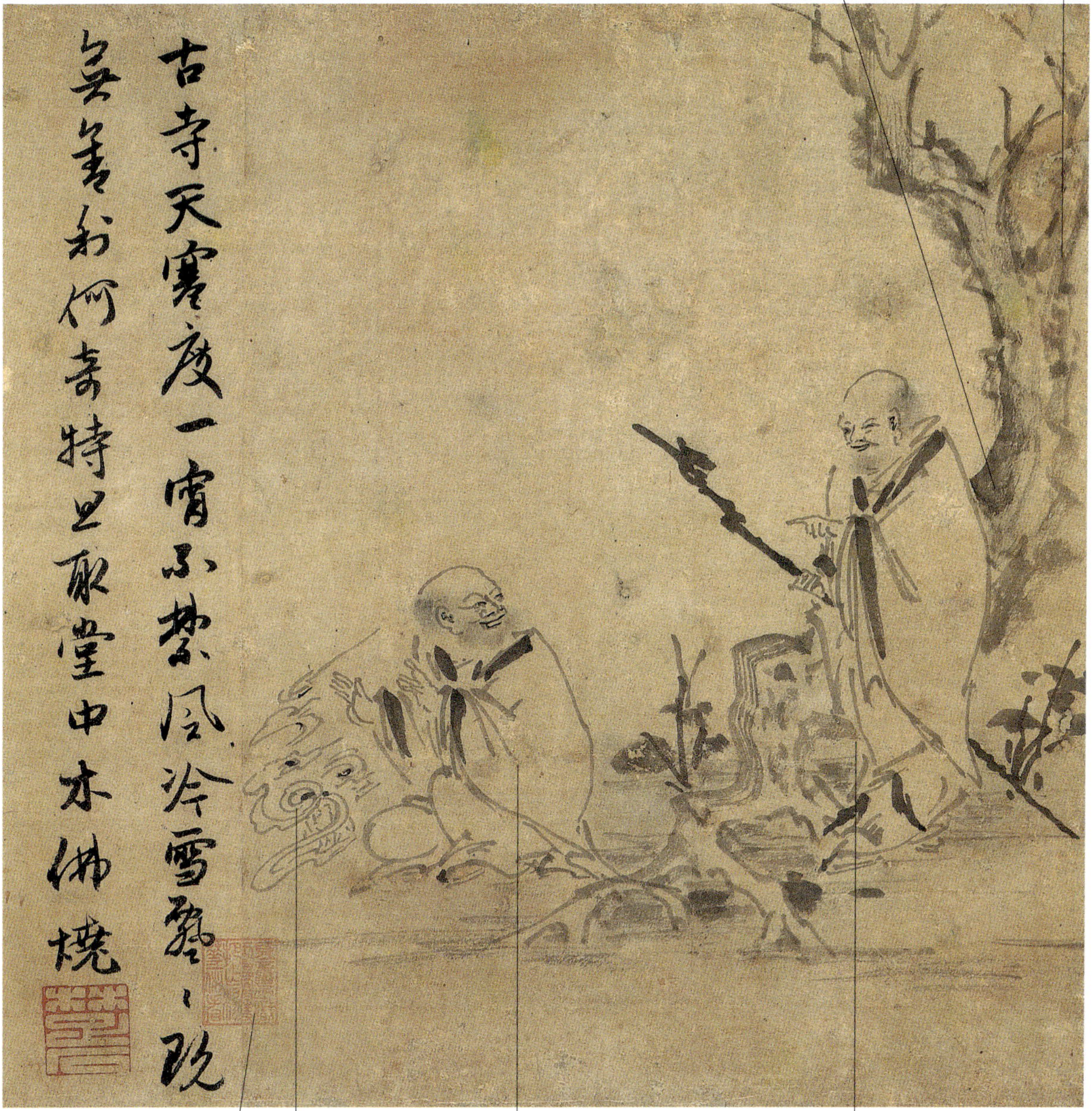

KÜNSTLERSIEGEL
Das Siegel des Malers Yintuoluo besagt: »Kinder wissen nicht, dass Schneeflocken im Himmel nur Weidenblüten sind.« Links sieht man das Siegel des Dichters Zhu Shijie.

BUDDHABILD
Die hölzerne Buddhafigur ist in Rauch und Feuer gehüllt. Fromme Buddhisten sehen diese Tat als den Inbegriff eines Sakrilegs, doch dieser Mönch wirkt sehr zufrieden.

DER MÖNCH
Der Mönch aus Tan-Hsia wärmt sich an einem kalten Tag. Diese Geschichte ist eine alte Zen-Überlieferung. Als der Abt des Klosters ihn tadelte, weil er die Buddhafigur verbrannte, antwortete der Mönch, dass sie ja nur ein Stück Holz sei. Diese Geschichte zeigt die Ablehnung des Bilderkults durch die Zenbuddhisten.

DER ABT
Der Abt des Klosters tadelt den Mönch, weil er ein Buddhabildnis verbrennt, um sich zu wärmen.

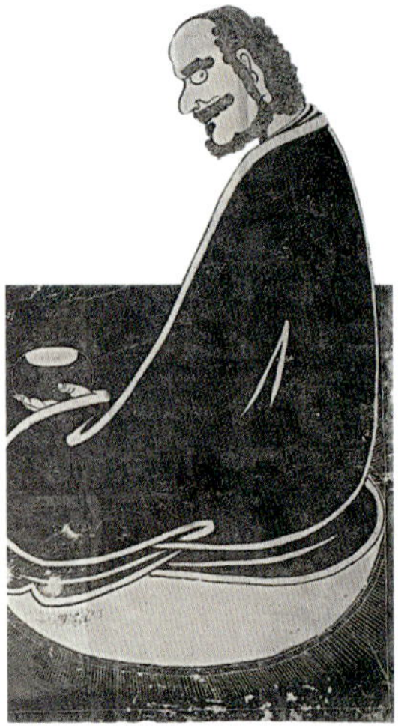

»DER WAHRE WEG IST ERHABEN. ER KANN NICHT MIT WORTEN BESCHRIEBEN WERDEN. WAS NÜTZEN DIE SCHRIFTEN? DERJENIGE, DER SEINE EIGENE NATUR SIEHT, FINDET DEN WEG ... JEMAND DER SEINE NATUR SIEHT, IST EIN BUDDHA.«

Zen-Meister Bodhidharma

▶ Bodhidharma
Der indische Mönch Bodhidharma gilt als Gründer des Ch'an (Jap.: Zen). Seine auf Meditation ruhende Spiritualität hatte großen Einfluss auf japanische Künste wie die Kalligrafie, auf die Gartengestaltung und die Teezeremonie.

▲ Buddhismus im heutigen Japan
In neuerer Zeit hat sich der Buddhismus in Japan sehr verändert. Mit der Meji-Restauration (1868) wurden dem Buddhismus nicht nur alle staatlichen Privilegien genommen, er wurde sogar förmlich verfolgt, und viele buddhistische Tempel, heilige Stätten und Kunstwerke wurden zerstört. Nach der Gewährung von Religionsfreiheit 1889 aber konnte er von Neuem aufblühen. Viele Klöster verloren nach dem Zweiten Weltkrieg im Zuge der Bodenreform ihre Ländereien und widmen sich seither ausschließlich der Wissenschaft, Seelsorge und Laienkatechese.

TEEZEREMONIE

Der japanische Mönch Eisai (1141–1215) soll im Jahre 1168 Teesamen aus China mitgebracht und im Tempelgarten ausgesät haben. Seither verbindet man den »Weg des Tees« (*Chado*) mit Eisais Rinzai-Schule des Zen. Die von Rinzai geprägte Teezeremonie gehört zur japanischen Kultur. In China verwendete man Tee schon lange zur Harmonisierung der Körperorgane. Zwar ist die Teezeremonie nicht direkt ein religiöser Ritus, doch sie trägt den Geist des Zen. Man sagt: »Tee und Zen haben denselben Geschmack.« Eisai brachte die Rinzai-Richtung des Zen nach Japan, die spontanen *Satori* (Jap.: »Erlangen der Erleuchtung«) durch meditative Absorption in allen Dingen sucht.

◀ Teehaus
Der Teeraum und sein Garten beruhen auf einem Entwurf des Meisters Sen no Rikyu (1521–1591), der der Teezeremonie ihre heutige Form gegeben haben soll. Teetrinken gilt als Huldigung des Schönen im nüchternen Alltag.

TANTRAYANA

Der buddhistische Tantrismus entstand etwa im 6. Jahrhundert n. Chr. auf der Grundlage sogenannter Tantratexte. In ihm sind Meditation, Ritual, Symbole und Magie von Bedeutung. Die Tantristen sehen *Tantrayana* als Weg, auf dem man schneller zur Buddha-Natur gelangt als auf dem der *Bodhisattvas* (siehe S. 118–120). Die Formen des Tantra, in denen *Mantras* (Zauberformel-Gebete) eine besondere Rolle spielen, nennt man Mantrayana. Der buddhistische Tantrismus geht davon aus, dass in jedem Wesen eine Buddha-Natur schlummert. Diese kann durch tantrische Übungen hervortreten, die alle verdeckenden Verunreinigungen beseitigen. Das Erlangen der Buddhaschaft ist allerdings auch von dem Willen abhängig, allen Wesen auf dem Weg zur Erlösung beizustehen.

DAS DIAMANTENE FAHRZEUG

Ein anderer Name für Tantrayana ist Vajrayana, das Fahrzeug des Diamanten oder Donnerkeils. Der *Vajra* ist ein kleines messerähnliches Zepter. Es wird in der rechten Hand gehalten und symbolisiert das Männliche, Methode und Mitgefühl. In der linken Hand hält man eine Glocke. Sie repräsentiert das Weibliche, Weisheit, Leere und *Nirwana*. Vajrayana ist vor allem in Tibet verbreitet. Im Zentrum der Meditation stehen die fünf Dhyani-Buddhas (Meditationsbuddhas): Akshobya, Amitabha, Amoghasiddhi, Ratnasambhava und Vairocana.

Nairatmya, Gefährtin des Hevajra: Personifikation der Freiheit

Ein Vajra

Die liebevolle Umarmung stellt das erleuchtete Glück dar, das durch die Vereinigung von Weisheit und Mitgefühl entsteht.

Hevajra zertritt seine eigene Form: Symbol des Sieges über den Egoismus.

◄ Hevajra und seine Gefährtin
Der vielköpfige Hevajra ist eine der schrecklichen Manifestationen von Aksobhya, dem »unerschütterlichen Buddha« (gegenüber). Die schrecklichen Formen symbolisieren die Umwandlung der Gifte, hier des Zornes, die uns in die Welt der Geburten einbinden. Hier umarmt Hevajra seine Gefährtin Nairatmya.

MANDALA DES KALACHAKRA-TANTRA

Dieses Mandala ist Ausdruck der Lehren des tantrischen Kalachakra (Rad der Zeit), eines wichtigen Textes der Yogacara-Philosophie. Es zeigt das reine Universum des allumfassenden Buddha Kalachakra, der von 722 Gottheiten umgeben ist, die alle Emanationen des zentralen Paares darstellen. Dieses Mandala ist eine Darstellung der idealen Welt und eine Meditationshilfe.

▲ Meister des Tantra
Entlang der Ränder des Mandalas finden sich indische und tibetische Meister des Kalachakra-Tantra. Üblicherweise konzentrieren sich die Gläubigen auf das Mandala eines bestimmten Buddhas, und manchmal verinnerlichen sie auch ein für eine besondere Gelegenheit vorgegebenes Mandala.

▶ Ein Seinszustand
Das zentrale Bild zeigt den Buddha Kalachakra. Er ist kein Gott, sondern stellt einen Idealzustand dar, den der Gläubige erreichen will.

GLAUBE AN VIELE BUDDHAS

Gautama Buddha galt immer als einer aus einer Reihe von erleuchteten Wesen, die die Botschaft von der Befreiung verkündeten. Mit der Zeit entfaltete sich diese Idee zum Glauben, dass die Buddhas »so zahlreich wie die Sandkörner am Ufer des Ganges« seien. Manche dieser Buddhas erfreuten sich wie Amitabha, Vairocana, Aksobhya und Amogasiddhi bald großer Beliebtheit, und in vielen Texten des Mahayana gibt es detaillierte Beschreibungen ihrer Buddha-Länder. Im tantrischen Buddhismus gelten sie alle als Manifestationen des »Ur-Buddhas«. Tantrajünger lernen unter Anleitung eines Gurus, diese Aspekte der Buddha-Natur zu visualisieren und sich mit ihnen zu identifizieren. Dazu dienen u. a. *Mantra*-Rezitation und Meditation des göttlichen *Mandalas*. Ergänzt werden diese Praktiken durch Yoga.

ZWEITER PALAST
Der zweite Palast enthält acht achtblättrige Lotosblüten mit den 64 Göttinnen der Sprache, den Müttern aller *Mantras*. In der Mitte jeder Blüte finden wir ein göttliches Paar, bei dem die Frau dominiert.

SCHUTZGOTTHEITEN

Im äußeren Bereich des *Mandalas* sind gütige und schreckliche (rasende) Schutzgottheiten abgebildet. Der leidenschaftliche Gesichtsausdruck der rasenden Gottheiten bringt eine gewaltige Energie zum Ausdruck.

VERBRENNUNGSPLATZ

Jenseits der Grenzen der drei Paläste liegt der Totenverbrennungsbezirk. Vier Abschnitte in unterschiedlichen Farben symbolisieren die vier Elemente, aus denen alle Dinge bestehen.

ZENTRALER PALAST

In der Mitte des zentralen Palastes befindet sich der Buddha Kalachakra in ewiger Umarmung mit seiner Gefährtin Visvamata (»Allmutter«) – in der tantrischen *Yab-Yum-* (»Mutter-Vater«) Haltung. Dies ist das Herz der Buddhaschaft, zu dem man nach und nach durch Yoga und Visualisierung vordringt.

ACHT GÖTTINNEN

Um das Paar in der Mitte gruppieren sich acht Göttinnen. Sie stehen jeweils auf einem Lotosblatt und besitzen jeweils vier Gesichter und acht Arme.

DRITTER PALAST

Der dritte und äußerste Palast beheimatet zwölf 28-blättrige Lotosblumen, auf denen Gottheiten ruhen, die die Tage des (Mond-)Jahres darstellen. Die zwölf Lotosblüten stehen für die Monate. Jedem ist ein Götterpaar zugeordnet, bei dem der Mann dominant ist.

DREI PALÄSTE

Der Weg zur inneren Kammer führt durch drei konzentrische Paläste, deren jeder in der Mitte seiner vier Seiten jeweils von immer prachtvolleren Toren durchbrochen ist, die von rasenden und friedvollen Gottheiten bewacht werden. Der Weg nach innen steht für die Reise des Gläubigen zur Buddhaschaft, die tief im Innern aller Wesen ruht. Durch die Tore gelangt man mithilfe der rechten Mantras und anderer tantrischer Praktiken.

▲ Padmasambhava, der Lotosgeborene

Padmasambhava soll mit tantrischen, Dämonen überwindenden Kräften dem Buddhismus Mitte des 8. Jh. in Tibet zum Sieg verholfen haben. Er gilt als Emanation des Buddha Amitabha und soll aus einer Lotosblume hervorgegangen sein. Nach seiner Zeit auf Erden zog er sich ins Kupferberg-Paradies zurück, die Heimat der kannibalischen Trolle, wo er als zweiter Buddha regiert. Die gekreuzten *Vajras* auf seinem Dreizack symbolisieren die Vereinigung von Weisheit und Mitgefühl, der Dreizack und die drei Schädel die Meisterung der drei Körperkanäle der tantrischen Physiologie.

ਰਾਵੀ ਨਦੀ
ਬਾਬਾ ਜੀ
ਕੋੜੀਆ
੧
ਸਿੰਘ ਨਕਾਸ਼

SIKHISMUS

◄ **Guru Nanak**
Guru Nanak (1469–1539), der Gründer des Sikhismus: Der gebürtige Hindu reiste weit umher auf der Suche nach der Wahrheit. Zentrales Bekenntnis seines Glaubens ist: Es gibt nur einen Gott, von dem alles geschaffen und abhängig ist.

SIKHISMUS

VEREHRUNG DES GURUS

Das Wort Sikh stammt aus dem Pandschabi (Sprache des nordindischen Bundesstaates Pandschab) und bedeutet »Schüler«. Im religiösen Sinn ist ein Sikh ein Mensch, der an einen Gott, den *Waheguru* (»Großer Lehrer«) oder *Satguru* (»Wahrer Guru«) glaubt und den Gurus folgt, die dessen Lehren verkünden. In Indien nennt man jeden religiösen Lehrer Guru, für die Sikhs aber sind »Gott und der Guru eins«. Für sie gibt es nur zehn Gurus, vom Religionsgründer Guru Nanak (1469–1539) bis zu Guru Gobind Singh (1666–1708). Seit dessen Tod sorgt der *Adi Granth*, das »ursprüngliche Buch«, als »schriftlicher Guru« *(Guru Granth Sahib)* für den Fortbestand der Lehre.

◀ **Khanda**
Das Symbol der Sikh-Religion ist das doppelschneidige Schwert *(Khanda)*. Es steht für den Glauben an einen einzigen Gott ebenso wie für den Schutz der Gemeinschaft vor Unterdrückung. Die Krummschwerter stellen spirituelle und zeitliche Macht dar.

Sikhs erkennt man an ihrem Namen: Männer haben den Nachnamen Singh (»Löwe«), Frauen den Nachnamen Kaur (»Prinzessin«). Männliche Sikhs tragen farbenprächtige Turbane und lange Bärte. Gemäß dem Verhaltenskodex des *Khalsa*, der *Sikh Rahit Maryada* von 1945, ist Sikh jede Person, die an den einen Gott, an die zehn Gurus, den *Guru Granth Sahib* und die anderen Schriften und Lehren der zehn Gurus sowie an die durch den zehnten Guru (Gobind Singh 1699) instituierte Khalsa-Initiationszeremonie glaubt und keiner anderen Religion anhängt.

Bei der Initiation *(Kanda Pahul)* in die Sikh-Gemeinschaft (*Khalsa*, siehe S. 143), spielt *Amrit* (»Nektar der Unsterblichkeit«, eine Lösung aus Zucker in Wasser) eine sakramentale Rolle. Zeichen der Zugehörigkeit zur egalitären Gemeinschaft des *Khalsa* sind die »fünf K's«: Kesh (langes, ungeschorenes Haar) als Zeichen der Ergebung in Gottes Willen, *Khanga* (der Kamm, mit dem das Haar befestigt wird) als Zeichen kontrollierter Spiritualität, *Kirpan* (Dolch) als Zeichen des Kampfeswillens für die Wahrheit, *Kara* (Stahlarmreif) als Zeichen der Einheit mit Gott und der Verbundenheit mit dem Guru, und *Kuchha* (eine kurze, über dem Knie endende Hose) als Zeichen moralischer Stärke.

Der Sikhismus entstand in Nordindien im 15. Jh. aus dem Leben und den Lehren des Guru Nanak. Zu dieser Zeit war Nordindien muslimisch beherrscht, während die Einwohner größtenteils Hindus und Anhänger der Muttergöttin (Durga) und der Götter Shiva und Vishnu waren. Die Hymnen Baba Farids, Ravidas, Namdevs, Kabirs und anderer heiliger Männer transzendierten die Gräben zwischen den Religionen und beeinflussten vermutlich Guru Nanak. Ein noch stärkerer Einfluss war aber seine eigene Gotteserfahrung: »Es gibt keinen Hindu oder Muslim, wessen Pfad soll ich also folgen? Ich folge dem Pfad Gottes.« Er sicherte zudem den Fortbestand seiner Gefolgschaft, indem er seinen Nachfolger bestimmte.

Für Guru Nanak war Gott einzig und personal, aber ohne Form, der Schöpfer, von dessen Willen alles abhängt. Gott kommt nicht in Menschengestalt auf die Welt wie die Avataras des Hinduglaubens, aber er offenbart sich in allem auf der Welt und tut seinen Willen durch die Gurus kund. Daher ist Meditation (*NamSimaran* – die meditierende Erinnerung des göttlichen Namens) für die Sikhs von höchster Bedeutung, vor allem in Verbindung mit dem *Mulamantra*, dem Glaubensbekenntnis und Beginn jedes täglichen Gebets. Seine Verse wurden von Guru Nanak verfasst: »Ein Gott/ Sein Name ist Wahrheit/Er ist der Schöpfer/Er ist höchste Wesenheit/ Bei ihm ist keine Angst/Bei ihm ist keine Feindschaft/Seine Gestalt ist zeitlos/Er stammt aus keinem Schoß/Er ist aus sich selbst – Durch des Gurus Gnade wird er erkannt.«

Die Menschen sind dem Gesetz des *Karma* unterworfen, das die Wiedergeburt bestimmt. Mit Gottes Gnade aber kann der Mensch vom *Manmukh*, der seinem Ich-Gefühl folgt, zum Gläubigen werden, der dem Guru (Gottes Stimme) folgt *(Gurmukh)*. Der *Manmukh* gibt sich den fünf Übeln *Kaam* (Lust), *Krodh* (Wut), *Lobh* (Gier), *Moh* (Bindung) und *Shankar* (Stolz) hin und ist in *Maya* gefangen, für Sikhs der Irrglaube, dass materielle Güter einen höheren Stellenwert besitzen als das Spirituelle. Durch Glaubenspraxis und Gottes Gnade gelangt der Fromme jedoch schließlich zur wahren Sicht der Dinge, er wird »gottgefärbt« und erreicht letztendlich das absolute Glück *(Sachkand)* jenseits aller Worte und frei von Wiedergeburt.

LEBEN IN DER GEMEINSCHAFT

Sikhs müssen nicht der Welt entsagen; sie müssen Gottes Weg und Willen im Alltag finden und verwirklichen. Anders als die Hindus, die vier Lebensstadien *(Ashramas)* anstreben (Schüler, Hausvater, Waldeinsiedler und Wanderasket), sehen Sikhs in der Rolle des Hausvaters ihr Ideal für das Erwachsenenleben. Dem Gemeindeleben wird große Bedeutung beigemessen: Der gemeinsame Gottesdienst *(Seva)* hat einen hohen Stellenwert, und der Tempel *(Gurdwara)* ist Mittelpunkt des Sikh-Lebens. Der *Gurdwara* beherbergt den Guru *Granth Sahib*, die heilige Schrift (siehe S. 145–147). Dort versammelt sich die Gemeinde und singt Hymnen *(Kirtan)*. Aber auch gemeinsame Aktivitäten wie das *Langar* finden im Tempel statt. *Langar* nennt man die Mahlzeiten der Freiküche der Sikhs. Sie werden ehrenamtlich zubereitet und ungeachtet religiöser Unterschiede und Kastenschranken gemeinsam eingenommen.

Guru Nanak erachtete andere Religionen nicht als wertlos, aber er hielt ihre Betonung von rituellen Details und Äußerlichkeiten für ein schwerwiegendes Hindernis für eine Beziehung zu Gott, den man besser im Inneren findet. Unter den ersten vier Sikh-Gurus gab es keine größeren Konflikte mit den anderen Religionen der Region, doch die Sikhs entwickelten eine eigene Identität. Guru Ram Das schuf *Harmandir Sahib*, den »Goldenen Tempel« in Amritsar, das Zentralheiligtum der Sikhs (siehe S. 148–149). Zunehmende Unterdrückung und Verfolgung durch die Mogulherrscher führte zur Bildung des *Khalsa* (siehe S. 133), die wehrhaften Elementen stärker zur Geltung verhalf. Man verbündete sich aber auch mit den Hindus. Aufgrund eines Brauchtums waren

◀ **Gebetsschnur**
Guru Nanak, der erste der zehn Gurus der Sikh-Religion, wird immer mit einer Perlen-Gebetsschnur (*Mala*) abgebildet. Der »Rosenkranz« hebt ihn als heiligen Mann von den späteren Religionsführern ab. Viele Sikhs benutzen solch einen Gebetskranz, meist aus weißem Holz oder Stahl. Mit jeder Perle meditieren sie den göttlichen Namen »Satnam« oder »Waheguru«.

▲ Fresko aus dem Atal-Rai-Turm
Die Fresken (19. Jh.) aus dem Turm von Baba Atal in Amritsar unweit des *Harmandir Sahib*, des Goldenen Tempels, zeigen vor allem Szenen aus den *Janam Sakhis*, Geschichten aus dem Leben Guru Nanaks. Der Turm selbst erinnert an den frühen Tod von Guru Hargobinds jüngstem Sohn Atal Rai, der im Alter von neun Jahren einen toten Freund zum Leben erweckt haben soll. Guru Hargobind tadelte ihn, weil er sich der Zauberei bedient hatte, und Atal Rai gab daraufhin sein eigenes Leben zur Sühne hin.

viele Tempelaufseher *(Mahants)* in Sikh-Tempeln Hindu-Priester. Sie befolgten nicht die von Gobind Singh geschaffene *Khalsa*-Disziplin und verehrten auch Hindugottheiten, deren Bilder sie in den Tempeln aufstellten. Die Position der *Mahants* war mit der Zeit vererbbar geworden, und die Tempel und das umliegende Gelände galten als Eigentum der *Mahant*-Familien.

Auf friedliche Weise ließ sich das Problem nicht lösen. Schließlich entstand 1920 die paramilitärische Alkali-Bewegung, die 1925 die Kontrolle über die historischen *Gurdwaras* wiedererlangte. Als politische Partei machte sich Akali Dal für einen Pandschabi sprechenden Staat stark, und 1966 wurde den Sikhs der Pandschab als (indischer) Bundesstaat zugesprochen.

DAS LEBEN DES GURU NANAK

Guru Nanak wurde 1469 in dem kleinen Dorf Talwandi im Pandschab geboren. Er war verheiratet und hatte zwei Kinder. Als junger Mann trat er in die Dienste eines hohen Beamten in Sultanpur und hatte einen verantwortungsvollen Verwaltungsposten inne. In Sultanpur ereilte ihn 1499 beim Bad im Fluss der Ruf Gottes. Es heißt, Nanak habe Gott geschaut, und Gott habe ihm einen Becher *Amrit* (siehe S. 143) gereicht und ihn aufgefordert zu predigen. Drei Tage und drei Nächte sei Nanak verschwunden gewesen. Als er dann zurückkehrte, verschenkte er all seinen Besitz und sagte: »Es gibt keinen Hindu und Muslim. Ich verwerfe alle Religionen und weiß nur von dem einen Gott, den ich auf Erden verehre, im Himmel und in allen Richtungen.« Damit erklärte er Gott als über den getrennten Religionen stehend. Nanak unternahm weite und lange Missionsreisen, die etwa zwölf Jahre gedauert haben mögen und in denen er Zentren der Anbetung (*Dharamsalas* = »Hallen der Lehre«) gründete. Begleitet wurde er dabei von dem ebenfalls aus Talwandi stammenden Barden Mardana. Er ließ sich schließlich in Kartarpur auf einem Flecken Land nieder, das ihm einer seiner Anhänger geschenkt hatte. Zu seinem geistlichen Erben bestimmte er seinen Schüler Lahana. Nanak starb wahrscheinlich im September 1539.

◀ **Idylle**
Einige Gemälde zeigen Guru Nanak vor einem landschaftlich schönen Hintergrund mit Wasserfällen, saftigen Bäumen und grünen und blühenden Pflanzen. Das soll auf seine Zeit als Wanderasket hinweisen, als er auf Reisen durch Asien und darüber hinaus seine Lehre verkündete, aber auch immer auf der Suche nach der Wahrheit war. Die Idylle zeigt auch die Gottimmanenz in der Natur.

◀ **Symbol der Größe**
Das Zeichen auf Guru Nanaks Fußsohle zeigt seine besondere Stellung an. Es ist ein ursprünglich hinduistisches Zeichen.

»UND GINGEN HUNDERT MONDE UND TAUSEND SONNEN AUF, ES WÄREN DIESE LICHTER VON GRAUENHAFTER FINSTERNIS, WENN NICHT DER GURU WÄRE.«
Aus dem *Guru Granth Sahib*

HEILIGENSCHEIN UND *MUKAT*
Auf dem Bild trägt Guru Nanak einen kronenförmigen Turban *(Mukat)*. Dieser und der Nimbus, der seinen Kopf umgibt, symbolisieren seine Heiligkeit.

HALB GESCHLOSSENE AUGEN
Die halb gesenkten Lider stellen Guru Nanaks spirituelle Verzückung dar, den göttlichen Rausch der mystischen Meditation. So wird Guru Nanak nicht nur als Weisheitslehrer, sondern auch als Mystiker dargestellt.

WALLENDER WEISSER BART
Guru Nanak wird fast immer mit wallendem weißem Bart abgebildet. Das weiße Barthaar lässt ihn alt und weise erscheinen. Die Länge des Bartes entspricht dem Sikh-Ideal des ungeschnittenen Haares (siehe S. 143).

NANAKS HALSKETTE
Um seinen Hals trägt Guru Nanak die Halskette eines Asketen oder Fakirs *(Seli)*. Sie findet sich meist auf Darstellungen des Gurus, ebenso der Rosenkranz *(Mala)*. Auf vielen Bildern trägt Nanak auch einen Rosenkranz um seinen Turban.

SAFRANGELBES GEWAND
Guru Nanak trägt ein safrangelbes Gewand *(Jama)* und einen Schal *(Chaddar)* – die traditionelle Kleidung eines Menschen, der den Weg des Glaubens gewählt hat. Das Gewand betont Guru Nanaks Rolle als geistlicher Lehrer, der die Stolzen erniedrigt und die Demütigen erleuchtet. Der Sitz mit überkreuzten Beinen unterstreicht seine Heiligkeit.

GURU NANAK

Drucke wie dieser finden sich in jedem Sikh-Haushalt und in jedem Tempel *(Gurdwara)*. Besonderheit dieses modernen Druckes ist, dass er Guru Nanak entsprechend der Vision eines Gläubigen namens Baba Nand Singh zeigt. Die Kunst des Sikhismus entstand zusammen mit den *Janam Sakhis*, den Geschichten aus dem Leben des Guru Nanak. Die ältesten erhaltenen Zeugnisse stammen aus dem 17. Jh.

◄ Guru Nanak und der reiche Mann
Als Guru Nanak nach Lahore kam, hielt der reiche Duni Chand ein Opferfest zu Ehren der Brahmanen ab. Er glaubte, dass alles, was er den Brahmanen opferte, seinen Vater im Himmel erreichen würde. Guru Nanak gab ihm eine Nadel und sagte, er müsse sie ihm im Himmel zurückgeben. Duni Chand fragte Guru Nanak, wie es ihm möglich sei, eine Nadel mit in den Himmel zu nehmen, wenn er sterbe. Guru Nanak sagte ihm darauf, dass es nicht möglich sei, irgendetwas mitzunehmen; deshalb müssten wir zu denen gut sein, die leben.

► Guru Nanak in Mekka
Guru Nanak und seine Jünger reisten bis nach Mekka (siehe S. 299–301). Im Vorhof der Großen Moschee legten sie sich zum Schlafen nieder. Ein muslimischer Beamter war entrüstet, als er sah, dass sie mit den Füßen zur Kaaba schliefen. Auf Befehl des Beamten packte ein Diener die Schlafenden bei den Füßen und drehte sie in eine andere Richtung, worauf auch die Kaaba ihren Platz wechselte. Guru Nanak erklärte dem Beamten, dass Gott überall lebt.

DIE ZEHN GURUS

Guru (Sanskrit: »der Ehrwürdige«) ist die indische Bezeichnung für einen religiösen Lehrer und Meister, der aufgrund seiner Weisheit und Erfahrung andere Menschen auf ihrem religiösen Weg anleiten und führen kann. Bei den Sikhs sind die *Gurus* nicht nur geistliche Lehrer und Führer, sondern auch Leiter der Gemeinde. Seit den Zeiten von Ram Das (siehe S. 140) nannte man sie *Sachapadsha*. Dieser Begriff wurde auf die Mogulherrscher angewandt und bedeutet so viel wie »wahrer Herrscher«. Guru Nanak aber misstraute den Gurus, denen er in seinem Leben begegnete. Er sah, dass viele als Guru nur Karriere machen wollten und ihnen eine echte Berufung und Inspiration fehlte: »Sie singen religiöse Lieder, ohne Gott zu kennen; andere lassen sich die Ohren durchstechen und werden zu Yogis; andere werden Bettler, um ihre Kaste zu verbergen.« Für Guru Nanak aber war ein wahrer Führer nur derjenige, der »isst, was er durch ehrliche Arbeit verdient, und von dem, was er hat, den Bedürftigen abgibt – er allein kennt den wahren Weg zu leben« (*Adi Granth* 1245).

KÄMPFE IM MOGULREICH

In der Mogulzeit hatten die Sikhs unter schweren Verfolgungen zu leiden. Unter den späteren Gurus erwachte Widerstand gegen die Unterdrückung. Guru Tegh Bahadur, sein Sohn Guru Gobind Singh und dessen vier Söhne starben als Märtyrer für ihren Glauben. Guru Tegh Bahadur (oben links) wurde 1675 in Delhi enthauptet, weil er sich weigerte, zum Islam überzutreten. Guru Gobind Singh (oben rechts) war der Begründer des *Khalsa* (siehe S. 143), der obersten Institution des Sikhismus. Durch den Pfeil eines Mogulattentäters verwundet, starb er 1708 wenige Tage nach dem Attentat. Seine Söhne starben alle vor ihm: Die beiden älteren (Mitte) fielen im Kampf gegen die Moguln, die beiden jüngeren (unten) wurden lebendig eingemauert, weil sie ihrem Glauben nicht abschwören wollten. Märtyrer stehen bei den Sikhs in hohem Ansehen. Sie gelten als besonders verehrungswürdige Vorbilder im Glauben.

GURU TEGH BAHADUR MIT SOHN (GURU GOBIND SINGH) UND ENKELN

GURU NANAK
Guru Nanak (1469–1539), der erste Guru, gehörte der Hindu-Kriegerkaste an (siehe S. 34). Nach einer mystischen Erfahrung bei einem Bad im Fluss wurde er zum Wanderprediger. Er lehrte, dass alles von Gott geschaffen ist und dass man durch Hingabe und Meditation zu Gott gelangen kann, nicht durch Rituale. Schließlich ging er zurück in den Pandschab zu seiner Familie und verfasste 974 Hymnen. In ihnen legt er dar, wie wichtig die ständige Wiederholung des göttlichen Namens ist. Seine Lehren wurden später im heiligen Buch der Sikhs, dem *Guru Granth Sahib* (siehe S. 145–147), niedergelegt.

GURU ANGAD
Guru Nanak bestimmte statt seiner Söhne, die er für ungeeignet hielt, seinen Schüler Lahana (den er in Angad umbenannte) zu seinem Nachfolger. Unter Guru Angad (1504–1552) wurde die *Gurmukhi*-Schrift entwickelt, in der der *Guru Granth Sahib* geschrieben ist und die sich später allgemein als Schrift für die Pandschabi-Literatur durchsetzte.

DER GURU *GRANTH SAHIB*
Der zehnte Guru, Guru Gobind Singh, übertrug die Autorität des Gurus auf den *Guru Granth Sahib*, die heilige Schrift der Sikhs, in der sich der Geist des Gurus manifestiert.

GURU AMAR DAS
Guru Amar Das (1479–1574) trat sein Amt als dritter Guru mit 73 Jahren an. Er organisierte die Sikh-Gemeinde in Teilgemeinden unter der Leitung von Vorstehern, begründete die erste Wallfahrtsstätte in Goindval Sahib im Pandschab und führte eigene Sikh-Rituale bei Geburt und Tod ein. Seine berühmteste Hymne, den »Glückseligkeitsgesang« *(Anandu)*, beten die Sikh täglich.

GURU GOBIND SINGH
Gobind Singh (1666–1708), der zehnte Guru, steht Guru Nanak kaum an Bedeutung nach. Er wurde nach der Hinrichtung seines Vaters Tegh Bahadur Guru und organisierte den Widerstand gegen die Mogulherrscher und die Hindukönige und lebte das Vorbild des heiligen Sikh-Kriegers, in dem Heiligkeit und Heldentum gepaart sind. Er gründete den *Khalsa* (siehe S. 143), die Bruderschaft der Sikhs, war aber auch ein Dichter. Sein Werk ist im *Dasam Granth* niedergelegt.

GURU TEGH BAHADUR
Guru Tegh Bahadur (1621–1675) wurde von seinem Großneffen Har Krishan zum neunten Guru erklärt. Weil er von Gegenspielern aus Amritsar ausgeschlossen worden war, gründete Tegh Bahadur das Sikh-Zentrum Anandpur. Er wurde in Delhi von Moslems enthauptet, weil er Brahmanen aus Kashmir gegen die gewaltsame Bekehrung zum Islam durch Kaiser Aurangzeb beigestanden hatte.

GURU HAR RAI
Guru Har Rai (1630–1661) war der siebte Guru und der Enkel des Guru Hargobind. Als Har Rai vom Mogulkaiser Aurangzeb nach Delhi beordert wurde, sandte er seinen Sohn. Dieser erklärte sich einverstanden, einen Teil der Sikh-Schrift neu zu formulieren, der Aurangzeb diskriminierte. Dadurch zeigte er sich in seines Vaters Augen der Nachfolge als Guru unwürdig.

GURU RAM DAS
Guru Ram Das (1534–1581), der vierte Guru, ist vor allem als Gründer von Amritsar, der heiligen Stadt der Sikhs (siehe S. 148), bekannt. Er ließ den »Nektarsee« ausheben, der als *Harmandir Sahib* heute den Goldenen Tempel umgibt und ein wichtiges Symbol des Sikhismus ist. Ram Das' Hochzeitshymne steht im Mittelpunkt jeder Sikh-Hochzeitsfeier.

GURU ARJAN
Guru Ram Das' Sohn Arjan (1563–1606) wurde der fünfte Guru. Er sammelte die Hymnen seiner Vorgänger und stellte sie mit 2216 eigenen Beiträgen zum *Guru Granth Sahib* zusammen. Er baute den Goldenen Tempel, in dem das Buch aufbewahrt wurde.

GURU HAR KRISHAN
Der achte Guru, Guru Har Krishan (1656–1664) wurde im Alter von nur fünf Jahren an Stelle seines älteren Bruders Guru. Die letzten Worte des jungen Gurus waren »Baba Bakala«, d.h., sein Nachfolger komme aus dem Dorf Bakala.

GURU HARGOBIND
Guru Hargobind (1595–1644), der sechste Guru, militarisierte die Sikhs nach dem Märtyrertod seines Vaters Arjan. Er begründete die »Zwei-Schwerter-Lehre« (geistliche und zeitliche Macht). Dadurch kam es zum Konflikt mit Mogulkaiser Shah Jahan.

DIE ZEHN GURUS

Dieser Druck zeigt die zehn Gurus und den *Guru Granth Sahib*, die heilige Schrift, den Leitfaden des Sikhismus. Solche Drucke findet man überall, wo in Indien Sikhs leben, in Läden und auf Märkten.

DIE EINZIGE FLAMME DER GURUS

Das Konzept des Gurus spielt eine zentrale Rolle im Glauben der Sikhs. Das Wort wird von den Sikhs für Gott, die menschlichen Meister, die heilige Schrift und die Gemeinschaft der Gläubigen verwendet. Daher beginnen viele Sikh-Namen mit *Gur*, so *Gurmukh* (einer der nach dem Guru ausgerichtet ist), *Gurmukhi* (die Schrift des *Guru Granth Sahib*) und *Gurdwara* (der Ort der Anbetung). Guru Nanak beschrieb den Guru als Fähre über das Meer der Existenz, die den Pilger zu Gott bringt. Er sah den Guru als inneren geistigen Lehrer, und Gott wird oft als *Adiguru* (der ursprüngliche Lehrer) bezeichnet. Nach dem Glauben der Sikhs sind die Gurus eins im Geiste; ihre Seelen sind nicht verschieden – wie eine Flamme an der anderen entzündet werden muss.

▲ Guru Har Krishan
Guru Har Krishan ist der einzige Guru ohne Bart. Er war vom Mogulkaiser Aurangzeb nach Delhi beordert worden, weigerte sich aber auf seines Vaters Geheiß hin, den Herrscher zu sehen. Stattdessen zeigte er Verbundenheit mit seinen eigenen Leuten und besuchte die Sikh-Gemeinde in Delhi, wo er im Alter von acht Jahren an Windpocken starb.

»DER GURU IST MEIN SCHIFF ÜBER DEN SEE DER SÜNDE UND DAS DASEINSMEER. DER GURU IST MEIN WALLFAHRTSORT UND HEILIGES WASSER.«
Guru Nanak

► Arjans Martyrium
Guru Arjans Hinrichtung – wegen seiner Weigerung, zum Islam zu konvertieren – stellt einen wichtigen Schritt in der Entwicklung der kriegerischen Sikh-Gemeinde dar. Die Moguleherrscher sahen in Arjan eine Bedrohung. Sie ließen ihn gefangennehmen, tagelang hungern und schließlich in kochendes Wasser tauchen und dann auf einer heißen Platte rösten.

SIKH-FESTE

Der Sikhismus ist eine historische Religion, die auf Leben und Lehre von Guru Nanak und der ihm nachfolgenden Gurus gründet. Daher haben auch die Feste der Sikhs mit den Gurus zu tun. *Gurpurbs* (siehe S. 144) erinnern an Begebenheiten im Leben der Gurus. Manche werden nur am Ort des tatsächlichen Geschehens begangen, so der Geburtstag von Guru Har Krishan im Juli in Delhi oder der Jahrestag der Einsetzung des *Guru Granth Sahib* (siehe S. 145) im September in Amritsar. Die meisten Feste aber werden in den Sikh-Gemeinden überall auf der Welt gefeiert. Obwohl die Sikhs ihren eigenen *Nanakshahi*-Kalender haben, richten sie sich auch nach dem Mondkalender, sodass sich die Daten von Jahr zu Jahr verschieben. Die Sikhs außerhalb Indiens feiern ihre Feste oft an Feiertagen des jeweiligen Landes, die ihrem Fest am nächsten liegen. Durch besondere Schriftlesungen wird auch der Jahreslauf zu etwas Besonderem. So folgt Guru Arjans Lied »Die Jahreszeiten« *(Barah Maha)* dem Jahr als spirituelle Reise. »Durch alle Jahreszeiten, Monate, Stunden, Augenblicke kündet von der Herrlichkeit des strahlend Schönen. Selig sind die … sich unverwandt in ihn versenken.«

EINE SIKH-HOCHZEIT

Die Hochzeit zwischen Sikhs verbindet nicht nur zwei Menschen miteinander, sondern auch zwei Familien. Die Hochzeitsbräuche wie die rote Kleidung der Braut und die Geldgeschenke stammen aus der pandschabischen Kultur. Braut und Bräutigam sitzen vor dem *Guru Granth Sahib*, dem heiligen Buch der Sikhs, während der *Granthi*, der zeremonielle Vorleser, ihnen ihre ehelichen Pflichten erläutert. Er liest ihnen auch den *Lavam*-Hymnus, die Verse des Gurus Ram Das über die Einheit der Seele mit Gott, vor, und das Brautpaar umschreitet den *Guru Granth Sahib* nach jedem Vers. Da die Zeremonie vor dem *Guru Granth Sahib* abgehalten wird, ist kein Ehevertrag notwendig, wobei Sikhs gehalten sind, die gesetzlichen Vorschriften des jeweiligen Landes einzuhalten, in denen die Trauung vollzogen wird. Der *Guru Granth Sahib* beschreibt die ideale Ehe als »Mann und Frau, die eine Seele in zwei Körpern sind.«

EIN SIKH-BRAUTPAAR

DIE GRÜNDUNG DES KHALSA

Die Gründung des *Khalsa,* der Gemeinschaft der Sikhs, war ein Angelpunkt in der Geschichte der Sikhs. Der *Khalsa* wurde 1699 am *Vaisakhi*-Tag, dem Frühjahrserntefest, von Guru Gobind Singh, dem zehnten und letzten Guru, ins Leben gerufen – als Reaktion auf die ständige Bedrängung und Verfolgung durch die Mogulherrscher – als tapfere, treue und selbstbewusste Gemeinschaft.

UNIFORM DES KHALSA

Als die Männer, die dem Guru ihr Leben angeboten hatten, aus dem Zelt traten, trugen sie alle Schwerter und das gleiche safrangelbe Gewand wie der Guru. Er sagte, dass diese, seine Brüder, nun ihm gleich seien. Sie trugen Turbane zur Bedeckung des ungeschnittenen Haares (*Kesh*), eines der Zeichen der Sikhs.

DIE FÜNF GELIEBTEN

1699 fragte Gobind Singh bei einem Markt in Anandpur alle Sikhs, wer bereit sei, sein Leben zum Zeichen seines Glaubens hinzugeben. Einer nach dem anderen kamen fünf Männer in sein Zelt. Jedesmal trat der Guru mit einem blutigen Schwert aus dem Zelt. Als die Menge glaubte, alle seien tot, trat er mit den lebenden *Panj Piare* (»fünf Geliebte«) aus dem Zelt.

KÖNIGLICHE AUTORITÄT

Guru Gobind Singhs herrschaftlicher Rang wird durch den königlichen Schirm (*Chatri*) und die Feder an seinem Turban (*Kalgi*) symbolisiert.

GURU GOBIND SINGHS INITIATION

Nach ihrer Initiation bat Gobind Singh, die »fünf Geliebten«, auch ihn einzuführen. Dann erklärte er: »Der *Khalsa* ist der Guru, und der Guru ist der *Khalsa*.« Diese Worte betonen die Gleichheit aller Sikhs.

THRON DES GURU

Auf einem Kissenthron sitzend führte Guru Gobind Singh die Zeremonie durch, die seither den Initiationsritus für alle Sikhs darstellt, und gab den Verhaltenskodex des *Khalsa* aus.

KHANDA

Guru Gobind Singh rührte das »Taufwasser« mit dem zweischneidigen Schwert *(Khanda)* um, das zum Symbol der Sikh-Gemeinschaft wurde. Die *Khanda* steht für den Eingottglauben der Sikhs.

HEILIGES WASSER

Als die fünf Sikhs aus dem Zelt getreten waren, nahm sie Guru Gobind Singh mit einer »Taufe« mit *Amrit* (gezuckertes Wasser) in den neuen *Khalsa* auf. Fortan trugen sie den Namen Singh (Löwe) statt eines Kastennamens. Sie schworen u. a., sich die Haare nicht zu schneiden, auf Alkohol und Tabakgenuss zu verzichten, keine sexuellen Beziehungen zu Moslems zu pflegen und kein Fleisch von nach islamischem Gesetz geschlachteten Tieren zu essen.

HULDIGUNG

Als Guru Gobind Singh die Köpfe der fünf Getreuen forderte, dachten viele, er sei verrückt geworden, und wandten sich von ihm ab. Als sie dann aber durch die jubelnde Menge hörten, die fünf Männer seien lebend aus dem Zelt getreten, kehrten viele zurück und huldigten dem Guru.

DES GURUS BESSERE HÄLFTE

Guru Gobind Singhs Frau half ihrem Mann beim Initiationsritus der ersten Sikhs. Der Guru wollte die Gleichberechtigung für Mann und Frau, und im Sikhismus werden die Frauen *Ardhangi* (bessere Hälfte) genannt.

Kuchha *(knielange Unterhosen): praktisch im Kampf, Symbol der Keuschheit*

Kirpan *(Dolch): Symbol des Widerstands gegen das Böse*

Khanga *(Kamm): ein Zeichen persönlicher Fürsorge und Sauberkeit*

Kara *(Stahlarmreif): Symbol der Verantwortung gegenüber und Zugehörigkeit zu Gott*

◀ Die Symbole des Khalsa
Als Guru Gobind Singh 1699 den *Khalsa* gründete, forderte er von allen Sikhs, dass sie zum Zeichen ihrer Zugehörigkeit fünf Symbole trugen, die »fünf K's«. Diese sollen ihre Träger daran erinnern, dass sie sich den Lebenswandel der Gurus zum Vorbild nehmen. Sie betonen auch die Gleichheit aller Sikhs. Hier nicht abgebildet ist *Kesh*, das ungeschnittene Haupt- und Körperhaar (Zeichen der Annahme des göttlichen Willens).

DER FESTKALENDER DER SIKHS

Die wichtigen Feste sind *Gurpurbs,* Gedenktage der Geburt oder des Martyriums eines Gurus. Die anderen sind *Melas* (Jahrmärkte). Zu den meisten Feierlichkeiten gehört *Arkand Path* (48-Stunden-Schriftlesung), Predigt, Gebet und Gemeindegottesdienst mit Gesang.

Dezember/Januar

GURU GOBIND SINGHS GEBURTSTAG: Guru Gobind Singh, Begründer des *Khalsa* und zehnter Guru, wurde 1666 geboren.

Februar

HOLA MOHALLA: *Mela* in Anandpur am indischen Holi-Fest zur Erinnerung an Guru Gobind Singh.

April

VAISAKHI: Ursprünglich ein Erntedankfest, heute Fest des *Khalsa*, der am *Vaisakhi*-Tag des Jahres 1699 gegründet wurde.

Mai

MARTYRIUM DES GURU ARJAN: Der fünfte Guru (siehe S. 139–141) wurde unter Kaiser Jahangir 1606 gefoltert und ertränkt.

August

FEST ZU EHREN DES GURU GRANTH SAHIB: Zur Erinnerung an die Fertigstellung der heiligen Schrift 1606.

Oktober

DIWALI: Das Diwali-Fest (siehe S. 63) hat für Sikhs eine besondere Bedeutung, weil an diesem Tag im Jahr 1619 Guru Hargobind, der sechste Guru, mit 52 Hindu-Prinzen, deren Freilassung er bewirkt hatte, aus dem Gefängnis in Gwalior entlassen wurde.

GURU NANAKS GEBURTSTAG: Nanak, der erste Guru und Begründer des Sikhismus, wurde 1469 geboren.

November

MARTYRIUM DES GURU TEGH BAHADUR: Tegh Bahadur wurde 1675 unter Kaiser Aurangzeb hingerichtet.

▲ **Eine Festprozession**
Hier wird der *Guru Granth Sahib* auf einer prunkvollen Sänfte getragen. Angeführt wird die Prozession von fünf Sikhs (»fünf Geliebte«) in gelben Gewändern.

GURU GRANTH SAHIB

Im Jahre 1603 begann Arjan, der fünfte Guru, mit der Zusammenstellung der Hymnen, die er selbst und frühere Gurus verfasst hatten. Ein *Granth* (Sanskrit: »Buch«) war nötig geworden, weil der Sikhismus eine weite Verbreitung fand und weil den früheren Gurus Hymnen zweifelhafter Herkunft zugeschrieben wurden. Zusammen mit Bhai Gurdas stellte Arjan in der Stille des heutigen Wallfahrtsortes Ramsar bei Amritsar den *Adi Granth* (»das Ur-Buch«) zusammen. Heute benutzen die Sikhs meist die 1430 Seiten umfassende gedruckte Standardversion. Die Seiten 13–1353 sind in *Raga*-Kapiteln geordnet. Ein *Raga* ist das Tonmaterial für ein Musikstück, aber keine feste Melodie. In jedem *Raga* folgen die Gedichte der Reihenfolge der Gurus, die aber nicht mit Namen genannt, sondern mit *Mahalla 1, Mahalla 2* usw. angegeben werden. Jedes Werk wird nach *Rag* und *Mahalla* zitiert, manchmal auch mit einem Titel. So ist Sodar *Rag Asa Mahalla* 1 »das Tor« in *Asa Rag*, geschrieben von Guru Nanak. Am Ende der *Raga*-Kapitel stehen die Werke der Nicht-Sikh-Heiligen (*Bhakti*-Mystiker und ein Sufi). 1708 erklärte Gobind Singh, der zehnte Guru, den *Adi Granth* zu seinem Nachfolger (statt eines Menschen). Somit wurde die Schrift zum Lehrer und fortan *Guru Granth Sahib* genannt. Sie ist heute die wichtigste Autorität der Sikhs.

GURU GOBIND SINGH, DER ZEHNTE GURU

GURU GOBIND SINGH UND DAS HEILIGE BUCH

Gobind Singh übertrug vor seinem Tod die Autorität der Gurus als geistliche und politische Führer der heiligen Schrift *(Guru Granth Sahib)* und der Sikh-Gemeinschaft des Guru Panth. Die Hymnen Gobind Singhs finden sich nicht in der heiligen Schrift. Doch er war ein eifriger Dichter, und ein Großteil seines Werkes ist im zweitwichtigsten Buch des Sikhismus, dem *Dasam Granth* (»Zehntes Buch«) erhalten, aus dem auch im Gottesdienst rezitiert wird. Da rivalisierende Anwärter auf die Guruschaft Gobind Singh Einblick in den von Guru Arjan zusammengestellten *Adi Granth* verweigerten, soll Gobind Singh aus dem Gedächtnis rezitiert und sein Diener Bhai Mani Singh die Worte niedergeschrieben haben. Das Original fiel Kriegswirren zum Opfer, doch Kopien blieben erhalten. Den ursprünglichen Texten fügte Guru Gobind Singh auch Hymnen seines Vaters Guru Tegh Bahadur hinzu.

◀ **Heiliger Wedel** Wenn aus dem *Guru Granth Sahib* gelesen oder er bei einer Prozession umhergetragen wird, schwingt man den *Chauri* über dem Buch. Dieses Zeichen des Respekts stammt aus der Zeit, als hohen Herrschaften mit einem Wedel Luft zugefächelt wurde und Fliegen aus ihrem Gesichtsfeld vertrieben wurden. Der *Chauri* besteht aus Yakschwanz- oder Kunsthaar und einem Holz- oder Metallstiel.

»DIE AUSSTRAHLUNG DER FROMMEN IST WIE SANDELDUFT, GEEIGNET, ALLES ZU DURCHDUFTEN.«
Ragu Tilanga, Guru Nanak

LESUNG

Dem *Guru Granth Sahib* bringt man die gleiche Ehrerbietung entgegen wie früher den menschlichen Gurus. Das Buch liegt auf einem Thron unter einem Baldachin und wird nachts in dekorative Tücher *(Rumalas)* gehüllt und an einem besonderen Ort zur Ruhe gebettet. Wenn daraus gelesen wird, schwenkt man einen Wedel *(Chauri)* über dem Buch. Wer sich dem *Granth* nähert (barfuß und mit bedecktem Kopf), wirft sich vor ihm nieder. In Tücher gehüllt, wird das Buch auf dem Kopf eines oder einer Gläubigen getragen – zum Zeichen seines überragenden Ranges.

DER GRANTHI
Wenngleich jeder, der es kann, auch aus dem *Guru Granth Sahib* lesen darf, tut es in den meisten Gottesdiensten ein offizieller *Granthi*, der sich auch um den *Gurdwara* kümmert.

ZUFALLSLESUNG
Es gibt verschiedene Arten, den *Guru Granth Sahib* zu lesen. Dazu gehören *Akhand Path*, eine ununterbrochene Lesung über 48 Stunden, und *Vak*, Weisung, die man erhält, indem man das Buch wahllos aufschlägt und liest, was auf der linken Seite geschrieben steht.

DAS WORT GOTTES
Durch Zeichen der Ehrerbietung, die man dem *Guru Granth Sahib* entgegenbringt, so das Bedecken mit Tüchern und Schmücken mit Girlanden, zeigt man seine Ehrfurcht vor Gott und seinem Wort, das in diesem Buch enthalten ist. Man verehrt nicht das Buch an sich.

EINSETZUNG
Der *Guru Granth Sahib* wird mit einer eigenen Zeremonie im *Gurdwara* eingesetzt und mit großem Respekt behandelt. Nach einem Opfer ziehen sich die Gläubigen zurück, ohne dabei ihren Blick von der heiligen Schrift abzuwenden.

OPFERKASTEN
Alle Opfergaben werden vor dem Thron des *Guru Granth Sahib (Manji)* niedergelegt. Meist bringen die Gläubigen Milch und Obst oder Geld, das in den Opferkasten kommt.

ADI GRANTH UND GURU GRANTH SAHIB

Es gibt zwei Hauptnamen für das heilige Buch der Sikhs: *Adi Granth* (»Ur-Buch«) und *Guru Granth Sahib* (dieser Name betont die Gurunatur des Buches). Dieses Buch ist die wichtigste Schrift der Sikhs. Es enthüllt ihnen die Wahrheit über Gott, das Urwesen, den ewig Wahren. Es enthält Hymnen unterschiedlicher Länge. Die meisten von ihnen besagen, dass die geistige Befreiung aus dem Glauben an den göttlichen Namen *(Nam)* erwächst, nicht aus äußerlichen Ritualen. Der *Guru Granth Sahib* bedarf besonderer Behandlung und Einsetzung. Zu Hause benutzen die meisten Sikhs ein kleines Gebetbuch *(Gutka)*, mit den für das tägliche Gebet notwendigen Passagen.

DER TEXT
Die Schrift des *Adi Granth* nennt man *Gurmukhi*. Die Sprache des Buches ist eine Form des Hindi, den die Sant-Dichter (*sant* = seiend, fromm), eine Gruppe von *Bhakti*-Mystikern, im Mittelalter benutzten und zu der Worte aus dem Persischen, dem Pandschabi und Sanskrit gehören.

LOBLIEDER
Die Hymnen des *Guru Granth Sahib* sind alle in Versform verfasst. Die Unterteilung erfolgt nach ihrer *Raga*. Es gibt 31 *Ragas* in diesem Buch. Die Sikhs sind stolz darauf, dass auch Beiträge von Nicht-Sikhs in ihr heiliges Buch aufgenommen wurden – von vier frühen *Bhagats* (mystische Dichter) sowie 14 weiteren Hindu- und Moslemdichtern.

SCHMUCKAUSGABE
Wenngleich viele Ausgaben des *Guru Granth Sahib* sehr dekorativ gestaltet sind, wird immer wieder betont, dass es auf den Inhalt des Buches ankommt. Ohne den wahren Namen Gottes ist jede Lesung aus dem Buch bedeutungslos. Guru Nanak sagte: »Der einzige Tempel von Bedeutung ist in uns selbst« *(Guru Granth Sahib)*.

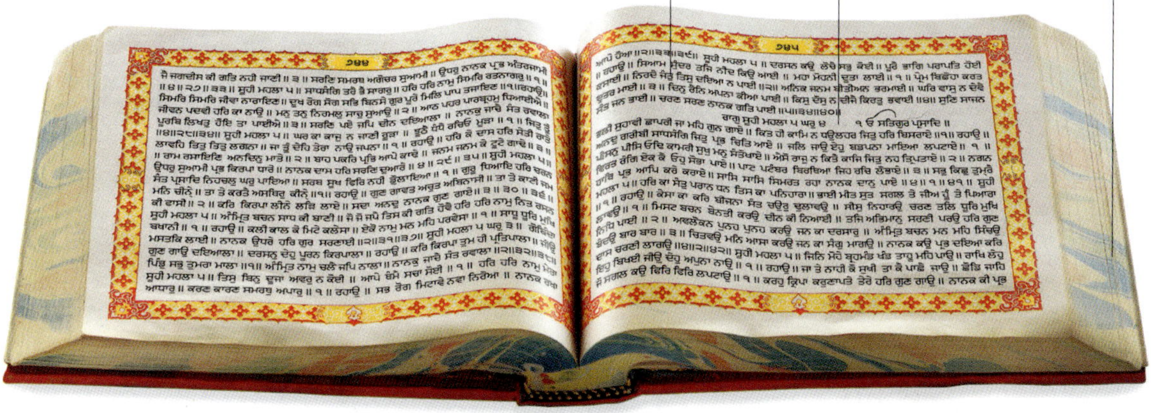

»VOM UNENDLICHEN KAM DAS GEBOT, DURCH DAS DER PANTH INS LEBEN GERUFEN WURDE. ALLEN SIKHS IST GEBOTEN: ANERKENNE ALS GURU DEN GRANTH. ERKENNE DEN GRANTH ALS GURU AN, DIE VERKÖRPERUNG DER GURUS. DIE IHR REINEN HERZENS SEID, SUCHT IHN IN DER WELT.«

Guru Granth Sahib zugeschrieben, wird nach dem *Ardas*, dem täglichen Gebet der Sikhs gesprochen

Das heilige Buch

▶ Gleichberechtigung
Anders als in vielen anderen Religionen können Männer wie Frauen die Sikh-Zeremonien leiten und aus dem *Guru Granth Sahib* lesen. Einzige Voraussetzung dafür ist die Kenntnis der Gurmukhi-Schrift. Ein Priesteramt gibt es nicht.

DER GOLDENE TEMPEL

Für Hindus zeigt sich die Gottheit in vielfacher Form, besonders in Tempeln und Wallfahrtsorten (siehe S. 54–59). Guru Nanak erkannte, dass Tempelkult und Wallfahrten leicht zur leeren Hülle werden können, zum sinnlosen Ritual. Daher ermunterte er seine Anhänger, Gott dort zu suchen, wo er immer ist – nicht in Gegenständen, sondern im eigenen Ich. Der Name, *Nam*, wohnt in jedem Menschen, ebenso das klanglose Wort der Wahrheit, der »Unangeschlagene Ton«, *Anhad Shabad*. Warum sollte man draußen nach dem suchen, was im eigenen Inneren zu finden ist? Dennoch bauten die Sikhs Schreine an wichtigen Orten der Sikh-Geschichte. *Harmandir Sahib* bedeutet »Tempel des Herrn« und ist der Name einer Reihe von Sikh-Schreinen einschließlich des *Gurdwara* am Geburtsort des Guru Gobind Singh in Patna. In erster Linie aber meint man damit den Hauptschrein aller Sikhs, des Tempels von Amritsar im Pandschab.

▲ Guru Ram Das und der Goldene Tempel
Ram Das, der vierte Guru, ließ den Teich von Amritsar ausheben, der heute den Goldenen Tempel umgibt. Er gründete die gleichnamige Stadt auf Land, das ihm von Kaiser Akbar geschenkt worden war. Guru Ram Das ließ zwei heilige Teiche ausheben. Der erste hieß Santokhsar, der zweite erhielt den Namen Amritsar (»Nektarsee« oder »See der Unsterblichkeit«). Danach lud Ram Das Männer von 52 verschiedenen Gewerben ein, sich im Gurumarkt, dem »Guru ka Bazaar«, niederzulassen und ein Geschäft zu eröffnen. Das war die Geburtsstunde eines Zentrums der Sikh-Kultur. Anerkennend sprechen Sikhs, die den Bereich des Goldenen Tempels betreten, die Worte: »Groß ist die Stadt des Guru Ram Das.«

▼ Gemeinschaftsmahl
Der Brauch des *Langar* (»Anker«) spiegelt das Sikh-Ideal der Barmherzigkeit und des Dienstes wider, wo jeder nach seinen Möglichkeiten gibt und nach seiner Bedürftigkeit nimmt. Alle, die kommen, erhalten unabhängig von ihrer Kaste und ihrem Status kostenfrei ein traditionelles vegetarisches Pandschabi-Gericht. Dieser Brauch geht auf Guru Nanak zurück (siehe S. 139–141), der *Langar* als Geste gegen das Kastensystem einführte, das gemeinschaftliche Mahlzeiten nur eingeschränkt zuließ.

▲ **Die Geschichte des Goldenen Tempels**
Diese Buchmalerei aus dem 19. Jh. zeigt das Hauptheiligtum der Sikhs nach dem Wiederaufbau. Der erste Tempel wurde 1601 unter Guru Arjan erbaut, der *Guru Granth Sahib* wurde 1604 dorthin gebracht. 1756 nahmen afghanische Eroberer den Tempel ein und entweihten ihn. Daraufhin scharte Baba Dip Singh 500 Reiter um sich und rückte auf Amritsar vor. Als er dort ankam, war seine Armee auf 5000 Mann gewachsen. In der Schlacht gegen die Übermacht der 8000 Afghanen wurde Baba Dip Singh der Kopf abgeschlagen. Er soll aber mit dem Kopf in der Hand weitergekämpft haben. 1762 zerstörte der Afghane Ahmad Shah den Tempel und verunreinigte den heiligen Teich mit Kuhkadavern. 1764 wurde der Tempel wieder aufgebaut. Zuletzt war der Tempel 1984 Kampfschauplatz, als der *Akal Takht* (siehe S. 150) in Kämpfen zwischen Sikhs und indischen Regierungstruppen schwer beschädigt wurde.

► **Der edelste aller Orte**
Der *Harmandir Sahib*, der Goldene Tempel, ist ein Symbol des Sikhismus und die wichtigste Wallfahrtsstätte der Sikhs. Guru Arjan erklärte ihn zum edelsten aller Orte. Zum Goldenen Tempel wurde er zu Beginn des 19. Jh., als Maharadscha Ranjit Singh die oberen Wände mit vergoldeten Kupferplatten verkleiden ließ. Die Sikh-Architektur beinhaltet sowohl hinduistische als auch islamische Elemente, und die Bögen des Tempels sind mit floralen Mustern und religiösen Hymnen verziert.

»VON ALLEN ORTEN, DIE ICH GESEHEN HABE, KANN SICH KEINER MIT DIR VERGLEICHEN.«
Guru Arjan im *Adi Granth*

DER GOLDENE TEMPEL

Der 1601 von Guru Arjan fertiggestellte Goldene Tempel steht mitten im heiligen Teich von Amritsar und beherbergt die heilige Schrift der Sikhs, den *Guru Granth Sahib* (siehe S. 145–147). In Pandschabi heißt der Tempel *Harmandir Sahib* (Haus Gottes) oder *Drabar Sahib* (Königshof). *Sahib* ist ein Ehrentitel, den Sikhs sowohl Menschen als auch Orten geben.

DER WUNSCH DES GURU ARJAN

Guru Arjan wollte, dass der Goldene Tempel allen Menschen offenstehe – ungeachtet ihrer Kaste, Hautfarbe, Nationalität, ihres Geschlechts oder Berufs:

»WENN ICH EINEN TEMPEL BESUCHE, SEHE ICH MÄNNER PRAHLEN; FRAGE ICH BRAHMANEN, FINDE ICH SIE STOLZ. O MEINE FREUNDE, ZEIGT MIR DEN ORT, AN DEM IMMER NUR GOTTES LOB GESUNGEN WIRD.«

Guru Arjan

HEIMAT DES BUCHES

Der *Akal Takht* beherbergt den *Guru Granth Sahib* bei Nacht. In dem vom sechsten Guru Hargobind (siehe S. 145–147) erbauten und nach Zerstörungen in Kämpfen zwischen militanten Sikhs und der indischen Regierung 1984 restaurierten mehrstöckigen Gebäude bewahrte man früher Reliquien der letzten fünf Gurus auf, und lange Zeit diente er als Waffenlager. Heute ist der *Akal Takht* Sitz der religiösen und politischen Autorität.

HEILENDE WASSER

Häufig erzählen Sikhs die folgende Geschichte: Nachdem ihn seine Frau von einem Wallfahrtsort zum anderen gebracht hatte, kam ein leprakranker Krüppel schließlich zum Teich von Amritsar. Als er sah, dass die schwarzen Krähen, die in den Teich tauchten, als weiße Tauben herauskamen, schleppte er sich ins Wasser und wurde geheilt. Am Teich steht noch heute der Baum, unter dem der Leprakranke ins Wasser kroch.

▶ Tempeltor

Das Tor heißt *Darshani Deorhi.* Über ihm liegt eine Schatzkammer mit vier goldenen Türen, juwelenbesetzten Baldachinen und den goldenen Spaten, die bei der Grundsteinlegung verwendet wurden. Hinter den beiden Wachtürmen neben dem Tor ist der Platz, an dem das *Langar* (siehe S. 148) eingenommen wird.

DER STEG

Auf dem 60 m langen Marmorsteg, der das den See umgebende Pflaster *(Parikrama)* mit dem eigentlichen Tempel verbindet, pilgern täglich viele Menschen zum Hauptschrein. Von dort erklingen Hymnen *(Kirtan)*. Der Tempelkult beginnt täglich um vier Uhr früh und endet erst nach Mitternacht.

HEILIGER HARMANDIR SAHIB

Der Tempel selbst, der *Harmandir Sahib*, beherbergt den *Guru Granth Sahib*, das heilige Buch der Sikhs. Jeden Morgen um fünf Uhr wird es hier ausgelegt. Der Tempel hat vier Eingänge als Zeichen der Offenheit für Menschen aller Kasten, anders als die Hindutempel und die Moscheen, die nur einen Eingang besitzen. Es heißt, der Tempel stehe an einem Ort, an dem Guru Nanak meditierte.

CHINAS RELIGIONEN

◀ Ein daoistisches Paradies
Dieser Seidenteppich zeigt ein daoistisches Paradies. Im Vordergrund sieht man Hsi Wang Mu, die Herrscherin des Westlichen Paradieses, entlang des Geländers im Hintergrund die Acht Unsterblichen des Daoismus.

CHINAS RELIGIONEN

LAND DER DREI WEGE

Religion in China ist kaum vergleichbar mit dem, was man aus Christentum, Judentum oder Islam kennt. Die chinesische Religion setzt sich vielmehr aus verschiedenen Religionen und Philosophien zusammen, von denen drei besondere Bedeutung haben: Konfuzianismus, Daoismus und Buddhismus. Sie sind bekannt als *Sanjiao*, die drei Lehren, und vereinigen ihrerseits jeweils unterschiedliche Strömungen. Neben *Sanjiao* stellt *Shenjiao*, die alte Volksreligion, einen vierten wichtigen Weg dar. Die Chinesen glauben nicht, dass man einer bestimmten Religion oder Philosophie anhängen und dabei andere ablehnen muss. Sie wählen jeweils das aus, was ihnen angemessen und hilfreich erscheint.

KONFUZIANISMUS UND STAATSKULT

Von *Sanjiao*, den drei Lehren, ist der erste der des Konfuzius (Kong Fuzi, Meister Kong). Grundlage dieses Weges sind zum einen die Gespräche des Konfuzius mit seinen Schülern *(Lun Yu)*. Weiterhin spielen die »Fünf Klassiker« eine wichtige Rolle: das *Buch der Wandlungen*, das *Buch der Urkunden*, das *Buch der Lieder*, das *Buch der Riten* und die *Frühlings- und Herbstannalen*. Der Weg des Konfuzius regelt Werte und Normen, außerdem Lebensriten (wie Geburt, Heirat oder Tod) und gibt praktische Anregungen zur Schaffung einer Harmonie (Balance der gegensätzlichen Kräfte *Yin* und *Yang*) in Familie und Gesellschaft. Grundlegend sind Respekt vor Lehrern und Tradition.

Der Konfuzianismus macht keine Aussagen über Gott, Götter oder Offenbarungen, der Hauptakzent der Lehre liegt auf der Moral und Ethik menschlicher Beziehungen, z. B. der Beziehung zwischen Herrscher und Untertan, Vater und

▲ **Einheit von Yin und Yang**
Die gegensätzlichen Kräfte Yin und Yang bedingen einander und enthalten jeweils die Saat der anderen Kraft. Assoziationen von Yin sind Dunkelheit, Wasser, weiblich; von Yang Licht, Dynamik, Luft, männlich.

Sohn (siehe S. 159) oder Ehemann und Ehefrau. Durch die Betonung der Eltern-Kind-Beziehung förderte die Lehre auch den Ahnenkult. Außerdem war sie dem chinesischen Staatskult förderlich. Grundlage des Staatskultes ist die Überzeugung, dass alles, was zu dieser Welt gehört, in einem großen System vereint ist (auch die jenseitigen Mächte). Urheber der rechten Beziehung zwischen Herrscher und Untertanen ist *Tien*, der Himmel. Er garantiert Recht und Ordnung. Die Herrscher sehen sich als durch das Mandat des Himmels ermächtigt (siehe S. 162–165), als Mittler zwischen den Menschen und der Welt des Übernatürlichen.

DAOISMUS

Die zweite der drei Lehren ist der Daoismus. *Dao* heißt wörtlich »der Weg«, bedeutet aber auch »Weg zum Leben in Harmonie mit dem Universum«. Das *Dao* ist namenlos, unaussprechlicher Anfang von Himmel und Erde. Der Daoismus ist sowohl Philosophie als auch Religion. Das philosophische Konzept ist das des Nicht-Handelns *(Wu-Wei)*, was aber nicht Tatenlosigkeit bedeutet, sondern ein Handeln ohne Selbstzweck und Heuchelei. Als Begründer des Daoismus gilt Laozi (Laotse, über den man nichts Sicheres weiß) und das ihm zugeschriebene *Daodejing* (*Dao Te King*). Das Buch wird heute zwar oft als Werk spiritueller Anleitung verstanden, hatte aber ursprünglich einen politischen Hintergrund, da es Herrscher zu effizienter Regierung anleiten sollte. Das zweite bedeutende Werk ist das *Zhuangzi* wegen seines Einflusses auf den philosophischen Daoismus. Der Daoismus entwickelte aber auch religiöse Züge mit Ritualen, vornehmlich für Heilung und Exorzismen, und Festen. Philosophische daoistische Texte ergründen, wie man das eigene Leben nähren und schützen kann. Im religiösen Daoismus *(Daojiao)* spielt das Streben nach Unsterblichkeit eine wichtige Rolle. Da die ganze Natur im *Dao* vereint ist, kann Unsterblichkeit nicht durch Freisetzen eines Teiles des Selbst (z. B. der Seele) erreicht werden. Man kann nur mit der Natur eins werden, indem man die natürlichen Kräfte im Körper in die richtige Richtung lenkt, z. B. durch Atemübungen *(Chi)*, durch Kontrolle und Steuerung sexueller Energie, durch Alchemie und durch die Suche nach dem Weg der Unsterblichen und den Inseln der Seligkeit (siehe S. 170–172). Der religiöse *Daojiao* setzt sich aus vielen Bewegungen und Sekten zusammen und hat einen viele unterschiedliche Texte umfassenden Kanon (autorisierte Texte). In daoistischen Tempeln führen Priester (Kultmeister) Rituale durch. Beim Exorzismus stellen sie sich rituell den Böses bewirkenden Geistern entgegen und versuchen, den gefährlichen Überhang der *Yin*-Kräfte durch Beschwörung der *Yang*-Kräfte zu beseitigen. Das soll kosmische, gesellschaftliche und persönliche Harmonie bewirken. Nur die wenigen Eingeweihten oder Meister können Harmonie durch die vollkommene Kanalisierung von Energien und damit körperliche oder geistige Unsterblichkeit erreichen.

◀ **Kraniche und Kiefern**
Dieses Aquarell des Malers Zhu Jiyi (18. Jh.) zeigt Symbole langen Lebens. Langlebigkeit ist ein wichtiges Thema in der chinesischen Religion. Die daoistische Gedankenwelt kann in Naturbildern ausgedrückt werden, daher spielt die Landschaftsmalerei in China eine besondere Rolle. In belebten und unbelebten Dingen der Natur versuchten die Maler, das »Leben« in den Dingen und die harmonische Einheit zwischen Mensch und Natur auszudrücken.

BUDDHISMUS

Die dritte der drei Lehren ist der Buddhismus. Er kam im 1. Jh. n. Chr. nach China und erreichte in der Tang-Dynastie (618–907) seine Blütezeit. Mit ihm kam eine neue Sicht auf die Vergänglichkeit und die Natur des Leidens, und es wurde denkbar, dass die eigenen Vorfahren in der Hölle litten. Es gab auch Überschneidungen mit bestehenden Ahnenkulten. Buddhistische Totenrituale gewannen an Bedeutung, sei es in der korrekten Durchführung einer Beisetzung oder auch in anderen rituellen Handlungen. Eine besondere Sorgfalt galt den unglücklichen Seelen – rastlos wandelnden Toten und hungrigen Geistern, die nicht als Ahnen verehrt wurden.

Damit der Buddhismus in China Fuß fassen konnte, übersetzten Buddhisten mit großem Aufwand und in einem Zeitraum von über 1000 Jahren buddhistische Texte und übertrugen dabei auch indische Ideen, Götter und Heilige ins Chinesische. So wurde aus dem zukünftigen Buddha Maitreya der von Kindern umringte Lachende Buddha Chinas. Avalokiteshvara (siehe S. 118–120), der *Bodhisattva* des Mitgefühls, wurde zur Göttin Guanyin (siehe S. 122–123). Glaubens- und Meditationsschulen

◀ Gelehrte studieren das Yin-Yang
Dieses Gemälde aus dem 17. Jh. zeigt drei Gottheiten des volkstümlichen Daoismus beim Studium des Tai-Chi-Symbols (Große Polarität), das das Zusammenspiel von Yin und Yang darstellt. Rechts sieht man Shou Hsing, den Gott der Langlebigkeit, in der Mitte Fu Hsing, den Gott des Glückes, und links Lu Hsing, den Gott des hohen Ranges. Ein positiver Zustand wird durch die Anwesenheit von Kindern, vor allem Söhnen, angedeutet und durch den Hirsch, der in China als Symbol der Langlebigkeit und des Glückes gilt. Die Ernsthaftigkeit und Würde der Götter drückt Gelehrsamkeit und Überlegung aus, Kind und Hirsch die eher volkstümlichen und weltlichen Belange.

entstanden, so Reines Land und Chan. Diese überstanden als einzige die Verfolgungen (842–845) in der Tang-Dynastie (618–907). Reines Land verheißt jedem Wesen (sei es gut oder böse) Wiedergeburt im Paradies des Westens (siehe S. 118–120), wenn es nur den Namen des Buddhas Amitabha (Amida) unablässig anruft. Von diesem Paradies aus ist das *Nirwana* leichter zu erreichen als unter irdischen Bedingungen.

Manche glauben, dass dazu das unablässige Murmeln des Glaubensbekenntnisses (*Nien-fo*, Japanisch *Nembutsu*) genügt. Es lautet: »Ich nehme meine Zuflucht zum Buddha Amida.« Chan (»Meditation«) gründet auf der Philosophie der Leere und praktiziert gegenstandslose Meditation als einzigen Weg zur Erleuchtung. In Japan wurde Chan zu Zen.

VOLKSRELIGION

Die »vierte Lehre« ist die alte Volksreligion mit Festen, Geistern, lokalen Gottheiten, magischen Ritualen und Wahrsagerei. Eine große Rolle spielt hier Feng Shui, die Geomantrie, mit deren Hilfe man den rechten Ort und die rechte Richtung für Wohnungen der Lebenden wie der Toten findet. Ausschlaggebend ist, dass die Orte Strömungen des Lebensatems (*Qi*) einfangen. Auf dieser Grundlage lassen sich Städte bauen, die die *Yin*- und *Yang*-Kräfte zu harmonisieren suchen.

KONFUZIANISMUS

Der Konfuzianismus ist die Sittenlehre mit dem größten Einfluss auf Religion und Gesellschaft im traditionellen China und Japan. Er leitet sich von den Lehren des Weisen Kong Fuzi (551–479 v. Chr.) ab, im Westen als Konfuzius bekannt. Dieser forderte in einer Zeit wachsender Unruhe in China soziale und ethische Reformen. Vielen überlieferten religiösen Ideen stand Konfuzius ablehnend oder gleichgültig gegenüber, aber er war ein großer Verfechter ehrfürchtiger Kindesliebe und des Ahnenkults (siehe S. 163). In der Han-Dynastie (206–221 n. Chr.) wurden politische und religiöse Texte des Konfuzius und seiner Schüler offizielle Lehrtexte: Die »Fünf Klassiker« und die »Vier Schriften« begründeten eine reiche philosophische und religiöse Tradition, die zu einem zentralen Bestandteil der chinesischen Denkweise wurde.

◄ Konfuzius
Konfuzius mit den Fünf Klassikern des Konfuzianismus: *Buch der Urkunden, Buch der Lieder, Buch der Wandlungen, Buch der Riten* und *Frühlings- und Herbstannalen.* Sie waren von der Han-Dynastie bis zum Ende des Kaiserreichs 1911 Lehrbücher der chinesischen Staatsbeamten.

DIE LEHRE DES KONFUZIUS

Das grundlegende Prinzip des Konfuzius war *Shu:* »Tu nicht andern, was du nicht willst, dass sie dir antun.« Großen Wert legte er auch auf Bildung und korrekte Riten als Formen moralischer Erziehung. Er glaubte, dass der Himmel die Quelle für Güte und rechtes Verhalten der Menschen sei, doch er lehrte, dass der Himmel selten direkt mit den Menschen in Kontakt tritt. Daher sollten sie traditionelle Werte bewahren und aus der Geschichte lernen.

◄ Lehrertag
Im Konfuzianismus ist die Autorität eines Lehrers fast so absolut wie die eines Vaters. In Taiwan feiert man noch heute am 28. September einen Tag zu Ehren der Lehrer.

◀ Die Bedeutung von Kindern
Kinder und Enkel waren in der traditionellen chinesischen Familie von überragender Bedeutung. Eine Mutter mit Kind steht für Harmonie und Fruchtbarkeit. Das chinesische Schriftzeichen für »gut« *(hao)* stellt eine stilisierte Mutter mit Kind dar.

ZURATE ZIEHEN DES *I CHING*

Das *I Ching* (Buch der Wandlungen) beruht auf schon um 3000 v. Chr. ausgeübten Wahrsage-Ritualen. Mit ihnen lassen sich nach chinesischer Auffassung die Zustimmung des Himmels zu einem Vorhaben erkennen oder Störungen in der menschlichen und natürlichen Ordnung vorhersagen (siehe S. 162–163). Dazu muss man 64 Hexagramme lesen, die aus unterbrochenen *(Yin)* und durchgehenden *(Yang)* Linien bestehen. Diese werden durch sechs Stäbe bestimmt, die man wie Lose aus einem Behälter zieht.

KONFUZIUS ZIEHT DAS *I CHING* ZURATE.

▼ Arbeitsethik
Der Bauer und der adlige Beamte waren die Ecksteine der traditionellen chinesischen Gesellschaft. Von Bauern und Beamten erwartete man ständigen Einsatz für Familie und Staat. Zusammen verkörpern sie die konfuzianische Arbeitsethik. Die Bauern ernährten mit ihrer Arbeit die Bevölkerung Chinas. Ihre Erdverbundenheit fand in jahreszeitlichen Festen Ausdruck, die vom konfuzianischen Staat unterstützt und geregelt wurden.

Die in der Han-Zeit eingeführte eiserne Pflugschar erleichterte die Feldarbeit außerordentlich.

»ICH PRÜFE TÄGLICH DREIFACH MEIN SELBST: OB ICH, FÜR ANDERE SINNEND, ES ETWA NICHT AUS INNERSTEM HERZEN GETAN; OB ICH, MIT FREUNDEN VERKEHREND, ETWA MEINEM WORTE NICHT TREU WAR; OB ICH MEINE LEHREN ETWA NICHT GEÜBT HABE.«

Gespräche des Meisters Kung, I.4

DIE ELTERN EHREN
Ein älteres Paar wird von Sohn und Schwiegertochter bedient. In *Die Gespräche* betont Konfuzius, dass Söhne unter allen Umständen ihre Väter unterstützen und Väter für ihre Söhne sorgen sollen.

SITTLICHE GRUNDLAGE
Im Konfuzianismus sind Respekt vor den Eltern und kindliche Liebe Grundlage für Sitte und Ordnung in Staat und Gesellschaft. Das Verhältnis Herrscher–Untertan hat nach Konfuzius den gleichen Idealen zu folgen wie das zwischen Vater und Sohn.

GEHORSAMER SOHN
Im kaiserlichen China (vor 1911) erwartete man von Kindern, dass sie ihren Eltern dienten und ihnen gehorsam waren. Kinder durften nicht vor Gericht gegen ihre Eltern aussagen. Man erwartete sogar von ihnen, dass sie eine über die Eltern verhängte Strafe verbüßten.

HÄUSLICHE HARMONIE

Die traditionellen chinesischen Werte von Harmonie und Ordnung zeigen sich in diesem Bild (12. Jh.) in vollkommener Weise. Familiäre Harmonie ist das chinesisch-konfuzianische Ideal. Sie hat ihren Eigenwert, spiegelt aber auch die Harmonie in Staat und Kosmos wider.

NASSREISKULTUR

Die hier angewendete landwirtschaftliche Methode, die Nassfeldkultur, wurde von Beamten eingeführt. Sie verfassten Abhandlungen über die Landwirtschaft, in denen sie aus den konfuzianischen Klassikern und populären Moralbüchern zitierten und die Arbeit der Bauern lobten.

FAMILIENARBEIT

Jede bäuerliche Familie musste sich selbst versorgen, und alle Familienmitglieder mussten ihren Beitrag leisten. Die Zusammenarbeit unter Nachbarn und Freunden war ebenfalls wichtig, z. B. bei der Instandhaltung von Bewässerungsanlagen und Anbauterrassen.

GUTES WASSER

Das den Hof umgebende Wasser ist gutes *Feng Shui*. Unter *Feng Shui* (wörtlich »Wind und Wasser«) versteht man die chinesische Praxis der Geomantrie, durch die man die geeignete Lage für Gebäude und Gräber im Einklang mit den Naturkräften festlegt. Wenn ein Gebäude oder Grab schlechtes *Feng Shui* aufweist, steht es nicht im Einklang mit der Landschaft, und der Fluss des *Chi* ist gestört. Dann geschieht allem und allen, die damit zu tun haben, Unglück.

WOHLSTAND

Das gefüllte Reisfass ist ein Symbol des Reichtums. Wohlstand und Fülle weisen auf die Harmonie des Universums hin und zeigen, dass negative Kräfte unter Kontrolle sind.

OFFENE TÜR

Die Tür öffnet sich vom Anwesen der Familie zur übrigen Welt, in der jedes Familienmitglied seine Aufgaben getreu den Idealen erfüllt, die es in der Familie gelernt hat.

HARMONIE VON *YIN* UND *YANG*

Der Hahn und die Henne verkörpern *Yin* und *Yang*, die negativen und positiven Kräfte, die sich zu Hause und im ganzen Universum im Gleichgewicht befinden müssen (siehe S. 155). Sie sind auch Symbole eines reichen und daher harmonischen Heimes.

FAMILIENANWESEN

Das Familienanwesen ist Keimzelle des Lebens nach konfuzianischem Ideal. Wenn der Einzelne in einem tugendhaften Umfeld aufwächst, in Ehrerbietung gegenüber Eltern, Familie und Ahnen, wird er zu einem ehrenhaften Staatsbürger erzogen, der die Harmonie des Staates aufrechterhält und damit auch die des Kosmos.

DAS MANDAT DES HIMMELS

Das chinesische Verständnis des Königtums wurzelte im Glauben, dass die königlichen Ahnen zu Gottheiten geworden waren, die man verehren musste. Wenn chinesische Herrscher den Segen des Himmels und der Ahnen hatten, sicherten sie den geregelten Lauf der Jahreszeiten, gute Ernten, die rechte Balance von *Yin* und *Yang* in der Gesellschaft und die königliche Hierarchie. Sie erfüllten als »Söhne des Himmels« das »himmlische Mandat«. Die ältesten Texte, im *Shujing* (*Buch der Urkunden*), sprechen von »göttlichem Recht«. Die Chou, die 1027 v. Chr. die Dynastie der Shang stürzten, wollten zeigen, dass der Himmel mit ihrer Herrschaftsübernahme einverstanden war, und der Konfuzius-Schüler Menzius (Mengzi, 271–289 v. Chr.) trug zur Rechtfertigung ihrer Macht bei. Er führte aus, dass ein Herrscher dann den himmlischen Auftrag wahrnehme, wenn er gerecht handele, dem Himmel Opfer bringe und die Ahnen ehre.

◄ Am Qing-Hof
Dieses Gemälde zeigt den Qing-Hof in Peking. Hunderte von Beamten machen dem Mandschuren-Kaiser ihre Aufwartung. Sie werfen sich vor ihm nieder und folgen damit der konfuzianischen Vorstellung, dass es eine strenge Hierarchie in der Gesellschaft gibt, der die Menschen angemessen begegnen müssen. Die großen, von Dienern gehaltenen Schirme symbolisieren den Himmel. Sie sind den Überdachungen der Streitwagen der Herrscher und des Kriegeradels nachempfunden. Die Chinesen glaubten, der Kosmos sei ein riesiger königlicher Streitwagen, der Himmel das Dach, die Erde der Wagen. Der Schirm oder Baldachin steht daher für hohen Rang und Ansehen.

PFLICHTVERGESSENHEIT

Wenn der Herrscher seine rituellen Pflichten vernachlässigte und seiner moralischen Verantwortung gegenüber dem Volk nicht gerecht wurde, waren soziale Unruhen und Naturkatastrophen die Folge, der himmlische Segen wurde ihm entzogen und er hatte das Mandat des Himmels verloren. Daraus resultierte Rebellion, die einen neuen Herrscher an die Macht brachte.

▲ Der Kaiser
Zwei Höflinge fächeln dem Kaiser bei einer Mahlzeit Luft zu. Trotz der typisch chinesischen Formen war der Qing-Kaiser kein Chinese, sondern ein Fremdherrscher aus dem Nomadenvolk der Mandschuren.

◄ Beamtenhierarchie
Die kaiserlichen Minister waren gut ausgebildete Beamte, die über Jahre die konfuzianischen Klassiker (siehe S. 155) studiert hatten, um sich auf die anspruchsvollen Staatsprüfungen vorzubereiten. Es gab fünf Prüfungsebenen. Erfolg auf höchster Ebene, bei der Prüfung, die im Kaiserpalast in der Verbotenen Stadt durchgeführt wurde, eröffnete dem Graduierten die Möglichkeit einer großen Karriere bei Hofe. Allerdings brachte es die Stellung des Kaisers mit sich, dass die Minister ihren Rat immer sehr diplomatisch vorbringen mussten.

»WER SICH AUF GEWALT STÜTZT UND ÄUSSERLICH MILDE HEUCHELT, WIRD FÜHRER DER FÜRSTEN. [...] WER SICH AUF GEISTESKRÄFTE STÜTZT UND MILDE ÜBT, WIRD KÖNIG DER WELT. [...] WER DURCH GEWALT DIE MENSCHEN UNTERWIRFT, DER UNTERWIRFT SIE NICHT IN IHREN HERZEN [...]«

Menzius zum himmlischen Auftrag

AHNENKULT

Hier bringen zwei treue Söhne Speiseopfer am Grab ihres verstorbenen Vaters. Das Grab ist halbmondförmig – zum Zeichen, dass *Yin* und *Yang* im Gleichgewicht sind. Söhne und Töchter brachten auch Opfer vor der Ahnentafel auf einem Hausaltar (in der man die »Hauchseele« des Verstorbenen eingeschlossen sah). Um ihren Respekt zu zeigen, verbeugten sich die Kinder vor dem Vater wie die Beamten vor dem Kaiser. Der Konfuzianismus betont die Bedeutung der rechten Beziehung zwischen Vater und Sohn (siehe S. 160) sowie Herrscher und Untertan als Grundpfeiler der Gesellschaft (Regeln dafür im Buch »Die Lehre der Mitte«).

DER PHÖNIX
Der Phönix ist ein Zeichen für die rechtmäßige und gerechte Regierung im himmlischen Auftrag. Ein weiblicher und ein männlicher Phönix deuten an, dass im Reich Harmonie zwischen *Yin-* und *Yang*-Elementen besteht. In der späteren chinesischen Kunst stand der weibliche Phönix für eine Kaiserin. Eine Frau, die auf ihrem Hochzeitskleid einen Phönix trug, war »Kaiserin für einen Tag«.

EUNUCHEN
Eunuchen hatten am Qing-Hof zwei wichtige Funktionen. Sie bewachten die Konkubinen des Kaisers und kosteten das Essen vor. Die Qing-Kaiser lebten in ständiger Furcht, vergiftet zu werden, daher musste jeder Hofeunuch diesen Dienst tun. Doch über ihre Ämter übten die Eunuchen bei Hofe auch großen Einfluss aus.

DER KAISER UND SEINE DIENER

Dieses Bild zeigt den Qing-Kaiserhof im 19. Jh. Kaiser und Diener folgen den Formalitäten der konfuzianischen Staatsreligion. Die Qing kamen 1644 an die Macht und regierten China bis zum Zusammenbruch des monarchischen Regierungssystems 1911.

POLITISCHER EINFLUSS
Die Minister berieten den Kaiser mithilfe von Weissagungen gemäß dem *I Ching* (Buch der Wandlungen). Das war ein ganz üblicher Staatsakt.

SYMBOLISCHE WÄCHTER
Löwen dienten als symbolische Wächter und spielen seit dem 3. Jh. n. Chr. eine Rolle in der chinesischen Architektur. Einigen Kaisern wurden lebende Löwen zum Geschenk gemacht.

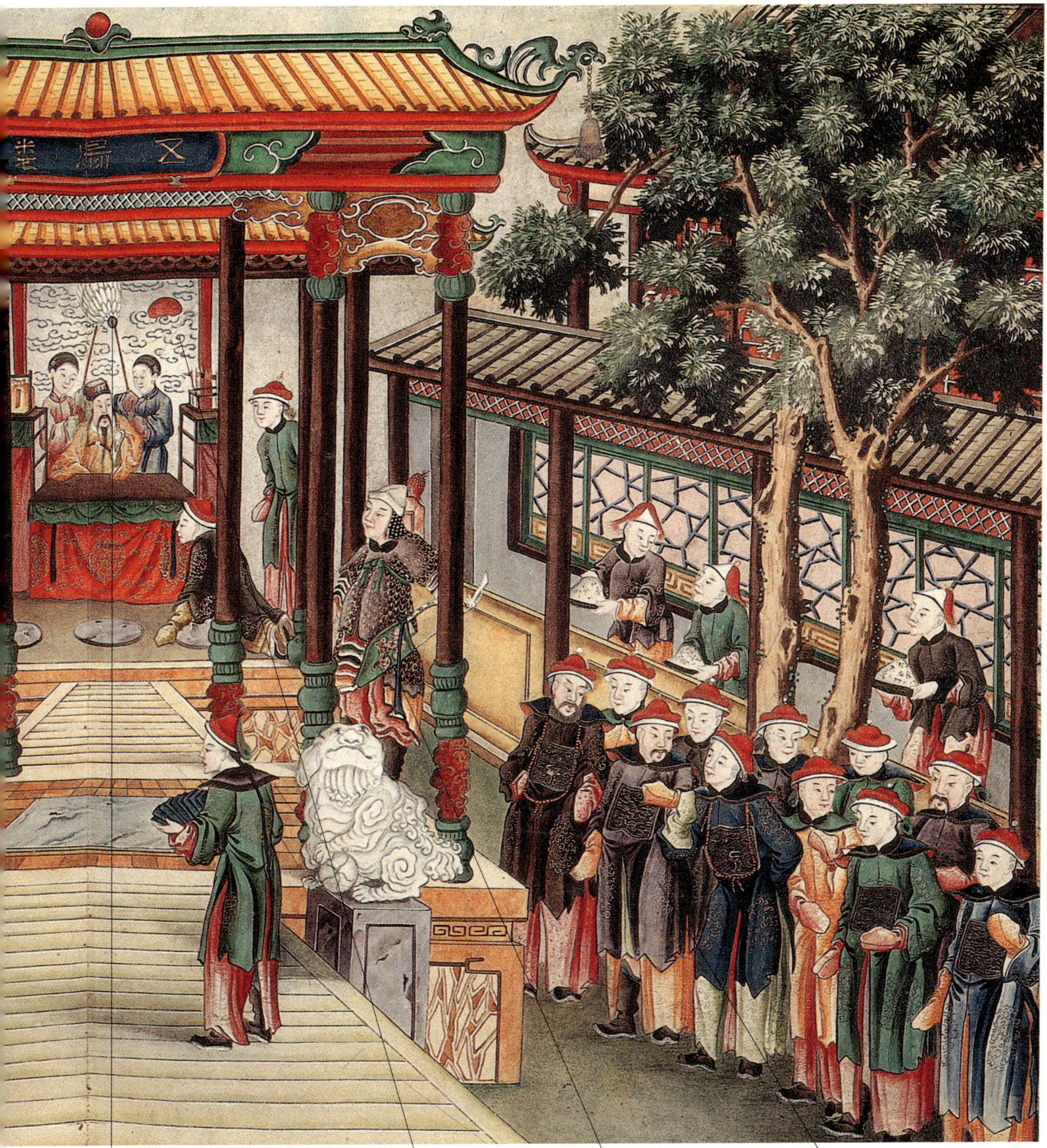

FEDERFÄCHER

Der Federfächer verheißt Gutes. Das chinesische Wort hat zwei Bedeutungen: »Federfächer« und »gut«. Götter und Geister werden oft mit Fächern dargestellt, die sie zum Heilen und zum Austreiben böser Geister benutzen. Der Kaiser hatte immer den prachtvollsten Fächer. Er wurde für ihn getragen und war aus Seide oder feinem Papier und Federn hergestellt.

ALLERHEILIGSTES

Direkten Zugang zum »Allerheiligsten«, d. h. zur Person des Kaisers, hatten nur die Kaiserin, des Kaisers Nebenfrauen, seine obersten Minister, die Eunuchen und Dienerinnen.

KAISERLICHE GARDE

Die kaiserliche Wache schützte den Kaiser und schlug Angriffe wie die Taiping-Rebellion (1851–1860) und viele Fremdinvasionen nieder.

HÖCHSTER RANG

Hohe Beamte machen dem Kaiser ihre Aufwartung. Staatsakte waren ein Ausdruck des *Li*, der »Tugend«, des angemessenen Verhaltens, eine Grundlage konfuzianischer Ethik und »himmlischer Herrschaft«.

VOLKSRELIGION

Die Volksreligion, wie sie in China, Taiwan, Malaysia und in chinesischen Gemeinwesen in aller Welt praktiziert wird, ist eher von Gemeinschaftssinn, Festen und Handlungen geprägt als von Lehrsätzen. Die Einbindung in Familie und Stammbaum erreicht man durch Rituale an verschiedenen Punkten des Lebens und durch den Ahnenkult (siehe S. 163), über die Familie hinausgehende Gemeinschaft durch die Teilnahme an Jahresfesten, Erneuerungsriten und Geburtsfesten wichtiger Gottheiten. Die drei anderen großen Religionen Chinas – Konfuzianismus, Daoismus und Buddhismus – gelten als Ergänzung zur volksreligiösen Tradition. Dabei geht es darum, die Grundkräfte in Natur, Gesellschaft und Individuum in Einklang zu bringen. Diese Kräfte werden als *Yin* und *Yang* bezeichnet. Wie alle anderen Phänomene beschreibt man alle Menschen als unterschiedliche Zusammensetzungen von *Yin* und *Yang*. *Yin* verbindet man mit Schwere, Wasser und Passivität, *Yang* mit Leichtigkeit, Feuer und Aktivität.

◀ Glück, Wohlstand und langes Leben
Die Götter des Glückes *(Fuxing)*, des Wohlstands *(Cai Shen)* und der Langlebigkeit *(Shouxing)* umgeben von Kindern: Erst Kinder machen Glück und Wohlstand vollkommen. Von den drei Göttern ist *Shouxing* (rechts) der beliebteste. Er ist ein Sterngott des Südens, der würdigsten Himmelsrichtung in der chinesischen Kosmologie.

MACHT DES TALISMANS

Diese Schriftzeichen weisen auf die Macht dieses Bildes hin, das die Familie vor schlechten Einflüssen beschützt. Geister und böse Mächte müssen gehorchen.

TALISMAN-SIEGEL

Dieses Siegel besagt, dass es sich hier um einen vom Himmel mit Macht versehen Talisman handelt, der dem Wind befiehlt. Der Text des Siegels auf der anderen Seite lautet: »Vertreibe Böses, bringe Segen.«

TAI CHI UND BA GUA

Im Zentrum dieses Symbols stehen die sich einander ergänzenden Grundkräfte *Yin* und *Yang*. Sie sind umgeben von *Ba Gua*, acht Trigrammen, die sich aus durchgehenden *Yang*- und unterbrochenen *Yin*-Linien zusammensetzen. *Tai Chi* und *Ba Gua* werden hier als exorzistische Kräfte eingesetzt, die Böses vertreiben.

DÄMONENFALLE

Zhong Kui hält eine Dämonenfalle in der Hand, in der sich fünf als giftig erachtete Wesen verfangen haben: eine Spinne, ein Hundertfüßer, eine Schlange, eine Kröte und ein Gecko. Sie sind Verkörperungen des *Yin*-Prinzips, das als negativ empfunden wird. In Nordchina versuchen die Menschen, diese am fünften Tag des fünften chinesischen Monats (um die Zeit der Sommersonnwende, die als besonders gefährlich gilt) zu vertreiben.

ZHONG KUI, DER DÄMONENTÖTER

Zhong Kui und die ihn umrankenden Legenden verdeutlichen die dramatische, oft gewalttätige Natur des Exorzismus in der chinesischen Volksreligion. So heißt es, dass Zhong Kui wegen Versagens in der Staatsprüfung Selbstmord beging. Seine große Hässlichkeit brachte ihn in die Hölle, wo er ein großes Geisterheer befehligt, mit dessen Hilfe er Dämonen tötet.

ZHONG KUIS SCHWERT

Zhong Kui schwingt sein Schwert gegen die Mächte des Bösen. Eine Legende erzählt, dass er auf den Stufen des Kaiserpalasts starb und diesen dadurch für Dämonen empfänglich machte. So konnte der Rote Dämon eindringen und den Kaiser krank machen. Zhong Kuis Geist aber kam und tötete den Dämon mit seinem Schwert, wodurch der Kaiser wieder gesund wurde. Dieser richtete für Zhong Kui ein Staatsbegräbnis aus und ernannte ihn zum Dämonentöter für das ganze Reich.

***YANG*-TIGER**

Zhong Kui reitet auf einem Tiger, der als mächtiges *Yang*-Tier gilt und daher als nützlicher Verbündeter beim Austreiben von *Yin*-Kräften.

ZHONG KUI-TALISMAN

Solche Talismanbilder stellen Chinesen in ihren Häusern und Wohnungen auf, um Dämonen abzuwehren. Vor allem um Neujahr herum sind solche Glücksbringer beliebt, und es gibt ein besonderes Fest, bei dem das Haus von *Yin*-Kräften gereinigt wird und *Yang*-Kräfte für das neue Jahr willkommen geheißen werden.

▲ **Himmelsdrachen**
Der himmlische Drache symbolisiert die Macht des Himmels und *Yang* in höchster Vollkommenheit.

▲ **Höllenrolle**
Höllenrollen finden bei Begräbnissen Verwendung und bei Opfern für die Toten. Sie erinnern die Menschen an die Gefahren, die ein sündiges Leben mit sich bringt, und ermutigen sie, den kürzlich Verstorbenen durch entsprechende Riten und Opfer den Weg durch die Höllen zu ebnen. Diese Rolle zeigt die siebte Hölle, in der König Taishan regiert. Es gibt zehn Höllen, in der letzten erfolgt ein Endgericht. Die Toten durchlaufen alle Höllen und werden ihrer Taten entsprechend bewertet und bestraft.

► **Göttlicher Beamter**
Dieser Beamte und der Offizier ihm gegenüber dienen Tsao Chun, dem Jadekaiser. Im Volksglauben spiegelt sich in der himmlischen Ordnung in gewissem Maße die irdische Bürokratie und Hierarchie.

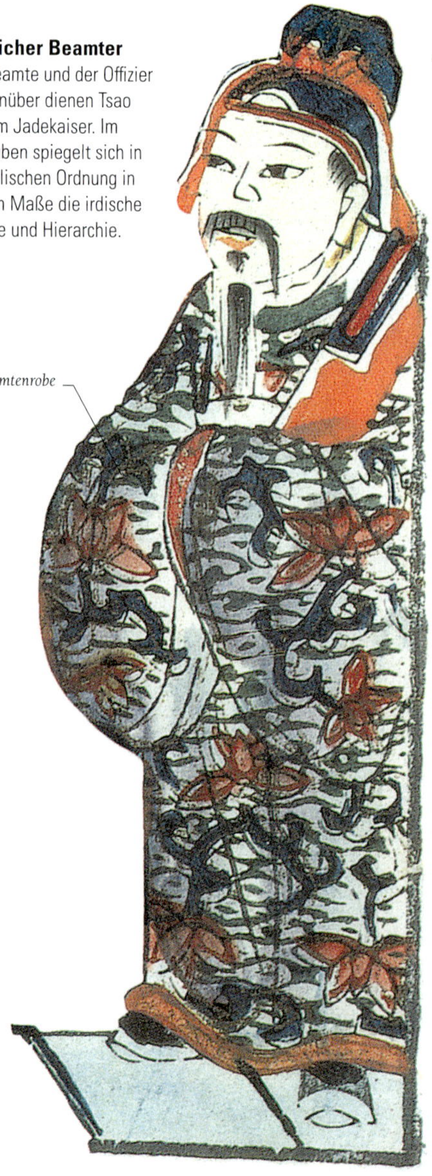

SONNEN- UND MONDKALENDER
Dieser Kalender enthält das Sonnen- und das Mondjahr. Damit lassen sich die Daten der Festtage und die richtigen Zeiten für landwirtschaftliche Arbeiten feststellen.

ZAO JUN, DER FEUERGOTT
Der Küchen- oder Feuergott kontrolliert das Leben eines jeden Menschen. Er und seine Frau beobachten, was die Menschen im Laufe eines Jahres tun, und berichten dann am Neujahrstag dem Jadekaiser, dem obersten Gott, der Verkörperung des Himmels.

BITTEN AN ZAO JUN
Der Text auf dieser Tafel lautet: »Berichte dem Himmel Gutes.« Der Text auf der gegenüberliegenden Tafel besagt: »Kehre mit Segen vom Himmel zurück.«

BERICHT
Zao Jun und seine Frau haben Plaketten, auf denen sie jedermanns Taten notieren. Wenn sie in den Himmel aufsteigen, berichten sie dem Himmelskaiser aber mündlich.

GUT UND BÖSE
Zwei Diener halten Gefäße. Diese dienen als Behälter für die Verdienste, die sich aus guten und bösen Taten ergeben.

IDEALES HEIM
Der gefüllte Geldtopf, die Haustiere, Diener und Beamten symbolisieren das ideale chinesische Heim. Indem man sich das Ideal vor Augen führt, lässt es sich besser verwirklichen.

***YIN*- UND *YANG*-TIERE**
Der Hahn und der Hund verkörpern *Yang* und *Yin*. Ein Hahn, der morgens kräht, gilt als Kraft des *Yang*, das die *Yin*-Mächte der Nacht vertreibt. Letztere werden häufig durch einen den Mond anheulenden Hund dargestellt.

HAUSGÖTTER

Solche Bilder des Küchengottes und seiner Frau thronen über fast jedem chinesischen Herd. Der Küchen- oder Feuergott berichtet dem Himmel an jedem Neujahrstag von den Taten der Familienmitglieder im vergangenen Jahr. Kurz vor Neujahr legt man Geld auf seinen Mund – um ihn dazu zu bringen, Gutes zu berichten oder ganz zu schweigen. Am Neujahrsfest wird das alte Bild verbrannt, damit der Gott im Rauch zum Himmel aufsteigen kann. Dann stellt man ein neues Bild des Gottes auf.

RELIGIÖSER DAOISMUS

Der religiöse Daoismus *(Daojiao)* umfasst viele religiöse Sekten und Strömungen, die nach dem *Dao* (»Weg«) als höchster Wahrheit streben und Unsterblichkeit zu erlangen suchen. Grundlegende Texte sind das *Daodejing* und das *Zhuangzi*. Einige Gruppen beschäftigen sich mit ritueller Geisterbeschwörung und den kosmischen Kräften *Yin* und *Yang*; andere üben sich in Disziplinen der Meditation oder Atemkontrolle und Geist-Körper-Übungen. Der Kanon daoistischer Praxishandbücher umfasst selbst als gekürzte Version noch 1120 Bände. Allgemein versuchen die Daoisten, mit den grundlegenden Energien des Universums in Einklang zu kommen. Manche bündeln ihre Kräfte, um damit zu heilen oder böse Geister auszutreiben; andere versuchen durch Harmonisierung der *Yin*- und *Yang*-Kräfte in ihrem Inneren, Unsterblichkeit zu erlangen: leibliche Unsterblichkeit, d. h. Erlangen eines unsterblichen Körpers oder spirituelle, d. h. Erreichen eines Stadiums der geistigen Freiheit, Erlösung, Ewigkeit.

▲ Die Himmlische Kaiserin
Die Herrscherin des Westlichen Paradieses hält den Pfirsich der Unsterblichkeit in Händen und lädt Götter und Unsterbliche zu ihrem Pfirsichfest ein, das alle 1000 Jahre stattfindet, wenn die Pfirsiche in den Palastgärten der Berge von Kunlun reif werden.

◀ Der unsterbliche Bettler
Die Legende erzählt, dass Li Tieguai seinen Geist wandern ließ, während er schlief. Seine Schüler fanden den Körper und verbrannten ihn – in der Annahme, dass ihr Meister gestorben sei. Als Li Tieguais Geist zurückkehrte, hatte er keinen Leib mehr. Daher schlüpfte er in den Körper eines lahmen Bettlers, der soeben an Hunger gestorben war. Li Tieguai werden große Heilkräfte zugeschrieben. Seine Heilkraft- und Unsterblichkeitslehrerin soll Xiwangmu, die Göttin des Westlichen Paradieses gewesen sein.

DAOISTISCHES PARADIES

Dieser seidene Wandteppich aus dem 18. Jh. zeigt die Acht Unsterblichen des Daoismus, die drei Sternengötter und die Kaiserin des Westlichen Paradieses.

PFIRSICH DER UNSTERBLICHKEIT

Im Roman »Die Reise in den Westen« (16. Jh.) wird Affenkönig Sun Wukong die Verantwortung für den himmlischen Garten übertragen, aber er stiehlt alle Unsterblichkeitspfirsiche. Seine Unsterblichkeit bewahrt ihn vor einer Hinrichtung, aber man bringt ihn vor den Buddha zur Bestrafung. Guanyin (siehe S. 122–123) überredet Buddha, Sun Wukong freizulassen, wenn er sich bessert und den Mönch Xuanzang als Diener auf seiner gefährlichen 14-jährigen Pilgerreise nach Indien begleitet, von wo dieser die heiligen Schriften des Buddhismus nach China bringen soll.

DIE DREI GESTIRNSGOTTHEITEN

Die Gestirnsgötter sind von links: Shouxing, der Gott der Langlebigkeit; Cai Shen, der Gott des Wohlstands, und Fu Shen, der Gott des Glückes. Shouxing, hier mit Pfirsich, ist eine sehr beliebte Gottheit. Cai Shen ist als würdiger Hofbeamter dargestellt. Fu Shen war ein Richter, der Kaiser Han Wudi (502–550 n. Chr.) bat, keine Zwerge in Dienst zu nehmen, weil dadurch Familien zerstört würden.

DER UNSTERBLICHE ZHONGLI QUAN

Zhongli Quan war ein Alchemist und lebte in der Han-Dynastie (206 v. Chr.–220 n. Chr.). Seine Fähigkeiten retteten Tausende von Menschen während einer Hungersnot vor dem Tod.

DER UNSTERBLICHE LAN CAIHE

Lan Caihe war ein reisender Dichter und Sänger. Er sang von der Vergänglichkeit des Lebens und teilte seine Gage mit den Armen. Als er eines Tages betrunken vor einer Schenke lag, wurde er auf einer Wolke in den Himmel gehoben.

DER UNSTERBLICHE LÜ DONGBIN

Der weise Beamte Lü Dongbin reiste nach Chang'an, wo ihn Han Chang-li die Unsterblichkeit lehrte. Er reiste daraufhin 400 Jahre durch die Welt, trieb böse Mächte aus und half den Menschen.

DER UNSTERBLICHE ZHANG GUOLAO

Zhang Guolao reist auf einem Esel, den er in Papier verwandeln kann. Er war unterwegs zu Kaiserin Wu (684–705 n. Chr.), als er starb. Sein Körper verweste, doch später sah man ihn wohlbehalten in den Bergen.

DER UNSTERBLICHE CAO GUOJIU

Cao Guojius Bruder wurde als Mörder hingerichtet. Daraufhin verließ Cao Guojiu voller Scham seine Heimat, um sich im *Dao* (Weg) zu üben. Zwei Unsterbliche fragten ihn nach dem Weg. Er deutete zum Himmel. Als sie ihn fragten, wo der Himmel sei, deutete er auf sein Herz. Daraufhin nahmen sie ihn innerhalb weniger Tage in ihre Reihen auf.

DIE ACHT UNSTERBLICHEN

Die Acht Unsterblichen des Daoismus sind Wegweiser auf dem Weg zur Unsterblichkeit. In daoistischen Texten findet man viele Darstellungen ihrer Taten. Sie sind geistige und inspirative Vorbilder wie die *Lohan* (siehe S. 121), die erleuchteten Jünger des Buddha. Oft werden beide Gruppen zusammen auf Altären und Tempel-Wandgemälden dargestellt.

FLÖTEN SPIELENDER UNSTERBLICHER

Der unsterbliche Han Xiangzi ist der Schutzpatron der Musiker. Der Neffe des Gelehrten Han Yu (768–824 n. Chr.) verzichtete auf weltlichen Erfolg, um mit Lü Dongbin, einem anderen der Acht Unsterblichen, das *Dao* zu studieren. Er bringt Blumen zum Blühen.

▼ Die unsterbliche He Xiangu
He Xiangu, die einzige Frau unter den Unsterblichen, führte ein asketisches, zölibatäres Leben in den Bergen. Dort enthüllte ihr im Traum ein Geist die Geheimnisse der Unsterblichkeit. Sie konnte auf Wolken gehen und überflog Berge, um für ihre Mutter Obst zu sammeln. Ihr Ruhm verbreitete sich bis zum Hof der Tang, und Kaiserin Wu (684–705 n. Chr.) lud sie in den Palast ein. Auf dem Wege dorthin verschwand He Xiangu. Lü Dongbin hatte sie zu den Acht Unsterblichen berufen.

Die Asketin He Xiangu lebte im späten 7. Jh. in der Tang-Dynastie.

▶ Geisterbeschwörung
Das Bildnis von Da Shi Ye, dem schrecklichen Aspekt der gütigen Guanyin, wird vor dem Beginn des Geistermonats (meist August) vor Tempeln aufgestellt – zur Kontrolle der Geister, für die die Zeremonien veranstaltet werden.

»›NICHTSEIN‹ NENNE ICH DEN ANFANG VON HIMMEL UND ERDE: ›SEIN‹ NENNE ICH DIE MUTTER DER EINZELWESEN.«
Daodejing, Kapitel 55

GEISTIGE ERNEUERUNG

Diese daoistische Nonne gibt mit Glockenschlägen den Takt beim Singen eines Textes vor. Der Gesang dient der Gemeinde und der Gesellschaft. Er bewirkt eine moralische und geistige Erneuerung. Für den Einzelnen ist er eine meditative Übung. Die Hymnen lenken den Geist der Sänger auf die zentralen Lehren der daoistischen Tradition – auf die Bedeutung der gegensätzlichen, einander ergänzenden Kräfte *Yin* und *Yang* und die Bedeutung der Harmonie mit der Natur. Sowohl im Buddhismus als auch im Daoismus sieht man diese Gesänge als wohltuend für die, die daran teilnehmen, ebenso wie für die, die dafür bezahlen.

DAOISTISCHE NONNE BEI EINEM TÄGLICHEN TEMPELRITUAL

DAOISMUS – LEIB UND SEELE

Der grundlegende Text des Daoismus ist das *Daodejing* (Buch vom Weg und von der Tugend), das dem »greisen Meister« Laozi (Laotse, 6. Jahrhundert v. Chr.) zugeschrieben wird. Kernpunkt ist das Konzept des *Dao*, das als unveränderliches Prinzip dem Universum zugrunde liegt. Das Geheimnis des Lebens ist, sein Leben dem *Dao* anzugleichen. Dieses »ist ewig ohne Tun; aber nichts, das ungetan bliebe«. Das mystische Nichttun *(Wu-Wei)* wird im *Daodejing* zum Prinzip der Soziallehre. Der Weise hat die Aufgabe, die Gesellschaft zu lenken, aber er regiert nicht durch rastlose Tat und will Ordnung nicht erzwingen. Natürlichkeit, Seelenruhe und Gelassenheit sind die wahre Tugend *(Te)*, nicht Machtstreben und Geschäftigkeit. Das *Daodejing* vertritt eine spiritualisierte Unsterblichkeit, die aus einem natürlichen, harmonischen Leben erwächst. Die Lehre vom *Dao* und das Modell des gelassenen, bescheidenen, weisen Herrschers beeinflusste und inspirierte viele Mystiker, Philosophen und Dichter.

▶ Die Legende von Laozi
Der Welt des Verfallens im Zhou-Staat überdrüssig, legt der weise Laozi sein Staatsamt nieder und reitet auf einem Büffel Richtung Westen. Der Grenzkommandant will ihn nur gegen Hinterlassung seiner Lehre durchlassen, und Laozi schreibt das *Daodejing*.

Laozi hält eine Rolle mit einem seiner Texte in der Hand.

▶ Langes Leben
Langes Leben (rechts das Schriftzeichen dafür) ist eines der ältesten chinesischen Ideale. Es gilt als Erkennungszeichen desjenigen, der dem »Weg des Himmels und der Erde« folgt.

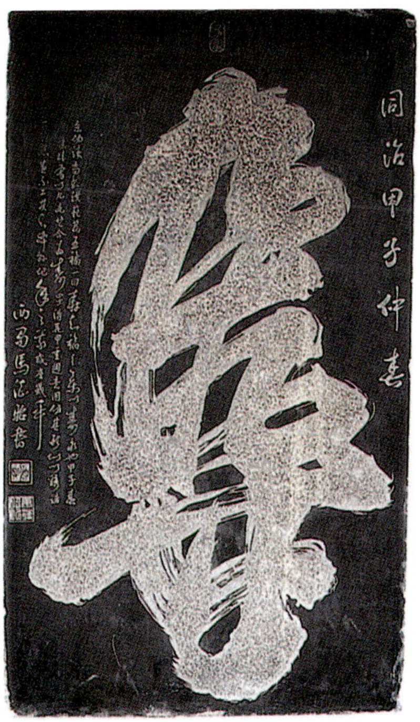

BERGE DER UNSTERBLICHKEIT
Die scheinbare Alterslosigkeit der Berge verband man mit Unsterblichkeit und Spiritualität. Unsterblichkeit – verstanden als endloses Leben oder als Zustand der Entrückung, geistiger Freiheit – war ein Hauptanliegen vieler Daoisten.

TRÄUME UND EKSTASE
Der Unsterblichkeit kann man im Traum begegnen, wo alles möglich ist, auch das Fliegen (Unsterbliche allerdings träumen nicht mehr). Zhang Sanfeng, der Begründer des Kampfsports Taijiquan (Schattenboxen) soll Tai Chi in einem Traum entdeckt haben.

DER KÖRPER IM DAOISMUS

Der menschliche Körper ist ein Energiesystem mit zwölf Standard- und acht Sonderleitbahnen, in denen das *Qi* und das Blut fließen. Der Fluss des *Qi* im Körper gleicht dem Wehen des *Qi* über die Landschaft, und das Körper-*Qi* ist Veränderungen unterworfen wie das Wetter. Verfestigtes *Qi* heißt *Jing* oder »Samenessenz«. Das sind in erster Linie die Sexualflüssigkeiten, aber *Jing* bedeutet auch die sexuelle Energie, das emotionale und psychologische Äquivalent dieser Substanzen. Im engeren Sinne ist *Qi* Luft oder Atem. Im noch engeren Sinne ist *Qi* Geist oder Bewusstsein (*Shen*). Es bestehen enge Zusammenhänge zwischen Körper, Geist und Umwelt, und daraus leiten sich viele Techniken und psychosomatische Disziplinen der chinesischen Medizin ab.

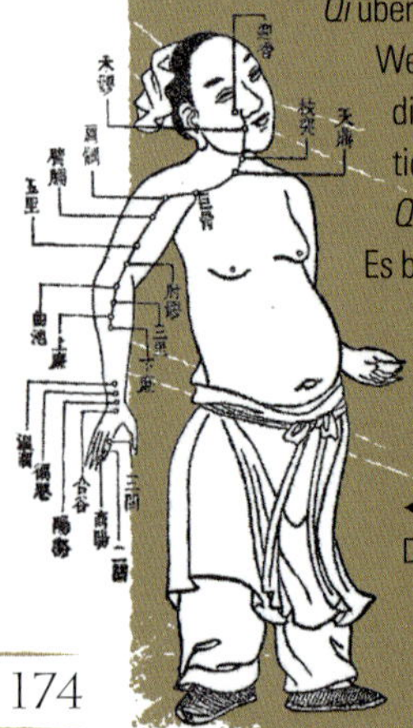

◄ Akupunkturpunkte
Die Leitbahnen oder Meridiane, in denen Blut und *Qi* durch den Körper fließen, versorgen die Organe und regulieren *Yin* und *Yang* (siehe S. 155). Die links dargestellten Punkte zeigen, wo man den *Qi*-Fluss durch Akupunktur beeinflussen kann.

▼ Taijiquan vor dem Himmelstempel
Taijiquan (Tai Chi) verkörpert die im *Daodejing* niedergelegten Prinzipien des Daoismus. Es bündelt Energie *(Jing)*, um Angriffe abzuwehren, und nutzt dabei die Kraft der Erde und das *Qi* der Himmel.

DER GELEHRTE TRÄUMT
Der Gelehrte, Dichter oder Mystiker in seiner Bergeinsiedelei ist in der chinesischen Kunst vielfach dargestellt worden. Besinnung in Einsamkeit war oft auch eine Flucht aus dem bürokratischen Alltag der Beamten und Gelehrten.

DAS QI DER LANDSCHAFT
Im *Zhuangzi* werden der Hauch und das Geräusch des Windes, der über die Berge und Bäume streicht, mit dem *Qi* des Atemflusses durch die Kehle des Menschen verglichen, das unterschiedliche Meinungen und Veranlagungen hervorbringt.

UNREGELMÄSSIGE LANDSCHAFT
Die sich ständig verändernde Landschaft reflektiert eine wichtige Idee des Daoismus: Der Fluss des *Qi* als Erfahrung bringt unterschiedliche Meinungen hervor, und daraus entstehen Konflikte. Der Weise betrachtet jede Erkenntnis als relativ.

KIEFER
Kiefern sind Symbole der Langlebigkeit und Genügsamkeit. Nach den Klassikern *Daodejing* und *Zhuangzi* erkennt man den, der nicht egoistisch eigene Interessen und Ziele verfolgt, daran, dass er alt wird.

TRAUM VON DER UNSTERBLICHKEIT

Diese Handrolle von Zhou Cheng (15. Jh.) zeigt zentrale Themen des Daoismus: Besinnung in Einsamkeit, Unsterblichkeit, Natur. Sie zeigt den Künstler als Bergeinsiedler, der träumt, dass er unsterblich ist. Das chinesische Schriftzeichen für Unsterblichkeit setzt sich aus einem Menschen und einem Berg zusammen.

»DA TRÄUMTE ICH, ICH SEI IN EINER HERRLICHEN WELT. ICH SAH DAS GESICHT DES WEISEN. ALS ICH ERWACHTE, WAR MIR KLAR, DASS MAN IHM VON ANGESICHT ZU ANGESICHT BEGEGNEN MUSS, UM UNSTERBLICH ZU WERDEN UND DIE WIRKLICHKEIT ZU SEHEN.«

T'ang Yin (1470–1524) über die Unsterblichkeit

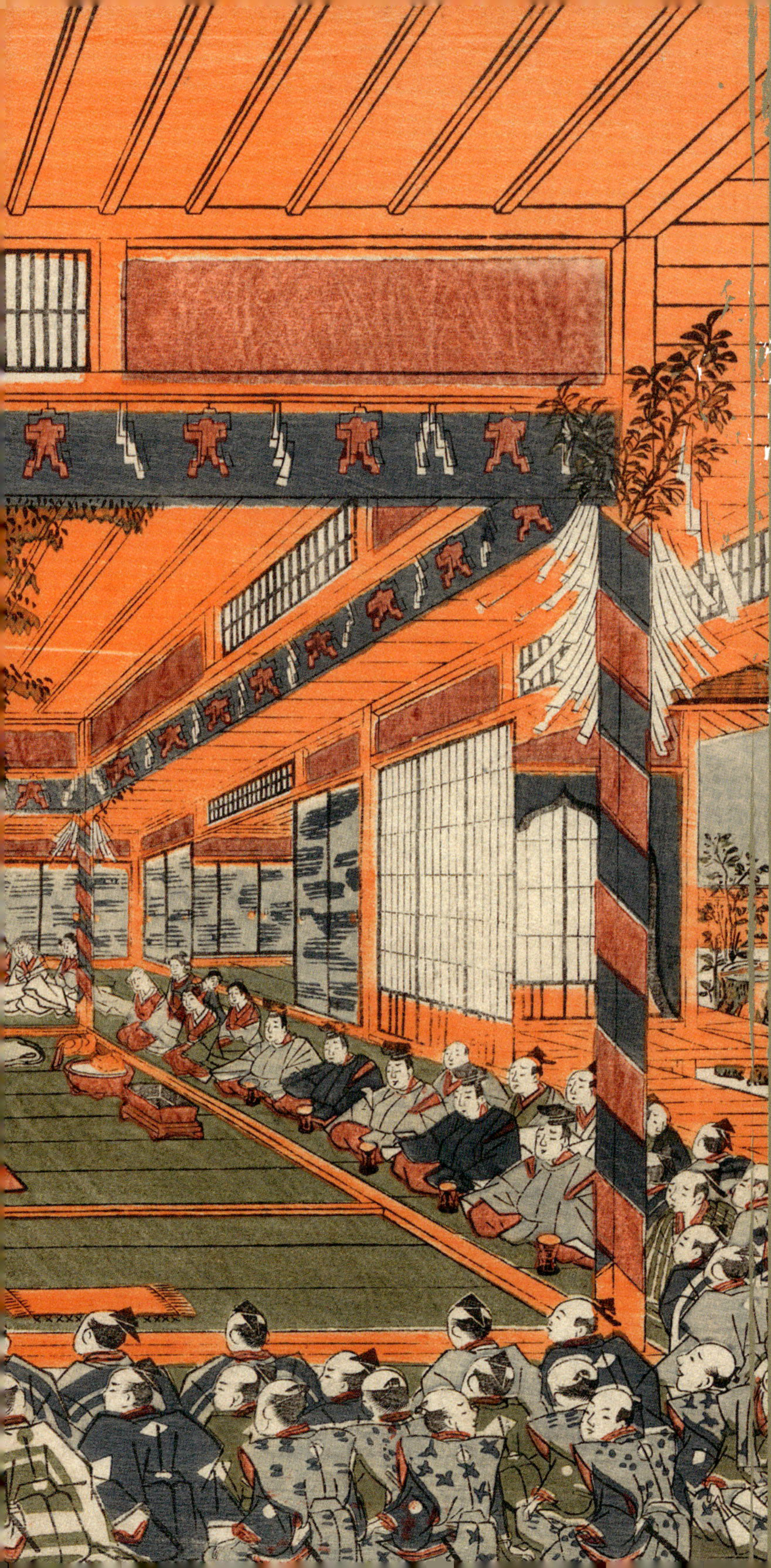

JAPANISCHE RELIGIONEN

◀ **Die Sonnengöttin Amaterasu**
Die Sonnengöttin Amaterasu gilt als höchste Kami des shintoistischen Pantheons und als Tochter des Weltschöpfers Izanagi. Von ihr leitet sich das Kaiserhaus ab.

JAPANISCHE RELIGIONEN

DER WEG DER GÖTTER

In Japan gibt es eine Vielzahl miteinander verwobener religiöser Traditionen, und in über 2000 Jahren Religionsgeschichte sind viele mehr oder weniger unterschiedliche Religionsgemeinschaften entstanden. Es gibt alte japanische Traditionen, viele aber kamen aus anderen Ländern nach Japan. Japaner wählen häufig entsprechend der jeweiligen Gelegenheit Glaubenspraktiken aus verschiedenen Religionen. Grundlegend sind der Glaube an die Verehrungswürdigkeit der Natur, der Respekt vor den Ahnen und starke Familienbande sowie die Verknüpfung von Nation und Religion.

Die Hauptreligionen Japans sind der Shintoismus, der Buddhismus, der Konfuzianismus und der Daoismus, außerdem lassen sich christliche Einflüsse feststellen.

Die alte Volksreligion der Japaner erhielt erst im 6. Jh. n. Chr. den sino-japanischen Namen Shinto (aus Chinesisch *Shen* = »göttliches Wesen« und *Dao* = »Weg«), Japanisch heißt sie ursprünglich *Kami-no-Michi*, was meist mit »Weg der Götter« übersetzt wird. *Kami* (»Obere, Höhere«) sind höhere Wesen, denen der Mensch Ehrfurcht schuldet, die er sich aber durchaus in menschlicher Gestalt vorstellt. Man denkt sich die ganze Natur bevölkert von diesen höheren Wesen. Es gibt keine Trennung von Gott und Welt, Mensch und Natur. Der shintoistische Reformer Motoori Noringa (1730–1801) definiert Kami als »Vögel, Vierfüßler, Bäume, Kräuter, Meer und Berge sowie ehrwürdige Dinge, die seltene, ungewöhnliche Eigenschaften besitzen, ganz zu schweigen von den Menschen«. Bereits

▲ Der Torii
Auf dem Weg zum Schrein durchschreitet man ein oder mehrere frei stehende Jochtore (*Torii*). Sie trennen die Außenwelt von der heiligen Welt des Schreines. Solch ein Tor besteht in einfacher Ausführung aus zwei senkrechten Pfosten, auf denen zwei waagerechte Balken liegen.

die alten Erzählungen der Japaner sprechen von den »80 (oder 800) Myriaden *Kami*« als göttlichen Wesen des Himmels und der Erde.

Die *Kami* gründen sich in einer mystischen Lebenskraft (*Mono*, philosophisch *Makoto*) als Urgrund allen Seins. Bei ihrer Anrufung spielen Priester, Schamanen und Wahrsager eine Rolle, aber auch das häusliche Ritual.

Mittelpunkt des Kultes ist der Schrein (*Miya, Jinja*).

Die wichtigsten Naturgottheiten sind das Schöpferpaar Izanami und Izanagi und die Sonnen-*Kami* Amaterasu. Von ihr leitet sich nach japanischer Vorstellung, über ihren Enkel Ninigi, das japanische Kaiserhaus ab.

Ursprünglich hatten jeder Stamm und jede Familie ihre Schutz- und Ahnengottheiten (*Ujigami*). Den *Ujigami*-Kult leitete der Clan-Häuptling, der nicht nur als Priester, sondern auch als Verkörperung der Gottheit angesehen wurde. Als der kaiserliche Clan die Reichsherrschaft errang, wurde der Kaiser damit zum Nationalgott.

Weiterhin verstärkten Einflüsse aus China und Korea den Kaiserkult. Es gab keine formale Missionierung, aber spätestens im 6. Jh. n. Chr. sandten die Japaner Delegationen nach China, um etwas über die politische und gesellschaftliche Organisation des Nachbarlandes zu erfahren. Aus

China übernahm Japan zwei wichtige Ideen: zum einen, dass ein guter Mensch den Normen der Gesellschaft entsprechend lebt, die sich in öffentlichen Ritualen zeigt, und zum zweiten, dass die Kaiser im Auftrag des Himmels (siehe S. 162–165) dem Volk die rechte Ordnung bringen. Prinz Shotoku (573–621) regierte für seine Tante Suiko und verfasste seine 17-Artikel-Verfassung (604), mit der er seinen eigenen buddhistischen und konfuzianischen Glauben auf Japan übertrug. Die Taika-Reformen trugen den Prozess ab 645 weiter, der Kaiser wurde zum »Himmelssohn«, dessen Urahnin die Sonnengöttin Amaterasu war, zum göttlichen Herrscher, zum *Tenno*.

◀ **Donnergötter**
Die acht Donnergötter der japanischen Mythologie stellen weniger den himmlischen Donner als die mit Erdbeben einhergehenden Donnerschläge dar. Sie werden im Zusammenhang mit den Schöpfern Izanagi und Izanami genannt: Izanagi macht sich in die Unterwelt auf, um seine bei der Geburt ihres letzten Kindes, des Feuergottes, verstorbene Gattin Izanami zu suchen. Ihr Leib wird von acht Donnergöttern bewacht, die Izanagi verfolgen. Doch er kann entkommen.

CHINESISCHER EINFLUSS

Der Einfluss Chinas war nicht auf den Kaiserkult beschränkt. Zeitweilig war der chinesische Buddhismus (siehe S. 124–126) die vorherrschende Religion Japans, und es entstanden bedeutende Schulen und Sekten, so Shingon, Reines Land, Nichiren, Tendai und Zen. Zu anderen Zeiten war der Konfuzianismus (siehe S. 158–161) vorherrschend, vor allem im öffentlichen Leben. Wie in China griffen die Menschen in Japan gern auf unterschiedliche Religionen für unterschiedliche Zwecke zurück: auf Shinto bei Geburt und Heirat, auf den Buddhismus bei Bestattungen. Es gab aber auch immer wieder Bestrebungen, Ordnung in die religiöse Landschaft zu bringen und – zumindest als Staatsreligion – der alten japanischen Religion, dem Shintoismus, den Vorrang zu geben.

Mit der zunehmenden zentralen Machtstellung des Kaisers wurden die Mythen, die seine Stellung stützen, universeller und in zwei Sammelwerken zusammengestellt, den »Reichschroniken« *Kojiki* und *Nihonshoki*. Diese entwickelten sich zu Autoritätsquellen des späteren Shintoismus. Sie behandeln die wesentlichen Aspekte der Religion: den dreischichtigen Kosmos; die Schöpfung durch Izanagi und Izanami; die Kräfte von Leben und Fruchtbarkeit, Verunreinigung und Reinigung; die Vorrangstellung der göttlichen Kaiserahnfrau Amaterasu sowie die Rituale und Gebete zur Anrufung und Verehrung der *Kami*.

Der Shintoismus übernahm viel vom Konfuzianismus und Buddhismus (ein besonderes Verschmelzungsprodukt stellt die Ryobu-

▶ Ein *Ema* für Erfolg
Jeder Shinto-Schrein hat eine Wand voller Holzplaketten *(Ema)*, auf denen Bitten an die Götter stehen. Die Ema verwenden oft Bildsymbole zur Darstellung der Bitte. Hier sehen wir eine Zielscheibe, in deren Mitte ein Pfeil mit der Aufschrift »Gebet für das Bestehen der Prüfung« steckt. Das Ema stellt auch ein Wortspiel dar. Das japanische Wort für »Fünfeck« ist das gleiche wie für »Bestehen einer Prüfung«.

Shinto-Sekte dar). Er bewahrte aber auch viel von der alten Religion, vor allem Naturverehrung und Wahrsagerei und viele Kultformen, wie die uralten Reinigungsrituale *Harai* (mit exorzistischem Charakter) und *Misogi*. Unter den verschiedenen Einflüssen entstanden unterschiedliche Bewegungen und Sekten des Shintoismus. Von Bedeutung war z. B. die »Nationale Schule« *(Kokugaku)*, die im 18. und 19. Jh. eine Rückkehr zum »reinen Shintoismus« forderte. Der kaiserliche oder Koshitsu-Shintoismus beschränkt sich auf Riten um den Kaiser. Der Schrein-Shintoismus *(Jinja Shinto)* ist eher volkstümlich geprägt. Der von der Meiji-Regierung verordnete Staat-Shintoismus *(Kokka Shinto)* hielt sich bis Ende des Zweiten Weltkriegs und regelte per Gesetz die Zugehörigkeit jedes Japaners zur Gemeinde eines Schreins. Der Sekten- oder *Kyoha*-Shintoismus umfasst staatlich anerkannte religiöse Sekten. Zum neuen Sekten-Shintoismus *(Shin Kyoha Shinto)* gehören Gruppierungen, die seit dem Zweiten Weltkrieg entstanden sind. Schließlich existiert neben allen anderen Formen der *Minkan Shinto* oder Volks-Shintoismus.

Wenngleich der Shintoismus seinen offiziellen Status als Staatsreligion 1945 verloren hat, spielt die religiöse Tradition auch in der heutigen japanischen Gesellschaft eine wichtige Rolle. Shinto ist keine Religion der systematischen Theologie und Praxis, sondern bedeutet Teilnahme an Tradition und Ritual und liefert die Grundlage für neue religiöse Bewegungen, von denen viele nach dem Zweiten Weltkrieg entstanden sind. Nicht nur an wichtigen Volksfesten, auch im Alltag, ist für einen gläubigen Shintoisten das Leben *Matsuri*, Dienst an den *Kami*. Dankbarkeit gegenüber *Kami* und Ahnen, denen man das Leben verdankt, spielt eine zentrale Rolle. Der Sinn des Shinto ist es, den Willen der *Kami* zu erkennen und auszuführen – in Familie, Gesellschaft und Staat. Menschen, wie die ganze Natur, sind Kinder der *Kami*. Daher sind sie prinzipiell gut, und es gilt nur, sich von verunreinigenden Dingen frei zu halten oder frei zu werden.

URSPRÜNGE DES SHINTO

Die Anfänge des Shintoismus liegen in ferner, vorgeschichtlicher Zeit und entsprangen den Traditionen und Kulthandlungen der japanischen Volksreligionen. Die Geschichten aus frühester Zeit, das *Kojiki* und das *Nihonshoki* (siehe S. 180), wurden erst im achten nachchristlichen Jahrhundert niedergeschrieben und sind bereits von chinesischen Überlieferungen beeinflusst. Sie erzählen von der Erschaffung der Welt aus dem Chaos durch Spaltung des Welteneis. Als »Weg der Götter« (siehe S. 179) hat der Shintoismus keinen Gründer, keinen Kanon heiliger Schriften und keine festen Glaubenssätze. Er bindet die Gesellschaft in gemeinsamen Wertvorstellungen zusammen: Mythen und Kulthandlungen sind das Band, das alles zusammenhält. Shinto ist eine Religion der Teilnahme an überlieferten Riten und Festen, in den Schreinen und auch zu Hause. Die alten Gebete sind einfach und direkt. So beteten die Gläubigen beim Erntefest zur »am Himmel scheinenden, großen, erlauchten Gottheit«, die in Ise wohnt: »Da du die Herrschaft des Regenten gesegnet hast, sie lang und dauerhaft gemacht hast, beuge ich meinen Hals wie ein Kormoran auf Fischfang, dich zu ehren und dich zu preisen durch diese Fülle von Gaben für ihn.«

BERGGOTTHEITEN

In Japan hat fast jeder Berg seine Gottheit, die von den Menschen der Region verehrt wird. Der oberste Berggott, O-Yama-Tsu-Mi, entstand, als Izanagi den Feuergott fünfteilte. Vier weitere wichtige Berggötter sind die Gottheiten des oberen, des unteren und des Steilhangs sowie des Bergfußes. Unter den Gottheiten bestimmter Berge ist Sengen-Sami, die Göttin des Fujiyama, eine der bedeutendsten. Sie wird von Menschen in ganz Japan verehrt, und viele pilgern jedes Jahr zum Berg Fuji, um dort bei Sonnenaufgang zu beten. Hier hält die in altertümliche Prunkgewänder gekleidete Sengen-Sami in ihrer Rechten ein magisches Kleinod, in ihrer Linken einen Zweig des heiligen Sakaki-Baumes.

SENGEN-SAMI, GÖTTIN DES FUJIYAMA

KEIN ZURÜCK
Die Götter verwehren Amaterasu die Rückkehr in die Höhle mit einem »Zaun« aus Seilen. Solche *Shimenawa* sind noch heute Kennzeichen eines heiligen Ortes.

UND ES WURDE LICHT …
Als Amaterasu aus der Höhle kommt, sind die Götter von ihrem Licht geblendet. Eine Legende erzählt, dass die Götter ihr sagten, draußen sei eine strahlende Person. Sie schaut heraus und sieht – sich selbst im Spiegel.

MUSIK DER GÖTTER
Die Schriftzeichen bedeuten *Iwato Kagura* (»Musik der Götter«). *Kagura* ist ein sakramentales Shinto-Ritual, das seinen Ursprung in dieser Geschichte und dem Tanz der Ame-no-Uzume haben soll. Es ist unerlässlich bei der Anrufung der Götter, und mit Gesang oder Tanz oder beidem verbunden. Seit alters wird dieses Ritual am Kaiserhof und an den größeren Shinto-Schreinen vollzogen. *Kagura*-Rituale sollen die Geister besänftigen und die Götter unterhalten.

AMATERASU KOMMT HERAUS
Amaterasu kommt aus der Höhle, als sie draußen Lachen hört, obwohl es doch in der Welt, die sie ins Dunkel gestürzt hat, kaum etwas zu lachen gibt. Die Götter lachen über Ame-no-Uzume, »das abschreckende Weib des Himmels« – die Frau links, mit der Schelle in der Hand – die einen komisch-lasziven Tanz aufführt. Das *Kojiki* erzählt, dass sie sich dabei entblößte. Der Tanz der Uzume ist der Archetyp der shintoistischen Kulttänze *(Kagura)*.

KÖNIGLICHE INSIGNIEN
Ihre Halskette erhielt Amaterasu von Izanagi, als dieser seiner Tochter die Herrschaft des Himmels *(Takama-no-Hara)* übertrug. Sie hält das Schwert in der Hand, das an ihren Enkel, den Kaiser, weitergegeben wurde. Heute gehört es zu den kaiserlichen Insignien und wird im Schrein von Atsuta bei Nagoya aufbewahrt.

AMATERASU, DIE SONNENGÖTTIN
Izanagi wollte seine bei der Geburt des Feuergottes verstorbene Frau Izanami aus der Unterwelt zurückholen, musste aber fliehen. Als er sich in einem Fluss wusch, entstand durch Waschen des linken Auges die Sonnengöttin Amaterasu, durch Waschen des rechten der Mondgott Tsukiyomi, aus seiner Nase der Sturmgott Susanoo.

STARKER GOTT
Die »Hand-Kraft-Mann«-Gottheit Ta-jikawa-wo hebt die Felsentür der Höhle weg, damit Amaterasu heraustreten kann. Er nimmt sie bei der Hand und führt sie heraus.

GÖTTERKLEIDUNG
Alle Götter tragen vornehme, von Amaterasu und ihren Weberinnen gefertigte Kleidung. Nach der Überlieferung war dies eine der Aufgaben dieser Göttin. Sie wird bis heute von Shinto-Priesterinnen fortgeführt, die Zeremoniengewänder weben.

AMATERASU ERSCHEINT

Dieses Bild zeigt eine der bekanntesten Geschichten der Shinto-Mythologie. Es ist die Geschichte der Sonnengöttin Amaterasu, der schönen Tochter Izanagis (siehe S. 184). Erzürnt über ihren Bruder, den Sturmgott Susanoo, der ein blutiges, geschundenes Pferd in die himmlische Webhalle geworfen hatte, zog sich Amaterasu in eine Höhle zurück. Dadurch wurde die Welt in Nacht getaucht, und die Dämonen konnten frei umherschweifen. Um wieder Licht in die Welt zu bringen, verwirklichten die 800 Myriaden Götter einen Plan, den sich Omohi-kane, die »gedankenkombinierende« Gottheit, ausgedacht hatte: Amaterasu neugierig machen und damit aus der Höhle locken.

SPEKTAKEL
Die Götter schlagen Trommeln, rezitieren, bringen Hähne zum Krähen und veranlassen andere Vögel, den Morgen mit ihrem Gesang zu begrüßen. So wollen sie Amaterasu aus der Höhle locken, damit das Licht wieder in die Welt kommt. Die Trommel, *Dadaiko* genannt, hört man noch heute bei Hofmusikveranstaltungen *(Gagaku)*.

◀ Die Erschaffung Japans
Auf Befehl der Himmelsgötter festigt das göttliche Geschwisterpaar Izanami und Izanagi das auf den Wassern treibende Land. Izanagi taucht den himmlischen Juwelenspeer ins Meer, zieht ihn wieder heraus, und die abtropfende Gischt wird zur Insel Ono-gorojima. Hier vermählen sich Izanami und Izanagi und bekommen Kinder: die acht Hauptinseln Japans und viele Götter, darunter die des Windes und des Feuers.

▶ Himmlische Gaben
Die Götter haben flatternde weiße Bänder an Stöcke und um die Zweige des 500-ästigen heiligen Sakaki-Baumes gebunden, den sie aus dem himmlischen Berg Kagu ausgegraben haben. Sie haben auch einen großen Spiegel (*Yata Kagami*) aufgehängt. Dieser wird im Schrein von Ise als Symbol Amaterasus verehrt und ist eines der drei kaiserlichen Insignien.

▲ Ahnfrau der Kaiser
Die Sonnengöttin Amaterasu ist die bedeutendste weibliche Gottheit der Shinto-Mythologie. Der Urenkel ihres Enkels war Jimmu, der erste Kaiser. Ihr Schrein, der sich einst im kaiserlichen Palast befand, wurde im 1. Jh. n. Chr. nach Ise gebracht, damit ihre Priesterin die Macht des Kaisers nicht durch ihre Orakel beeinträchtigte.

GÖTTERKULT

In der japanischen Religion sind verschiedene Traditionen verwoben, und *Kami*, Ahnengeister, Buddhas und *Bodhisattvas* (siehe S. 118–120) sind im Alltag überall gegenwärtig. In Shinto-Schreinen können die Japaner einen Papierstreifen mit einem Rat, einer Warnung oder einem Segensspruch erhalten, und sie glauben an das, was er sagt, weil die *Kami* ihnen nahe sind und um ihre Nöte wissen. Viele heilige Wesen haben ganz spezielle Aufgaben, wie Jizo (gegenüber) oder Fudi, der vor Gefahren schützt. Immer wieder wurde versucht, die Religionen und ihre Götter auf einen Ursprung zurückzuführen. Shingon-Mönche entwickelten die *Honji-Suijako*-Theorie, wonach die Shinto-Götter in ihrer wahren Wesenheit dem buddhistischen Pantheon angehören und sich nur in Japan als *Kami* manifestieren. Der Watarai-Shinto dagegen sieht das *Kizen* (Chaos, Nichtsein) als Ursprung aller Wesen, auch der Buddhas und *Bodhisattvas*. Im von Yoshida Kanetomo (1435–1515) begründeten Yoshida-Shinto ist der in der Seele des Menschen wohnende Große Erhabene (*Taigen Sonjin*) der Urquell aller Dinge.

◀ **Nektarschöpfen** Eine Schreinjungfrau (*Miko*) vollzieht einen Teil des *Yutate*-Rituals (wörtlich: Auflösung in heißem Wasser). Die *Miko* schöpft symbolisch Nektar aus dem Land der *Kami* in die über ihr Haupt erhobene Holzschüssel. Die Schüssel wird dann mit heißem Weihwasser aufgefüllt und an einen Priester weitergereicht, der sie auf einem Altar im inneren Schrein den *Kami* darbringt.

▲ **Ein *Ema* schreiben** Auf ein *Ema* darf man jede Bitte schreiben, z. B. den Wunsch, mit dem Rauchen aufhören zu können, den richtigen Partner fürs Leben zu finden oder Glück im Spiel zu haben. Junge Leute bitten oft um schulischen Erfolg, vor allem bei Prüfungen.

JIZOS ATTRIBUTE
In seiner linken Hand hält Jizo das unglückabwehrende magische Kleinod (*Hoju*). In seiner rechten hält er einen Stab (*Shakakujo*) mit Metallringen, ein Kennzeichen der Wandermönche. Schüttelt man den Stab, erzeugen die Ringe ein Geräusch, das Giftschlangen und stechendes Ungeziefer vertreiben soll.

BUDDHISTISCHES EMA
Ema findet man in buddhistischen Tempeln ebenso wie in Shinto-Schreinen. Dieses *Ema* aus dem berühmten Zen-Tempel Kenchoji in Kamakura stellt den *Bodhisattva* Jizo dar, der in der japanischen Volksreligion als Schutzpatron der Kinder und Reisenden gilt.

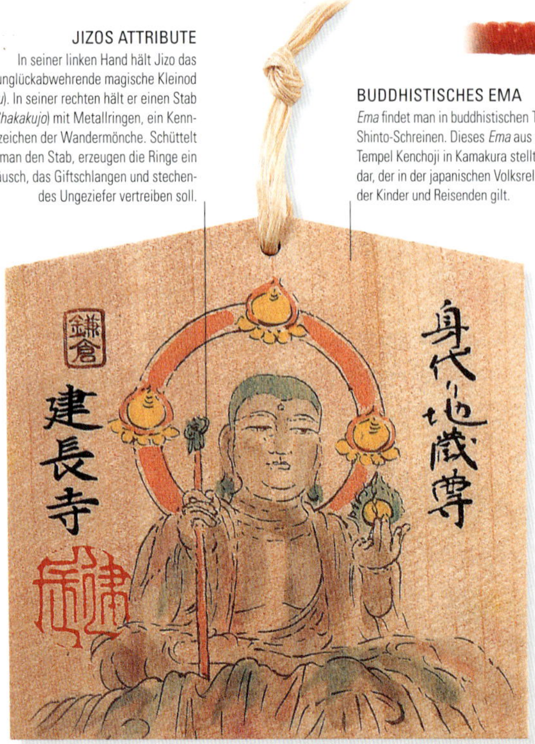

»WENN DER OSTWIND WEHT, LASS IHN DEINEN DUFT VERBREITEN, O PFLAUMENBLÜTE, WENN AUCH DEIN MEISTER FORT IST, VERGISS NICHT DEN FRÜHLING.«
Sugawara no Michizane

PATRON DER GELEHRTEN
Der hier dargestellte Sugawara-no-Michizane war ein Dichter, Gelehrter und Politiker des 9. Jh. Nach seinem Tod im Exil schrieb man Unglücke in der Hauptstadt seinem erzürnten Geist zu. Um Michizane zu ehren und seinen Geist zu besänftigen, weihte man ihm Schreine in Kyoto und Daizaifu. Heute gibt es in ganz Japan Schreine, in denen er als *Tenjin*, Patron der Gelehrsamkeit, verehrt wird. Diese *Tenmangu* genannten Schreine werden von zahllosen japanischen Studenten aufgesucht, die dort um Erfolg, vor allem in den Aufnahmeprüfungen für höhere Schulen und Universitäten, beten.

ALTER STEMPEL
Der Name der religiösen Stätte wird oft auf das *Ema* gestempelt – hier in alten chinesischen Schriftzeichen.

VOTIVTAFELN

Solche Votivtafeln (*Ema*) findet man in den meisten religiösen Zentren. Das Wort *Ema* (wörtlich »Pferdebild«) leitet sich von der alten Vorstellung ab, nach der Pferde die Boten der Kami waren (siehe S. 179). Die Menschen schreiben ihre Wünsche und oft auch Name und Adresse auf die Rückseite. Die *Ema* werden dann als Bitte oder Botschaft an die Gottheit aufgehängt und schließlich rituell verbrannt, um die Erfüllung des Wunsches kundzutun.

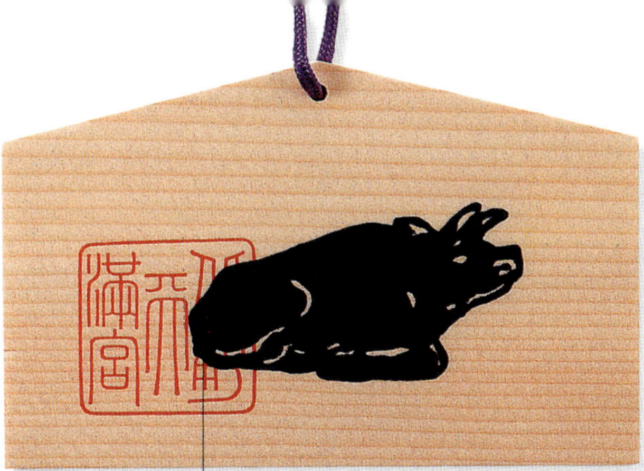

MICHIZANES OCHSE

Häufig beziehen sich die Motive auf den *Ema* auf eine bestimmte Gottheit oder einen bestimmten Schrein. Dieser Ochse zeigt, dass das *Ema* von einem *Tenmangu*-Schrein stammt, wo Sugawara-no-Michizane (siehe gegenüber) verehrt wird. Als dieser im Exil starb, so erzählt die Legende, weigerte sich der Ochse, der den Karren mit den sterblichen Überresten zog, weiter als bis zur nordöstlichen Ecke der Stadt zu gehen. Also wurde Michizane dort begraben und der Daizaifu-Tenmagu-Schrein gebaut.

HEILIGE PFLAUMEN

Der Daizaifu-Schrein ist für seine Pflaumenbäume berühmt. Pflaumen (*Ume*) sind seit dem 8. Jh. ein beliebtes Motiv in der japanischen Dichtung. Zusammen mit Bambus und Kiefern finden Pflaumen bei Zeremonien Verwendung.

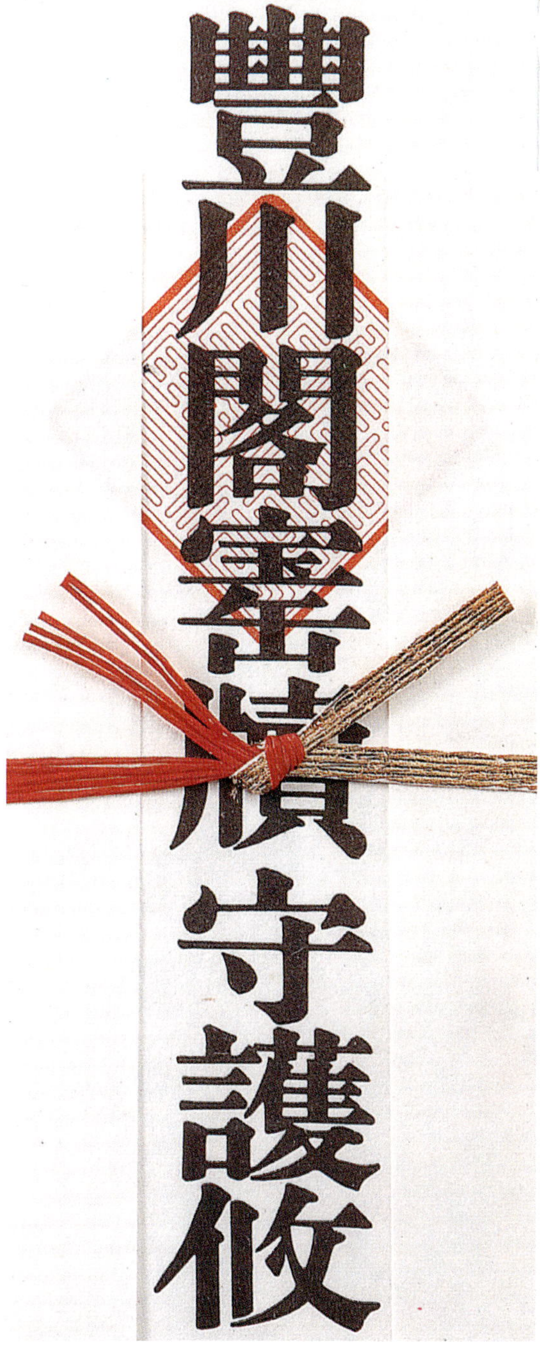

▲ Schutzamulett

Fuda (oben) kann man in den meisten religiösen Zentren erwerben. Sie wehren Böses ab und bringen Glück. Meist werden sie zu Hause auf einem buddhistischen Altar (*Butsudan*) oder auf einem »Göttersims« (*Kamidana*) aufgestellt. Gelegentlich findet man sie auch in Zügen, deren Entgleisen sie verhindern sollen. Der Name des religiösen Zentrums und der Gottheit stehen meist auf der *Fuda*.

SCHREINE UND FESTE

Der japanische Kult und die japanische Frömmigkeit lassen sich in dem Wort *Matsuri* (abgeleitet von einem Verb für »unterhalten«, »dienen«) zusammenfassen. *Matsuri* wird als Dienst an den *Kami* (siehe S. 179), einer Autoritätsperson oder den Seelen der Verstorbenen verstanden und beinhaltet Ehrfurcht und Gehorsam, den Willen zuzuhören und auszuführen. Im öffentlichen Leben äußert sich *Matsuri* in den Festen, die an Schreinen abgehalten und zu denen die *Kami* gleichsam als Ehrengäste geladen werden. Die Geschichte der einzelnen Schreine ist recht unterschiedlich, sie sind unterschiedlichen *Kami* geweiht, und auch die dort zelebrierten Riten sind verschieden. Doch sie alle sind Gotteshäuser im wahrsten Sinne des Wortes: Hier wohnen die *Kami*.

UMSETZUNG DES GÖTTERWILLENS

Zu *Matsuri* gehört auch die Übertragung des Willens der *Kami* in das alltägliche Leben. In dieser Hinsicht ist *Matsuri* die private, häusliche Glaubenspraxis, die die Macht der *Kami* im Alltag wirksam werden lässt. *Matsuri* hat auch Auswirkungen auf Politik und Gesellschaft: das alte Wort für »Regierung« war *Matsurigoto*, »*Matsuri*-Angelegenheiten«. Schreine und Feste sind somit Brennpunkte einer grundlegenden Einstellung im japanischen Leben und auch in heutiger Zeit von Bedeutung.

Gläubiger vor der Anbetungshalle (Haiden)

▲ Die heilige Brücke
Vor den Toren des Schreins befindet sich manchmal ein Teich oder ein anderes Gewässer, das von einer heiligen Brücke (*Shin-kyo*) überspannt wird. Diese trennt wie ein *Torii* (siehe S. 179) die heilige Welt innerhalb des Schreins von der profanen Welt außerhalb. Viele Shinto-Schreine gehen auf heilige Bezirke um heilige Gegenstände, z. B. Bäume, Teiche oder Felsen, zurück und stehen heute in Hainen.

◀ Halle der Anbetung
Vor dem Allerheiligsten des Schreins liegt meist eine größere Anbetungshalle (*Haiden*), die jedoch von den Betenden nicht betreten wird. Sie werfen ihr Geld in den Opferkasten vor dem Eingang der Halle, nachdem sie durch Händeklatschen auf sich aufmerksam gemacht haben, und verbeugen sich mehrfach. Zwischen Anbetungshalle und Allerheiligstem liegt die Opfergabenhalle (*Heiden*), in der die Priester feierlich den Gottheiten wohlgefällige Opfergaben darbringen.

DIE GÖTTER BITTEN

Gläubige kommen zum Schrein, um den *Kami* ihre Bitten vorzutragen. Der Schrein ist das Zentrum des Shinto-Kultes, sei es ein Hausschrein (*Kamidana*) oder ein Nationalheiligtum wie das der Göttin Amaterasu in Ise.

DAS *DAIGENGU*-GEBÄUDE

Das *Daigengu* ist dem Pantheon der Shinto-Gottheiten geweiht, die im *Engishiki,* einem Text aus dem 10. Jh., erwähnt werden, und eine Besonderheit dieses 1484 von Yoshida Kanetomo erbauten Schreins.

DAS SCHREINDACH

Die Dächer der Schreine sind meist mit Zypressenrindenschindeln gedeckt. Die hervorragenden Giebelbalken (*Chigi*) und walzenförmigen Querhölzer (*Katsuogi*) hatten ursprünglich eine Stützfunktion, sind heute jedoch nur noch Zierde.

REINIGUNG

Am Eingang und vor der Kulthandlung in der Haupthalle müssen sich die Gläubigen die Hände waschen und den Mund mit Wasser spülen.

DIE ÄUSSERE MAUER

Die äußere Mauer bildet einen Korridor (*Kairo*), der die Gebäude verbindet. Innerhalb der Mauer befinden sich viele Gebäude, darunter auch Lagerhäuser für Kultgegenstände wie die Tragschreine. Häufig findet man auch Hallen für Kulttänze.

EIN SHINTO-SCHREIN

Schreine sind Wohnsitz einer oder mehrerer Gottheiten. Hierher kommen die Menschen das ganze Jahr über, vor allem aber an den Festtagen. Bedeutende Schreine wie der Yoshida-Jinja-Schrein in Kyoto haben oft mehrere Kultgebäude. Die Haupthalle (*Honden*), das Allerheiligste der Hauptgottheit, dürfen nur Priester betreten. In den modernen japanischen Städten sind Schreine nicht nur Orte der Anbetung, sondern auch Rückzugsorte aus der Hektik des Alltags.

DER FESTKALENDER

Nara Yamayaki: Januar. Bei Dämmerung wird von Menschen in Kriegermönchkostümen das Gras an den Hängen des Naga abgebrannt – zur Feier der Beilegung eines Streites zwischen zwei Tempeln der Region.

Kasuga Matsuri: März. Für die Gottheit des Kasuga-Schreins abgehaltenes Fest mit rituellen Tänzen.

Kanda Matsuri: Mai, in Tokio. Wagenprozession mit Tragschreinen und Tänzern zu Ehren der Gottheiten des Kandaschreins.

Gion Matsuri: Juli, in Kyoto. Großer Wagenumzug mit Musikanten und Darstellungen historischer und mythologischer Gestalten.

Nebuta Matsuri: August. Umzüge mit Darstellungen berühmter Personen, Tanz und Gesang.

Chichibu Yo Matsuri: Dezember. Fest zu Ehren der Chichibu-Gottheiten.

▲ Der Heian-Schrein
Dieser Schrein in Kyoto wurde 1895 anlässlich des 1100. Jahrestages der Gründung der Heian-Hauptstadt erbaut. Er ist dem Geiste des Kaisers Kammu (781–806) geweiht. Im Oktober findet hier das *Jidai*-Fest mit Prozessionen statt, in denen Epochen der Geschichte dargestellt werden.

▼ Das Agonshu-Sternenfest
Hoshi Matsuri, das Sternenfest der neuen religiösen Bewegung Agonshu, zieht jedes Jahr im Februar über eine halbe Million Besucher an. Zwei große Feuer symbolisieren die beiden *Mandala*-Welten des esoterischen Buddhismus (siehe S. 128–129). Sie werden von Millionen Holzstöckchen *(Gomagi)* geschürt, auf die Gebete und Bitten geschrieben sind.

▲ Tragschreine
Bei Festen wird die Gottheit *(Kami)* eines Schreins zeitweilig in einen tragbaren Schrein *(Mikoshi)* überführt und durch die Gemeinde getragen. In der Prozession stattet die Schutzgottheit der Gemeinde symbolisch einen Besuch ab. Dabei können ihr alle Gemeindemitglieder huldigen. Immer wieder wird der Tragschrein geschüttelt, um *Kami* und Festgemeinde zu beleben.

RELIGIÖSE PRAXIS

Den japanischen Religionen gemeinsam ist die Art, wie sie Menschen in gemeinschaftliche Werte einbinden. Religiöses Handeln ist wichtiger als Rechtgläubigkeit. Welche Handlungen als erstrebenswert gelten, hängt von den jeweiligen Umständen und der Religion ab. Der Staats-Shintoismus legt Wert auf Dinge, die die Stellung des Kaisers und die Autorität der Regierung festigen. Die Meiji-Restauration (1868) brachte den Japanern Religionsfreiheit, doch nur im Rahmen ihrer Pflichten als Untertanen des Kaisers. Der Schrein-Shintoismus fordert Kulthandlungen und Arbeit für das Gemeinwohl: den *Kami* in Ritualen danken, anderen helfen und dienen, in Harmonie mit dem Willen des Kaisers leben und so Frieden und Wohlstand für das Land suchen. Wallfahrten spielen in allen religiösen Richtungen Japans eine Rolle und bringen die Menschen in gemeinsamen Anliegen zusammen.

◄ Buddhistische Pilgerreise
Die hier abgebildeten Pilger befinden sich auf der 88-Tempel-Pilgerreise, die sich über 1500 Kilometer auf der Insel Shikoku erstreckt. Diese Wallfahrt gehört zum Kult um Kukai, den Gründer der Shingon-Sekte. Die Pilgerstäbe stellen den Heiligen dar, die weiße Kleidung symbolisiert die Loslösung vom weltlichen Leben.

▲ Trauerprozession
Am 49. Tag nach dem Tod wird die Asche des Verstorbenen zum Familiengrab getragen und dort beigesetzt. Hinter dem Priester im weißen Gewand folgt die Prozession der nächsten Angehörigen. Ihr wird ein Bild des Verstorbenen vorangetragen, dann folgt die Asche in einem Kasten und eine Tafel mit dem Namen des Verstorbenen. Sie wird später auf dem buddhistischen Familienaltar aufgestellt, wo man vor ihr Speisen und Wasser opfert. Das Grab sucht die Familie vor allem an *Higan* auf, einem Totenfest das zweimal jährlich, bei der Tag-und-Nacht-Gleiche im Frühling und Herbst, stattfindet. Die Begräbnisriten unterscheiden sich je nach Sekte, allen gemeinsam sind Feuerbestattung und Grabsteine.

◄ Japanische Jizo-Puppen
Solche Steinfiguren sieht man oft in buddhistischen Tempeln. Der *Bodhisattva* Jizo (Sanskrit: Ksitigarbha) soll Kinder beschützen und den Seelen totgeborener Kinder beistehen. Die Puppen werden von Frauen gekauft, die Fehlgeburten erlitten haben, oder von Eltern, die ihre Kinder verloren haben. So sorgen Eltern für das Wohl ihrer verstorbenen Kinder.

UM GOTTESLOHN
Die Menschen in den Städten versorgten die durchreisenden Pilger mit Speisen und Getränken, da sie glaubten, dass die Gottheit des Wallfahrtsortes, zu dem die Pilger unterwegs waren, ihnen dann ebenfalls helfen würde.

HEILIGES TOR
Der Eingang zum Shinto-Schrein wird von einem *Torii* markiert. Er trennt symbolisch den heiligen Bezirk von der Außenwelt. Oft ist es noch ein ganzes Stück vom *Torii* bis zu den Gebäuden des Schreins.

TEMPELBESUCH
Der Yugyo-ji-Tempel war häufig das Ziel von Edelmännern *(Daimyo)* auf ihrem Weg nach Edo. Der Besuch des Tempels war eine Möglichkeit, um Adligen höheren Ranges aus dem Weg zu gehen, bei denen formale Ehrbezeugungen nötig gewesen wären.

AUF EINER PILGERSTRASSE

Dieser Holzschnitt von Hiroshige (19. Jh.) zeigt die Stadt Fujisawa und die berühmte Tokaido-Straße. Die Entwicklung von Städten wie Fujisawa, in denen Pilger Rast machen konnten, und der Ausbau des Wegenetzes führte in der Edo-Zeit (1603–1868) zu einem deutlichen Anstieg der Pilgerzahlen. Wallfahrten nach Ise, zum Fuji San (Fujiyama) und nach Saikoku und Shikoku waren besonders beliebt.

DER WEG ZUM EXZESS
Die Tokaido-Straße wurde von Tausenden von Pilgern benutzt, die oft als Störenfriede empfunden wurden. Viele waren laut, betrunken und nahmen sexuelle Dienste in Anspruch.

▶ Pilger unterwegs
Da die Reise mühselig war und die Pilger oft Hunderte von Kilometern weit zu Fuß gehen mussten, benutzten die Pilger in der Edo-Zeit einen Wanderstock *(Tsue)*. Ihre Habe trugen sie in einem Tuch *(Furoshki)* auf dem Rücken.

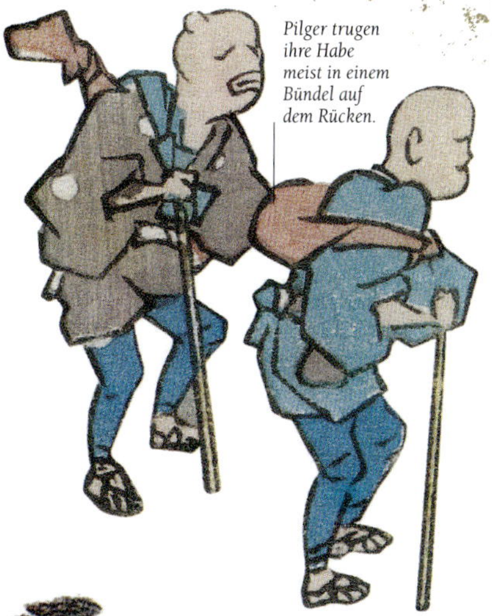

Pilger trugen ihre Habe meist in einem Bündel auf dem Rücken.

▼ Haupttempel der Ji-Sekte
Der 1325 eingeweihte Yugyo-ji-Tempel ist einer der Haupttempel der Ji-Sekte. Sie wurde von Ippen (1239–1289) gegründet, der Glücksbringer an Menschen auf dem Lande verteilte und tanzte, während er den Namen Amida Buddhas rezitierte.

»MEINE TÄGLICHEN ARBEITEN SIND NICHT ANDERS, DOCH BIN ICH IN NATÜRLICHER HARMONIE MIT IHNEN. NICHTS NEHMEN, NICHTS ABLEHNEN, UNTER ALLEN UMSTÄNDEN KEIN HINDERNIS, KEIN KONFLIKT.«
Zen im Alltag

NEUE RELIGIONEN

Die japanische Religion kennt keine oberste Autorität und keine allein gültige Lehrmeinung. Sie ermutigt die Menschen, das Religiöse überall im Leben zu erkennen, sei es als Buddha oder *Kami*. Immer wieder entstehen religiöse Bewegungen, die den Menschen dabei helfen wollen, und schon öfter wurde versucht, diese »Neureligionen« (Japanisch: *Shinshukyo*) zu klassifizieren. Zu den ältesten Neureligionen gehören z. B. Tenrikyo und Konkokyo, die ihre Wurzeln in der Tokugawa-Zeit (1603–1868) haben und sich in der Meiji-Zeit (1868–1912) entfalteten. Es folgen u. a. Omoto, Hito-no-Michi und Soka Gakkai, die zwischen 1868 und 1945 entstanden. Schließlich gibt es noch Religionen, die nach 1945 aufkamen, darunter Aum Shinrikyo oder Ananaikyo. Viele der »neuen Religionen« haben allerdings eine lange Geschichte. Soka Gakkai (Gesellschaft zur Schaffung von Werten), 1930 von Makiguchi Tsunesaburo und Toda Josei gegründet, entstand aus der buddhistischen Nichiren-Sekte (13. Jahrhundert). Deren Zentralheiligtum, der Daiseki-Tempel, wurde 1290 erbaut. Nichiren gründet auf den absoluten Glauben an das *Lotos-Sutra*.

HIMMLISCHE VERNUNFT

Die meisten Neureligionen veranstalten jährlich mehrere Feste und Zusammenkünfte. Die Mitglieder drücken ihre Sektenzugehörigkeit durch Kleidung und Riten aus. Das Bild (rechts) zeigt die von 4000 Mitgliedern besuchte Frühjahrsversammlung der Tenrikyo-Schüler. Tenrikyo (»Lehre der göttlichen Weisheit«) hat etwa 2 Mio. Anhänger. Sie glauben, dass die Gottheit, die sie Tenri-o-no-mikoto (»Großer König der göttlichen Weisheit«) nennen, sich durch Sektengründerin Nakayama Mikiko (1798–1887) offenbart hat. Gott schuf die Menschen, damit sie glücklich und harmonisch lebten. Um das wahre Selbst zu erkennen, muss man sich von allen eigensüchtigen Wünschen freimachen und alles für das Wohl der Mitmenschen tun.

TENRIKYO-FRÜHJAHRSKONVENT

▶ Bittgebet
Wer in Zeiten der Not zu Kannon betet, den wird sie gemäß dem *Lotos-Sutra* mit Sicherheit helfen. Das Bittgebet hat in den japanischen Neureligionen einen hohen Stellenwert. Meist bittet man um weltliche Belange (*Gense Riyaku*) wie Gesundheit oder geschäftlichen Erfolg.

▲ Rettung aus Seenot
Ein Schiffbrüchiger auf hoher See ruft Kannons Namen an und wird von den übernatürlichen Kräften der *Bodhisattva* gerettet. Nach dem *Lotos-Sutra* werden alle auf einem Schiff gerettet, wenn nur einer von ihnen Kannon anruft.

▼ Die rettende Hand der Kannon
Hier fängt die Hand der Kannon jemanden auf, der von einem Berg fällt. Im *Lotos-Sutra* heißt es: »Wenn einer von der Spitze des Sumeru von Menschen hinuntergestoßen wird, und er bedenkt die Kraft dieser Kannon, wird er wie die Sonne am freien Himmel stehen.«

▼ Soka Gakkai im Westen
Soka Gakkai hat auch im Westen über 1 Mio. Anhänger. Durch »Chanten« (Gesangsrezitation) von *Namu myoho renge kyo* (»Verehrung dem *Lotos-Sutra*«) wollen Soka-Gakkai-Jünger die Buddhanatur im Menschen manifestieren.

DAS LOTOS-SUTRA

Das *Lotos-Sutra,* ein alter Text des Mahayana-Buddhismus, ist seit dem 7. Jh. einer der bedeutendsten religiösen Texte in Japan und spielt in Sekten wie Soka Gakkai, Rissho Koseikai und Reiyukai eine große Rolle. Die Botschaft des Sutra ist, dass alle fühlenden Wesen die Buddhaschaft erlangen können und liebende Hingabe ein Weg zur Erleuchtung ist. Dieser Text stellt auch bildlich dar, was der Buddha alles tut, um fühlende Wesen zu retten.

WOHLSTAND DER NATION

Auf dem Deckblatt findet sich ein Bittgebet um Wohlstand der Nation und der Gemeinde. Die Rezitation des *Lotos-Sutra* diente dem Schutz von Volk und Staat. In Japan zählte man diesen Text zu den »Drei Sutren zum Schutz des Landes« *(Chingo Kokka-no-Sambukyo).*

VERWANDELTE ERSCHEINUNG

Die Umwandlung (*Henso*) der Lehren und Vorstellungen eines Sutras in Bilder dient der Erklärung des *Sutras*. Außerdem benutzt man solche Kultbilder in Gottesdienst und Ritual. In auf Nichiren basierenden religiösen Bewegungen findet das Sutra in Ahnenritualen Verwendung und soll negative *Karma*-Einflüsse zerstören.

KAPITEL 25, *KANNONKYO SUTRA*

Das hier abgebildete Kapitel 25 wurde oft als eigenständiges *Sutra (Kannonkyo)* behandelt. Das Kapitel handelt von der Gnade der *Bodhisattva* Kannon (auch Kwannon) und von ihrer Macht, fühlende Wesen, die zu ihr flehen, zu retten.

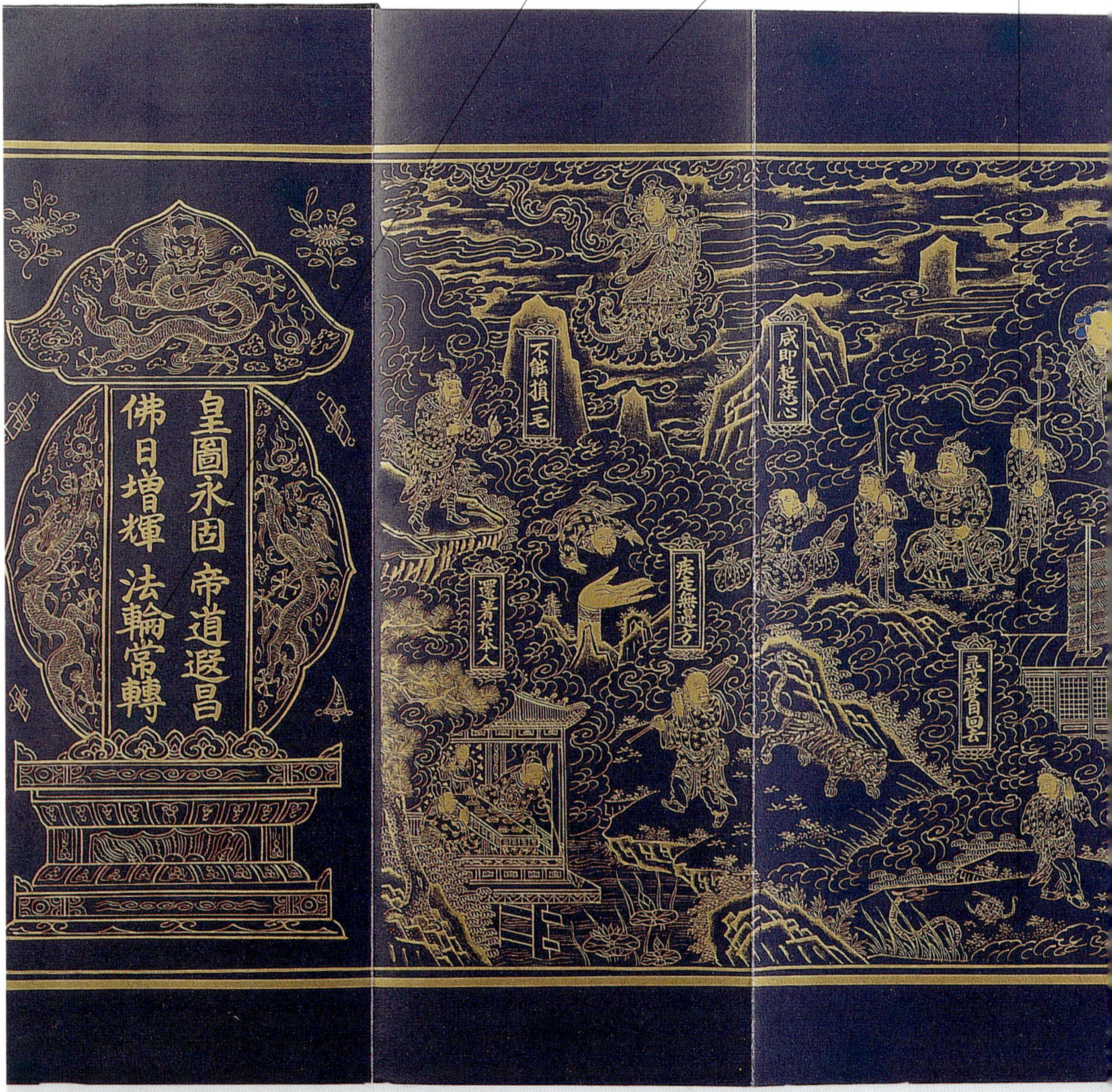

RETTERIN DER GLÄUBIGEN
Kannon soll in dieser Welt in vielerlei Gestalt all jenen erscheinen, die ihren Namen anrufen. In China heißt sie Guanyin (siehe S. 122–123).

KANNON
Kannon, »die auf die Stimme des Leides achtet«, ist die japanisch-weibliche Form des *Bodhisattvas* Avalokiteshvara und gehört zu den beliebtesten *Bodhisattvas* Japans.

RETTUNG VOR DER HINRICHTUNG
Selbst in scheinbar ausweglosen Situationen genügt nach dem *Lotos-Sutra* die Anrufung Kannons: »Wenn einen durch den harten Befehl des Königs Leid trifft, der fordert, dass der Betreffende durch Exekution sein Leben verliert, und jener bedenkt die Kraft der Kannon, wird das Schwert schließlich in Stücke brechen.«

HÄNDE ZUM GEBET GEFALTET
Wie viele Christen knien sich Buddhisten zum Beten hin und falten ihre Hände. Diese Haltung *(Gassho)* drückt Respekt und Dankbarkeit für empfangenen Segen aus.

WENN ES HAGELT
Das *Lotos-Sutra* verspricht: »Trommelt in den Wolken der Donner und zucken Blitze, prasselt Hagel und stürzen Regengüsse: bedenkt man die Kraft jener Kannon, wird sofort entsprechend (das Unwetter) zerstieben.«

QUELLE DER ERLEUCHTUNG
Im 13. Jh. kam der Reformer Nichiren (1222–1282) zu dem Schluss, dass das *Lotos-Sutra* die höchste Wahrheit enthielte. Nach Nichiren genügt die Rezitation des Titels, *Namu-Myoho-Renge-Kyo*, um den Gläubigen zum höchsten Stadium der Erleuchtung zu führen.

SUSCIPIT LEGĒ MOYSES CORUSCA REGIS E DEXTRA SUPERI

JUDENTUM

◀ Pessach-Mahl
Dieser Ausschnitt aus einem Buntglasfenster (siehe S. 216–217) zeigt das Sedermahl oder Pessach-Mahl, das an den Auszug aus Ägypten erinnert. Hier zeigte sich Gottes Macht in der Rettung des Volkes Israel aus der ägyptischen Sklaverei.

JUDENTUM

HÖRE ISRAEL: ER UNSER GOTT, ER EINER

Bereschit bara Elohim – »Im Anfang schuf Gott …«: So beginnt die jüdische Bibel, der TNK (*Tanach*), dessen Name sich von den ersten Buchstaben der hebräischen Wörter *Tora* (Weisung, Lehre, Gesetz), *Neviim* (Propheten, Kündung) und *Ketubim* (Schriften) ableitet. Im ersten Buch der Bibel, im Buch Genesis (die Juden nennen es nach dem ersten Wort *Bereschit* = Im Anfang), werden die Welt als Gottes Schöpfung und der Mensch als Gottes Ebenbild dargestellt. »Gott sah alles, was er gemacht hatte, und da, es war sehr gut.« Das Heil ist daher für Juden nicht in einer Befreiung von der Welt zu finden, sondern in einer Rückkehr zur ursprünglichen Harmonie mit Gott in der Welt.

Das Buch »Im Anfang« (Genesis) erzählt vom Konflikt zwischen den Menschen und Gott, zwischen Mann und Frau, Eltern und Kindern, Ackerbauern und Viehzüchtern, Städtern und Dörflern. Der Mensch brachte Gewalt in die Welt, und »da leidete IHN [Gott], dass er den Menschen gemacht hatte auf Erden, und er grämte sich in sein Herz … Noach aber fand Gunst in Seinen Augen.« (Im Anfang/ Genesis 6,6, 6,8) Gott rettete Noach (siehe S. 126) und seine Familie und schloss einen Bund mit ihm und »aller lebenden Seele«.

Der Tanach erzählt die Geschichte des immer wieder erneuerten Bundes Gottes mit den Menschen. Dabei werden immer wieder einzelne Personen und schließlich das ganze Volk Israel in besonderer Weise von Gott als Bundespartner angenommen. Eine Gestalt von besonderer Bedeutung ist Abraham (siehe S. 204–205), der getreu Gottes Befehl »Geh … in das Land, das ich dich sehn lassen werde« (Im Anfang/ Genesis 12,1) handelte. Er und seine Nachkommen Isaak

▲ Tempelleuchter
Die Menora, der siebenarmige Leuchter, ist ein altes Symbol des Judentums. Eine goldene Menora stand ursprünglich im von König Salomon im 10. Jh. v. Chr. erbauten Tempel zu Jerusalem.

und Jakob (Vater der zwölf Stämme Israels) gelten als die Patriarchen (Stammväter) des »Gottesvolkes« Israel. Die vielleicht bedeutendste Person des Tanach ist Mose. Mit ihm vollzog Gott den Bundesschluss am Sinai (siehe S. 207–209). Er übermittelte die Weisung (die »Zehn Gebote«) als Grundlage des Bundes. Eine zentrale Gestalt ist auch David (siehe S. 210–213), der das Königtum als Mittlerinstanz zwischen Gott und Volk einführte und Jerusalem zur Hauptstadt Israels machte. Der König ist gesalbt: *ha-Maschiach* (»der Messias«). Als die Könige Israels die Hoffnungen des Volkes nicht erfüllten, begann man einen zukünftigen König zu erwarten, einen Messias, der Gottes Herrschaft auf Erden wiederherstellen würde. Davids Sohn Salomo ließ den ersten Jerusalemer Tempel als Hauptkultstätte des Judentums errichten. Der zweite Tempel entstand im 6. Jh. v. Chr. nach der Rückkehr aus dem Babylonischen Exil. 70 n. Chr. wurde er von den Römern zerstört.

GOTT UND SEIN VOLK

In biblischer Zeit kam es immer wieder zu Bundesbrüchen, immer wieder zog es Israeliten zu den Göttern ihrer Nachbarn. Doch der jüdische Gott erwartet Treue zu ihm allein (Das Buch Namen/ Exodus 20,3). Der Monotheismus des Judentums kommt auch im Glaubensbekenntnis (*Sch'ma* = »Höre«)

◀ **Babi-Yar-Skulptur**
Diese Glasskulptur von Lucio Bubacco zeigt die Schrecken und die Tragödie des Holocaust (siehe S. 237–239). Am 29. September 1941 wurden in Babi Yar 33 771 Juden – ganze Familien aus Kiew – ermordet. Der Künstler kommentiert: »Dieses Werk erinnert an ihre letzten Kontakte miteinander, an ihre letzten Berührungen mit dem Leben. Das Rot kommt nicht vom Glühen der Sonne. Es ist ihr Blut, das zusammenfließt.« Das Kunstwerk stammt aus der Sammlung des American Interfaith Institute, Artists Confronting the Inconceivable.

zum Ausdruck: »Höre, Israel! Er unser Gott, Er Einer.« Er hat seinen Namen offenbart: JHWH (Exodus 6,2–8). Diesen Namen sprechen die Juden nicht aus – er ist zu heilig. Stattdessen sagen sie *HaShem* (der Name) oder *Adonai* (Herr). Buber und Rosenzweig benutzen in ihrer Übersetzung das Pronomen in Kapitälchen. Mit Vokalen schreibt man üblicherweise Jahwe.

Die grundlegende Forderung an Israel ist »Ihr sollt heilig werden, denn heilig bin ICH euer Gott« (Das Buch Er rief/ Levitikus 19,2). Der Tanach und darin vor allem die Tora, zeigen und erzählen Israel, was es heißt, heilig zu sein. Tora wird oft als »Gesetz« übersetzt, doch treffender ist »Weisung« (im Sinne von Unterweisung oder Wegweiser zum rechten Leben). Es gibt 613 Bestimmungen *(Mizwot):* 248 Gebote und 365 Verbote. Indem sie diese halten, sagen die Juden »Ja« zu Gottes Willen und ihrer Rolle im Heilsplan für die Welt. Die Gebote sind Sprache der Liebe, sie werden eingehalten als sichtbares Zeichen dafür, dass man zu Gottes Volk gehört, zu einer heiligen Gemeinde, zu der eines Tages alle gehören sollen: »Füllen muß sich das Erdland mit der Erkenntnis MEINER Erscheinung, wie die Wasser das Meerbett decken« (Chabakkuk 2,14).

VERSCHIEDENE INTERPRETATIONEN

Die heilige, Gott gehorsame Gemeinde war in der Praxis oft nicht erkennbar. Zur Zeit Jesu gab es viele Auffassungen davon, wie der Bund mit Gott zu halten sei. Ein jüdischer Aufstand gegen Rom 66 n. Chr. wurde 70 n. Chr. niedergeschlagen. Der Tempel wurde zerstört, die Juden aus dem Gelobten Land vertrieben – in die »Zerstreuung« (Diaspora). Die räumliche Trennung führte zu größeren Gruppierungen: Die Aschkenasim aus Deutschland und Osteuropa verbreiteten sich nach vielen Verfolgungen, vor allem nach dem Holocaust (siehe S. 237–239), in alle Welt, viele gingen in die USA. Die Sefardim siedelten im Mittelmeerraum, nach der Vertreibung aus Spanien vor allem in Nordafrika.

Für die Erhaltung und Erneuerung des Judentums sorgten die Rabbiner (Meister, Lehrer), die die Vorschriften der Tora für ein Leben ohne Tempel und im Exil interpretierten. In dieser Glaubenspraxis spielen Familie und Synagoge eine zentrale Rolle. Die anfangs mündlich tradierten Deutungen wurden schließlich in schriftlichen Sammlungen niedergelegt, die als Mischna und Talmud bekannt sind (wobei dem Babylonischen Talmud besondere Autorität zukommt). Diese wurden später in Gesetzeskodizes zusammengefasst, von denen der Kodex des Maimonides (1135–1204) und des Joseph Karo (1488–1575), bekannt als *Shulchan Aruk*, am wichtigsten sind. Die Anpassung der Tradition an veränderte Umstände setzt sich bis heute fort.

Ebenso wie im Gesetz (*Halacha* = Gehen, Wandeln), wurde das Judentum in Erzählungen *(Haggada, Aggadah)* schriftlich niedergelegt und in Bibelinterpretationen *(Midrasch)*. Die jüdische Frömmigkeit brachte auch mystisch-esoterische Bewegungen hervor, so die Kabbala, die im Gebet Vereinigung mit Gott sucht (siehe S. 221–223), und den Chassidismus (siehe S. 224), eine volkstümliche Bewegung, die Ende des 18. Jh. in Osteuropa entstand. Bekannte chassidische Führer (*Zaddiqim* = »Gerechte«) waren Israel ben Eliezer Baal Schem Tow, Bär Dow von Mesritsch und Jakob Josef. Ihre Anhänger suchten oft ekstatisches Einswerden mit Gott.

ZIONISMUS

Während der Zeit des Exils *(Galut)* blieb bei den Juden die Erinnerung an Zion (alter Name für Jerusalem) wach. Die zionistische Bewegung kämpfte im 19. Jh. für die Rückkehr der Juden nach Israel. Sie findet nicht bei allen Juden ungeteilte Zustimmung, denn viele glauben, nur der Messias könne Jerusalem wiederherstellen. Doch durch die Grausamkeiten des Antisemitismus, vor allem den Holocaust, gelangten viele zu der Ansicht, dass die Wiederherstellung des jüdischen Staates Israel unverzichtbar sei.

Heute ist das Judentum sicherlich keine einheitliche Religion mehr. Es gibt u. a. orthodoxe Juden, Konservative, Reformierte und Liberale. Wie wörtlich muss man die Tora nehmen? Buchstabengetreu? Oder sinngemäß? Wer ist ein wahrer Jude? Dies sind nur einige der trennenden Fragen. Doch alle gläubigen Juden sind sich in ihrer grundlegenden Berufung einig: Als Volk Gottes tragen sie die Bürde der Heiligkeit in einer unheiligen Welt. In den Worten eines Juden, der sich in einem Keller vor den Nazis versteckt hielt und an die Wand schrieb: »Ich glaube an die Sonne, auch wenn sie nicht scheint. Ich glaube an die Liebe, auch wenn ich sie nicht spüre. Ich glaube an Gott, auch wenn er schweigt.«

▶ Tora-Mantel
Die Tora-Rollen sind mit einem Mantel bedeckt und werden hinter einem Vorhang im Tora-Schrein in der Synagoge aufbewahrt. Der Schrein befindet sich in der Regel an der nach Jerusalem weisenden Wand der Synagoge. Der hebräische Text oben auf diesem Tora-Mantel besagt: »Krone der Tora«. Die Krone auf dem Mantel symbolisiert die Bedeutung der Tora als Krönung des jüdischen Lebens, der Löwe ist ein Symbol des Stammes Juda.

URSPRÜNGE

Das jüdische Volk sieht als Heimat ein Land im östlichen Mittelmeergebiet an, das Kanaan hieß. Es umfasste weite Teile der heutigen Länder Israel, Jordanien und Syrien. In den Tagen der Stammväter, d. h. Abrahams, seines Sohnes Isaak und dessen Sohnes Jakob, war es von Großmächten umgeben: Ägypten im Südwesten, Mesopotamien im Osten und dem Land der Hethiter im Norden. Es war ein natürlicher Korridor sowohl für Kaufleute als auch für Heere auf Feldzügen. Die Juden glauben, dass sie von Abraham, einem heimatlosen (»abgeschweiften«) Aramäer, abstammen. Er wurde im Glauben an Gott Vater eines großen Volkes. Gott schloss einen Bund mit ihm und versprach, ihn in ein Land zu führen, »in dem Milch und Honig fließt«. Wenngleich die Juden zu keiner Zeit der Geschichte Kanaan allein bewohnten und beherrschten, ist und bleibt dieses »gelobte Land« wichtig für ihr Selbstverständnis.

ABRAHAMS REISEN

Diese Karte von Kanaan und seiner Nachbarstaaten (16. Jh.) ist von Rundbildern umgeben, die Episoden aus Abrahams Leben darstellen. Sie sind im Uhrzeigersinn angeordnet. Die lateinische Inschrift lautet übersetzt: »Wanderschaft und Leben des Stammvaters Abraham«. Von Abrahams Leben erzählt das 1. Buch Mose (Genesis). Er gilt als Nachkomme Noachs in der zehnten Generation. Gottes Bund mit Noach (links unten) ist ein Bund mit der ganzen Menschheit. Abrahams Bund mit Gott wird oftmals als erster jüdischer Bund angesehen.

DAS ÄGYPTERLAND
Kanaan grenzt an Ägypten. Immer wieder zogen die Juden in Zeiten der Hungersnot in das reiche Land am Nil, auch Abraham (Genesis 12,10–20). Später wurden die Juden von den Ägyptern als Sklaven gehalten und von Mose in die Freiheit, ins Gelobte Land geführt.

ISAAKS GEBURT
Isaak wurde geboren, als Abraham bereits 100 Jahre alt war. Mit ihm als Erben des Bundes mit Gott wurde das Versprechen, Abraham solle Vater eines Volkes sein, Wirklichkeit.

DAS VERSPRECHEN
Die lateinische Inschrift hält Gottes Verheißung an Abraham fest: »Und ich gebe dir und deinem Samen nach dir das Land deiner Gastschaft, alles Land Kanaan, zu Weltzeit-Hufe« (Im Anfang/Genesis 17,8).

SODOM UND GOMORRA
Gott zerstörte die Städte Sodom und Gomorra wegen ihrer Bosheit. Abraham legte Fürsprache ein, und Gott versprach, die Städte zu verschonen, wenn er dort nur zehn Gerechte fände. Doch es gab keine zehn Gerechten. Nur Abrahams Neffe Lot und seine Familie wurden gerettet.

> »ABGESCHWEIFTER ARAMÄER MEIN AHNVATER, ER ZOG NACH ÄGYPTEN HINAB, ER GASTETE DORT, WENIGE LEUTE, ER WURDE DORT ZU EINEM STAMM, GROSS, MARKIG UND ZAHLREICH.«
>
> Das Buch Reden/Deuteronomium 26,5

DIE WÜSTE

Abraham führte seine Herden durch die Wüste. In der Bibel spielt die Wüste als Ort der Besinnung, der Gotteserkenntnis und der Erneuerung vielfach eine Rolle. Mose erhielt in der Wüste Sinai die Zehn Gebote (siehe S. 207).

GOTT GEHORSAM

Abraham zog mit seinem Vater, seiner Frau Sara und seinem Neffen Lot aus Ur in Chaldäa nach Haran. Als Abraham 75 Jahre alt war, gebot ihm Gott, fortzuziehen, und versprach ihm, ihn zu einem großen Stamm zu machen. Obwohl Abraham keine Kinder hatte, glaubte er und machte sich auf den Weg.

IN ÄGYPTEN

Als eine Hungersnot über Kanaan kam, zog Abraham mit seiner Familie nach Ägypten. Aus Angst, wegen seiner schönen Frau ermordet zu werden, gab er vor, sie sei seine Schwester. Der Pharao nahm sie zur Frau. Als Gott ihn deshalb strafte, schickte Pharao Abraham und Sara zurück nach Kanaan.

TRENNUNG VON LOT

Weil das Land, auf dem sich Abraham und Lot niedergelassen hatten, für ihre wachsenden Herden zu klein wurde, kam es zum Streit zwischen ihren Hirten. Deshalb trennten sich Abraham und Lot. Lot zog nach Osten und ließ sich in der Nähe von Sodom nieder, Abraham in Kanaan.

LOTS RETTUNG

Lot wurde von Feinden der Könige von Sodom und Gomorra gefangen genommen. Abraham und seine Männer überrumpelten den Gegner bei Nacht und brachten Lot mit seiner Familie und all ihrer Habe zurück.

MELCHISEDEKS SEGEN

Nach dem Sieg brachte Melchisedek (Malki-Zedek), König von Salem und Priester des Hohen Gottes, Abraham Brot und Wein und sprach: »Gesegnet, Abram, dem Hohen Gott, Stifter von Himmel und Erde! Und gesegnet der Hohe Gott, der deine Dränger in deine Hand geliefert hat!« (Genesis 14,19–20)

DIE KÜSTENEBENE

Im Westen Kanaans liegt die fruchtbare Küstenebene, ein Verbindungsweg zwischen Norden und Süden. Entlang der Mittelmeerküste erstreckten sich mehrere unabhängige Stadtstaaten. Archäologische Funde belegen, dass diese Städte kulturell hoch entwickelt waren.

ZEICHEN DES BUNDES

»Dies ist mein Bund, den ihr wahren sollt, zwischen mir und euch und deinem Samen nach dir: Beschnitten sei unter euch alles Männliche. Am Fleisch eurer Vorhaut sollt ihr beschnitten werden, das sei zum Zeichen des Bundes …« (Genesis 17,10–11). Bis heute werden jüdische Jungen acht Tage nach der Geburt beschnitten – als Erben des Bundes.

ALTERNATIVER ERBE

Als es schließlich völlig unmöglich schien, dass Sara noch Kinder bekommen würde, brachte sie Abraham ihre Magd Hagar. Hagar wurde schwanger und gebar Ismael – doch er war nicht der verheißene Erbe.

▲ **Der Bund**
Bis ins hohe Alter blieb Ab(rah)am kinderlos, doch immer wieder versprach Gott, ihn zu einem großen Volk zu machen. Er gab ihm auch einen neuen Namen: Aus Abram (»Der Vater ist erhaben«) wurde Abraham (»Vater vieler Völker«).

▲ **Gottes Boten**
Abraham sah drei Männer und bot ihnen seine Gastfreundschaft an. Sie versprachen ihm, dass Sara trotz ihres hohen Alters einen Sohn zur Welt bringen werde. Später drängten die nun als Boten (Gottes) beschriebenen Männer Lot, Sodom zu verlassen.

▲ **Isaaks Opferung**
Gott prüfte Abraham. Er befahl ihm, Isaak darzubringen. Abraham wollte Isaak als Schlachtopfer »hinmetzen«. Doch Gottes Bote rief: »Schicke nimmer deine Hand nach dem Knaben aus, tu ihm nimmer irgendetwas!« (Im Anfang/Genesis 22, 12) Statt seines Sohnes opferte Abraham einen Widder, der sich im Gestrüpp verfangen hatte.

▲ **Verstoßung Hagars und Ismaels**
Saras Dienerin Hagar, die Mutter von Abrahams Sohn Ismael, wurde mit ihrem Sohn verstoßen, als Isaak geboren war. Doch Gott schützte die beiden, und Ismael wurde zum Stammvater eines großen Volkes. Sein Volk, die Ismaeliten, sind nach alter Überlieferung die Araber, was der Feindschaft zwischen Juden und Arabern einen legendären Ursprung verleiht.

JAKOB WIRD ISRAEL

Abrahams Enkel Jakob betrog seinen älteren Zwillingsbruder Esau um das Erstgeburtsrecht und seinen blinden Vater Isaak um seinen Segen. Auf der Flucht träumte er von einer Himmelsleiter. Gott sprach zu Jakob und verhieß ihm und seinen Nachkommen auf ewig das Land, auf dem er lag. Jahre später kehrte Jakob mit seiner Sippe zurück, um sich dem Bruder zu unterwerfen. Wieder traf er auf Gott; diesmal kämpfte er die ganze Nacht mit einem Mann, der ihm die Hüfte verrenkte. Im Morgengrauen sprach dieser: »Nicht mehr Jakob wird man dich nennen, sondern Israel – Gottesstreiter –; denn mit Gott und Menschen hast du gestritten und gesiegt.« (Genesis 32, 29).

JAKOB TRÄUMT VON EINER HIMMELSLEITER, AUF DER ENGEL (BOTEN GOTTES) HINAUF- UND HINABSTEIGEN.

»... DIE WEIL DU DIESES GETAN HAST, HAST DEINEN SOHN, DEINEN EINZIGEN, NICHT VORENTHALTEN, SEGNE, JA SEGNE ICH DICH, MEHREN WILL ICH DICH, MEHREN DEINEN SAMEN WIE DIE STERNE DES HIMMELS ...«

Das Buch Im Anfang/Genesis 22, 16–17

▲ **Noach und das Überleben der Menschheit**
Das Buch Genesis erzählt, dass Gott eine Sintflut schickte, um die Erde mit den gottlosen Menschen zu vernichten. Nur der gerechte Noach und seine Familie sowie ein Paar jeder Tierart wurden gerettet – in einer nach Gottes (An)Weisung gebauten Arche (Hebräisch *Tebah* = »Kasten« oder »Wort« [Gottes]). Hier sendet Noach einen Raben und eine Taube aus. Sie sollen feststellen, ob die Flut vorüber ist.

GOTTES GESETZE

Die Verkündigungen Gottes in der Tora (*Torah*) halten die Juden in höchsten Ehren. Tora, oft mit »Gesetz« übersetzt, bedeutet eher »Wegweisung«, »Unterweisung«. Die fünf Bücher der Tora sind nicht nur Geschichtsbücher, sie enthalten auch die 613 Vorschriften für das jüdische Leben. Gott gab sie dem Mose (Mosche), der die Israeliten aus dem Sklavenhaus Ägypten herausführte (Exodus, historisch um 1250 v. Chr. vermutet). Für die Juden sind die Gebote und Vorschriften Bestandteil ihres Bundes mit Gott: Wenn sie sie einhalten, sind sie sein auserwähltes Volk. Die Erwählung bedeutet für sie keine Überheblichkeit, sondern eine Verantwortung, den anderen Völkern die Erkenntnis des wahren Gottes nahezubringen. Besonderen Stellenwert haben die Zehn Gebote (Zehn Weisungen). Sie sollen Mose von Gott auf zwei steinernen Tafeln übergeben worden sein, die zur Zeit des Mose in der Bundeslade aufbewahrt wurden. Diese führte das Volk unterwegs mit sich. Später stand sie im Allerheiligsten des Jerusalemer Tempels (siehe S. 211).

MÜNDLICHE TORA

In der Tora sind viele Weisungen schriftlich niedergelegt, doch sie behandelt nicht alle Situationen des menschlichen Lebens. Anwendung und Deutung der Rechtsvorschriften wurden mündlich weitergegeben. Diese »mündliche Tora« gehört untrennbar zur schriftlichen. Der Überlieferung nach wurde auch die mündliche Tora dem Mose am Sinai offenbart. Im 2. Jh. n. Chr. wurden sie – u. a. von Rabbi Jehuda ha-Nasi – in der Mischna festgehalten. Die Mischna bildete die Grundlage für den Talmud, der im 6. Jh. entstand. Dieser war so umfangreich, dass mehrere Zusammenfassungen (Kodizes) verfasst wurden. Die berühmtesten waren die *Mischna Tora* von Moses Maimonides (12. Jh.) und Josef Karos *Shulchan Aruk* (16. Jh.). Die Einhaltung dieser Gesetze wurde zur religiösen Pflicht, und die Juden haben sich bis heute ihre Identität als Volk und Glaubensgemeinschaft durch das Praktizieren der dort niedergelegten Riten erhalten.

Heute steht auf dem Berg Sinai eine christliche Kapelle.

▲ Der Berg Sinai
Die Offenbarung auf dem Sinai gilt als höchste Offenbarung des göttlichen Willens. Durch Halten der Gebote erkennen die Juden Gottes Willen an und tragen ihn in die Welt. Mose gilt als der größte Prophet. Am Ende des Buches Deuteronomium heißt es: »Nicht aber erstand hinfort ein Künder in Jissrael Mosche gleich, den ER Antlitz zu Antlitz erkannte …« (Das Buch Reden/Deuteronomium 34,10). Und der Name Mosche ist in der hebräischen Konsonantenschrift das Spiegelbild von *HaSchem*.

»… HÖRT AUF MEINE STIMME UND WAHRT MEINEN BUND, DANN WERDET IHR MIR AUS ALLEN VÖLKERN EIN SONDERGUT … IHR ABER, IHR SOLLT MIR WERDEN EIN KÖNIGREICH VON PRIESTERN, EIN HEILIGER STAMM.«
Das Buch Namen/Exodus 19,5–6

DIE ZEHN GEBOTE

Die Zehn Gebote, hier dargestellt auf einem Bild von Lukas Cranach dem Älteren (1472–1553), bilden die Grundgesetze der Juden. Sie gelten allgemein als Grundwerte, die ein stabiles, funktionierendes Gemeinwesen sichern. Sie sind Wegweiser für ein Leben, das Gott durch seine Befreiung aus der Sklaverei möglich gemacht hat: »ICH bin dein Gott, der dich führte aus dem Land Ägypten, aus dem Haus der Dienstbarkeit« (Das Buch Namen/Exodus 20,1).

BILDERVERBOT
Das erste der Zehn Gebote gebietet den Juden, nur den einen Gott zu verehren und sich kein Bildnis, d. h. kein Idol nach dem Vorbild der Nachbarvölker, zu machen und vor ihm niederzufallen. Der wahre Gott kann nur dem Geiste und der Wahrheit nach verehrt werden.

GOTTES HEILIGER NAME
Das zweite Gebot verbietet den Missbrauch von Gottes Namen. Die Juden sprechen den heiligen Namen Gottes gar nicht aus, sondern sagen stattdessen *Adonai* (der Herr) oder *HaShem* (der Name).

DER SABBAT
Das dritte Gebot gebietet, den Sabbat zu heiligen. Wie Gott am siebten Tag der Schöpfung ruhte, so soll der Mensch (auch der Sklave) nach sechs Tagen Arbeit ruhen.

DIE ELTERN EHREN
Das vierte Gebot, »Ehre deinen Vater und deine Mutter, damit sich längern deine Tage auf dem Ackerboden, den ER dein Gott dir gibt« (Das Buch Namen/Exodus 20,12), fordert Sorge für die Eltern und Bewahrung der Tradition.

SCHUTZ DES EIGENTUMS
Das siebte Gebot lautet: »Stiehl nicht«, bekannter in der Form »Du sollst nicht stehlen«. Nach der Interpretation der Rabbiner fällt darunter auch der Diebstahl von Ideen. Nach jüdischem Recht gibt es für den Dieb keine Vergebung, ehe er das Opfer nicht entschädigt hat.

ACHTUNG DES EHEBUNDES
Das sechste Gebot verbietet Ehebruch. Dabei sind eher außereheliche als voreheliche Beziehungen gemeint (Letztere verpflichten nach Exodus 22 lediglich zur Heirat und zur Zahlung eines Brautpreises). Denn durch Ehebruch wird die eheliche Geburt von Kindern infrage gestellt.

NEID UND EIFERSUCHT VERMEIDEN
Das neunte Gebot, in einem Satz mit dem zehnten genannt, verbietet, nach der Frau des anderen zu verlangen. Denn Neid, Eifersucht und Begierde stören ein friedliches Miteinander.

◀ Mose auf dem Berg Sinai
Nachdem Mose die Israeliten aus Ägypten geführt hatte, zogen sie durch die Wüste und rasteten am Fuße des Sinai. Mose stieg auf den Berg, es donnerte und blitzte, und der Berg war in Rauch gehüllt. Hier sprach Gott zu Mose und gab ihm die Gebote auf zwei steinernen Tafeln. Auf diesem Bild steht Moses' Nachfolger Josua als Zeuge im Hintergrund.

DAS LEBEN IST HEILIG
Das fünfte Gebot fordert: »Morde nicht.« Ein Menschenleben muss geachtet werden, Mord ist verwerflich. Allerdings gibt es bei den Juden, wie auch bei anderen Völkern und Glaubensgemeinschaften, unterschiedliche Auffassungen darüber, was Mord ist, z. B. ob Abtreibung oder Todesstrafe dazu gehört.

ZUFRIEDENER MENSCH
Das zehnte Gebot zählt alles auf, wonach man nicht verlangen soll. Dazu gehören Knecht, Magd, Ochse oder Esel des Nächsten. Dem Zufriedenen genügt, was er hat, er ist nicht neidisch auf das, was sein Nachbar besitzt.

DIE ZEHN ÄGYPTISCHEN PLAGEN

Die Juden waren viele Jahre in Ägypten wie Sklaven behandelt worden, als Gott – so erzählt das Buch Exodus – Mose berief, um sein Volk zu befreien und aus Ägypten zu führen. Die Ägypter waren nicht erbaut von der Idee, ihre billigen Arbeitskräfte einfach ziehen zu lassen. Um die Freilassung der Israeliten durchzusetzen, schickte Gott daher zehn Plagen. Das Nilwasser wurde zu Blut, Frösche stiegen aus dem Wasser und bedeckten ganz Ägypten; es kamen Stechmücken und dann anderes Ungeziefer über das Land; das Vieh der Ägypter starb an einer Viehseuche. Mensch und Tier wurde von Geschwüren geplagt; es hagelte; Heuschreckenschwärme fielen ein und fraßen alles kahl; drei Tage lang lag das Land in Finsternis. Als letzte und schrecklichste Plage starben alle Erstgeborenen der Ägypter. Da endlich ließ der Pharao die Israeliten ziehen.

VIERTE PLAGE: UNGEZIEFER

ZWEITE PLAGE: FRÖSCHE

FÜNFTE PLAGE: VIEHSEUCHE

DER PHARAO LÄSST DIE ISRAELITEN ZIEHEN.

WARTEN AUF DEN MESSIAS

Das aus dem Hebräischen stammende Wort »Messias« bedeutet »der Gesalbte«. In alter Zeit wurden die Könige gesalbt. Für die Juden war dies ein Zeichen dafür, dass König David und seine Nachfolger von Gott erwählt waren. Als es dann keine israelitischen Könige mehr gab und das Land von fremden Mächten beherrscht wurde, blieb die Hoffnung, dass Gott einen neuen König wie David senden und dieser den irdischen Kriegen ein Ende bereiten werde. Dieser Gesalbte würde sich mit den Gerechten verbünden und die Bösen vernichten. Mit seiner Ankunft würde die Geschichte (Weltzeit) enden und Gottes Reich auf Erden kommen. Über viele Jahrhunderte blieben die Juden dieser Vision treu, und der Glaube an das Kommen des Messias findet bis heute in ihrer Liturgie Ausdruck. Heute ist diese Vision für einige allerdings nicht mehr so aktuell. Manche Juden glauben, die Gründung des Staates Israel habe sich als Ersatz für die alte Hoffnung erwiesen. Für andere aber kann das wahre Israel erst vom Messias ins Leben gerufen werden.

▲ Der Messias zieht in sein Reich ein
Auf diesem Bild wird der in Jerusalem einreitende Messias (nach 2 Samuel 9,9 auf einem Esel) von einem Herold angekündigt (nach alter Überlieferung der Prophet Elia). Wie von den biblischen Propheten verheißen, kann das jüdische Volk dann aus allen Teilen der Erde zusammenkommen. Ihr Exil ist vorüber, Gottes Herrschaft wird von Jerusalem ausgehen.

JERUSALEM UND DER TEMPEL

König David hatte Jerusalem zu seiner Hauptstadt gemacht, und dort baute sein Sohn Salomo den Tempel. Er sollte die Bundeslade beherbergen, das höchste Heiligtum Israels. Sie war unter Mose gebaut und unter David von den Philistern zurückerobert worden. Das großartige Bauwerk wurde bald Zentrum der jüdischen Welt. 586 v. Chr. zerstörten die Babylonier den Tempel. Ende des 6. Jh. v. Chr. wurde er kleiner wiederaufgebaut und schließlich im 1. Jh. v. Chr. von König Herodes in neuer Pracht errichtet. Die Römer zerstörten den Tempel 70 n. Chr. endgültig. Die Überlieferung besagt, dass der Tempel, wenn der Messias kommt, noch einmal aufgebaut wird, und wieder wird Gottes Herrlichkeit von Jerusalem aus in alle Welt leuchten.

▲ Die Westmauer
Nach der Zerstörung des Tempels des Herodes 70 n. Chr. blieb nur die Westmauer stehen. Sie ist heute der heiligste Ort der jüdischen Welt und unter dem Namen Klagemauer bekannt: Hier beklagen die Juden den Verlust des Tempels. Sie ist ein viel besuchter jüdischer Wallfahrtsort. Links sieht man einen orthodoxen Juden mit seinem Sohn beim Gebet an der Westmauer.

DER MÄNNERVORHOF
Jüdische Männer versammelten sich im an den Priesterhof angrenzenden Hof zum Gebet. Von hier aus konnten sie die Priester beim Vollzug der Rituale und Opfer beobachten.

DAS ALLERHEILIGSTE
Das Zentrum der Heiligkeit war das *Debir* als Stätte der Gottesgegenwart. Nur der Hohepriester durfte es betreten und auch dieser nur einmal im Jahr am Versöhnungstag. Hier befand sich die Bundeslade mit den Gesetzestafeln, die Gott dem Mose gegeben hatte.

DER PRIESTERHOF
Der Tempeldienst wurde von einer Dynastie priesterlicher Familien versehen. Sie brachten die täglichen, wöchentlichen und Festopfer und verbrannten Weihrauch auf den Altären.

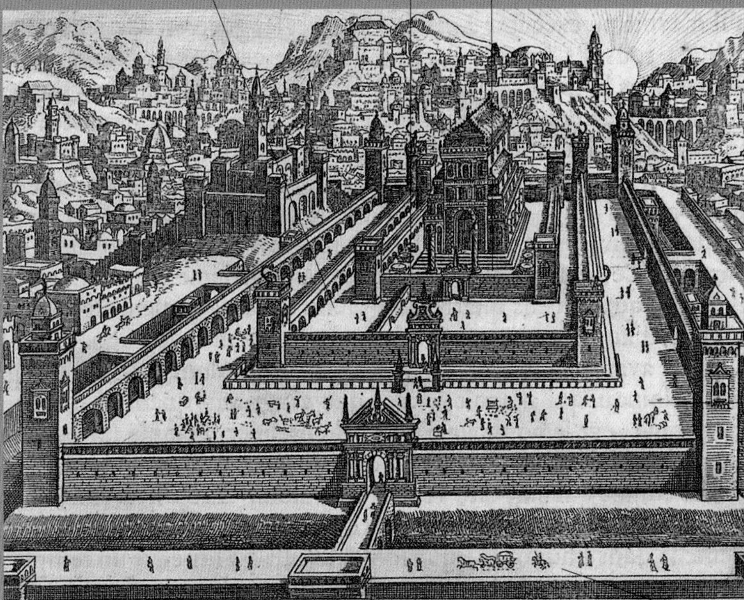

DER FRAUENVORHOF
Jüdische Männer und Frauen beten nach alter Tradition getrennt. Frauen durften nur bis zum zweiten Vorhof des Tempels vordringen.

DIE VORHÖFE
Der Tempel bestand aus einer Reihe von ineinanderliegenden Höfen. Er hatte eine Selbstverwaltung unter Führung des Hohepriesters, der ein Nachkomme von Moses Bruder Aaron war.

DER HEIDENVORHOF
Der äußere Hof des Tempels stand jedem offen. Über dem Tor zum nächsten Hof aber verbot ein Schild Nichtjuden den Zutritt.

▲ Der Tempel in Jerusalem
Dieser Stich (19. Jh.) zeigt, wie der Tempel in Jerusalem möglicherweise aussah. Zeitgenössische Darstellungen gibt es leider keine.

DIE GESCHICHTE VON DAVID

Diese englische Buchmalerei aus dem späten 12. Jh. zeigt Ereignisse aus dem Leben des Königs David, des ersten großen Königs der jüdischen Geschichte – nachzulesen im biblischen Buch Schmuel (die beiden Bücher Samuel).

TOD DES GOLIAT AUS GAT
Goliat soll »sechs Ellen und eine Spanne« groß gewesen sein (fast 3 m), schwer gepanzert und bewaffnet. Als David Goliat getötet hatte, ergriff die Armee der Philister die Flucht.

DER PROPHET SAMUEL
Samuel war der letzte Richter Israels. Richter oder Richterinnen wurden auf Zeit als Führer Israels gewählt. Er war aber auch Prophet und führte als solcher den Menschen ihre Fehler und Sünden und die daraus resultierenden Konsequenzen vor Augen und tat Gottes Willen kund. Auf Gottes Geheiß salbte er Saul zum ersten König von Israel. Doch Sauls Verhalten missfiel Gott, und er sandte Samuel nach Betlehem zum Haus des Isai (Jesse). Hier erkannte Samuel David als Sauls Nachfolger.

DIE SALBUNG DAVIDS
»Schmuel … salbte ihn im Kreis seiner Brüder. Sein Geistesbraus geriet über Dawid von jenem Tag an und weiterhin« (Das Buch Schmuel/ 1 Samuel 16,12). David regierte ganz Israel von 1001–968 v. Chr.

DAVID SPIELT FÜR SAUL
Saul mochte David, zumal dieser Sauls Aggressionen und Depressionen mit seiner Musik besänftigen konnte. Doch bald wurde er eifersüchtig, denn David erfreute sich nach dem Sieg über Goliat zunehmender Beliebtheit beim Volk. Eines Tages, als David für ihn Harfe spielte, warf Saul seinen Speer nach ihm, aber David wich ihm zweimal aus. »Schaul aber mußte sich fürchten vor Dawid, denn bei ihm war Er da, von Schaul aber war er ferngewichen.« (Das Buch Schmuel/ 1 Samuel 18,12). Von David sollen viele der Psalmen stammen, die bis heute im jüdischen Gottesdienst gesungen werden.

DER PROPHET NATAN
Natan verurteilte Davids Heirat mit Batseba, unterstützte aber deren gemeinsamen Sohn Salomo im Streit um die Thronfolge gegen seinen Bruder Adonija. Der weise Salomo regierte von 968–928 v. Chr.

DER TOD DES ABSCHALOM
Davids Sohn Abschalom starb in einer Schlacht gegen seinen eigenen Vater. Sein langes Haar verfing sich in einem Baum, sodass er ein leichtes Ziel für einen von Davids Feldherrn abgab. Jahre zuvor war Abschalom vom Königshof geflohen. Er hatte seinen Bruder Amnon getötet – weil dieser seine Schwester Tamar vergewaltigt hatte.

EINE PROPHEZEIUNG WIRD WAHR
In der Vergewaltigung Tamars und dem Tod Abschaloms und Amnons erfüllte sich die Prophezeiung des Propheten Natan, das sich solches Unheil aus dem Hause Davids erheben würde, weil David gesündigt hatte: Er hatte Batseba, die Frau des Feldherrn Urija, verführt und ihren Mann in den Tod geschickt.

◀ Davids Schmerz
Als David von Abschaloms Tod erfuhr, weinte und trauerte er um seinen Sohn – obwohl Abschalom versucht hatte, seinen Vater zu stürzen (2 Samuel 18,33).

»DAWID SPRACH ZUM PHILISTER: DU KOMMST AN MICH MIT DEM SCHWERT, MIT DEM SPEER, MIT DEM KOLBEN, ICH KOMME AN DICH MIT SEINEM DES UMSCHARTEN NAMEN, DES GOTTES DER SCHLACHTREIHEN JISSRAELS, DIE DU GEHÖHNT HAST.«

Das Buch Schmuel/1 Samuel 17,45

Kleidung und Rüstung entsprechen der Zeit der Buchmalerei.

▶ David und Goliat
David, der jüngste Sohn des Isai, brachte seinen Brüdern Käse ins Lager der israelitischen Armee. Dort forderte der riesenhafte Philister Goliat einen wagemutigen Israeliten zum Zweikampf. Keiner traute sich. Doch David trat mit einer Schleuder und fünf Steinen vor. Er tötete den Riesen mit einem Schuss mitten auf die Stirn.

JÜDISCHE FRÖMMIGKEIT

Mit der Zerstörung des Tempels in Jerusalem 70 n. Chr. hatte das jüdische Volk sein Heiligtum verloren, in dem es das Unterpfand der steten Gegenwart Gottes besessen hatte. Mit dem Tempel fand auch der Opferdienst ein Ende. Man betete zu Hause und hielt in den Versammlungshäusern (Synagogen) Gebetsgottesdienste ab: »Dienst des Herzens« nennt man sie. Der Tageslauf des frommen Juden wird durch drei Gebetszeiten geheiligt: Morgengebet, Nachmittagsgebet und Abendgebet. Die wichtigsten Gebete sind das *Sch'ma Jisrael* (Glaubensbekenntnis) und das 18-Bitten- oder Achtzehngebet *(Amidah)*, das aus 18 (+1) Benediktionen mit der Formel »Gepriesen seist du, Herr, unser Gott, König der Welt« besteht. Für den öffentlichen Gemeindegottesdienst sind zehn männliche Beter im Alter von mindestens 13 Jahren vorgeschrieben *(Minjan)*, in Reformgemeinden zählen auch Frauen mit. Gebete können jederzeit und überall stattfinden. In den Synagogen treffen sich fromme Juden dreimal täglich zum Gebet. Die Synagogen sind aber nicht nur Gebetshäuser, sondern haben oft auch Gemeindebüros, Bibliotheken, Festsäle und Gästezimmer.

◀ **Schofar-Bläser**
Der *Schofar* ist eine aus einem Widderhorn gefertigte Fanfare. Er wird besonders beim Neujahrsfest *(Rosch Haschana)* und am Versöhnungstag *(Jom Kippur)* geblasen. Nach der Deutung des Philosophen Maimonides (12. Jh.) ruft er die Sünder zur Umkehr: »Erwacht, ihr Sünder, … und kehret um zu Gott …« In Israel wird der *Schofar* heute auch zu Beginn des Sabbat und bei feierlichen Anlässen (z. B. Inauguration eines neuen Staatspräsidenten) geblasen.

DIE SYNAGOGE

Die Institution der Synagoge als Zentrum des Gebets und der religiösen Unterweisung geht auf das Babylonische Exil (6. Jh. v. Chr.) zurück, als die Juden in der Fremde, ohne Tempel, eine neue Form des Kults entwickeln mussten. Nach der Zerstörung des letzten Tempels 70 n. Chr. wurden in den Synagogengottesdienst viele ursprüngliche Tempelrituale eingebaut. Der Morgen-, Nachmittags- und Abendgottesdienst entspricht den Opferzeiten im Tempel. Synagogen sind nach Jerusalem ausgerichtet, und der Toraschrein in der nach Jerusalem weisenden Wand erinnert an das Allerheiligste des Tempels. Hauptamtliche Synagogenmitarbeiter sind der *Rabbi* (Führer der Gemeinde und religiöser Lehrer), der *Chazzan* (Kantor, Vorbeter im Gottesdienst) und der Hausmeister. Doch oft leiten Laien aus der Gemeinde den Gottesdienst. Ein Gottesdienst ist erst mit einem *Minjan*, einem Quorum von zehn Männern, gültig.

▲ Die Architektur der Synagoge
Der Baustil der Synagoge richtet sich in der Regel nach der Architektur des Gastlandes. Diese Synagoge in Wien erinnert an eine romanische Kirche. Auf den Emporen sitzen die Frauen. Der Toraschrein befindet sich in der Ostwand, vor ihm hängt das Ewige Licht. Die Toralesung erfolgt von der *Bimah* aus, einem erhöhten Platz meist in der Mitte der Synagoge.

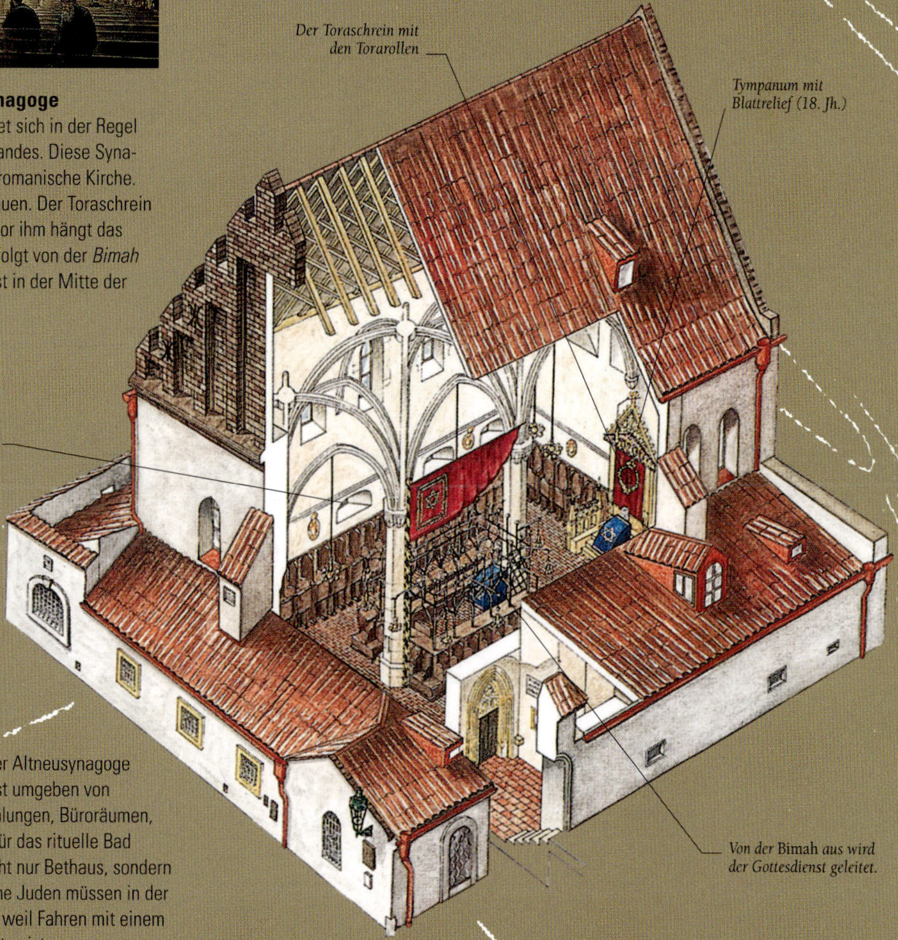

► Altneusynagoge
Der frühgotische Hauptraum der Altneusynagoge (*Staronová synagóga*) in Prag ist umgeben von kleineren Räumen für Versammlungen, Büroräumen, Klassenzimmern und Räumen für das rituelle Bad (*Mikwe*). Eine Synagoge ist nicht nur Bethaus, sondern auch Gemeindezentrum. Fromme Juden müssen in der Nähe einer Synagoge wohnen, weil Fahren mit einem Kraftfahrzeug am Sabbat verboten ist.

TRENNUNG VON MANN UND FRAU

Nach der alten jüdischen Tradition beten Männer und Frauen getrennt, und es gibt in der Synagoge getrennte Bereiche für Männer und für Frauen. Nach dem Talmud, dem jüdischen Gesetzbuch aus dem 6. Jh., geht diese Trennung auf die Zeit des Jerusalemer Tempels zurück und wird für wichtig erachtet, weil Frauen die Männer vom Gebet ablenken. Anders als von Männern wird von Frauen nicht erwartet, dass sie den täglichen Gottesdiensten beiwohnen, und nur im Reformjudentum zählen auch Frauen zum Quorum des *Minjan* (siehe S. 226). Die religiösen Pflichten der Frau liegen im häuslichen Bereich. Sie soll die Kinder im jüdischen Glauben erziehen, und als Jude gilt, wer von einer jüdischen Mutter geboren ist.

EIN BUNTGLASFENSTER

Dieses moderne Buntglasfenster zeigt das Pessachfest (siehe S. 227–229). Die hebräische Inschrift ganz oben deutet darauf hin, dass es das »Fest der Ungesäuerten Brote« ist. Es wird zu Hause mit einem rituellen Familienmahl gefeiert.

▶ Weihrauchfass
Weihrauch gehörte zum Tempelritual und symbolisiert das Gebet: Wie der Rauch soll das Gebet zum Himmel steigen.

◀ Wein und Kult
Wein ist im Kult ebenso wichtig wie Brot. In den Tagen des Jerusalemer Tempels wurde Wein über das Opfer auf dem Altar gegossen. Heute begrüßt und beschließt man mit Wein den Sabbat, und er spielt eine große Rolle beim Pessachritual und bei der Beschneidungszeremonie (siehe S. 227–229).

DAS FESTLICHT
Das Anzünden der Sabbat- und Festkerzen ist eine wichtige Handlung im jüdischen Kult. Die Inschrift ist eine Abkürzung des Segensspruches: »Gepriesen seist du, Herr, unser Gott, König der Welt, der uns hieß, die Festlichter zu entzünden.«

DAS EWIGE LICHT
Zu Hause werden die Kerzen am Sabbat und an den Festtagen immer neu angezündet, in der Synagoge aber brennt immer ein Licht, um Gottes ewige Gegenwart anzuzeigen. Das Ewige Licht *(Ner Tamid)* erinnert auch an den goldenen Leuchter, dessen Kerzen im Jerusalemer Tempel immer brannten.

KOSCHERE SPEISEN
Jeder Aspekt des Lebens ist Gelegenheit zum Gottesdienst. Die ausführlichen Speisevorschriften der Juden, die bestimmte Speisen verbieten und Zubereitungsweisen diktieren, sind Mittel zur Heiligung des Individuums und zur Abgrenzung von Gottes auserwähltem Volk gegenüber heidnischen Gemeinden.

LICHT GOTTES

»Durch dein Licht werden wir sehen.« Im Gebet wird Gott oft mit dem Licht verglichen. Wir können das Licht nicht fassen, aber es erleuchtet die ganze Welt. Ebenso können wir Gott nicht fassen, aber in Kult und Gebet können alle spirituellen Wahrheiten enthüllt werden.

RITUELLE REINIGUNG

Nach dem jüdischen Gesetz müssen die Hände nach dem Aufstehen, nach Berühren einer Leiche, nach dem Gang zur Toilette und vor dem Essen, vor rituellen Handlungen und vor dem Entzünden der Kerzen gewaschen werden. Üblicherweise entzündet die Hausmutter die Sabbat- oder Festkerzen. Wenn die Flamme brennt, bewegt sie die Hände über der Flamme und bedeckt dann ihre Augen in einem Augenblick des stillen Gebets.

DIE SPRACHE DES GEBETS

Alle Inschriften auf diesem Fenster sind hebräisch. Hebräisch, die Sprache der alten Israeliten, wurde im 2. Jh. v. Chr. vom Aramäischen zurückgedrängt, blieb jedoch als Sprache des Gebets und der heiligen Schriften erhalten. Später war Jiddisch Alltagssprache der osteuropäischen Juden, Ladino der spanischen Juden. Das alte Hebräisch aber spielt als Kultsprache nach wie vor eine wichtige Rolle in der jüdischen Erziehung in aller Welt.

GEBETBÜCHER

Über Jahrhunderte beteten die Juden auswendig. Erst ab dem 9. Jh. scheint es Gebetbücher zu geben. Das Buch mit den täglichen Gebeten heißt *Siddur*, das Buch der Festtagsgebete *Machzor*. Heute finden sich in den Gebetbüchern meist die Gebete auf der einen Seite in Hebräisch, auf der anderen in einer landessprachlichen Übersetzung.

GETRENNTE SCHÜSSELN

Die koscheren Speisegesetze besagen, dass Milch- und Fleischspeisen nicht zur gleichen Mahlzeit gereicht werden dürfen und dass sie in unterschiedlichem Geschirr serviert werden müssen.

BROT

Brot gehört zum jüdischen Kult. Am Sabbat wird ein Brotzopf (*Hallah*) gesegnet und mit Salz bestreut gegessen. Zum Pessachritual gehören ungesäuerte Brote (*Matzot*, Mazzen).

»SAG DEINEM SOHN …«

Seit vielen Jahrhunderten leben die Juden als Minderheit in einer weitgehend feindlichen fremden Umgebung. Deshalb legen sie großen Wert auf die Erhaltung und Weitergabe der Traditionen an Kinder und Kindeskinder.

DAS STUDIUM DER TORA

Die Schrift enthält viele Hinweise darauf, wie Juden ihren Glauben leben und weitergeben sollen, z. B. » … einschärfe sie [die Weisungen] deinen Söhnen, rede davon, wann du sitzest in deinem Haus und wann du gehst auf den Weg, wann du dich legst und wann du dich erhebst« (Das Buch Reden/Deuteronomium 6,7). Die (religiöse) Erziehung der Kinder ist erste Pflicht der Eltern. Für einen frommen Juden ist es unerlässlich, die 613 Bestimmungen der Tora, das »Gesetz des Mose« zu kennen und sich mit den vielen darin enthaltenen Möglichkeiten und Deutungen vertraut zu machen. Heiligkeit erfordert daher Lernen. Seit alters legen die Juden viel Wert auf Bildung und Erziehung. Schon in alter Zeit konnten zumindest die meisten Männer lesen. Schon kleine Jungen lernten Hebräisch, damit sie die Bibel lesen konnten. Später folgte Aramäisch, die Sprache, in der große Teile des Talmuds geschrieben sind. Früher waren die heiligen Bücher alleiniger Gegenstand der Studien, und es war durchaus üblich, dass junge Männer bis in ihre Zwanziger studierten. Heute widmen sich junge Juden nicht mehr so sehr religiösen Studien, doch der Bildung wird weiterhin ein hoher Wert beigemessen. Die meisten jungen Juden streben zumindest einen höheren Schulabschluss an.

◀ Schreiben der Rolle
Im Judentum gibt es eine sehr alte Schrifttradition. Im vorrabbinischen Judentum waren die Schreiber durchweg Schriftgelehrte. Aus ihren Reihen rekrutierte sich eine Klasse von Laien-Gelehrten, die die biblischen Gesetze erhielten und deuteten. Dieser Berufsschreiber überprüft eine handgeschriebene Torarolle auf Vollständigkeit. Es gibt viele Vorschriften bezüglich der Schreibkunst, und jeder angehende Schreiber muss sich gut mit ihnen auskennen.

◀ Jad oder Torazeiger
Jad bedeutet wörtlich »Hand«, und der Zeigestock zum Verfolgen der Zeilen beim Lesen ist oft auch handförmig. Der *Jad* wird benutzt, um eine Beschmutzung des heiligen (und oft sehr wertvollen) Textes zu vermeiden und die Worte genau verfolgen zu können, damit man sich nicht verspricht.

Die Inschrift drückt den Wunsch nach einem Leben gemäß der Tora aus.

Die Hebräische Schrift auf dem Band ist dekorativ und informativ.

Eheschließung unter dem Hochzeitsbaldachin

Die Torarollen werden in der Synagoge erhoben.

Hebräische Schrift und Szenen aus dem jüdischen Leben aufgemalt und aufgestickt

◀ Torawickel
Wenn die Torarolle zusammengerollt ist, wird sie mit Torawickeln (auch Torawimpel) zusammengebunden. Nach alter Tradition werden diese aus Beschneidungsmäntelchen hergestellt. Wenn der Junge *Bar Mizwa* (siehe S. 230–231) wird, übergibt er den bestickten Wickel der Synagoge.

▲ Die Inschrift
»Dies ist die Weisung, die Mose der Gemeinschaft Jakobs vorgelegt hat.« Diese Worte auf der hier abgebildeten Rolle spiegeln den grundlegenden Toraglauben der Juden wider. Wie im Buch Exodus niedergeschrieben, wurde sie dem Mose von Gott übergeben – als Zeichen des Bundes mit dem jüdischen Volk. Jakob war einer der Stammväter der Juden – sein anderer Name war Israel, »Fechter Gottes« (siehe S. 204–205).

▲ Hebräischer Text
Die Tora umfasst die fünf Bücher Mose: *Bereschit* (Im Anfang), *Schemot* (Namen), *Wajjiqra* (Er rief), *Bamidbar* (In der Wüste) und *Dabarim* (Reden) – Genesis, Exodus, Levitikus, Numeri und Deuteronomium.

▲ Studium an einer Jeshibah
Eine *Jeshibah* ist eine Talmud-Akademie. Hier studieren junge Männer in Partnerarbeit den Talmud-Text und diskutieren ihn auf Jiddisch, der Sprache der Aschkenasim. Diese Schulen sind reine Männerinstitutionen. Orthodoxe Frauen studieren in der Regel nicht den Talmud. Für viele junge Juden ist die *Jeshibah* der erste Schritt auf dem Weg zum orthodoxen Lehrer, Schreiber oder Rabbi. Andere sehen diese Zeit als wichtige geistige Festigung an, ehe sie ein Leben in einem weltlichen Beruf beginnen.

»NICHT WEICHE DIESES BUCH DER WEISUNG AUS DEINEM MUND, MURMLE DARIN TAGS UND NACHTS, DAMIT DUS WAHREST, ZU TUN NACH ALLEM, WAS DARIN GESCHRIEBEN IST …«
Jehoschua/Josua 1,6

▲ Erhebung der Tora
Während des Synagogengottesdiensts werden die Torarollen rituell erhoben, während die Gemeinde im Stehen betet: »Dies ist die Weisung, die Mosche vor die Söhne Jisraels legte« (Deuteronomium 4,44). Bei den Aschkenasim wird die Rolle nach der Toralesung erhoben, bei den Sefardim vorher. Wie beim Morgengottesdienst üblich, trägt dieser Mann Gebetsmantel (*Tallit*) und Käppchen (*Kippa*).

DIE TORAROLLEN

Die Tora ist heute wie früher auf Pergamentrollen geschrieben und wird in der Synagoge im Toraschrein, auch *Tebah* (Kasten) oder *Aron* (Lade) genannt, aufbewahrt. Wenn sie nicht benutzt werden, sind die Rollen mit einem Torawickel zusammengebunden und von einer dekorativen Hülle bedeckt. Meist stecken auf den oberen Stabenden Torakronen (*Keter Torah*), die häufig aus Silber gegossen sind. Sie symbolisieren die beherrschende Rolle der Tora im jüdischen Leben.

TORABEHÄLTER
Diese Torarolle ist von einem starren hölzernen Behälter *(Tik)* umschlossen, wie er im spanischen und orientalischen Judentum benutzt wird. Bei den Aschkenasim ist ein bestickter Toramantel üblich.

LEBENSBÄUME
Die Stäbe der Torarolle nennt man *Azei Hajjim*, Bäume des Lebens. Dabei bezieht man sich auf die traditionelle Liturgie, die Gottes Gesetz als »Baum des Lebens, an dem wir hangen« bezeichnet.

LESEN DER ROLLE
Anders als europäische Sprachen wird Hebräisch von rechts nach links geschrieben. Dieses Bild zeigt die Torarolle, im vorderen Textbereich entrollt. Es ist eine Ehre, zur Toralesung aufgerufen zu werden. Vor der Lesung wird die Rolle durch die Synagoge getragen, dann wird eine Benediktion gesprochen. Im Morgengottesdienst werden mindestens sieben Männer zur Lesung aufgerufen.

DIE HEBRÄISCHE SPRACHE
Die hebräische Sprache ist eine konsonantische Sprache, d. h., sie wird ohne Vokale geschrieben. Um den heiligen Text lesen zu können, muss man sich mit der Sprache gut auskennen, ansonsten weiß man nicht, welche Vokale man beim Sprechen einfügen muss.

DIE KABBALA

Kabbala (»Überlieferung«) ist der Name einer mystisch-spekulativen Strömung im Judentum. Schon im Talmud (6. Jahrhundert) gibt es mystische Andeutungen. Die Kabbala aber entstand erst ab dem 12. Jahrhundert als Geheimlehre: Der verborgene Name Gottes sollte nur einem Manne offenbart werden, »der bescheiden und demütig, in der Mitte des Lebens, nicht leicht erzürnbar, maßvoll und frei von Rachedurst ist«. Das wohl bekannteste Werk der Kabbala ist der *Sohar* (*Sefer ha-Sohar* = »Buch des Glanzes«), im 13. Jahrhundert von Rabbi Mose ben Shemtow de Leon verbreitet. Die Kabbala des *Sohar* betont das weibliche Gotteselement, die *Schechina* (»Einwohnung« [Gottes]), und erklärt die Seinsstufen zwischen Gott und Welt in zehn emanierenden göttlichen Wirkungskräften (*Sefirot*). Diese zehn *Sefirot* werden in Form eines Weltenbaumes mit Wurzeln nach oben dargestellt, als Quelle mit Ausflüssen und Teichen, als »Urmensch« oder als Leuchter (unten). Nach dem *Sohar* geht aus der geistigen Welt der *Sefirot*, der »Welt der Strahlung« die »Welt der Schöpfung« hervor, in der die »Gegenwart Gottes« thront, aus dieser die »Welt der Bildung« und aus jener schließlich die »Welt der Verfertigung«, die materielle Welt. Durch Toragehorsam oder Sünde des Menschen können die Wirkkräfte positiv oder negativ beeinflusst werden. Durch Torafrömmigkeit lässt sich die ursprüngliche Harmonie des Systems wiederherstellen, der Mensch kann eins werden mit dem Göttlichen.

◄ Tympanum von St. Trophine in Arles
Dieses Steinrelief über dem Tor einer christlichen Kirche benutzt Symbole, die auch die Kabbala kennt. Der Messias ist von den vier Tierwesen umgeben, die in der Vision des Propheten Ezechiel den göttlichen Thronwagen ziehen. Hier stehen sie für die vier Evangelisten. In kabbalistischer Symboldeutung ergeben die vier Tierwesen ein Bild des Urmenschen.

▼ **Der mystische Messias**
Die kabbalistische Spekulation blühte im 16. und 17. Jh. Viele Gelehrte glaubten, dass sie in der Endzeit lebten, und begrüßten die Ankunft des selbst ernannten Messias Schabbetai Zewi. Er bestimmte den 18. Juni 1666 als Tag der Erlösung. Doch er wurde von den Türken verhaftet und trat, um dem Tod zu entgehen, zum Islam über. Damit diskreditierte er sich natürlich als Messias.

▶ **Sechste und neunte Sefirah**
Die drei Knoten der Leuchterarme (von oben nach unten): *Daat* (Wissen, keine *Sefirah*!), *Tifereth* (Schönheit), die sechste *Sefirah*, und Jessod, die neunte *Sefirah*. *Daat*, das Wissen, vergeht, aber es stellt die Leere dar, in die das Absolute durch Willenskraft eintreten kann. *Tifereth* ist das Herz der Herzen, in dem die Essenz der Dinge wohnt. *Jessod* (»Fundament«) ist die Basis aller Existenz, beim Menschen die Grundlage des Bewusstseins.

Die Besamin-Büchse ist eine andere Form, die Sefirot-Ordnung darzustellen.

Wie der Leuchter bildet auch bei der Gewürzbüchse der Ständer die »Säule des Ausgleichs«.

◀ ***Besamin*-Büchse**
Zum Ausklang des Sabbats atmet man Gewürzdüfte ein. Das soll die Traurigkeit vertreiben, die der Verlust der »Sabbatseele« bis zum nächsten Sabbat hervorruft. Das jüdische Leben wird beherrscht von den Jahresfesten und dem Rhythmus des wöchentlichen Sabbats – Spiegel des Rhythmus der *Sefirot*.

VERZWEIGTER LEUCHTER

Nach Exodus 25,31–40 gab Gott dem Mose auf dem Sinai Anweisung für den siebenarmigen Leuchter – aus reinem Gold. In der kabbalistischen Tradition symbolisieren seine sieben Arme und drei Verbindungen die Einheit und Unveränderlichkeit der Welt der zehn *Sefirot*. Die Arme links der Mitte bilden die »Säule der Strenge«, die zur Rechten die »Säule der Gnade«. Die »Säule des Ausgleichs« in der Mitte hält das Gleichgewicht.

KETHER, DIE ERSTE SEFIRAH
Kether (»Krone«) bildet den Übergang von der transzendenten Gottheit her, als Wille oder Gedanke Gottes. Sie stellt die Einheit von allem dar, was war, ist und sein wird, den Namen Gottes.

CHOCHMA, DIE ZWEITE SEFIRAH
Chochma (Weisheit) ist das erste Attribut auf der »Säule der Gnade«. Es stellt die göttliche Weisheit dar und das Aufleuchten der Weisheit, der (noch undifferenzierten) Idee der Tora im Menschen. Ihr hält *Bina* (»Einsicht«) auf der »Säule der Strenge« die Waage.

HOD, DIE ACHTE SEFIRAH
Hod (Hoheit, Glorie) ist das unterste Attribut auf der »Säule der Strenge«, den drei Armen links vom Mittelständer. *Hod* ist die Schönheit und Majestät Gottes.

DIN, DIE FÜNFTE SEFIRAH
Din (Gericht) oder *Gebura* (Stärke) stellen die göttliche Gerechtigkeit dar, aber auch menschliche Strenge, Unterscheidungskraft und Disziplin.

CHESSED, DIE VIERTE SEFIRAH
Chessed (göttliche Liebe) oder *Gedulla* (Größe) stellt das zweite Attribut auf der »Säule der Gnade« dar. Sie steht für göttliche und menschliche Toleranz, Großzügigkeit und Liebe. Ihr gegenüber steht *Gebura*.

BINA, DIE DRITTE SEFIRAH
Bina (Einsicht) ist das erste Attribut auf der »Säule der Strenge« und die dritte *Sefirah*. Sie stellt die göttliche Vernunft dar und steht beim Menschen für die Annahme der Tradition und den Gebrauch des Verstands.

NEZACH, DIE SIEBTE SEFIRAH
Nezach (Sieg, Glanz, Ewigkeit) ist das dritte Attribut auf der »Säule der Gnade«. Es stellt die zunehmende Macht der göttlichen Heerscharen dar und das Aktive, Instinktive und Impulsive im Menschen.

MALCHUT, DIE ZEHNTE SEFIRAH
Malchut (Königsherrschaft) repräsentiert die Gegenwart Gottes in der Materie. Ihr sprach man eine vierfache Natur zu, die sich in den vier Elementen Feuer, Wasser, Luft und Erde äußert. In der Verbindung und der Spannung zwischen diesen Elementen manifestiert sich Gott in der Welt.

DIE ZWEI SÄULEN
Die drei rechten Leuchterarme sind die »Säule der Gnade«, die drei linken die »Säule der Strenge«. Die Arme der »Gnade«, *Chochmah* (Weisheit), *Chessed* (Gnade) und *Nezach* (Sieg, Glanz) werden von den gegenüberliegenden Kräften auf der »Säule der Strenge« in Waage gehalten: *Bina* (Einsicht), *Din* (Gericht) und *Hod* (Hoheit, Glorie).

DIE »SÄULE DES AUSGLEICHS«
Der Ständer ist die »Säule des Ausgleichs«. Auf ihrer einen Seite erstreckt sich die »Säule der Gnade«, auf der anderen die »Säule der Strenge«. Der göttliche Wille (»Säule des Ausgleichs«) hält alles im Gleichgewicht und bestimmt die Ordnung der *Sefirot*.

DIE HIERARCHIE
Gottes schöpferische Wirkungskraft, als Lichterbaum dargestellt, manifestiert sich in den *Sefirot*, göttlichen Attributen, die im ewigen Gleichgewicht alles erhalten.

JÜDISCHE GRUPPEN

Als Folge aus ihrer Geschichte der Zerstreuung und des Exils gibt es heute jüdische Gemeinden fast überall auf der Erde. Im Laufe der Jahrhunderte sind in verschiedenen Gebieten unterschiedliche Sitten und Gebräuche entstanden, und wenngleich sich die Juden immer als ein Volk gesehen haben, gibt es doch viele trennende Unterschiede. Zu den nationalen Unterschieden kamen im 19. Jahrhundert Bestrebungen von Juden in Westeuropa und den USA, die Traditionen der modernen Zeit anzupassen. Es kam zu einer Spaltung in orthodoxe Juden (Traditionalisten) und Reformjudentum.

CHASSIDISMUS IN OSTEUROPA

Der Chassidismus entstand Ende des 18. Jh. in Osteuropa und ist von großer Begeisterung, religiöser Verzückung und besonderer Verehrung der einzelnen Führer gekennzeichnet. Die Männer erkennt man an ihren schwarzen Anzügen, schwarzen Hüten, Korkenzieherlocken und Bärten; die Frauen kleiden sich schlicht. Chassidim sind sehr orthodox und leben in gesonderten Gemeinden nach ihren eigenen Bräuchen. Heute gibt es größere Chassidim-Gemeinden in Israel und in den großen Städten der USA. Vom orthodoxen Judentum anfangs abgelehnt, sind die Chassidim heute – zumal unter der »Bedrohung« durch die Reformjuden – als rechtgläubig anerkannt.

SEFARDIM UND ASCHKENASIM

Im 17./18. Jh. war Amsterdam ein Hauptzentrum der jüdischen Welt mit blühenden Synagogen. Die jüdische Gemeinschaft bestand im wesentlichen aus zwei Gruppen. Die Sefardim waren Nachkommen der spanischen Juden, die 1492 von den christlichen Herrschern des Landes verwiesen worden waren, die Aschkenasim Abkömmlinge von deutschen (*aschkenas* = deutsch) und osteuropäischen Juden. Beide Gruppen bewahrten ihre eigenen Bräuche, obwohl ihre Synagogen im Amsterdamer Judenviertel dicht beieinanderstanden. Beider Zeremonien sind auf Stichen des Franzosen Bernard Picart (um 1730) festgehalten. Heute gibt es sefardische Juden vor allem im Mittelmeerraum. Die Juden in den USA sind vor allem Aschkenasim. Israel hat einen aschkenasischen und einen sefardischen Oberrabbiner.

▶ Fastengesetze
Der Versöhnungstag ist der Fast- und Bußtag des jüdischen Jahres. Man nimmt weder Speisen noch Getränke zu sich und geht üblicherweise barfuß.

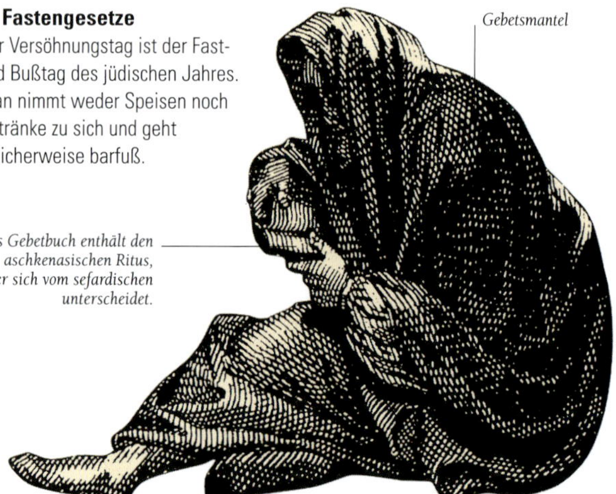

Gebetsmantel

Das Gebetbuch enthält den aschkenasischen Ritus, der sich vom sefardischen unterscheidet.

ASCHKENASISCHE SYNAGOGE AM VERSÖHNUNGSTAG

Dieser Stich von Bernard Picart zeigt Juden deutscher Abstammung in Amsterdam bei der Feier des Versöhnungstages *(Jom Kippur)*. An diesem höchsten Feiertag des jüdischen Jahres ist die Synagoge besonders gut besucht.

DEUTSCHE JUDEN
Die Aschkenasim setzten sich bewusst von den Bräuchen des Gastlandes ab. Aufgehen in der Kultur des Gastlandes wird allgemein als größte Bedrohung für das Judentum angesehen. Trotz der verschiedenen Formen des Judentums, die zu verschiedenen Zeiten und an verschiedenen Orten praktiziert wurden und werden, betrachten sich doch alle Juden als ein Volk.

FRAUENGALERIE
Wie in allen orthodoxen Synagogen sitzen Männer und Frauen getrennt. Hier sitzen die Frauen auf der Empore über den Köpfen der Männer. Die deutschen Juden waren in dieser Hinsicht strenger als die spanischen, in deren Synagoge man Männer und Frauen im gemeinsamen Gespräch sieht.

NACHTLICHTER
Die Kerzen zeigen, dass es Nacht ist. Der Versöhnungstag beginnt bei Sonnenuntergang des vorhergehenden Tages und dauert die Nacht und den Tag bis zum nächsten Sonnenuntergang. Der Künstler war sehr beeindruckt, dass viele dieser deutschen Juden die ganze Nacht und manchmal auch den nächsten Tag ihren Platz nicht verließen und die ganze Zeit ihre Sünden beweinten.

KOPFBEDECKUNGEN
Wie in allen orthodoxen Synagogen halten die Männer ihren Kopf bedeckt. In Picarts Bild der spanischen Synagoge tragen die Männer modische Dreispitze, doch die deutschen Juden tragen einfache Käppchen oder Alltagshüte.

VON DER GEMEINDE GETRAGEN
Jede Gemeinde unterhielt ihre eigene Synagoge. Picarts Stiche zeigen, dass die sefardische Synagoge viel größer und prachtvoller war als die aschkenasische. Die deutschen Juden waren ärmer und im Amsterdamer Geschäftsleben weniger etabliert als ihre spanischen Glaubensbrüder.

DEUTSCHE FRÖMMIGKEIT
Die deutsche Gemeinde war bekannt für ihre tiefe Frömmigkeit und dafür, dass sie großen Wert auf Bildung und Erziehung legte. Man sieht, dass alle Juden auf dem Bild lesen und dem hebräischen Text des Gebetbuches folgen können – zu einer Zeit, in der durchaus nicht jeder Christ lesen und schreiben konnte.

BÄRTE UND KITTEL
Nach alter jüdischer Tradition tragen diese jüdischen Männer Bärte. Da *Jom Kippur* ist, tragen sie einen für Aschkenasim kennzeichnenden weißen Kittel. Picarts Bild der spanischen Synagoge zeigt glatt rasierte Männer in modischer Kleidung.

REFORMJUDENTUM

Das Reformjudentum (auch liberales Judentum) entstand im frühen 19. Jh. in Westeuropa und verbreitete sich schnell bis in die USA. Die überlieferte Liturgie wurde reformiert, die Landessprache als Gottesdienstsprache eingeführt. Kennzeichnend ist eine Spiritualisierung und ethische Akzentuierung der Religiosität. Ein wichtiges Prinzip ist die Gleichheit von Mann und Frau und deshalb werden seit 1972 sowohl Männer als auch Frauen als Rabbis ordiniert. Das Foto zeigt die erste Rabbinerin Großbritanniens mit der Torarolle. Die Orthodoxen betrachten Reformjuden als Sünder, ihre Rabbiner als Laien und ihre Konvertiten als Nichtjuden.

JACKIE TABICK, DIE ERSTE RABBINERIN GROSSBRITANNIENS

▼ Juden in aller Welt
Diese Rolle des Buches Ester stammt aus Kaifeng Fu in China. Spätestens seit dem 11. Jh. gibt es in China kleinere jüdische Gemeinden. Über die Herkunft der indischen Juden ist nichts bekannt, bis ins 18. Jh. wussten die einzelnen Gemeinden nicht einmal voneinander. 1975 erkannte das israelische Rabbinat die äthiopische *Falascha (Beta Israel)* an. Viele äthiopische Juden leben heute in Israel. All diese Gruppen haben z. T. Landesbräuche übernommen und praktizieren unterschiedliche Formen des Judentums.

»… WANN IHR VERSTREUT SEID … DANN WERDEN MEINER GEDENKEN EURE SCHWERTENTRONNENEN UNTER DEN WELTSTÄMMEN, WOHIN SIE VERBRACHT SIND …«

Jecheskel/Ezechiel 6,8–9

FESTE

Der Rhythmus des jüdischen Lebens wird bestimmt vom Sabbat und von den Festen im Jahreskreis. Der Sabbat beginnt am Freitagabend und endet am Samstagabend. Die Feste fallen jedes Jahr auf unterschiedliche Tage des weltlichen Jahres, da das religiöse Jahr den Mondphasen folgt und daher nur 354 Tage hat. Drei Wallfahrtsfeste sollen die Juden feiern: »Dreifach im Jahr lasse all dein Mannsvolk sich sehen vor Seinem deines Gottes Antlitz an dem Ort, den er wählt, am Fest der Fladen, am Fest der Wochen, am Fest der Hütten« (Das Buch Reden/Dtn 16,16). Das Fest der Fladen oder Ungesäuerten Brote (*Pessach* oder *Pascha*, unten), das Wochenfest (*Schawuot*) und das Laubhüttenfest (*Sukkot*) stehen in Zusammenhang mit Israels Geschichte und dem Landwirtschaftsjahr; das Neujahrsfest (*Rosch ha-Schana*) und der Versöhnungstag (*Jom Kippur*) sind Zeiten der Besinnung und Umkehr; das Losfest (*Purim*) und das Lichterfest (*Chanukka*) feiern die Errettung aus besonderen Gefahren; ein neues Fest ist *Jom haAtzma'ut* (Unabhängigkeitstag) zum Gedenken an die Gründung des Staates Israel am 14. Mai 1948.

Palmzweig, Myrte und Weide

Etrog

◀ Das Sukkot-Fest
Sukkot, das Laubhüttenfest, ist das dritte Pilgerfest und ursprünglich ein Erntedankfest. Man baut Laubhütten zur Erinnerung an die Hütten auf dem Wüstenzug. Bei Umzügen in der Synagoge trägt man die »vier Arten«: einen Feststrauß (*Lulab*) aus Palmzweig, Myrte und Bachweide in der rechten Hand und einen *Etrog* (Zitrusfrucht) in der linken.

DAS CHANUKKA-FEST

Das achttägige *Chanukka*-Fest wird im Winter gefeiert. Es erinnert an den Sieg der Makkabäer über die Seleukiden, die den Jerusalemer Tempel entweiht hatten. Die vornehme Familie der Makkabäer erhob sich daraufhin zum Aufstand. Nach drei Jahren gelang es Judas Makkabäus im Dezember 164 v. Chr. Jerusalem zu erobern und den Tempel zu reinigen und neu zu weihen. Nach einer talmudischen Legende brannte die Tempellampe mit dem wenigen geweihten Öl, das die Makkabäer noch im Tempel vorfanden, in wunderbarer Weise acht Tage, bis neues Öl geweiht war. Zur Erinnerung daran wird am *Chanukka*-Leuchter, beginnend mit einem Licht am ersten Tag, acht Tage jeweils ein weiteres Licht angezündet. Die Kinder bekommen Geschenke. Hier feiert eine junge Frau den Sabbat und die fünfte Nacht des *Chanukka*-Festes. Die Sabbatkerzen brennen schon, und die Mutter entzündet mit ihrem kleinen Sohn fünf Kerzen am *Chanukka*-Leuchter.

EINE FRAU ENTZÜNDET DIE *CHANUKKA*-KERZEN.

PESSACHVORBEREITUNG

Pessach (Vorübergang) ist das erste Wallfahrtsfest. Es erinnert an den Auszug der Israeliten aus Ägypten und leitet seinen Namen von der zehnten ägyptischen Plage ab (siehe S. 209), als der Engel des Herrn an den Häusern der Israeliten vorüberging, während bei den Ägyptern alle Erstgeborenen starben. Diese Buchmalerei stammt aus der Goldenen Haggada von 1320.

UNGESÄUERTE BROTE
Die Mazzenfladen sind aufeinandergestapelt. Die oberen und unteren Stücke stehen für die doppelte Portion Manna, die Gott den Israeliten in der Wüste gab, der mittlere Fladen symbolisiert das »Brot des Leidens«.

SYMBOLISCHE SPEISEN
Für das *Pessach Seder* werden symbolische Speisen aufgetragen: Bitterkräuter für die Bitterkeit der Sklaverei in Ägypten, grüne Erdfrucht als Zeichen des Frühlings, ein Ei als Symbol des Festopfers, ein Lammknochen als Erinnerung an das Opferlamm, Salzwasser für die Tränen, die die Israeliten in Ägypten weinten, und ein Mus aus Äpfeln, Nüssen, Zimt und Wein für den Lehm, aus dem die Juden in Ägypten Ziegel formen mussten.

EIN ACKERBAUFEST
Zur Zeit des Jerusalemer Tempels markierte das *Pessach*-Fest den Beginn der Gerstenernte. Sieben Wochen später feierte man mit *Schawuot* ein Dankfest für die ersten Früchte und für das Gesetz, das Gott dem Mose am Sinai gegeben hatte.

FRÜHJAHRSPUTZ
Das *Pessach*-Fest ist in erster Linie ein Familienfest und erfordert viel Vorbereitung. Da kein gesäuertes Brot gegessen werden darf, muss das Haus von allen Resten befreit und gereinigt werden. Das übliche Geschirr wird weggestellt und besonderes *Pessach*-Geschirr benutzt.

BLICK IN DIE ZUKUNFT
Es heißt, der Messias werde sich am *Pessach*-Fest zu erkennen geben, und der Prophet Elia gehe ihm voraus. Ein Becher Wein wird für Elia bereitgestellt, und der Gottesdienst endet mit dem Trinkspruch: »Nächstes Jahr in Jerusalem.«

SUCHE NACH GESÄUERTEM
Am Abend vor dem *Pessach*-Fest geht man mit einer Kerze durchs Haus und sucht die letzten Krümel gesäuerten Brotes. Diese werden dann mit einer Feder symbolisch weggefegt.

DIE FRAGE
Die jüngste Person am *Pessach*-Tisch fragt die älteste, warum diese Nacht anders ist. Es folgt die Erklärung, dass die Israeliten einst Sklaven in Ägypten waren, aber nun in Freiheit leben können, weil Gott sie errettet hat.

BESONDERE OPFER
Vor der Zerstörung des Tempels in Jerusalem 70 n. Chr. brachte man an Festtagen besondere Opfer. Das Schlachten eines Lammes gehörte zum *Pessach*-Fest: Um der zehnten Plage zu entgehen, hatten die Israeliten in Ägypten ihre Türposten mit dem Blut eines frisch geschlachteten Lammes gekennzeichnet.

»GEDENKET DIESES TAGS … UND MELDEN SOLLST DU DEINEM SOHN AN DEM SELBEN TAGE: UM DES WILLEN, WAS ER MIR TAT, ALS ICH AUSFUHR AUS ÄGYPTEN.«
Das Buch Namen/Exodus 13,8

◀ Das Fest der Ungesäuerten Brote
Als die Israeliten aus Ägypten fortzogen, mussten sie sich beeilen. Sie hatten nicht die Zeit, ihr Brot vor dem Backen gehen zu lassen. Gemäß der Gebote, die Gott dem Mose gab, darf zum *Pessach* kein Sauerteig- oder Hefebrot gegessen werden, sondern besonderes »ungesäuertes Brot« (*Matzah*, Matze).

◀ Koscheres Fleisch
Die Speisevorschriften der Juden erlauben nur den Verzehr des Fleisches von Tieren, die wiederkäuen und einen gespaltenen Huf besitzen, was z. B. Schweine ausschließt. Außerdem müssen die Tiere geschächtet werden, d. h., die Halsschlagader wird durchtrennt, sodass die Tiere ausbluten, ohne lange leiden zu müssen. Milchprodukte und Fleisch dürfen nicht zusammen gegessen werden (»Koche nicht ein Böcklein in der Milch seiner Mutter«, Exodus 34,26). Daher haben die Juden getrenntes Geschirr für »milchig« und »fleischig«.

DER FESTKALENDER

Jeden Samstag

SCHABBAT (SABBAT): Alle Arbeit ruht. Die Sabbatkerzen werden entzündet. Der Sabbat erinnert daran, dass Gott nach Vollendung der Schöpfung am siebten Tag ruhte.

Frühling

PURIM: Das Losfest erinnert an den Sieg Esters über den Unterdrücker Haman.

PESSACH: Fest der Befreiung, zur Erinnerung an den Auszug aus Ägypten und zum Dank für die Gerstenernte.

JOM HAATZMA'UT: Unabhängigkeitstag, zur Erinnerung an die Ausrufung des Staates Israel 1948.

Sommer

SCHAWUOT: Das Wochenfest erinnert an die Gottesgabe der Zehn Gebote. Erstlingsfrüchte werden dargebracht.

Herbst

ROSCH HA-SCHANA: Das jüdische Neujahrsfest ist eine Zeit der Besinnung und der geistigen Erneuerung. Der *Schofar* (Widderhorn) ruft zur Umkehr auf.

JOM KIPPUR: Der Versöhnungstag, an dem man Gott alle Sünden bekennt und um Vergebung betet.

SUKKOT: Am siebentägigen Erntedankfest bauen die Menschen Laubhütten, die an die Zelte und Hütten auf der Wüstenwanderung erinnern.

Winter

CHANUKKA: Das Lichterfest erinnert an die Wiedereinweihung des Tempels in Jerusalem nach dem Sieg des Judas Makkabäus über die Syrer (164 v. Chr.).

RITEN DES LEBENS

Juden lebten immer in eigenen Gemeinschaften, die sich durch ihre religiöse Praxis von den nichtjüdischen Nachbarn unterschieden. Sie aßen andere Speisen, begingen andere Feste, trugen z. T. auch andere Kleidung. Durch diese Abgrenzung konnten die Juden ihre Identität bewahren. Wer in die jüdische Gemeinschaft hineingeboren wurde, wurde normalerweise dort auch erzogen, heiratete innerhalb der Gemeinschaft, gründete eine Familie und starb dort. All diese Stationen des Lebens waren von eigenen Riten gekennzeichnet, die die Besonderheit der Juden hervorhoben. Durch diese Lebensriten lernten Juden, sich als Mitglieder des auserwählten Volkes mit besonderen Pflichten und Aufgaben zu sehen – und das gilt für gläubige Juden noch heute.

DIE ROLLEN VON MÄNNERN UND FRAUEN

Das Judentum ist eine patriarchalische Religion. Zwar ist Jude, wer von einer jüdischen Mutter geboren ist, doch werden die Kinder nach ihrem Vater benannt, z. B. »Isaak, Sohn des Abraham« oder »Dina, Tochter des Jakob«. Die Geburt eines Sohnes wird nach acht Tagen mit der Beschneidungszeremonie gefeiert, für eine Tochter spricht man im normalen Gottesdienst einen Segensspruch. Traditionell gibt es nur für Jungen eine Mündigkeitsfeier und Männer danken Gott im Gebet, dass er sie nicht als Frau erschaffen hat, während Frauen Gott dafür danken, sie nach seinem Willen geschaffen zu haben. Nichtorthodoxe Bewegungen haben sich in jüngerer Zeit um eine Gleichstellung der Geschlechter bemüht und in ihren Gemeinden gelten Kinder jüdischer Väter und nichtjüdischer Mütter, die als Juden erzogen werden, als Juden.

▼ Beschneidung – Zeichen des Bundes
Die Beschneidung männlicher Kinder geht zurück bis zu den Zeiten des Patriarchen Abraham. Sie wird vom *Mohel* vollzogen, wenn der Junge acht Tage alt ist und seinen hebräischen Namen erhält. Jedes von einer jüdischen Mutter geborene Kind ist automatisch Jude. Die Beschneidung ist ein Zeichen, dass das Kind zum Bund Gottes mit seinem Volk gehört. Die abgebildeten Instrumente finden bei der Beschneidungszeremonie *(Brit Mila)* Verwendung.

RELIGIONSMÜNDIG

Ein jüdischer Junge wird mit 13 Jahren religiös volljährig und ist damit zur Erfüllung aller religiösen Gebote (siehe S. 207–209) verpflichtet bzw. berechtigt. Man nennt ihn *Bar Mizwa* (»Sohn des Gebots«). Hier betet ein junger Mann an der Klagemauer in Jerusalem sein tägliches Morgengebet. Er trägt Gebetsriemen (*Tefillin*, Phylakterien), zwei schwarze Lederkapseln mit Versen aus der Tora, die mit Lederriemen festgebunden sind: » ... zum Zeichen an deiner Hand und zum Angedenken zwischen deinen Augen« (Exodus 13,9). Am Sabbat nach seinem 13. Geburtstag wird der Junge zum öffentlichen Verlesen der Tora in der Synagoge aufgerufen. Das erfordert eine lange Vorbereitung und wird oft mit einem großen Familienfest gefeiert (*Bar-Mizwa*-Feier). Mädchen werden schon mit zwölf religionsmündig. Doch nur in Reformgemeinden lehrt man die spirituelle Gleichstellung von Männern und Frauen und nur in diesen Gemeinden gibt es eine Feier, die der der Jungen entspricht: die *Bat Mizwa* (wörtlich »Tochter des Gebots«).

BAR MIZWA AN DER KLAGEMAUER

▶ Tod und Begräbnis

Juden werden möglichst bald nach dem Tod begraben. Der Körper wird gewaschen, in ein weißes Leichentuch gehüllt und in einen schlichten Holzsarg gebettet. Der Verstorbene wird zu Grabe getragen, wobei der Rabbi, der die Begräbnisprozession anführt, biblische und liturgische Verse singt. Es ist üblich, unterwegs anzuhalten, damit die Trauernden ihrer Trauer Ausdruck verleihen können. In der Friedhofskapelle oder am Grab wird eine Totenklage angestimmt. In der Diaspora ist der Brauch verbreitet, etwas Erde aus dem Land Israel ins Grab zu geben. Die traditionellen Gedächtnisgebete werden rezitiert und den Hinterbliebenen das Beileid ausgesprochen. Hier sieht man den Friedhof der Josefstadt (ehemaliges Judenviertel) in Prag.

»DASS GEHÖHT UND DASS GEWEIHT SEIN NAME SEI IM ALL ERSCHAFFEN, WIES IHM FROMM`, UND SEIN REICH, WALT` ERS, KOMM`, SOLANG EUCH LEBEN UND TAG GEGEBEN UND BEIM LEBEN VON GANZ HAUS ISRAEL, DASS DAS BALD SO UND IN NAHER ZEIT – DRAUF SPRECHT: AMEN«

Aus dem Kaddisch, das vielfach von Trauernden gebetet wird

STERNZEICHEN
Die kleinen Kreise enthalten jeweils ein Tierkreiszeichen mit dem hebräischen Namen darüber. Im Judentum gibt es eine alte astrologische Tradition, und man findet die zwölf Sternbilder oft auf den Böden alter jüdischer Synagogen. Sie wurden mit den zwölf Stämmen Israels in Zusammenhang gebracht, aber auch als Zeichen der kosmischen Ordnung angesehen, die durch Israels Toragehorsam aufrechterhalten wird.

DIE STADT JERUSALEM
Jerusalem ist die spirituelle Heimat aller Juden. Jedes Jahr am Pessach-Fest beenden sie das Ritual mit dem Wunsch: »Nächstes Jahr in Jerusalem«.

HOCHZEITSBALDACHIN
Die Säulen stellen den jüdischen Hochzeitsbaldachin, die *Chuppa*, dar, einen an den Seiten offenen Trauhimmel. Unter der *Chuppa* stehen das Hochzeitspaar mit Eltern bei der Trauzeremonie. Für jüdische Eltern war es immer wichtig, jüdische Ehepartner für ihre Kinder zu finden. Mischehen galten als Tragödie. Daher wurden früher Berufskuppler angestellt. Wenngleich sie als etwas sehr Trauriges gilt, ist die Scheidung nach jüdischem Recht möglich, vorausgesetzt, der Mann übermittelt der Frau einen Scheidebrief (*Get*). Frauen, deren Ehemänner davongelaufen sind oder eine Scheidung verweigern, können nicht mehr heiraten.

DIE MENORA
Der siebenarmige Leuchter (*Menora*), der einst im Tempel von Jerusalem stand, ist ein altes Symbol des Judentums. Er steht als Zeichen dafür, dass das Paar eine jüdische Ehe führen und den Wegen der Vorfahren folgen will.

BIBLISCHE SZENEN
Diese Aschkenasim-*Ketubba* zeigt neben den Tierkreiszeichen auch biblische Szenen und ist von einem erhebenden hebräischen Text umrandet.

ZEUGEN
Die *Ketubba* muss von Zeugen unterschrieben werden. Nach alter Tradition überreicht die Familie der Braut dem Bräutigam ein Tuch, und dann setzen die Zeugen ihre Namen rechts unter den Ehevertrag.

UNTERSCHRIFT
Bei Aschkenasim ist es üblich, dass der Bräutigam die *Ketubba* auf der linken Seite des Dokuments unterschreibt. Männer lernten seit frühester Zeit lesen und schreiben. Die Braut musste nicht unterschreiben.

ARAMÄISCHER TEXT
Der Ehevertrag ist traditionell in Aramäisch verfasst und legt die Verpflichtungen des Ehemannes gegenüber seiner Frau nieder. Er enthält die ehrwürdige Formel: »Du sollst meine Frau sein, ich will dir dienen, dich ehren und versorgen nach der Weise jüdischer Männer, die ihren Frauen dienen, sie hochschätzen, ernähren und versorgen in Treue.« Die *Ketubba* setzt ein Vermögen fest, das der Ehefrau auch im Falle einer Scheidung oder Witwenschaft zusteht, außerdem die Höhe der Mitgift, in orientalischen Ländern auch den Brautpreis.

ZUSÄTZE
Auch über den Standard hinausgehende, zusätzliche Vereinbarungen zwischen Mann und Frau werden im Ehevertrag festgehalten. In einem Land, in dem die Vielehe üblich ist, verspricht der Ehemann z. B. oft, sich keine weitere Frau zu nehmen. In Syrien war es üblich, dass der Mann von dieser Vereinbarung freigesprochen wurde, wenn die Frau ihm nach zehn Jahren noch keine Kinder geboren hatte.

FEIER
Hochzeiten werden unter Juden meist groß gefeiert. Es gibt je nach Gemeinde unterschiedliche Traditionen, doch überall folgt auf die Trauzeremonie ein so großes Fest, wie es sich die Familie der Braut nur erlauben kann.

»DURCH DIESEN RING SEIEST DU MIR ANGELOBT ENTSPRECHEND DEM GESETZ VON MOSES UND ISRAEL. GELOBT SEIEST DU, O HERR, DER BRÄUTIGAM UND BRAUT MIT FREUDE ERFÜLLST.«

Schwur des Bräutigams während der Zeremonie

DIE KETUBBA

Die *Ketubba* ist der traditionelle Ehevertrag. Ihre Verlesung ist Teil der Eheschließungszeremonie. Häufig sind *Ketubbot* reich illuminiert, so auch dieser Ehevertrag aus dem 18. Jh.

JERUSALEM – STADT ZION

Das Volk Israel lebte oft im Exil (*Galut*): »Sklaverei« in Ägypten, Exil der 10 Stämme (Nordisrael) von 722 v. Chr., babylonisches Exil (597/598–538 v. Chr. (von besonderer Bedeutung für die jüdische Glaubenspraxis und Weltsicht), schließlich das große Exil nach der Zerstörung des Tempels 70 n. Chr. und Vertreibung der Juden in alle Welt. Grundsätzlich sahen die Juden Exil als Strafe Gottes an. Buße sollte zur Heimkehr nach Zion führen. Zion, geografisch ursprünglich die Anhöhe des Tempelbergs, ist der symbolische Name für Jerusalem, die Hauptstadt des gelobten Landes, die Stadt Davids. Die Hoffnung, dass eines Tages alle 12 Stämme Israels wieder im von Gott verheißenen Land zusammenleben, gaben die Juden nie auf. Im 19. Jahrhundert sahen immer mehr Juden den einzigen Schutz gegen den wachsenden Antisemitismus in der Gründung eines eigenen Judenstaates. 1948 wurde der moderne Staat Israel gegründet. Seither sind viele Juden in ihre uralte Heimat zurückgekehrt – Opfer des Holocaust in Europa (siehe S. 237–239), schwarze Juden aus Äthiopien, russische Juden, die unter dem Sowjetregime leiden mussten, und Juden, die sich nicht mehr in der Lage sahen, in arabischen Ländern zu leben. Ein Beginn der verheißenen Rückkehr aus dem Exil?

◀ Ein Land im Krieg
Die arabischen Staaten waren gegen einen Staat Israel in einem Gebiet, das sie als das ihre ansahen. Israel verteidigte sich 1948, 1968 und 1973. Trotz der Siege der Israelis wurden zunehmend Forderungen nach einer gerechten Lösung des Palästinenserproblems laut, und die Friedensverhandlungen zwischen Juden und Arabern in den letzten Jahren fanden ein großes Echo. Dennoch bleibt Israel immer für den Krieg gerüstet.

JERUSALEM IM MITTELPUNKT

Diese Karte (14. Jh.) zeigt Jerusalem, die Heilige Stadt, als Mittelpunkt der Welt. Ein altes rabbinisches Sprichwort besagt, dass der Welt zehn Maß an Schönheit gegeben wurden, wovon Jerusalem neun einnimmt. Dass Jerusalem der Mittelpunkt der Welt sei, war damals ein weitverbreiteter Glaube. Es hieß auch, das Heilige Land sei höher als alle anderen Länder und Jerusalem sei auf dem höchsten Punkt des Heiligen Landes errichtet.

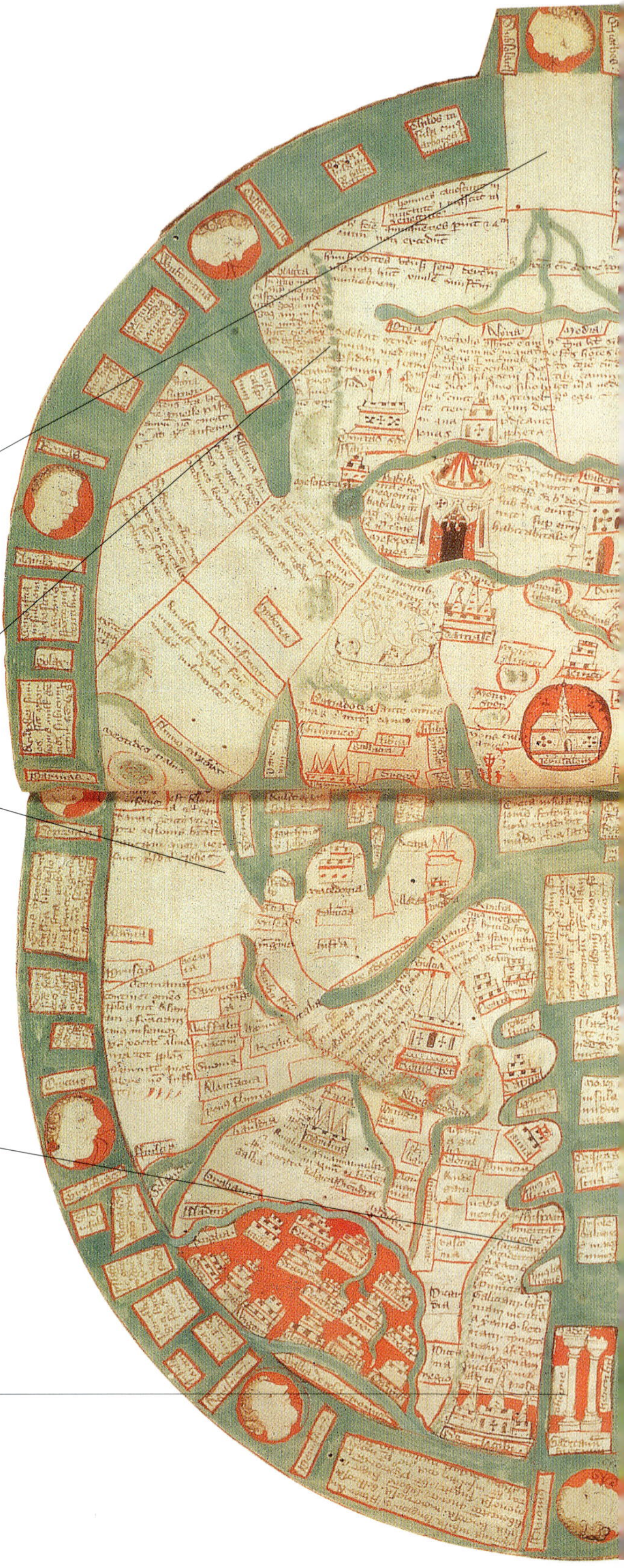

INDIEN UND CHINA

Im Fernen Osten gibt es alte jüdische Gemeinden, die über die Jahrhunderte ihre eigenen Bräuche bewahrt haben. Auch von dort kamen viele, um im Staat Israel ein neues Leben zu beginnen.

RUSSISCHE JUDEN

In den letzten Jahren sind viele Juden aus der ehemaligen Sowjetunion nach Israel gekommen. Auch in Russland gibt es eine lange Geschichte des Antisemitismus, und die Gründung des Staates Israel eröffnete vielen eine Möglichkeit, Vorurteilen und Benachteiligungen durch das sowjetische System zu entkommen.

EUROPA

Etwa 6 Mio. Juden wurden von den Nazis ermordet. Nach den Massakern des Holocaust (siehe S. 237–239) erkannten die Vereinten Nationen die Notwendigkeit eines jüdischen Staates endlich an. Viele der ersten Immigranten des neuen Staates Israel 1948 waren Überlebende der Konzentrationslager.

SPANIEN

In Spanien gab es blühende jüdische Gemeinden, bis König Ferdinand und Königin Isabella 1492 alle Juden des Landes verwiesen. Sie flüchteten nach Nordafrika, Südeuropa und Kleinasien, blieben aber ihrer alten sefardischen Tradition treu.

DIE SÄULEN DES HERKULES

Im Mittelalter galt die Meerenge von Gibraltar, die Säulen des Herkules genannt, als das westliche Ende der Welt. Seit der Entdeckungsreise des Kolumbus 1492 hat sich die Weltkarte verändert. Heute leben die meisten Juden in den USA. Die meisten amerikanischen Juden wollen auch in den USA bleiben, doch sie unterstützen den Staat Israel mit allen Kräften.

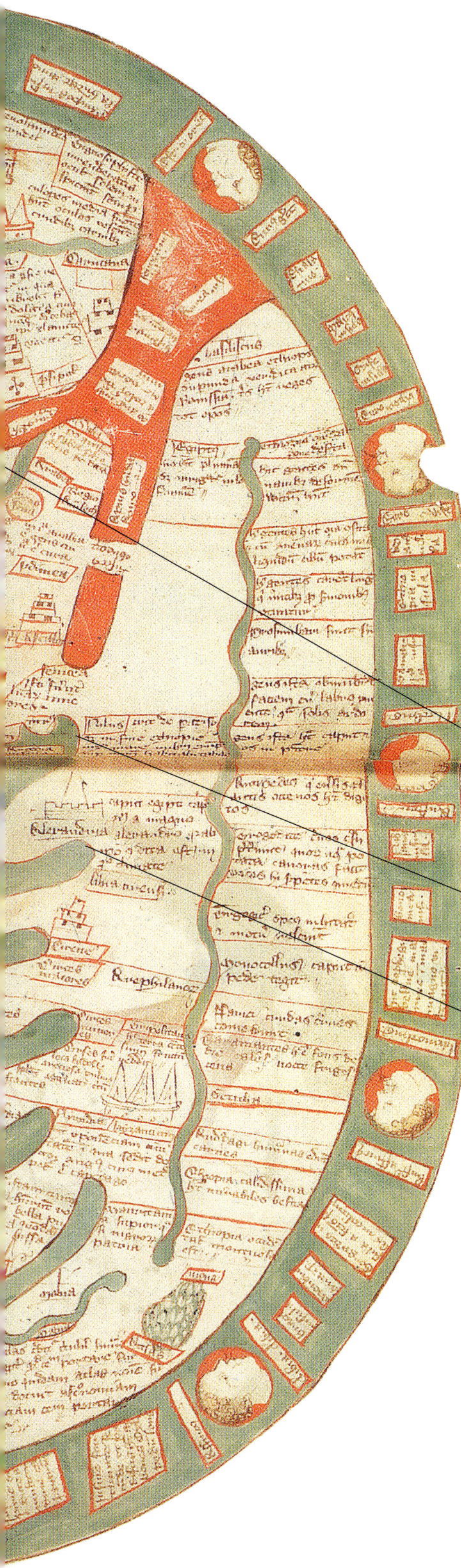

▲ Der Tempel
Auch nach der Zerstörung des Tempels erst durch die Babylonier (568 v. Chr.) und dann durch die Römer (70 n. Chr.) blieb er der Mittelpunkt der jüdischen Welt. Aus aller Welt kommen Pilger und beten an der Westmauer, dem letzten Rest des Tempels. Juden beten noch heute für die Wiederherstellung des Tempels durch den Messias.

BABYLONIEN
Die wohl wichtigste jüdische Gemeinschaft des frühen Mittelalters war die von Babylonien, dem Gebiet des heutigen Iran und Irak. Aufgrund des verstärkten Antisemitismus in der islamischen Welt gibt es heute dort fast keine Juden mehr.

ÄGYPTEN
Auch in Ägypten gab es im Mittelalter eine bedeutende jüdische Bevölkerungsgruppe. Hier waren die Juden vor allem nach der Suezkrise 1956 bedroht. Die meisten zogen nach Israel, und die großartigen Synagogen verfallen.

DIE ÄTHIOPIER
Die schwarzen Juden Äthiopiens (Beta Israel, Falascha) rückten in den Blick der Weltöffentlichkeit, als die israelische Regierung ihre von Krieg und Hunger bedrohten Glaubensbrüder ins Gelobte Land ausfliegen ließ.

»VERGESSE ICH, JERUSALEM, DEIN, MEINE RECHTE VERGESSE DEN GRIFF! MEINE ZUNGE HAFTE AM GAUM, GEDENKE ICH DEIN NICHT MEHR, ERHEBE ICH JERUSALEM NICHT ÜBERS HAUPT MEINER FREUDE.«
Das Buch der Preisungen/Psalm 137,5-6

◀ Gebet für den Frieden in Jerusalem
Hier beten einige Männer vor der Westmauer, der heiligsten Stätte des Judentums, das gebotene Gebet für den Frieden in Jerusalem. Die heiligen Torarollen werden erhoben und laut gelesen, damit sie von den Gläubigen gehört werden können. Seit der Erbauung des ersten Tempels durch König Salomo kamen Pilger an diesen Ort, um das Gesetz des Herrn zu lernen und zu beten, wo schon ihre Vorfahren gebetet haben.

»GESCHEHEN WIRDS IN DER SPÄTE DER TAGE: FESTGEGRÜNDET IST DER BERG SEINES HAUSES ZU HÄUPTEN DER BERGE, ÜBER DIE HÜGEL ERHABEN, STRÖMEN WERDEN ZU IHM DIE WELTSTÄMME ALLE, HINGEHN DIE VÖLKER IN MENGE, SIE WERDEN SPRECHEN: ›LASST UNS GEHN, AUFSTEIGEN ZU SEINEM BERG, ZUM HAUS VON JAAKOBS GOTT, DASS ER UNS WEISE IN SEINEN WEGEN, DASS AUF SEINEN PFADEN WIR GEHN! DENN WEISUNG FÄHRT VON ZION AUS, VON JERUSALEM SEINE REDE.«

Jeschajahu/Jesaja 2,2–3

THEODOR HERZL

Der österreichisch-ungarische Journalist Theodor Herzl (1860–1904) gilt als Begründer des modernen Zionismus. Ursprünglich hatte er im Aufgehen in der Mehrheitskultur die Lösung des Judenproblems gesehen, doch der Antisemitismus war in Europa tief verwurzelt. In der programmatischen Schrift *Der Judenstaat* plädierte er für die Gründung eines jüdischen Staates in Palästina. Seine Gegner waren zum einen die Assimilationisten, die als gute Bürger dem Gastland dienen wollten, und zum anderen die Orthodoxen, nach deren Ansicht er sich die Aufgabe des Messias anmaßte. Doch viele Juden kamen 1897 zum von Herzl organisierten ersten Zionistischen Weltkongress. Die Zionistische Weltbewegung wurde gegründet, und Herzl bemühte sich um internationale Unterstützung.

THEODOR HERZL, BEGRÜNDER DES MODERNEN ZIONISMUS

DER HOLOCAUST

Im Laufe der Geschichte waren die Juden immer wieder Verfolgungen ausgesetzt. Als Minderheit sah man sie als fremd und anders an. Mit einem zunehmenden Nationalismus im Europa des 19. Jahrhunderts kam es verstärkt zu einem Antisemitismus, der Juden als der »arischen Rasse« gegenüber minderwertig sah: in Deutschland, aber auch in Ungarn, der Slowakei, Polen und Russland. Nach der »Machtergreifung« der Nationalsozialisten unter Adolf Hitler eskalierte die Gewalt gegen die Juden. Die NS-Propaganda schob den Juden die Schuld für den verloren gegangenen Ersten Weltkrieg (1914–1918) und für alle wirtschaftliche Not zu. Hitler wollte ein »Tausendjähriges Reich« errichten – ohne Juden. Im Zweiten Weltkrieg (1939–1945) wurden Juden aus dem ganzen Reichsgebiet in meist weit im Osten liegende Vernichtungslager deportiert. Bis 1945 fanden etwa sechs Millionen Juden den Tod. Zwei Drittel des europäischen Judentums, mehr als ein Drittel der damals lebenden Juden, fiel dem Holocaust (von *griech.* »Ganzopfer«) zum Opfer. Die Juden nennen den Holocaust *Shoah*, was so viel wie Katastrophe bedeutet.

▲ Davidstern
Der Davidstern (*Magen David*, »Davidschild«) ist heute ein weitverbreitetes Symbol des Judentums. Unter Hitler zwang man die Juden, den »Gelben Stern« als weithin sichtbares Erkennungszeichen zu tragen.

»DIE STURMTRUPPEN WURDEN VON ZWEI MÄNNERN IN ZIVIL BEGLEITET; UND PLÖTZLICH ZOGEN DIE DRAUSSEN VERSAMMELTEN MIT EINEM LAUTEN ›NIEDER MIT DEN JUDEN‹ ÄXTE UND SCHWERE VORSCHLAGHÄMMER HERVOR … DIE KLEINE SYNAGOGE WAR NUR NOCH EIN HAUFEN STEINE, ZERBROCHENES GLAS UND ZERMALMTES HOLZ … WO GEPFLEGTE RABATTEN DEN KIESWEG ZUM EINGANG DER SYNAGOGE GESÄUMT HATTEN, HATTEN DIE KINDER EINEN SCHEITERHAUFEN ERRICHTET, UND DAS PERGAMENT DER TORAROLLEN NÄHRTE DIE FLAMMEN, SODASS SIE DIE ZERSCHMETTERTEN BÄNKE UND TÜREN UND DAS HOLZ DES TORASCHREINS AUFFRASSEN, DER NOCH TAGS ZUVOR DIE ROLLEN MIT DEM GESETZ DES MOSE BEHERBERGT HATTE.«

Augenzeugenbericht von der Zerstörung der Synagoge in Aachen 1933

DIE WEISSE KREUZIGUNG

Das Ölgemälde *Die weiße Kreuzigung* des russisch-jüdischen Malers Marc Chagall entstand 1938. Es zeigt die Judenverfolgung, die 1933 mit der Plünderung und Zerstörung jüdischer Geschäfte begann.

FRÜHERE ÜBERGRIFFE

Soldaten stürmen über einen Hügel. Ihre roten Flaggen mit Hammer und Sichel weisen sie als Russen aus. Auch Russland hat eine lange Geschichte des Antisemitismus. Das Wort Pogrom für Judenvernichtung stammt aus dem Russischen und bedeutet so viel wie »tödliche Zerstörung«.

ZERSTÖRUNG JÜDISCHER SIEDLUNGEN

Ein Dorf brennt. Es ist Opfer eines russischen Pogroms geworden. Häuser wurden geplündert, verwüstet und in Brand gesteckt.

KLAGE

Über dem Kreuz sieht man klagende Gestalten. Der Mann rechts trägt die Gebetsriemen, die fromme Juden beim täglichen Morgengebet anlegen. Der Mann unten bedeckt seine Augen: Er kann nicht mit ansehen, was geschieht. Die meisten Menschen in Deutschland, Juden wie Nichtjuden, wollten nicht wahrhaben, wohin Hitlers Politik führte. Die hier abgebildeten Männer tragen alle den orthodox-chassidischen Vollbart (»Rabbinerbart«).

»KRISTALLNACHT«

Eine Synagoge brennt. Für die Nacht vom 9. auf den 10. November 1938 organisierten die Nationalsozialisten landesweit barbarische Überfälle auf Synagogen und andere jüdische Gebäude. In dieser sog. »Reichskristallnacht« wurden 275 Synagogen zerstört und 26 000 Menschen in Konzentrationslager gebracht. Über dem Davidstern sieht man die Gesetzestafeln mit den Zehn Geboten, die Juden wie Christen als Wegweiser gelten. Das Bild zeigt deutlich, wie wenig Beachtung sie im Dritten Reich fanden.

ZERSTÖRUNG DER JÜDISCHEN RELIGION

Der Toraschrein, in dem die Torarollen aufbewahrt werden, wird geplündert. Die übrige Einrichtung der Synagoge liegt überall verstreut. In der Zeit des Holocaust wurden Tausende von Synagogen entweiht und zerstört.

DER GEKREUZIGTE JUDE

Manche Christen sahen in Chagalls Bild eine Provokation. Seit Jahrhunderten hatten Christen Juden als »Feinde des Kreuzes« und »Gottesmörder« verfolgt. Jesus, der Jude, trägt als Lendenschurz einen jüdischen Gebetsschal und hat seinen Kopf bedeckt, wie es für Juden bei liturgischen Handlungen Pflicht ist. In ihm verdichtet sich all das Leid der Juden.

JÜDISCHE FLÜCHTLINGE

Vor dem Dorf sind viele Menschen in ein großes Boot gestiegen; manche hängen erschöpft über dem Bootsrand. Sie wollen fliehen, obwohl nicht ersichtlich ist, wo es eine Zuflucht geben könnte. In der Zeit des Holocaust emigrierten viele Juden, doch nur wenige Länder gaben ihnen in der wirtschaftlich schlechten Zeit eine neue Heimat.

KEINE HOFFNUNG FÜR DIE SCHWACHEN

Eine junge Mutter drückt ihr Kind fest an sich. Nach Sitte verheirateter jüdischer Frauen trägt sie ein Kopftuch. Der Terror des Holocaust machte auch vor Frauen und Kindern nicht halt.

JUDENVERFOLGUNG ÜBER JAHRHUNDERTE

Ein alter Mann in einem blauen Kittel ist auf der Flucht. Ratlos breitet er die Arme aus. Der weiße Brustlatz erinnert an die Brustplatte, die der Hohepriester im Tempel zu Jerusalem trug. Ursprünglich stand in deutscher Sprache darauf geschrieben: »Ich bin ein Jude.«

DIE GESETZESROLLEN

Ein alter Mann blickt zurück zur brennenden Synagoge. Er trägt eine Kopfbedeckung, wie sie bei frommen Juden Brauch ist, und drückt die Torarolle, den Quell des Judentums, an seine Brust. Die handgeschriebenen Pergamentrollen mit dem hebräischen Text der fünf Bücher Mose sind in ein weißes Tuch gehüllt, das den Davidstern trägt.

ZERSTÖRUNG DES TEMPELS

Am Fuß des Kreuzes steht die *Menora*, der siebenarmige Tempelleuchter. Alle Kultgegenstände des Tempels gingen verloren, als der Tempel 70 n. Chr. von den Römern geplündert und zerstört wurde. Hier aber brennen die Kerzen der *Menora* und erleuchten die Szenerie des Schreckens.

VERBRENNUNG

Eine Torarolle brennt. In den Krematorien der NS-Vernichtungslager wurden Abertausende Juden verbrannt. Davon leitet sich auch der aus dem Englischen übernommene Begriff Holocaust ab. Das Wort stammt aus dem Griechischen und bezeichnete ursprünglich das alttestamentarische Brand- oder Ganzopfer (vgl. Levitikus 1). Jetzt bringt er die Absicht völliger Vernichtung durch das Hinschlachten der Opfer zum Ausdruck, wie sie der organisierten NS-Mordaktion zwischen 1939 und 1945 zugrunde lag.

DIE ENDLÖSUNG

Mitte 1942 fasste das Naziregime den Beschluss zur »Endlösung der Judenfrage«, d. h. zur Ausrottung aller Juden im Reichsgebiet. Weit im Osten wurden Vernichtungslager (Chelmno, Belzec, Sobibor, Treblinka, Maidanek, Auschwitz-Birkenau) eingerichtet, in denen die fabrikmäßige Tötung mittels Gas perfektioniert wurde. Dorthin brachte man Alte und Schwache. Die Jungen und Arbeitsfähigen mussten in Arbeitslagern Zwangsarbeit leisten. Nur wenige überlebten die Konzentrationslager. Aus der Erschütterung über das schreckliche Geschehen erwuchs bei Juden in aller Welt die Frage: Wo war Gott? Diese Frage versucht die Holocaust-Theologie zu deuten. Manche kamen zu der Ansicht, dass es Gott angesichts solcher Schrecken nicht geben könne. Andere sehen in der Gründung des Staates Israel Gottes Hand, die aus den von Menschen zu verantwortenden Schrecken etwas Gutes geschaffen habe. Wieder andere sehen den Holocaust als Strafe für eine Vernachlässigung der Religion.

▲ »Möge Gott sich erinnern ...«
Ab Oktober 1940 wurden etwa eine halbe Million Juden im Warschauer Getto eingepfercht. Viele starben an Epidemien, Hunger und Kälte, etwa 300 000 wurden nach Treblinka deportiert. Im Januar 1943 begann ein bewaffneter jüdischer Aufstand, der im Mai aber niedergeschlagen wurde.

▼ Endstation
Die berüchtigte Eisenbahn nach Auschwitz führte für über zwei Millionen Menschen in den Tod. Als die alliierten Truppen am Ende des Zweiten Weltkriegs die Lager befreiten, konnten sie nicht glauben, was sie sahen.

CHRISTENTUM

◀ **Die Kirche**
Dieser Bildausschnitt (siehe S. 266–268) zeigt einen Teil einer mittelalterlichen Kirche mit der Kreuzigung Christi im Vordergrund und der eucharistischen Wandlung im Hintergrund. Das Sakrament der Eucharistie (Abendmahl) ist Verkörperung der Anwesenheit Jesu unter seinen Jüngern.

CHRISTENTUM

LIEBE DEINEN NÄCHSTEN WIE DICH SELBST

Das Christentum beginnt mit dem historischen Jesus, einem Juden, der für die Christen Gottes Sohn ist. Die Wurzeln des Christentums aber sind wesentlich älter; sie liegen im Judentum. Vom Glauben der Christen, Jesus sei der Messias oder Heiland (siehe S. 246–247), und von seinem Leben und Wirken berichtet das Neue Testament, das die Evangelien sowie Briefe und andere Schriften aus dem ersten nachchristlichen Jahrhundert enthält. Diese Schriften sagen, dass Gott in Jesus Mensch wurde und Jesus gekommen sei, um das Reich Gottes auf Erden zu errichten. Nach seinem Tod am Kreuz ist Jesus in den Himmel aufgefahren und wird von dort kommen, um die Welt zu erlösen.

Jesus bringt Gottes Reich in die Welt: durch seine Lehre, durch Vergebung der Sünden und Heilungen. In Jesus konnten die Menschen Gott erkennen; im Johannesevangelium sagt Jesus: »Wer mich gesehen hat, hat den Vater gesehen« (Johannes 14,9). Jesus sprach von Gott als seinem Vater (»Abba«), der von ihm verschieden war. Daraus entstand der Glaube, dass Jesus sowohl Gott als auch gleichzeitig Mensch war.

Aus dem Glauben »Ja, Gott war es, der in Christus die Welt mit sich versöhnt hat …« (2. Korinther 5,19) erwuchsen die Grundpfeiler der christlichen Lehre: die Inkarnationslehre (siehe S. 246), die Christologie, die Lehre von der Trinität und der Erlösungsglaube (siehe S. 256–257). Die Inkarnationslehre besagt, dass Gott immer und überall im Leben Jesu zugegen war, dass Gott in Jesus Mensch wurde, ohne dabei das Menschsein zu beeinträchtigen. Die Christologie sagt, dass Jesus daher Gott und Mensch in einer Person war. Nach der Dreieinigkeitslehre (Trinitätslehre) ist Gott als Vater, Sohn und Heiliger Geist ein Einziger. Der Erlösungsglaube beinhaltet, dass Gott nicht nur in Jesu Leben die Menschen mit Gott versöhnt hat, indem er sie heilte und ihnen die Sünden vergab, sondern dass jeder zu Gott kommen kann, mag er auch noch so viel Schuld auf sich geladen haben: Wer glaubt, dem wird vergeben, weil Jesus durch seinen Tod am Kreuz die Menschen von ihrer Schuld erlöst und mit Gott versöhnt hat.

▲ Das Kreuz
Das Kreuz ist Erinnerung an den Tod Jesu (siehe S. 256–257) und Zeichen seiner Liebe zu den Menschen, der Erlösung aus der Sünde. Das leere Kreuz ist gleichzeitig Zeichen der Auferstehung (siehe S. 259–261).

Da Jesus als wahrer Mensch geboren wurde, als »Menschensohn«, um im Auftrag Gottes die Welt zu retten, bringen viele Christen seiner Mutter Maria große Verehrung entgegen, durch deren gehorsame Annahme des göttlichen Willens die Menschwerdung Gottes möglich wurde.

DIE LEHRE JESU

Jesus fasste die Gebote der jüdischen Bibel (für die Christen das Alte Testament) zusammen im Gebot der Gottes- und Nächstenliebe. Er forderte ein Leben in Nächstenliebe und in großherziger Liebe nach Gottes Willen. Vor seinem Tod gab Jesus seinen Jüngern die Zusicherung, dass er auch nach seinem Tode bei ihnen und bei allen, die an ihn glauben, sein werde. Er nahm das Brot und sagte

»Das ist mein Leib«, und er nahm den Wein und sagte »Das ist mein Blut«. Durch dieses Sakrament (äußeres Zeichen einer inneren Gnade, siehe S. 266–267) versprach er mit mehr als Worten, bis ans Ende der Zeit bei ihnen zu bleiben. Ein weiteres, in der ganzen Christenheit anerkanntes Sakrament ist die Taufe, in der Männer und Frauen Teil des lebendigen »Leibes Christi«, der Kirche, der Gemeinschaft der Gläubigen, werden und damit durch Christus zum ewigen Leben kommen. Das Christentum lehrt, dass dieses »Evangelium«, diese »frohe Botschaft« oder »gute Nachricht« von der Befreiung aus Sünde und Tod, eine Botschaft für alle ist, und ist daher eine missionarische Religion. Heute sind mehr als ein Drittel der Menschheit Christen.

DIE URKIRCHE

In der Urkirche verstand man den Leib Christi als Sinnbild vieler gleichberechtigter Teile unter einem Haupt (Christus). Doch schon im ersten Jahrhundert sah man die Kirche eher im Sinne der römischen Armee, in der die Beziehungen der Menschen untereinander durch Befehl und Gehorsam geprägt wurden, und es entstand eine Hierarchie mit dem Papst als geistlichem Oberhaupt an der Spitze und darunter einer strengen Rangordnung von Kardinälen, Bischöfen, Priestern, Ordensleuten und Laien. Presbyterianistische und kongregationalistische Strömungen versuchten später wieder zur demokratischeren Urform der Kirche zurückzukehren.

Anfangs waren die Christen eine kleine Gemeinschaft, erfüllt vom Heiligen Geist und geprägt vom Glauben an die Auferstehung (siehe S. 259–261). Von Kaiser Konstantin (um 280–337) bis zu Theodosius I. (379–395) wurde das Christentum Staatsreligion des Römischen Reiches und übernahm viel aus der römischen Kultur: Heidnische Feste erhielten eine neue, christliche Deutung.

SPALTUNGEN

Eine wirkliche Einheit im Glauben hat es nie gegeben. In den ersten Jahrhunderten legten Konzilien Glaubensbekenntnisse fest, in denen die wesentlichen Punkte eines gemeinsamen Glaubens festgehalten wurden. Zwei heute noch gebräuchliche sind das Apostolische und das Nicäische oder Große Glaubensbekenntnis. Im Laufe der Geschichte kam es jedoch zu weiteren Spaltungen, wie zur Trennung der Ostkirche von der weströmischen Kirche (Abendländisches Schisma 1054). Die Christen des Ostens (»Orthodoxe« = Rechtgläubige) erkennen den Papst nicht als Oberhaupt aller Christen an, während die römisch-katholische Kirche seine Amtsautorität auf dem Ersten Vatikanischen Konzil (1869–1870) neu bestätigt hat. Die

▶ Liturgische Gewänder
Wenn sie einen Gottesdienst feiern (siehe S. 252), tragen Priester besondere Gewänder. In der katholischen, orthodoxen und anglikanischen Kirche gibt es besondere Messgewänder. Die Farben hängen vom jeweiligen Anlass ab. Grün ist die Farbe der normalen Sonntage im Jahreskreis, Violett der Fastenzeit und des Advents. Weiß oder Rot ist für besondere Hochfeste gedacht, Rot vor allem für Märtyrerfeste.

▶ Taufe Jesu
Ehe Jesus den Menschen die Frohe Botschaft vom Reich Gottes verkündete, ließ er sich von Johannes dem Täufer im Jordan taufen: »Und als er aus dem Wasser stieg, sah er, dass der Himmel sich öffnete und der Geist wie eine Taube auf ihn herabkam. Und eine Stimme aus dem Himmel sprach: ›Du bist mein geliebter Sohn, an dir habe ich Wohlgefallen gefunden‹ « (Markus 1,10–11).

Mehrheit der orthodoxen Christen lebt in Griechenland und Russland.

Im 16. Jh. zerbrach auch die Einheit der Westkirche in der Reformation (siehe S. 269–271). Auch unter den damals von der römisch-katholischen Kirche abgespaltenen evangelischen oder protestantischen Christen kam es zu unterschiedlichen Auffassungen von Lehre und Praxis, es entstanden mehrere evangelische Kirchengemeinschaften. Seit dem Zweiten Vatikanischen Konzil (1962–1965) gibt es verstärkt Bemühungen um die Einheit der Christen (Ökumene). Man spricht zumindest wieder miteinander.

CHRISTLICHES LEBEN

Als die Kirche immer mehr in weltliche Belange verwickelt wurde, entstanden viele Orden, in denen sich Mönche oder Nonnen dem Gebet widmeten und in Armut, Keuschheit und Gehorsam lebten (siehe S. 272–273). Die Klöster entwickelten sich zu Horten der Weisheit und des Wissens. Die Kirchen wurden Zentren der Musik, Kunst und Architektur und prägten neue Stile wie die Romanik, die Gotik und den Barock.

In der Liturgie folgen die Christen in ihren Festen im Jahreskreis Leben, Sterben und Auferstehung Jesu Christi, in der katholischen und orthodoxen Kirche spielen auch die Gedenktage der Heiligen eine große Rolle (siehe S. 262–263). Aus dem Streben nach Heiligkeit und dem Wunsch, mit »Heiligem« in Berührung zu kommen, erfreuten sich vor allem im Mittelalter Wallfahrten zu Orten, die Heiligenreliquien bargen, großer Beliebtheit. Gebet und Gottesdienst in vielfacher Form sind bis heute Grundlagen des christlichen Lebens.

Ebenso gehört es zum Christentum, sich der Bedürftigen anzunehmen, zu lehren und zu heilen. Christsein sollte nicht zuletzt Dienst am Nächsten sein: »Was ihr für einen meiner geringsten Brüder getan habt, das habt ihr mir getan«, sagt Jesus (Matthäus 25, 40).

DIE INKARNATION

Inkarnation (Lat.: »Fleischwerdung«) ist einer der zentralen Begriffe des Christentums und besagt die Menschwerdung Gottes in Jesus von Nazareth. Christen glauben, dass die ewige, unveränderliche Natur Gottes in Jesus die menschliche Natur in ihrem ganzen Umfang angenommen hat. Das Konzil von Chalkedon (451) definierte: Jesus Christus ist wahrer Gott und wahrer Mensch. Die Inkarnationslehre begründet sich in den Evangelien (siehe S. 249–251), in denen Jesus selbst immer wieder sagt, dass Gott, der Vater, ihm die Macht gegeben habe, zu heilen, Sünden zu vergeben oder auch zu richten. Und das Johannesevangelium verkündet: »Und das Wort (*logos*) ist Fleisch geworden und hat unter uns gewohnt …« (Johannes 1,14).

◀ Die Heilige Dreifaltigkeit
Ein alter Mann, ein kleines Kind und eine Taube – so stellen Christen die drei Aspekte des einen Gottes dar. In den drei Personen Vater (Schöpfer), Sohn (Erlöser) und Heiliger Geist (in seinen Gaben) kann man Gott erkennen – und mehr als das: Sie sind das wahre Wesen des einen Gottes, das Geheimnis, dass in dem Menschen Jesus von Nazareth sich Gott selbst offenbart hat und dass die Bedeutung dieses Ereignisses sich immer neu aus dem lebendigen Wirken des Geistes ergibt. Die christliche Trinitätslehre ist kein Glaube an drei wesensmäßig verschiedene Götter, sondern es gibt nur einen Gott, und dieser wird erfahrbar in der Liebe.

▶ Gottes Boten
Engel sind in der Bibel Boten zwischen Himmel und Erde. Sie sollen bei der Geburt Jesu anwesend gewesen sein. Nach dem Evangelium des Lukas wurde der Engel Gabriel (»Gott ist stark«) zu Maria gesandt, um ihr zu verkünden, dass sie einen Sohn bekommen werde – worauf sie voll Glauben und Gottvertrauen antwortete: »Mir geschehe, wie du es gesagt hast.«

»SEID UNTEREINANDER SO GESINNT, WIE ES DEM LEBEN IN JESUS CHRISTUS ENTSPRICHT: ER WAR GOTT GLEICH, HIELT ABER NICHT DARAN FEST, GOTT GLEICH ZU SEIN, SONDERN ER ENTÄUSSERTE SICH UND WURDE WIE EIN SKLAVE UND DEN MENSCHEN GLEICH. SEIN LEBEN WAR DAS EINES MENSCHEN.«
Philipperbrief 2,5–7

HEILIGER GEIST
Die Taube ist ein Symbol des Heiligen Geistes und erscheint als solches bei der Taufe Jesu (Mk 1,10). In gleicher Weise wie die Taube nach der Sintflut zu Noachs Arche zurückkehrte (siehe S. 206) als Zeichen des Friedens zwischen Menschheit und Gott, weist sie hier auf Jesus als neue Friedenserklärung hin.

DER NEUGEBORENE KÖNIG
Der römische Dichter Vergil, ein Zeitgenosse des römischen Kaisers Augustus, schrieb kurz vor der Geburt Jesu von der großen Sehnsucht aller Menschen nach einem König, »mit dem die eiserne Weltzeit gleich sich endet und rings in der Welt eine goldene aufsteigt … und die befriedete Welt beherrscht er in der Kraft des Vaters. Dir aber, Knabe, spendet von selbst als Erstlingsgeschenklein Efeugeranke, von Baldrian rings durchwuchert, die Erde …« (aus der sog. *Messianischen Ekloge*). Für Christen ist diese Hoffnung mit Jesus in Erfüllung gegangen.

DIE JUNGFRAU MARIA
»Empfangen durch den Heiligen Geist, geboren von der Jungfrau Maria« heißt es im Apostolischen Glaubensbekenntnis. Der Evangelist Lukas stellt in Jesu Geburt eine Messiasverheißung des Propheten Jesaja als erfüllt dar: »Siehe, die Jungfrau hat empfangen, sie gebiert einen Sohn wird ihm den Namen Immanuel (Gott mit uns) geben.« (Jes 7,14).

KÖNIG DAVID
Wie einst den großen König David (siehe S. 210–213) erwartete man den neuen Messias aus der »Wurzel Jesse (Isai)«. Die Evangelien des Matthäus und des Lukas stellen Jesus als Nachfahren Davids dar und berichten von seiner Geburt in Davids Geburtsstadt Betlehem: »Heute ist euch in der Stadt Davids der Retter geboren; er ist der Christus, der Herr« (Lk 2,11).

PROPHET
Jüdische Propheten neben heidnischen Sehern zeigen, dass alle Menschen sich nach einem Retter gesehnt haben und dass Jesus allen Menschen das Heil bringen will, Juden wie Heiden.

BETENDE FIGUR
Christliches Beten bedeutet Verbindung aufnehmen mit Gott, dem Vater, Sohn und Heiligen Geist. Als die Jünger Jesus baten »Lehre uns beten!« (Lk 11,1), lehrte er sie das Vaterunser. Es wurde zum wichtigsten und bekanntesten Gebet aller Christen. Die Anrede Gottes als Vater (*Abba*) bringt ein besonderes Vertrauensverhältnis zum Ausdruck, das liebende Vertrauen eines Kindes zu den Eltern.

SCHRIFTROLLE
Auf der Schriftrolle stehen die lateinischen Worte *Gremium virginis erit salus gentium:* »Der Schoß der Jungfrau wird die Rettung der Völker sein.«

MARIA, DIE GLORREICHE

Dieses Gemälde von Jan Provost II. stammt aus dem Jahre 1524 und zeigt Maria, die Mutter Jesu, zusammen mit den drei Personen der Heiligen Dreifaltigkeit. Ihnen huldigen König David (siehe S. 210–213) und Seher aus der griechisch-römischen Welt.

KAISER AUGUSTUS
Unter Augustus (23 v. Chr.–14 n. Chr.) brachte der »römische Friede« (*pax romana*) dem Römischen Reich Wohlstand, Gesetz und Ordnung. Hier aber kniet Augustus vor einem größeren König. Dieser »eroberte« das Römische Reich, als sich das Christentum wie ein Lauffeuer in der römischen Welt ausbreitete.

»DER ENGEL ANTWORTETE IHR: HEILIGER GEIST WIRD ÜBER DICH KOMMEN UND KRAFT DES HÖCHSTEN WIRD DICH ÜBERSCHATTEN. DESHALB WIRD AUCH DAS KIND HEILIG UND SOHN GOTTES GENANNT WERDEN.«
Lukas 1,35

DIE GEGENWART GOTTES

Die Gegenwart Gottes im Leben Jesu verdeutlichen u. a. die Worte des Johannesevangeliums »Ich und der Vater sind eins« und »Wer mich gesehen hat, hat den Vater gesehen« (Joh. 10,30; 14,9). Schon die ältesten neutestamentlichen Schriften, die Paulusbriefe, enthalten das Bekenntnis »...Gott war es, der in Christus die Welt mit sich versöhnt hat ...« (2. Korinther 5,19). In den Evangelien ist von Jesus als dem »Menschensohn« die Rede, der ewige Heilszeit herbeiführt (Daniel 7,13–14). Die Christen sehen diese Aufgabe in Jesu Leben, Tod und Auferstehung vollbracht.

»UNSER VATER IM HIMMEL, GEHEILIGT WERDE DEIN NAME, DEIN REICH KOMME, DEIN WILLE GESCHEHE, WIE IM HIMMEL, SO AUF DER ERDE. GIB UNS HEUTE DAS BROT, DAS WIR BRAUCHEN! UND ERLASS UNS UNSERE SCHULDEN, WIE AUCH WIR SIE UNSEREN SCHULDNERN ERLASSEN HABEN! UND FÜHRE UNS NICHT IN VERSUCHUNG, SONDERN RETTE UNS VOR DEM BÖSEN. DENN DEIN IST DAS REICH UND DIE KRAFT UND DIE HERRLICHKEIT IN EWIGKEIT. AMEN.«

Das Vaterunser (Gebet des Herrn), Matthäus 6,9–13

Josef und Maria waren von Nazareth nach Betlehem gekommen, um sich dort in Steuerlisten eintragen zu lassen. Jesus kam in einem Stall zur Welt, »weil in der Herberge kein Platz für sie war« (Lukas 2,7).

Die Sterndeuter brachten Gold, Weihrauch und Myrrhe. Dieses Ereignis feiert die Kirche am Fest »Erscheinung des Herrn« (Epiphanias), auch »Heilige Drei Könige« genannt.

Wer waren die »drei Weisen«? Manche halten sie für zoroastrische Priester (siehe S. 20–21). Im 2. Jh. machte man sie zu Königen, und im 6. Jh. gab man ihnen Namen: Caspar, Melchior, Balthasar.

DIE ROLLE MARIAS

Dieses Fenster der Kathedrale von Canterbury zeigt, wie Gott durch Maria allen Menschen seine Gnade gewährt. Gabriel kam zu Maria, und dadurch, dass sie in gläubigem Vertrauen zu Gottes Heilsplan »Ja« sagte, wurde die Rettung der Menschen möglich. Der Dank an Maria kommt im Ave Maria zum Ausdruck: »Gegrüßet seist du Maria, voll der Gnaden. Der Herr ist mit dir, du bist gebenedeit unter den Frauen ...« Aber auch andere Frauen spielen in den Evangelien eine Rolle. Unter den Jüngern Jesu waren viele Frauen. Bei der Kreuzigung blieben sie, als die Männer flüchteten (siehe S. 256–258). Frauen wurde die Auferstehungsbotschaft am leeren Grab zuerst verkündet. Seither haben sich Frauen immer wieder in den Dienst Jesu gestellt, als Laiinnen und Ordensfrauen, in manchen christlichen Gemeinschaften auch als Priesterinnen.

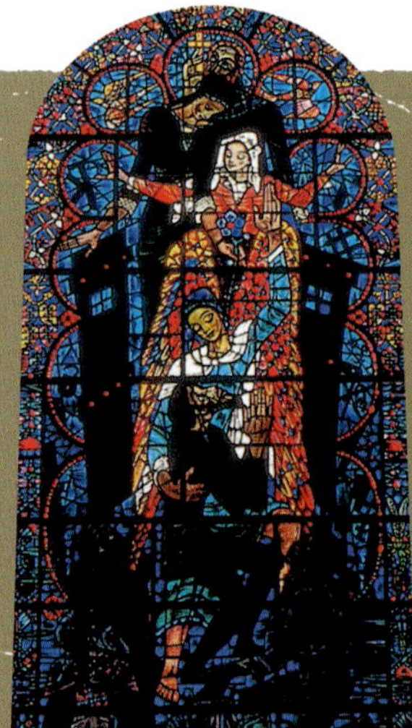

DAS ERLÖSUNGSFENSTER IN DER KATHEDRALE VON CANTERBURY IN ENGLAND

DAS LEBEN JESU

Die Evangelien (siehe S. 251) erzählen vom Wirken Jesu, von den Jahren, in denen er als Wanderprediger durch Galiläa und Judäa zog. Sie stellen Jesus als jemanden dar, der den Menschen das Reich Gottes gepredigt hat – häufig in Gleichnissen, in denen »himmlische Wahrheiten« anhand von Begebenheiten aus dem Alltagsleben verdeutlicht werden sollen. Jesus sprach von der Macht Gottes, aber auch von seiner Liebe, aus der heraus er Sünden vergibt und neues Leben schafft. Jesus wird oft dargestellt als einer, der Wunder vollbringt, der »heil macht« und so Gottes Macht offenbar werden lässt. Er ist der »Menschensohn«. Dieser Begriff kommt schon im Alten Testament vor, so im Buch Daniel (7. Kapitel), wo der Prophet in einer Vision eine Gestalt »wie ein Menschensohn« sieht, dem Gott ein ewiges Reich übergibt. Der Begriff betont aber auch das Menschsein Jesu. Die Lehren der Tora (siehe S. 218–220) fasst Jesus zusammen im Hauptgebot der Liebe und in der Goldenen Regel, in den Worten: » … den Herrn, deinen Gott, lieben … und … deinen Nächsten lieben wie dich selbst« (Markus 12,30–31) bzw. »Alles, was ihr wollt, dass euch die Menschen tun, das tut auch ihnen!« (Matthäus 7,12).

◀ Das Gleichnis vom Sämann Jesus kleidete seine Lehre oft in die literarische Form der Parabel. Wir nennen diese Beispielgeschichten Gleichnisse. So beschrieb er z. B. das Wort Gottes als Same, der von einem Sämann ausgestreut wird. Manchmal fällt es auf harten, steinigen Boden und kann nicht gedeihen, wo es aber auf fruchtbaren Boden fällt, bringt es reiche Frucht. Andere bekannte Gleichnisse sind das Gleichnis vom barmherzigen Samariter, in der ein erklärter Außenseiter als Nächster handelt (Lukas 10, 30–37), und das Gleichnis vom verlorenen Sohn, das die Möglichkeit der Umkehr zu Gott und Gottes übergroße Güte zeigt (Lukas 15,11–32).

▼ Jesus und die Tochter des Jairus Jesus zeigte den Menschen Gottes Liebe, indem er sie heilte und Sünden vergab. Wie konnte er etwas tun, was nur Gott möglich ist? Die Menschen erkannten: in Jesus wirkt Gottes Kraft. Wundergeschichten wollen auch zeigen, dass Jesus das Leben ist, das den Tod besiegt. So wird erzählt, wie Jairus Jesus bat, er möge seine Tochter heilen, obwohl man ihm von zu Hause die Nachricht überbrachte, sie sei schon tot. Jesus fasste das Mädchen an der Hand und sagte, man solle ihr etwas zu essen bringen. »Ihre Eltern aber waren fassungslos. Doch Jesus gebot ihnen, niemandem zu erzählen, was geschehen war« (Lukas 8,56).

DAS ERSTE WUNDER
Das Johannesevangelium erzählt, wie Jesus zu Beginn seines Wirkens einer Hochzeit in Kanaa beiwohnte (Joh 2,1–12). Seine Mutter sah, dass den Gastgebern der Wein ausging, und wies ihren Sohn darauf hin. Er sagte ihr, seine Zeit sei noch nicht gekommen, doch dann befahl er den Dienern, die Weinkrüge mit Wasser zu füllen. Als man dieses ausschenkte, stellte es sich als der beste Wein heraus. Diese Geschichte versinnbildlicht den Beginn einer neuen Zeit, in der alles Gute, so auch der Wein, im Überfluss vorhanden ist (Amos 9,13).

DIE TAUFE JESU
Zu Beginn seines Wirkens ging Jesus zu seinem Cousin Johannes dem Täufer, der die Menschen zur Umkehr und zur Buße für ihre Sünden aufforderte. Als Zeichen des Neuanfangs in ihrem Leben taufte (siehe S. 268) er sie im Jordan. Auch Jesus ließ sich von Johannes taufen. Als er aus dem Wasser stieg, »öffnete sich der Himmel und er sah den Geist Gottes wie eine Taube auf sich herabkommen. Und siehe, eine Stimme aus dem Himmel sprach: Dieser ist mein geliebter Sohn, an dem ich Wohlgefallen gefunden habe.« (Matthäus 3,16).

DIE BEIDEN ERSTEN VERSUCHUNGEN
Ehe Jesus sein Wirken begann, soll er 40 Tage und Nächte fastend in der Wüste verbracht haben (Mt 4,3–11). Dort wurde er vom Teufel auf dreifache Weise in Versuchung geführt: Zuerst sagte der Versucher dem hungrigen Jesus, er solle aus Steinen Brot machen; dann stellte er ihn oben auf den Tempel und sagte, Jesus solle sich hinunterstürzen und von Engeln retten lassen. (Die dritte Versuchung ist rechts abgebildet.)

DIE FÜCHSE HABEN IHRE HÖHLEN …
Ein Schriftgelehrter kam zu Jesus und sagte, dass er ihm überallhin folgen wolle. Jesus warnte ihn: »Die Füchse haben Höhlen und die Vögel des Himmels Nester; der Menschensohn aber hat keinen Ort, wo er sein Haupt hinlegen kann« (Mt 8,20).

HEILUNG DER KRANKEN
Einmal ließen Männer einen gelähmten Freund über das Dach zu Jesus herab, weil sie ihn durch die dichte Menschenmenge nicht zu Jesus tragen konnten. An ihm zeigte Jesus das Erbarmen Gottes. Der Mann wurde geheilt und konnte wieder gehen.

STILLUNG DES SEESTURMS
Jesus wird als einer dargestellt, der Macht über die Naturgewalten hat: Als er mit seinen Jüngern in einem Boot auf dem See war, brach ein Sturm los. Seine verängstigten Jünger weckten ihn, und er brachte dem Sturm zum Stillstand.

DÄMONENAUSTREIBUNG
Auch Menschen, die von »unreinen Geistern«, von Dämonen, besessen waren, kamen zu Jesus. In einer Geschichte heißt es, Jesus trieb die Dämonen aus und ließ sie in Schweine fahren, die sich dann in den See stürzten (Markus 5,1–16).

SZENEN AUS DEM LEBEN JESU
Diese Buchmalerei aus einer mittelalterlichen Bibel zeigt bekannte Szenen aus dem Leben Jesu. Bei der Darstellung des neugeborenen Jesus im Tempel sagte der alte, weise Simeon: »… meine Augen haben das Heil gesehen, das du vor allen Völkern bereitet hast« (Lk 2,30–31). Diese Szenen zeigen Jesu einzigartige Gottes- und Nächstenliebe, aus der heraus er Menschen heilt und zu einem neuen Leben befähigt.

> »ALS DIE SONNE UNTERGING, BRACHTEN DIE LEUTE IHRE KRANKEN, DIE ALLE MÖGLICHEN GEBRECHEN HATTEN, ZU JESUS. ER LEGTE JEDEM VON IHNEN DIE HÄNDE AUF UND HEILTE SIE.«
> Lukas 4,40

◀ Freund der Ausgestoßenen
Jesus kümmerte sich gerade um aus der Gesellschaft Ausgestoßene wie die Aussätzigen. Hier heilt er einen Aussätzigen. Dass jemand »rein« (von der Krankheit frei) war, musste von den Priestern im Tempel bestätigt werden. Daher sagt Jesus zu dem Geheilten: »Sieh, dass du niemandem etwas sagst, sondern geh, zeig dich dem Priester« (Mk 1,44). Die Kunde von seinen Heilungen verbreitete sich schnell, sodass die Menschen von überallher kamen und Jesus kaum noch Ruhe fand. Zum Beten zog er sich daher auf Berge oder in die Wüste zurück.

▶ Die dritte Versuchung
Der Teufel versuchte Jesus dreimal (siehe gegenüber). Beim dritten Mal führte er Jesus auf einen Berg und bot ihm alle Königreiche der Erde dafür, dass er vor ihm niederfallen würde. Der Teufel zitiert aus der Heiligen Schrift, um Jesus zu verleiten, gute, heilige Dinge in die Hand des Teufels zu geben. Diese Geschichten sollen zeigen, dass auch gläubige, gute Menschen Versuchungen ausgesetzt sind.

DIE EVANGELIEN

Die vier Evangelien werden den Evangelisten Matthäus, Markus, Lukas und Johannes zugeschrieben. Die ersten drei griffen vermutlich auf die gleichen Quellen zurück. Sie entstanden schätzungsweise im 1. Jh. n. Chr. An den Unterschieden zwischen den einzelnen Evangelien lässt sich ablesen, wie die frühen Christen die Lehren Jesu auf ihr eigenes Leben anwendeten. Das Evangelium des Johannes stellt tiefergehende Reflexionen über das »Wort« als Inbegriff des fleischgewordenen Gottessohnes an. Den vier Evangelisten gab man Symbole, die sich von Ezechiel 1,4–10 und Offenbarung 4,6–7 ableiten.

▶ Das Matthäusevangelium
Das Zeichen des Matthäus ist der geflügelte Mensch oder Engel. Das in der kirchlichen Tradition »nach Matthäus« benannte Evangelium wurde wahrscheinlich um 60 n. Chr. und mit Sicherheit von einem Autor mit jüdischem Hintergrund verfasst.

▶ Das Lukasevangelium
Das Zeichen des Lukas ist der geflügelte Stier. Lukas, der Arzt, ein Reisebegleiter des hl. Paulus, gilt als Verfasser des Lukasevangeliums und der Apostelgeschichte. Beide Texte entstanden etwa um 70 n. Chr. und wenden sich an nichtjüdische Leser.

◀ Das Markusevangelium
Das Symbol des Markus ist der Löwe. Der Verfasser soll ein Reisebegleiter des Apostels Petrus gewesen sein. Das Markusevangelium gilt als das älteste der vier Evangelien, ist stilistisch sehr einfach gehalten und wendet sich an nichtjüdische Leser.

◀ Das Johannesevangelium
Das Zeichen des Johannes ist der Adler. Der Verfasser gilt als »der Jünger, den Jesus liebte«. Dieses Evangelium entstand wohl um 100 n. Chr. und mag sich an Gemeinden um Ephesus gerichtet haben.

DAS LETZTE ABENDMAHL

Das letzte Abendmahl, das Jesus mit seinen Jüngern vor seinem Tod (siehe S. 256–258) einnahm, ist in der christlichen Überlieferung von besonderer Bedeutung: »… dann brach er das Brot, reichte es den Jüngern und sagte: Nehmt und esst; das ist mein Leib. Dann nahm er den Kelch … , gab ihn den Jüngern und sagte: Trinkt alle daraus; das ist mein Blut des Bundes, das für viele vergossen wird zur Vergebung der Sünden« (Mt 26, 26–28). Christen glauben an die rettende Stellvertretungskraft des Leibes und Blutes Jesu Christi, die aus Sünde und Tod befreit. Im Abendmahl feiern sie aber auch die Gemeinschaft mit Christus und untereinander: »Ein Brot ist es. Darum sind wir viele ein Leib« (1. Korinther 10,17). Doch in der Kirchengeschichte sind viele Deutungen und Namen für dieses Mahl entstanden. Christen feiern das Gedächtnismahl, das Herrenmahl oder die Eucharistie, sie gehen zum Tisch des Herrn, empfangen das Abendmahl oder die heilige Kommunion.

◀ **»Das ist mein Leib …«**
Die katholische Kirche gebraucht für das Abendmahl den Ausdruck »Eucharistie« (Griech.: »Danksagung«). Er umschreibt den ganzen Messgottesdienst. Der Begriff »Messe« leitet sich von den lateinischen Entlassungsworten der Eucharistiefeier ab (*Ite, missa est*, d. h. »Geht hin, ihr seid gesendet«). Hier erhebt ein katholischer Priester den Kelch und die Schale mit den Hostien (von lat. *hostia* = Opfer). Er spricht oder singt dazu: »Durch ihn und mit ihm und in ihm ist dir, Gott, allmächtiger Vater, in der Einheit des Heiligen Geistes alle Herrlichkeit und Ehre jetzt und in Ewigkeit.«

»IST DER KELCH DES SEGENS,
ÜBER DEN WIR DEN SEGEN SPRECHEN,
NICHT TEILHABE AM BLUT CHRISTI?
IST DAS BROT, DAS WIR BRECHEN,
NICHT TEILHABE AM LEIB CHRISTI?«
1. Korinther 10,16

BEIM LETZTEN ABENDMAHL

Dieses Relief (16. Jh.) zeigt Jesus und die zwölf Apostel beim letzten Abendmahl. Als Apostel gelten: Simon, genannt Petrus (zur Rechten Jesu), Andreas, der Bruder des Simon-Petrus, Jakobus der Ältere und sein Bruder Johannes (mit dem Kopf auf Jesu Schoß), Philippus, Bartholomäus, Matthäus, Thomas, Jakobus der Jüngere, Judas Iskariot (mit dem Geldbeutel, Jesus gegenüber), Simon der Kanaaniter (der Eiferer) und Thaddäus (auch Judas, Sohn des Jakobus).

PETRUS
Petrus war derjenige, der Jesus als Messias erkannte, ihm wurde von Jesus ausdrücklich Verantwortung für seine Lehre übertragen: »Du bist Petrus (der Fels), und auf diesem Felsen will ich meine Kirche bauen … Ich werde dir die Schlüssel des Himmelreiches geben« (Mt 16,18–19). Beim letzten Abendmahl versicherte Petrus: »Und wenn alle an dir Anstoß nehmen – ich niemals!« Doch wie Jesus vorausgesagt hatte, verleugnete er ihn nach dessen Verhaftung dreimal. Als er erkannte, was er getan hatte, ging er »hinaus und weinte bitterlich« (Mt 26,75).

ANKÜNDIGUNG DES VERRATS
»Als es Abend wurde, begab er sich mit den zwölf Jüngern zu Tisch. Und während sie aßen, sprach er: Amen, ich sage euch: Einer von euch wird mich ausliefern. Da waren sie sehr traurig, und einer nach dem andern fragte ihn: Bin ich es etwa, Herr? Er antwortete: Der die Hand mit mir in die Schüssel eintunkt, wird mich ausliefern.« (Mt 26,20–23)

GEDÄCHTNISMAHL
Im Evangelium des Lukas bittet Jesus seine Jünger, dieses Mahl »zu meinem Gedächtnis« (Lk 22,19) zu feiern, ebenso im ersten Korintherbrief. Die reformierte Kirche vertritt die Interpretation des Abendmahls als Gedächtnisfeier.

WÜRDIGE TEILNEHMER
Die Jünger Jesu waren meist einfache Leute. Auch heute können alle Christen (nach der Initiation durch Erstkommunion bzw. Konfirmation) die Kommunion bzw. das Abendmahl empfangen. Doch sie sollen sich vorher prüfen (vgl. 1. Kor 11, 27–32).

13 GEDECKE
Jesus schickte seine Jünger voraus, um den Abendmahlssaal vorzubereiten (Mt 26,17–18; Mk 14,13–16; Lk 22,8–13).

FUSSWASCHUNG
Vor dem Mahl wusch Jesus seinen Jüngern die Füße, zum Zeichen dafür, dass die, die miteinander Mahl halten, einander dienen sollen (Joh 13,1–15).

▲ Dreißig Silberstücke
Matthäus gibt den Preis des Verrats mit 30 Silberstücken an. Er schreibt auch, dass Judas Iskariot, als er sah, dass Jesus zum Tode verurteilt wurde, seine Tat bereute. Er gab das Geld zurück und erhängte sich. Auch die Apostelgeschichte berichtet vom Tod des Judas, allerdings begeht er hier nicht Selbstmord, sondern stirbt plötzlich auf grausige Weise. Warum Judas Jesus verraten hat, bleibt unklar. Möglicherweise war er ein radikaler Kämpfer gegen die Römer und wollte Jesus zum Handeln zwingen.

◄ Der Jünger, den Jesus liebte
»Einer von den Jüngern lag an der Seite Jesu; es war der, den Jesus liebte« heißt es im Johannesevangelium (Johannes 13,23). Sein Name wird nicht genannt, aber allgemein gilt Johannes als der Lieblingsjünger. Ihm (bzw. seinen Schülern) wird auch das Johannesevangelium zugeschrieben.

»DENN ICH HABE VOM HERRN EMPFANGEN, WAS ICH EUCH DANN ÜBERLIEFERT HABE: JESUS, DER HERR, NAHM IN DER NACHT, IN DER ER AUSGELIEFERT WURDE, BROT, SPRACH DAS DANKGEBET, BRACH DAS BROT UND SAGTE: DAS IST MEIN LEIB FÜR EUCH. TUT DIES ZU MEINEM GEDÄCHTNIS! EBENSO NAHM ER NACH DEM MAHL DEN KELCH UND SAGTE: DIESER KELCH IST DER NEUE BUND IN MEINEM BLUT. TUT DIES, SOOFT IHR DARAUS TRINKT, ZU MEINEM GEDÄCHTNIS!«

1. Korinther 11,23–25

Der älteste Abendmahlsbericht

VERSCHIEDENE DEUTUNGEN DER EUCHARISTIE

Wie ist die Gegenwart Christi in den Gestalten von Brot und Wein zu denken? 1215 wurde auf dem 4. Laterankonzil die Lehre von der Transsubstantiation bestätigt, die besagt, dass Brot und Wein in ihrem Wesentlichen zu Leib und Blut Christi werden. Im Zuge der Reformation kam es im 16. Jh. erneut zu Auseinandersetzungen darüber. Luther lehnte zwar die Auffassung ab, dass Brot und Wein, einmal gewandelt, immer Leib und Blut Christi sind, hielt aber an der realen Gegenwart Christi im Sakrament fest: »Das ist mein Leib« (im Augenblick des Empfangs). Hierüber kam es 1529 zum Bruch mit Zwingli, der auf einer rein symbolischen Auffassung als Gedächtnismahl bestand. Heute gibt es weitere Auffassungen: »Die Bedeutung von Brot und Wein wandelt sich« (Transsignifikation) oder »Vergangenes wird gegenwärtig wirksam« (Anamnese).

▶ Verdammung Andersgläubiger
Es gab erbitterte Auseinandersetzungen zwischen Katholiken und Protestanten. Hier (Holzschnitt, 16. Jh.) verdammt ein Prediger Priester, die die lateinische Messe feiern und den Gläubigen nur Brot reichen, und rühmt die Gedächtnisfeier in der Muttersprache, bei der auch die Laien Wein empfangen.

Kelch

Ungesäuertes Brot

◀ Brot und Wein
Brot und Wein gehörten zur Zeit Jesu zu jeder Mahlzeit. Beim Pessach (siehe S. 229) aber musste das Brot ungesäuert sein. Weil das letzte Abendmahl als Pascha-(= Pessach-) Mahl gilt (vgl. Mt 26,17; Mk 14, 12; Lk 22,7; Joh 13,1), verwendet die Kirche des Westens ungesäuertes Brot in Form von Hostien (s. o.). Die Ostkirche (siehe S. 276–277) erachtet das aber nicht als notwendig.

KREUZIGUNG

Jesus wurde außerhalb Jerusalems, auf Golgota (»Schädelstätte«) gekreuzigt. Es war zur Zeit des Paschafestes (Pessach) und am Tag vor dem Sabbat (Rüsttag). Jesus hatte den Hohen Rat herausgefordert: Er zog, wie für den Messias (siehe S. 210–213) vorausgesagt, in Jerusalem ein und trat mit göttlicher Autorität im Tempel auf. Der Hohe Rat befürchtete einen Konflikt mit der römischen Besatzungsmacht. Jesus wurde von den Hohepriestern den Römern übergeben und von diesen zum Tode verurteilt – wegen der Bedrohung der kaiserlichen Macht durch die messianische Bewegung. Jesus verteidigte sich nicht, sondern akzeptierte seinen Tod als unumgänglich. Er setzte sein Leben als »Lösegeld« für den Eintritt vieler in das Reich Gottes ein (Mk 10,45). Er blieb Gott und seinem wahren Menschsein bis in den Tod treu.

KREUZESTOD ALS SÜHNE

Für Christen ist Jesu Tod am Kreuz ein Sühnetod, der die Menschen mit Gott »versöhnt«, d.h. die Gemeinschaft mit Gott wiederherstellt, die durch die Sünde (»Absonderung« von Gott) zerstört wurde. Auch hier gibt es wieder verschiedene Deutungen, grundlegend aber ist, dass Jesus den Todesschmerz auf sich genommen hat, um in seiner Auferstehung (siehe S. 259–261) zu zeigen, dass Gott und seine Liebe vom Tod nicht besiegt werden können.

»DIE HOHEPRIESTER UND DIE SCHRIFTGELEHRTEN … LIESSEN JESUS VOR IHREN HOHEN RAT FÜHREN. SIE SAGTEN ZU IHM: ›WENN DU DER CHRISTUS BIST, DANN SAG ES UNS!‹« Lukas 22,66–67

EINE PIETA: MARIA WURDE DER LEICHNAM IHRES SOHNES IN DEN SCHOSS GELEGT.

JESUS ALS KÖNIG

Häufig wird Jesus auch am Kreuz als König (mit Krone) dargestellt und damit dieser Tod in das Heilsgeschehen des Gottesreiches einbezogen. In der Präfation zum (katholischen) Christkönigsfest heißt es: »Du hast deinen eingeborenen Sohn … mit dem Öl der Freude gesalbt … zum König der ganzen Schöpfung. Als makelloses Lamm und friedenstiftendes Opfer hat er sich dargebracht auf dem Altar des Kreuzes, um das Werk der Erlösung zu vollziehen. Wenn einst die ganze Schöpfung seiner Herrlichkeit unterworfen ist, wird er dir, seinem Vater, das ewige, alles umfassende Reich übergeben …«

»DARAN HABEN WIR DIE LIEBE ERKANNT, DASS ER SEIN LEBEN FÜR UNS HINGEGEBEN HAT. SO MÜSSEN AUCH WIR FÜR DIE BRÜDER DAS LEBEN HINGEBEN.«
1. Johannes 3,16

»UND IN DER NEUNTEN STUNDE SCHRIE JESUS MIT LAUTER STIMME: … MEIN GOTT, MEIN GOTT, WARUM HAST DU MICH VERLASSEN? … JESUS ABER SCHRIE MIT LAUTER STIMME. DANN HAUCHTE ER DEN GEIST AUS. DA RISS DER VORHANG IM TEMPEL IN ZWEI TEILE VON OBEN BIS UNTEN. ALS DER HAUPTMANN, DER JESUS GEGENÜBERSTAND, IHN AUF DIESE WEISE STERBEN SAH, SAGTE ER: WAHRHAFTIG, DIESER MENSCH WAR GOTTES SOHN.«

Markus 15,34–39

GEMEINSCHAFT DER HEILIGEN
Das Kreuz überbrückt nicht nur die Kluft zwischen dem Einzelnen und Gott, sondern auch zwischen den Menschen untereinander. Es bringt sie in einer neuen Gemeinschaft zusammen und schafft durch die Sakramente in dieser Gemeinschaft den Leib Christi auf Erden. Das ist der soziale Aspekt der Versöhnung, der seine Vollendung in der Gemeinschaft der Heiligen im Himmelreich sieht.

KREUZNÄGEL
Die Kreuzigung war eine grausame Hinrichtung. Jesus wurde entkleidet, geschlagen, verhöhnt und mit Dornen gekrönt. Er musste sein eigenes Kreuz zur Hinrichtungsstätte tragen, wo er ans Kreuz genagelt wurde. In vielen Kirchen findet man den Weg Jesu zum Kreuz in 14 Kreuzwegstationen bildlich dargestellt. Sie sollen den Gläubigen ermöglichen, das Leiden ihres Herrn nachzuvollziehen.

DAS OPFER
Das Böse (die Sünde) stört die Beziehung zwischen Mensch und Gott, zerstört die seelische Gesundheit des Menschen, er ist nicht mehr heil. Sünde macht zudem unfrei. Der Preis für die Heilung bzw. das »Lösegeld« für die Befreiung ist hoch. Jesus hat ihn bezahlt.

BAUM DES KREUZES

Diese Pacino di Bonaguido (14. Jh.) zugeschriebene Darstellung zeigt das Kreuz als Lebensbaum. Die Zweige tragen Miniaturen mit Szenen aus dem Leben Jesu. Die unteren vier Zweige stellen Kindheitsgeschichte und Wirken Jesu dar, die mittleren vier Leiden und Tod, die oberen Auferstehung, Himmelfahrt und Wiederkunft in Herrlichkeit sowie Szenen aus der Apostelgeschichte. Das Kreuz Jesu wird oft als Stammbaum beschrieben, der die Ahnen Jesu über König David (siehe S. 210–213) bis zu Adam und Eva zurückverfolgt, mit denen Sünde und Tod begannen. Anders als der Baum der Erkenntnis, von dessen verbotener Frucht sie aßen, bringt der Baum des Kreuzes nicht Tod, sondern neues Leben.

ADAM UND EVA
Die Bibel sieht Sünde in der Abkehr von Gott. Dann versteckt man sich vor Gott wie Adam und Eva. Die christliche Theologie sieht in Tod und Auferstehung Jesu einen Weg für alle Menschen, um wieder zu Gott zu finden – heraus aus der Sünde.

»VATER, WENN DU WILLST,
NIMM DIESEN KELCH VON MIR!
ABER NICHT MEIN, SONDERN
DEIN WILLE SOLL GESCHEHEN.«
Lukas 22,42

▲ Der Pelikan
Früher glaubte man, dass der Pelikan seine widerspenstigen Jungen tötet, sie aber nach drei Tagen mit seinem eigenen Blut wieder zum Leben erweckt. Die Tötung trat später in den Hintergrund zugunsten der Legende, der Pelikan nähre seine Nachkommen mit seinem Blut, bis er selbst sterbe. Er wurde so zu einem Symbol für Christus, der in seinem Opfertod sein Blut für viele vergoss.

▼ Vertreibung aus dem Paradies
Nach dem Buch Genesis wurden Adam und Eva aus dem Garten Eden vertrieben, weil sie Gott ungehorsam waren. Die Folge ihres Ungehorsams, Sünde und Tod, betrifft alle Menschen. Jeder lebt in der Verflochtenheit in die Sünden anderer (Erbsünde) und wird durch sein Tun selbstverschuldet zum Sünder. Deshalb ist er auf die Erlösung durch Jesus Christus angewiesen.

▲ Am Ölberg
Nach dem letzten Abendmahl betete Jesus am Ölberg. Seine Jünger schliefen ein. Jesus aber erschien »ein Engel vom Himmel und gab ihm (neue) Kraft« (Lk 22,43).

▲ Gefangennahme
Jesus wurde auf dem Ölberg verhaftet. Judas zeigte den Wachen der Hohepriester, welcher der Männer Jesus war, indem er ihn küsste (Lk 22,48).

▲ Jesus vor Pilatus
Jesus wurde vor den römischen Statthalter Pontius Pilatus gebracht. Dieser willigte schließlich in die Kreuzigung ein, obwohl er keine Schuld feststellen konnte.

▲ Die Kreuzigung
Neben Jesus wurden zwei Verbrecher gekreuzigt. Seine Mutter und den Jünger Johannes, die unter dem Kreuz standen, bat Jesus, sich um einander zu kümmern (Joh 19,26).

▲ Begraben
»Gelitten unter Pontius Pilatus, gekreuzigt, gestorben und begraben« (Glaubensbekenntnis). Matthäus erzählt, dass das Grab bewacht wurde, damit niemand den Leichnam stehle.

»UND JESUS
RIEF MIT LAUTER
STIMME: VATER, IN
DEINE HÄNDE LEGE
ICH MEINEN GEIST.
NACH DIESEN
WORTEN HAUCHTE
ER DEN GEIST AUS.«
Lukas 23,46

AUFERSTEHUNG

Als Jesus am Kreuz starb (siehe S. 257), flüchteten die meisten seiner Jünger, aber die Frauen blieben in der Todesstunde unter dem Kreuz. Sie erhielten dann als Erste die Botschaft, dass das Unglaubliche geschehen war, dass Jesus lebte. Ihnen erschien der Auferstandene zuerst. Erst ihr Zeugnis rief die männlichen Jünger auf den Plan. Christen verstehen die Auferstehung Jesu als Wegweisung und Hinweis auf das, was uns nach unserem Tod erwartet. Der Tod ist nur der Übergang zu einem neuen Leben in Gott. Die neutestamentlichen Schriften erzählen, dass der auferstandene Jesus noch eine Weile bei seinen Jüngern blieb. Dann »verließ er sie und wurde zum Himmel emporgehoben« (Lukas 24,51). Doch er ließ seine Jünger nicht trostlos und verlassen zurück. Nach christlichem Zeugnis kam Gott am Pfingsttag zu seiner Kirche, als Heiliger Geist (siehe S. 246–248), der auch Jesus in seinem Leben und Wirken gestärkt und erhalten hatte. Seither ist der Heilige Geist mit seinen Gaben (siehe unten) bei den Christen.

DIE APOSTEL PREDIGTEN, UND »JEDER HÖRTE SIE IN SEINER SPRACHE REDEN«.

DIE HERABKUNFT DES GEISTES

Jesus »wurde zum Himmel emporgehoben« (rechts). Doch er hatte den Jüngern versprochen: »Ihr werdet die Kraft des Heiligen Geistes empfangen« (Apg 1,8). Die Apostelgeschichte erzählt, wie sie in einem »Obergemach« versammelt waren, und »da kam plötzlich vom Himmel her ein Brausen, wie wenn ein heftiger Sturm daherfährt, und er erfüllte das ganze Haus … Und es erschienen ihnen Zungen wie von Feuer … auf jeden von ihnen ließ sich eine nieder« (Apg 22–23). Diese Herabkunft des Geistes feiert die Kirche am Pfingstfest, 50 Tage nach Ostern, weil sie am Wochenfest, 50 Tage nach Pessach, erfolgt sein soll, als sich Menschen aus vielen Ländern in Jerusalem versammelt hatten. Die »Begeisterung« der Jünger hatte zur Folge, dass sie sich nicht fürchteten, die Frohe Botschaft zu verkünden, und dass sie Menschen aller Sprachen verstehen konnten. Sie tauften viele, heilten und verkündeten das Evangelium. Das Christentum war geboren.

JESUS WIRD ZU SEINEM VATER IN DEN HIMMEL ERHOBEN..

JESUS STEHT VON DEN TOTEN AUF

Diese Bilder des italienischen Malers Andrea Mantegna (um 1431–1506) zeigen Szenen der Auferstehung nach den Evangelien des Matthäus und Johannes. Matthäus berichtet, dass Wächter vor das Grab gestellt wurden, in das man Jesus gelegt hatte. Er beschreibt die Auferstehung am Sonntagmorgen als gewaltiges Ereignis, in dessen Verlauf die Wächter wie tot zu Boden fallen. Die Frauen aus Galiläa fanden das Grab leer. Später erschien ihnen Jesus. Im Johannesevangelium erscheint er zuerst Maria von Magdala vor dem Grab.

SYMBOL DER AUFERSTEHUNG
Jesus wird hier mit einem Banner gezeigt, das ein rotes Kreuz als Symbol der Auferstehung trägt. Rot ist u. a. die Farbe des Blutes und des Lebens.

VERSIEGELTES GRAB
Jesus wurde, in ein reines Leinentuch gehüllt, in ein neues Felsengrab gelegt und ein großer Stein davorgewälzt (Mt 27,57–60). Die Hohepriester ließen das Grab versiegeln. Um das zu untermalen, hat Mantegna nicht nur das Felsengrab, sondern auch noch einen römischen Sarkophag (Steinsarg) gemalt.

EINE GUTE NACHRICHT
Als die Frauen das leere Grab gesehen hatten, folgten sie den Worten des Engels und erzählten den Jüngern von der Auferstehung.

ERDBEBEN
Das Matthäusevangelium erzählt von einem Erdbeben – daher die Spalte in der Erde. Nach alter Vorstellung stieg Jesus in das Totenreich, in die Unterwelt, hinab. Bei Matthäus ist an früherer Stelle die Rede davon, dass er »drei Tage und drei Nächte im Innern der Erde sein« wird (Mt 12,39 f.).

DIE SCHÖPFUNG WARTET
Paulus schreibt im Römerbrief, dass der Heilsplan Gottes für die ganze Schöpfung gelte, denn die ganze Schöpfung hoffe auf Erlösung (Röm 8,18–23). Darauf bezieht sich der Maler in seiner Darstellung von Enten und Schildkröten sowie verschiedenen Pflanzen. Aus einem toten Baum wächst ein grüner Zweig: ebenfalls ein Symbol der Auferstehung.

DIE FRAUEN AM GRAB
Bei den Frauen, die zum Grab kamen, nennen alle Evangelisten übereinstimmend Maria Magdalena (Maria aus Magdala). Bei Matthäus ist noch eine andere Maria dabei, und die beiden wollen nach dem Grab sehen. Bei Lukas sind es noch Johanna und Maria, die Mutter des Jakobus, und die Frauen wollen den Leichnam salben (wie hier dargestellt). Mantegna hat in seiner Bilderfolge verschiedene Evangelien verknüpft.

◀ »Wie tot«
»Aus Furcht vor ihm erbebten die Wächter und waren wie tot.« (Mt 28,4). Die Hohepriester hatten Pilatus um Wachen gebeten. »Gib also den Befehl, dass das Grab bis zum dritten Tag bewacht wird. Sonst könnten seine Jünger kommen, ihn stehlen und dem Volk sagen: Er ist … auferstanden« (Mt 27,64).

»WENN ABER VERKÜNDET WIRD, DASS CHRISTUS VON DEN TOTEN AUFERWECKT WORDEN IST, WIE KÖNNEN DANN EINIGE VON EUCH SAGEN: EINE AUFERSTEHUNG DER TOTEN GIBT ES NICHT?«
1. Korinther 15,12

◀ Der Engel am Grab
Als die Frauen zum Grab kamen, um danach zu sehen, war dort ein Engel, der ihnen sagte: »Ich weiß, ihr sucht Jesus, den Gekreuzigten. Er ist nicht hier; denn er ist auferstanden, wie er gesagt hat. Kommt her und seht euch den Ort an, wo er lag« (Mt 28,5–6).

Der Engel am Grab wird meist mit Flügeln dargestellt.

JESUSERKENNTNIS
Als Maria Jesus erkannte, wollte sie ihn berühren. Doch er sagte zu ihr: »Halte mich nicht fest; denn ich bin noch nicht zum Vater hinaufgegangen.« Er bat sie, seinen Jüngern auszurichten, dass er zum Vater gehen werde (Joh 20,11–18).

ERSCHEINUNGEN
Im Johannesevangelium erscheint Jesus zuerst der Maria von Magdala in einem Garten, dann kommt er in den Raum, in dem die Apostel versammelt sind. Später offenbart er sich Jüngern am See Tiberias. Bei Lukas findet sich die bekannte Emmausgeschichte, in der die Jünger ihn erkennen, als er das Brot bricht.

GRABSTÄTTE
Wo Jesus begraben wurde, ist umstritten. Es wird von einem Garten berichtet, und er muss außerhalb der Stadt gelegen haben. Die kampfreiche Geschichte Jerusalems macht eine genaue Feststellung jedoch unmöglich, und mehrere Stätten nehmen für sich in Anspruch, das Grab Jesu zu sein.

DER DRITTE TAG
Christen feiern den Sonntag als Tag der Auferstehung, weil Jesus am Freitag begraben wurde. Dieser wird im alten Stil mitgezählt, sodass der »dritte Tag« der Sonntag ist.

»DENN ICH BIN GEWISS: WEDER TOD NOCH LEBEN, WEDER ENGEL NOCH MÄCHTE, WEDER GEGENWÄRTIGES NOCH ZUKÜNFTIGES, NOCH GEWALTEN WEDER HÖHE ODER TIEFE NOCH IRGENDEINE ANDERE KREATUR KÖNNEN UNS SCHEIDEN VON DER LIEBE GOTTES, DIE IN CHRISTUS JESUS IST, UNSEREM HERRN.«
Brief des Apostels Paulus an die Römer 8,38–39

▶ Wo ist der Leichnam?
Johannes berichtet, dass Maria vor dem Grab stand und weinte, weil sie den Leichnam Jesu nicht finden konnte. Jesus fragte sie: »Frau, warum weinst du? Wen suchst du? Sie meinte, es sei der Gärtner, und sagte zu ihm: Herr, wenn du ihn weggebracht hast, sag mir, wohin du ihn gelegt hast … Jesus sagte zu ihr: Maria!« (Johannes 20,15–16) Da erkannte sie ihn.

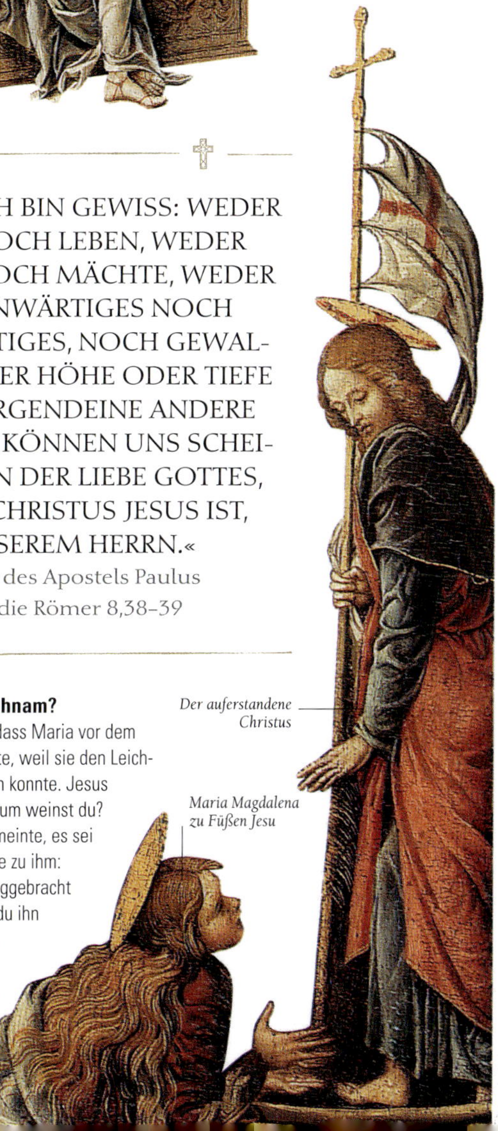

Der auferstandene Christus

Maria Magdalena zu Füßen Jesu

HEILIGE

Alle Christen sind aufgerufen, sich als Heilige zu erweisen, in ihrem Leben in besonderer Weise die Liebe und Hingabe zu Jesus, seiner Lehre und seiner Kirche zu zeigen. Im Neuen Testament und in der frühen Kirche nannte man die eucharistische Gemeinschaft »Gemeinschaft der Heiligen«. Daneben entwickelte sich schon früh eine Heiligenverehrung, die sich anfangs nur auf Märtyrer bezog. Von ihnen nahm man an, dass sie als Blutzeugen Christi und Nachfolger in seinem Leiden unmittelbar in den Himmel aufgenommen würden und somit bei Gott Fürbitte für die noch Lebenden einlegen könnten.

Von vielen Heiligen erzählt man sich Legenden, Geschichten, die so nie geschehen sind, die aber Glaubenswahrheiten vermitteln.
In der katholischen Kirche spricht der Papst auch heute noch Verstorbene heilig (oder selig), die in besonderem Maße ein gottgefälliges Leben geführt haben. Die evangelischen Kirchen lehnen Fürbittgebete zu Heiligen, eine persönliche Anrufung der Heiligen als Vermittler zwischen Mensch und Gott, ab. Doch auch für sie gibt es »heiligmäßige Menschen«, die als Vorbilder im Glauben, als Wegweiser für das eigene, christliche Leben dienen.

HEILIGE UNSERER ZEIT

Unabhängig von einer offiziellen Heiligsprechung gelten heute vor allem Menschen, die sich in besonderer Weise um Notleidende kümmern und für Gerechtigkeit einsetzen, als Vorbilder für Christen aller Konfessionen. So wird Mutter Teresa, die sich um Kranke, Sterbende und Kinder in Kolkata kümmerte und den Orden der »Missionarinnen der Nächstenliebe« gegründet hat, von vielen als Heilige angesehen. Als Märtyrer unserer Tage gelten z. B. Bischof Oskar Romero, der sich auf die Seite der Armen in El Salvador stellte und 1980 ermordet wurde, und der schwarze Methodistenprediger Martin Luther King, der gewaltlos für die Rechte der Unterprivilegierten in den USA kämpfte und 1968 ermordet wurde.

▲ **Dietrich Bonhoeffer**
Der evangelische Theologe Dietrich Bonhoeffer (1906–1945) gilt nicht nur evangelischen Christen als Vorbild im Widerstand gegen Gewaltherrschaft.

▲ **Josephine Butler**
Die Sozialreformerin Josephine Butler (1828–1907) ist in der anglikanischen Kirche als Heilige anerkannt. Sie kämpfte u. a. gegen sexuelle Ausbeutung von Frauen.

▼ Der Glaube des hl. Franz
Im Osten bot Franz dem Sultan an, seinen Glauben zu beweisen, indem er mit mehreren Gefolgsleuten des Sultans durch ein großes Feuer schritt.

► Der Säulenheilige
Simeon, der Säulenheilige (um 390–459) war ein asketischer Mönch, der Gott durch strenges Fasten und im Gebet diente. Die letzten 30 Jahre seines Lebens verbrachte er auf einer Säule. Ratsuchende kamen zu ihm, und er betete mit ihnen, predigte und half – aber er flüchtete vor ihnen bis in 20 m Höhe.

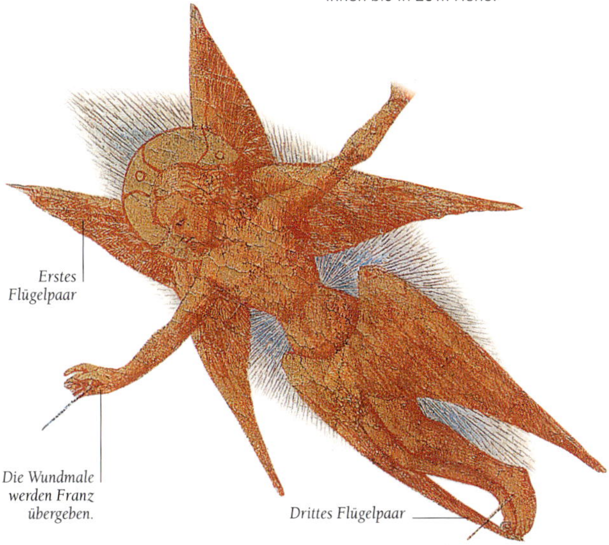

▼ Beweis der Gnade Gottes
Als Franz gestorben war, kamen viele Menschen, um seinen Leichnam zu sehen. Doch einer war darunter, der an seiner Heiligkeit zweifelte. Wie der Jünger Thomas, der Jesus nur erkennen wollte, wenn er seine Wundmale sah, wollte dieser Franz erst als heilig anerkennen, wenn er dessen Wundmale gesehen hatte.

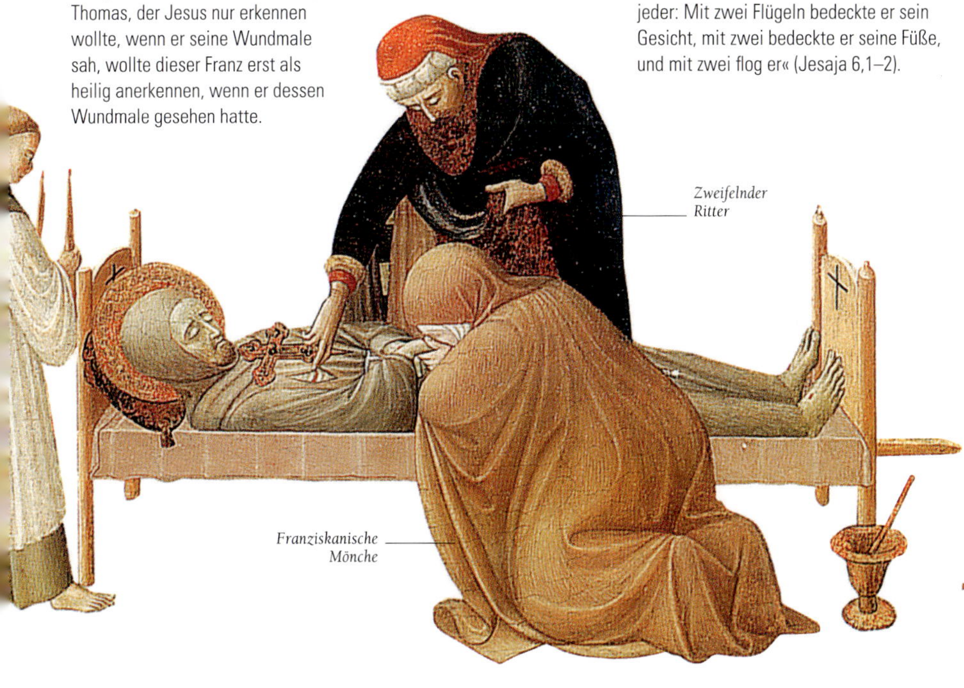

▲ Seraf-Bote
Serafim waren nach alter Überlieferung die Boten Gottes und standen um seinen Thron: » … sah ich den Herrn … Serafim standen über ihm. Sechs Flügel hatte jeder: Mit zwei Flügeln bedeckte er sein Gesicht, mit zwei bedeckte er seine Füße, und mit zwei flog er« (Jesaja 6,1–2).

FRANZISKUS’ TRAUM

Im Traum sah sich Franz unter der Flagge des auferstandenen Christus (siehe S. 260) in einer geistlichen Heerschar. So gründete er einen Orden zum Dienst für Gott. Ignatius von Loyola (um 1491–1556, siehe S. 270) gründete die Ordensgemeinschaft der Jesuiten, eine straff organisierte »Armee« für Jesus.

MÖNCHSKUTTE

Franz trägt eine braune Kutte, die mit der Knotenschnur gegürtet ist, den Habit des von ihm gegründeten Ordens.

WUNDMALE DES HERRN

Franziskus ging auf einen Berg, um zu beten. Wie gewöhnlich öffnete sich die Bibel bei der Leidensgeschichte Jesu (siehe S. 256–258). Lange hatte Franz darum gebetet, dass er Christus in allem ähnlich werde. Ein Seraf erschien, und Franz empfing die Wundmale des Herrn, die Nagelwunden an Händen und Füßen und die Lanzenwunde in der Seite.

FÜR DIE ARMEN

Die Sorge um die Armen und Schwachen zeichnet viele Heilige aus. Hier gibt der hl. Franz einem armen Ritter seinen Mantel. Allbekannt ist die Geschichte, in der der hl. Martin von Tours (um 315–397) seinen Mantel mit dem Schwert teilt und eine Hälfte einem Bettler gibt.

DIE FRANZISKANER

Franz sammelte eine Gruppe von Männern um sich, die wie er ohne Besitz leben, um ihr Essen betteln, »den Fußspuren des Herrn folgen« wollten, indem sie als Arme unter Armen lebten. Heute gibt es Franziskaner in aller Welt – unter Katholiken und Anglikanern.

DER PAPST

Als Oberhaupt der katholischen Kirche spricht der Papst, nach Beratungen mit seinen Kardinälen (mit roten Hüten), besondere Vorbilder in der Nachfolge Christi heilig.

ZEUGE FÜR DEN GLAUBEN

Als Franziskus nach Osten zog, um den christlichen Glauben zu verkünden, verlangte der Sultan von ihm einen Beweis seines Glaubens. Viele Heilige zogen als Missionare in glaubensfeindliche Gebiete. Solche Missionen waren gefährlich, und manch ein Missionar starb eines gewaltsamen Todes.

FRANZ IN ROM

Franziskus ging nach Rom, um vom Papst seine neue Ordensgemeinschaft (in Braun) anerkennen zu lassen.

DAS LEBEN DES HL. FRANZISKUS

Die Bilder des Franziskusaltars von Sassetta (um 1392–1450), 1437–1440 für die Kirche Borgo San Sepolcro gemalt, zeigen das Leben des Franz von Assisi (1181/82–1226), dessen radikale Nachfolge Jesu so sehr beeindruckte, dass er schon zwei Jahre nach seinem Tod heiliggesprochen wurde. Er hat das religiöse Leben seiner Zeit stark beeinflusst. Diese Bilder befanden sich auf der Rückseite des Altars und waren vom Chor aus zu sehen, wo die Mönche saßen, denen er in besonderer Weise als Vorbild diente.

IDENTIFIKATION MIT JESUS

Franz von Assisi war nicht der einzige Heilige, der darum betete, dass er Jesus in allem nachahmen dürfe. Unter den vielen anderen war auch Julian von Norwich (um 1342– nach 1413), der mehrere Visionen des Leidens Jesu hatte. Danach war er überzeugt vom liebenden Wesen Gottes und davon, dass alles gut wird.

FRANZ VERLÄSST SEINE FAMILIE

Wie Franziskus verließen viele Heilige ihre Familie und entsagten allem weltlichen Besitz – gemäß Matthäus 10,37: »Wer Vater oder Mutter mehr liebt als mich, ist meiner nicht wert.«

FRANZISKUS' VATER

Nach einer Auseinandersetzung mit seinem Vater legte Franz sämtliches Geld und seine Kleider zu Füßen des Bischofs nieder und erklärte, er wolle von nun an nicht mehr seinen leiblichen Vater Vater nennen, sondern nur noch Gott im Himmel.

FRANZ UND DER WOLF

Eine Legende erzählt, wie Franziskus, der Tiere liebte und die Harmonie des Gartens Eden wiederherstellen wollte, einen menschenfressenden Wolf »bekehrte«. Er überredete den Wolf, die Menschen von Gubbio nicht mehr zu verschlingen. Dafür würde man ihn auf Kosten der Gemeinde füttern.

FRANZISKUS' TOD

Der hl. Franz starb eines natürlichen Todes. Andere Heilige ließen ihr Leben als Märtyrer für ihren Glauben, so der hl. Petrus, der mit dem Kopf nach unten gekreuzigt wurde. Doch es waren meist politische, weniger religiöse Gründe, warum man z. B. im alten Rom Christen tötete. Unter kommunistischen Regimen wurden im 20. Jh. mehr Christen getötet als in irgendeiner anderen Zeit zuvor.

DIE KIRCHE

Die Kirche besteht aus den Menschen, die der Einladung Christi nachgekommen sind, sein Werk auf Erden fortzusetzen. Sie sind der lebendige »Leib Christi«, indem sie ihm in Lehre, Predigt und Dienst am Mitmenschen nachfolgen. In ihrem Glauben und Handeln bestärkt wird die Kirche durch Gebet und Sakramente. Zwei Sakramente, die Taufe und das Abendmahl, sind durch Stiftungsworte Jesu begründet und allgemein anerkannt. Durch die Taufe werden Menschen in die Kirche aufgenommen und dem entscheidenden Heilsereignis von Christi Tod und Auferstehung verbunden. Sie gehen in ein neues Leben ein, das über den Tod hinaus fortdauert. Beim Abendmahl (siehe S. 252–255) ist Jesus in den Gestalten von Brot und Wein bei den Gläubigen. Er macht darin sein Versprechen wahr, immer bei ihnen zu sein, und ermöglicht ihnen, »ein Leib« zu werden.

GESCHICHTE DES KIRCHENBAUS

Die ersten Kirchen waren kleine Räume mit einem Altar am Ostende. Häufig baute man in Kirchennähe Türme, von denen aus man nach Feinden Ausschau halten und sich verteidigen konnte. Später wurden Türme Teil des Gebäudes und erhielten himmelweisende Spitzen und Glocken, die zum Gebet riefen. Gerade im Kirchenbau lassen sich große Architekturepochen ablesen. Es gibt Kirchen in allen Größen, von kleinen Kapellen bis zu riesigen Domen.

WEHRKIRCHE IN NEWTON ARLUSH/CUMBRIA

GEBET
Alle Kirchen bieten Raum zum Gebet. Im Gebet preist man Gott, bittet um seine Hilfe oder denkt über Worte der Heiligen Schrift nach. In großen Kirchen finden sich meist kleinere Anbetungskapellen für das stille Gebet.

SCHULDBEKENNTNIS UND BUSSE
In der Beichte bekennen die Gläubigen ihre Sünden – ihr Fehlverhalten hinsichtlich der göttlichen Gebote (siehe S. 207–209) – und versprechen Besserung. Dieses Schuldbekenntnis kann als Einzelbeichte (Ohrenbeichte) abgelegt werden, es hat aber auch seinen Platz in fast jedem Gottesdienst – als kollektives Schuldbekenntnis. Die Priester können im Namen Jesu Gottes Vergebung aussprechen (Joh 20,23).

FIRMUNG
Die Firmung wird in der katholischen Kirche als jene Symbolhandlung verstanden, in der die Kirche für einen getauften Menschen in besonderer Weise das Wirksamwerden des Heiligen Geistes erbittet. Der Bischof legt den Firmlingen die Hände auf, wie einst die Apostel bei den ersten Christen (Apg 8, 14–17), und salbt sie.

GEMEINDE
Heute haben die meisten Kirchen Bänke oder Stühle. Früher war dies nicht der Fall, und die Familien kamen oft sogar mit ihren Haustieren in die Kirche und liefen während des Gottesdienstes herum.

SAKRAMENTENALTAR

Dieses von Rogier van der Weyden (1399–1464) gemalte Triptychon zeigt die Kreuzigung Jesu umgeben von Darstellungen der sieben Sakramente – alles in einem Kirchengebäude. Der Flügelaltar porträtiert die katholische Kirche etwa ein Jahrhundert vor der Reformation (siehe S. 269–271).

DIE KIRCHE
Kirche nennt man das Gebäude, in dem Christen Gottesdienst feiern, den Gottesdienst selbst, eine bestimmte christliche Gruppierung, aber auch die Gemeinschaft aller Gläubigen.

GEKREUZIGTER CHRISTUS
In den meisten Kirchen findet sich an hervorgehobener Position ein Kreuz oder ein Kruzifix (ein Kreuz mit dem gekreuzigten Jesus), meist hängt es über dem Altar. Im Kreuzestod Jesu begründet die Kirche ihre Erlösung.

LETTNER
Lettner nennt man die halbhohe Wand, die in mittelalterlichen Kirchen den Chor vom Gemeinderaum trennt. Er war oft mit Skulpturen geschmückt.

EUCHARISTIE
Der Priester zelebriert die Messe an einem Altar am Ostende der Kirche. Heute stehen die Altartische weiter in der Kirche, sodass der Priester zur Gemeinde blickt.

DER BISCHOF
Manche Kirchen weihen Bischöfe, die allein die Sakramente der Firmung und Priesterweihe spenden dürfen und die die Pastoralaufsicht über die Gemeinden in einem größeren Gebiet, der Diözese (dem Bistum) haben. Reformierte Kirchen haben nicht immer Bischöfe, und Sakramente haben geringere Bedeutung.

PRIESTERWEIHE
In der katholischen Kirche kennt man eine Weiheabstufung. Ordiniert werden Diakone, die als Gottesdiensthelfer fungieren, Kranke und Bedürftige betreuen und auch das Evangelium verkünden (siehe S. 251). Aber nur wer zum Priester geweiht ist, kann die Wandlung von Wein und Brot vollziehen und die Beichte abnehmen.

EHE
Wenn Christen heiraten, wünschen sie den Segen der Kirche, den Segen Gottes für ihre Verbindung. Durch das Versprechen vor Gott ist die Ehe nach katholischer Auffassung unauflöslich – »bis dass der Tod uns scheidet« – und kann nur unter besonderen Bedingungen annulliert werden.

GRUNDRISS DER KATHEDRALE VON CHARTRES/FRANKREICH

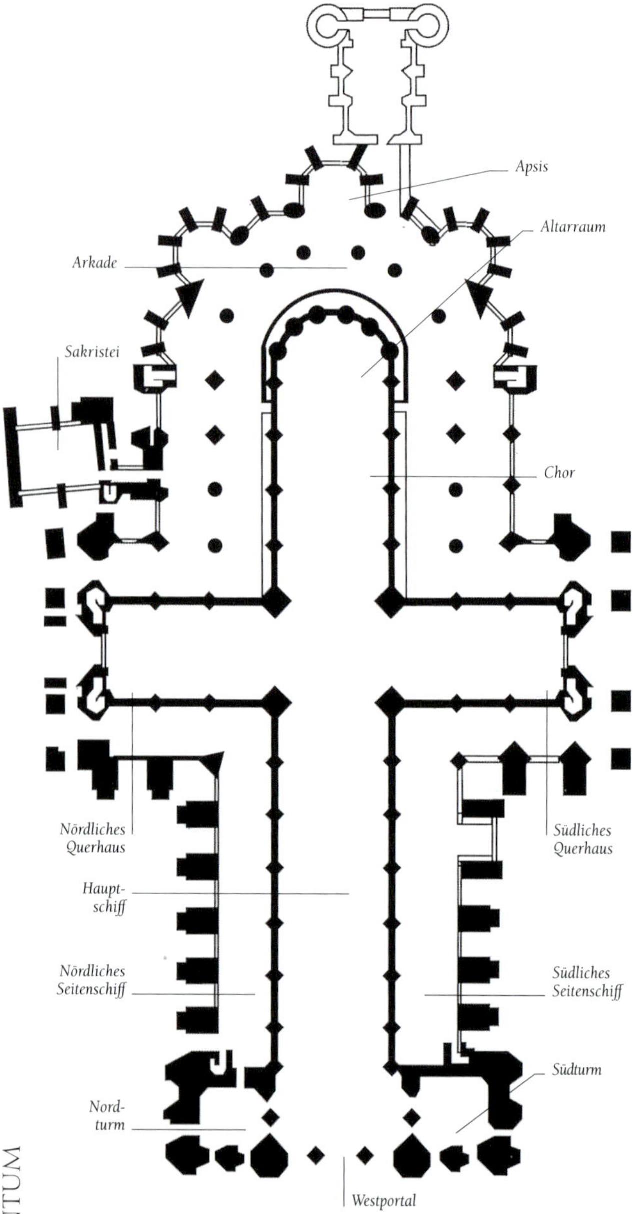

▲ Kirchen-Grundriss
Große Kirchen wurden meist in Kreuzform gebaut, mit einem nach Osten (der Richtung der Auferstehung) weisenden Chorraum, in dem der Altar stand. Der Klerus und der Kirchenchor waren im Chorraum von der Gemeinde abgeschlossen, die meist wenig vom Gottesdienst mitbekam, bis der Priester zur Predigt auf eine Kanzel im Kirchenschiff stieg. Heute sind Kirchen, auch wenn sie in der Basilikaform gebaut sind, viel offener und die Gemeinde feiert den Gottesdienst aktiv mit – als lebendiger Leib Christi.

► Letzte Ölung
Als besonderes Sakrament für Kranke und Sterbende gibt es die Krankensalbung oder »Letzte Ölung«. Häufig wurde dieses Sakrament als »Todesweihe« verstanden, doch ursprünglich geht es zurück auf die Ölung zur Stärkung der Kranken. Im Spätmittelalter breitete sich die Furcht aus, dass man die in der Taufe gewährte Gnade verlieren könne, wenn man ohne die »Gnadenmittel« der Kirche (Beichte, Kommunion und »Letzte Ölung«) starb.

◄ Taufe
In der Taufe werden die Sünden symbolisch abgewaschen. Sie gilt als das Grundsakrament, in dem die Gläubigen die Kirche annehmen und anerkennen und die Gewissheit eines neuen Lebens durch Christus erhalten, der den Tod überwindet. Jesus selbst wurde durch Johannes den Täufer im Jordan getauft (Mt 3,13–17), und er trug seinen Jüngern auf, alle Völker zu taufen (Mt 28,19).

REFORMATION

Zu einer großen Spaltung der Kirche kam es im 16. Jahrhundert, einem Jahrhundert des Umbruchs: Mit der Erfindung des Buchdrucks in den 1450er-Jahren wurden Bücher, darunter die Bibel, mehr Menschen zugänglich, und es kam zu Bestrebungen, den abergläubischen Glaubenspraktiken der Laien mit einem stärkeren Bibelbezug entgegenzuwirken. Es gab auch Proteste gegen korrupte Praktiken des Klerus, gegen Reichtum, unechte Frömmigkeit und Aberglauben in der Kirche. Eine führende Gestalt des Protestes gegen die Missstände in der Kirche war Martin Luther. Die katholische Kirche lehnte die Erneuerungsbestrebungen ab. Sie hielt daran fest, dass der Papst die oberste Autorität der Kirche sein müsse, dass alle sieben Sakramente wichtig seien und der Umgang mit der Heiligen Schrift nicht der Kontrolle der geistlichen Autorität entzogen werden dürfe. Dagegen protestierten die Anhänger Luthers (daher Protestanten), weil sie meinten, in Glaubensfragen sei jeder für sich allein verantwortlich, und die Bibel (nun in der Muttersprache erhältlich) sei alleinige Autorität.

◀ Die Große Bibel
England war eines der letzten Länder, in dem eine Bibelübersetzung in der Sprache des Volkes gedruckt werden durfte. Die von Heinrich VIII. beauftragte *Große Bibel* wurde schließlich 1539 für die Pfarrkirchen zugelassen. Zuvor hatte es unautorisierte Übersetzungen gegeben, vor allem William Tyndales *Neues Testament*. Das Bibelstudium in Europa erhielt Auftrieb durch das *Griechische Neue Testament* des Erasmus von Rotterdam (1516) und durch die mehrsprachige *»Polyglot«-Bibel* (1522).

»DANN WIRD MAN EUCH DER NOT AUSLIEFERN UND EUCH TÖTEN, UND IHR WERDET VON ALLEN VÖLKERN UM MEINES NAMENS WILLEN GEHASST. UND VIELE WERDEN ZU FALL KOMMEN UND EINANDER AUSLIEFERN UND EINANDER HASSEN.«

Matthäus 24,9–10

ZWEI ARTEN DER VERKÜNDIGUNG

Dieser Holzschnitt aus Deutschland verdeutlicht die Unterschiede zwischen katholischer und protestantischer Verkündigung. In Deutschland war ab Ende des 15. Jh. eine in grobem Holzblockdruck gedruckte Bibel erhältlich. Es ist umstritten, ob sie die Reformation des 16. Jh. begünstigt hat.

»WAS HÜLFE ES DEM MENSCHEN, WENN ER DIE GANZE WELT GEWÖNNE, UND NÄHME AN SEINER SEELE SCHADEN?«

Markus 8,36 in der Lutherübersetzung

KINDERERZIEHUNG

Die Protestanten sahen in den Schulen, und im 18. Jh. auch in den Sonntagsschulen, eine Einladung, Kindern die grundlegenden Wahrheiten der Heiligen Schrift nahezubringen.

KATHOLISCHE GEMEINDE

Die katholische Kirche wollte verhindern, dass ihre Gläubigen zu den Protestanten überliefen. Daher kam es innerhalb der katholischen Kirche zu Erneuerungsbewegungen. Als führende Gestalten sind zu nennen: Ignatius von Loyola, der 1534 die Societas Jesu (Jesuitenorden) gründete, und Kirchenlehrer wie Theresia von Avila und Johannes vom Kreuz, Mystiker, die sich mit dem Wirken des Heiligen Geistes im Gebet beschäftigten.

ERZIEHUNG

Vor allem in Ländern, in denen sie verfolgt wurden, legten Katholiken großen Wert auf Erziehung. In »sicheren Gebieten« wurden Schulen errichtet, so in Douai für die Erziehung englischer Männer und Frauen. In vielen protestantischen Ländern verwehrte man Katholiken den Zugang zu den Universitäten.

PROTESTANTISCHER PREDIGER

Eine protestantische Predigt bezog sich immer auf die Bibel. Sowohl der Pfarrer wie auch die Gemeinde folgten der Schriftlesung. Die Predigten waren lang – man beachte das Stundenglas.

ZWEI SEITEN

Ein blinder Mann deutet auf die beiden getrennten Seiten der Kirche, auf die bittere Spaltung. Bestrebungen, die Einheit der Kirche wiederherzustellen, nennt man »Ökumene«. Doch wenngleich man heute miteinander redet, sind die Trennungen nicht beseitigt.

KATHOLISCHE PREDIGT

In der Zeit vor der Reformation gab es Predigten in der katholischen Kirche nur zu besonderen Anlässen. Sie waren moralisierend, und der Bezug zur Bibel war nicht immer gegeben. Dieser Pfarrer wird ohne Bibel dargestellt.

SCHLICHT UND EINFACH

Protestantische Pfarrer kleiden sich schlicht, und auch die Kanzel ist schlicht gehalten. Es gibt keinen Prunk, der die Gemeinde vom erhebenden Wort Gottes ablenkt.

SCHMUCK UND BILDER FÜR DEN GLAUBEN

Die verzierte Kanzel und die prachtvollen liturgischen Gewänder des katholischen Priesters sind Aspekte der visuellen katholischen Gläubigkeit. Überall in der Kirche zeigten Gemälde, Reliefs und Buntglasfenster Geschichten aus der Bibel und Moralsätze in Bildern. Frömmigkeit zum Anfassen vermittelte der Rosenkranz, dessen Perlen für Gebete stehen, und oft beteten die Menschen während des Gottesdienstes den Rosenkranz, da sie die lateinischen Worte der Liturgie ohnehin nicht verstanden.

▲ Das Konzil von Trient

Allgemeine Konzilien der Kirche galten als der geeignete Ort, Probleme zu lösen. Die ersten sieben Konzilien (325–728) nennt man ökumenische Konzilien. »Ökumenisch« bedeutet die ganze bewohnte Erde betreffend, und die Konzilien wurden so genannt, weil sie abgehalten wurden, ehe die Kirche gespalten war. Spätere Konzilien wurden nur von Teilen der Kirche einberufen, die sich allerdings jeweils als einzig wahre Kirche ansahen. So beschäftigte sich das Konzil von Konstanz (1414–1417) mit dem Abfall der Hussiten und der Teilung des Papsttums. Das Konzil von Trient (1545–1563) wurde einberufen, um die theologischen Probleme zu behandeln, die durch den Protestantismus aufgeworfen wurden. Es legte Richtlinien fest, u. a. für die katholische Liturgie, die Glaubenspraxis, das Autoritätswesen und das Verhältnis von Glaube und Taten der Gläubigen hinsichtlich der Seelenrettung.

▲ Verfolgung

Protestanten wie Katholiken starben auf dem Scheiterhaufen, weil sie an ihrem Glauben festhielten. Der Augsburger Religionsfriede (1555), als Zwischenlösung bis zur Wiederkehr der Einheit gedacht, besiegelte die Spaltung mit der Formulierung: *Cuius regio, eius religio* (wessen Herrschaft einer unterstellt ist, dessen Konfession muss er auch übernehmen). Das führte zur Verfolgung von Katholiken durch protestantische und von Protestanten durch katholische Herrscher.

▼ Väter der Reformation

Hier sieht man die Väter der Reformation. Sie haben die Kerze des Evangeliums entzündet, die nicht mehr gelöscht werden kann. Der Engländer Wycliffe und Johann Hus aus Böhmen waren Vorreiter der Reformation des 16. Jh. Die hier abgebildeten Reformer waren sich in vielen Dingen nicht einig, wohl aber über den Primat der Bibel. Die großen Reformatoren waren Luther und Calvin, aber auch der Schotte Knox und der Schweizer Zwingli übten weit über ihre Landesgrenzen hinaus Einfluss aus.

ORDENSLEBEN

Das christliche Mönchtum (von griech. *monos* = »allein, einzeln«) hat seine Ursprünge im Einsiedlertum. Ab dem 4. Jahrhundert entstanden dann vermehrt klösterliche Gemeinschaften, deren Mitglieder nach einer Regel (lat. *ordo* = »Ordnung«) leben. Das grundlegende Motiv für die Gründung einer Ordensgemeinschaft und die Entscheidung für eine derartige Lebensform innerhalb der christlichen Kirche lag und liegt in der Vorstellung, dort die Forderungen Jesu vollkommener erfüllen zu können als im »weltlichen« Leben. Es gibt männliche und weibliche Ordensgemeinschaften und kirchenrechtlich weniger streng gebundene »Kongregationen«. Grundlegend für die meisten Ordensregeln ist die des Benedikt von Nursia, nach der Mönche und Nonnen sich zu Eigentumsverzicht, Keuschheit und Gehorsam gegenüber dem geistlichen Führer verpflichten. Seit dem Mittelalter ist eine Vielzahl von Orden mit unterschiedlicher Ausrichtung entstanden, z. B. kontemplative, missionarische oder Krankenpflegeorden. Manche, wie die Kleinen Brüder und Schwestern Jesu, tragen normale Kleidung und leben und arbeiten mitten unter denen, für die sonst niemand da ist. Die streng asketischen Trappisten dagegen leben in größeren Gemeinschaften, verlassen ihr Kloster nicht, und außerhalb des Gottesdiensts oder Gebets besteht Schweigepflicht.

▶ Rosenkranz
Einsiedler zählten ihre Gebete oft mit Perlen oder Steinchen. In griechisch-orthodoxen Klöstern erhält jeder Bruder eine Schnur mit Knoten. Im Westen wird der Rosenkranz von Ordensleuten und Laien benutzt. Seine Perlen(gruppen) stehen für Gebetsfolgen von Ave Maria und Vaterunser: das Rosenkranzgebet. Die einzelnen »Gesätze« gedenken der Kindheit, Passion und Verherrlichung Jesu.

Diesen Rosenkranz benutzte eine anglikanische Nonne als Gebetshilfe.

»FÜR MICH IST KLAR, DASS ABGESCHIEDENHEIT MEINE BERUFUNG IST, NICHT ALS FLUCHT AUS DER WELT, SONDERN ALS MEIN PLATZ IN DER WELT.«
Thomas Merton (gest. 1968), *The Sign of Jonas*, 1953
Trappistenmönch aus Gethsemani in Kentucky/USA

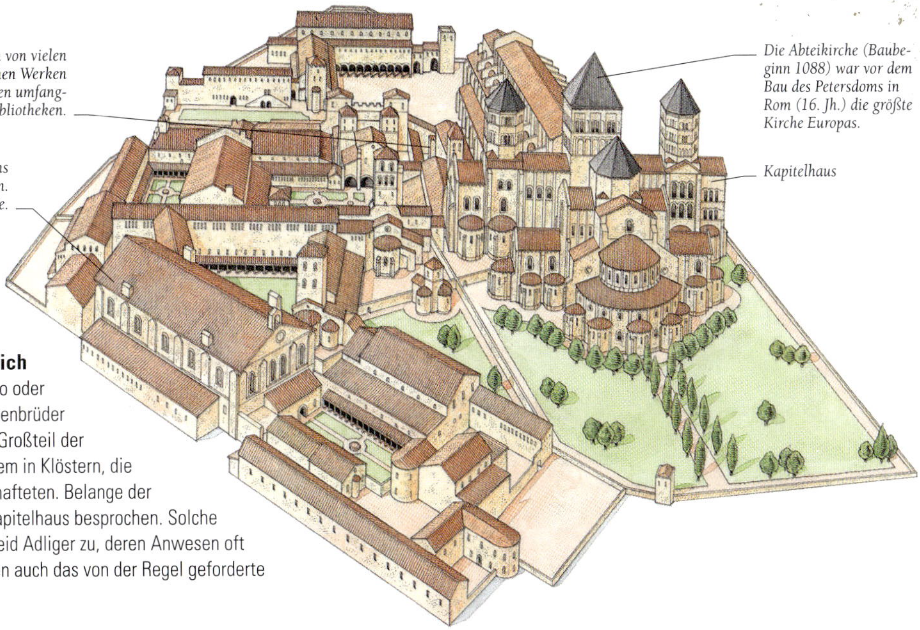

▶ Das Kloster Cluny/Frankreich
Manche Klöster wie Monte Cassino oder Cluny (rechts) waren sehr groß. Laienbrüder (keine Priester) verrichteten einen Großteil der harten, körperlichen Arbeit, vor allem in Klöstern, die ausgedehnte Ländereien bewirtschafteten. Belange der Klostergemeinschaft wurden im Kapitelhaus besprochen. Solche Klöster zogen sich nicht nur den Neid Adliger zu, deren Anwesen oft kleiner waren, sondern erschwerten auch das von der Regel geforderte einfache Leben.

▲ Chorgebet
Gebet und Gottesdienst stehen in Ordensgemeinschaften wie dem Benediktinerorden an erster Stelle: Benediktiner versammeln sich sechs Mal täglich zum Chorgebet, außerdem gibt es täglich eine Eucharistiefeier (siehe S. 255) und eine geistliche Lesung. Heute fordern nicht alle Orden die strenge Einhaltung dieser Gebetszeiten. Bekannte Gesangsformen des Chorgebets sind Sprechgesang und gregorianische Gesänge.

▲ Gemischte Orden
Mönche und Nonnen (in benediktinischem Habit mit Schleier und langen Kutten) feiern ihre Berufung ins Ordensleben (oben). Nur in wenigen Orden leben Männer und Frauen in einem Kloster wie hier die anglikanischen Benediktiner von Our Lady im englischen Burford. Häufiger gibt es getrennte Mönchs- und Nonnenklöster. Die Ordensregel aber ist die gleiche.

ARMUTSGELÜBDE

Im 13. Jh., einer Zeit, in der die Kirche sehr reich war, entstanden die großen Bettelorden: die Franziskaner und die Dominikaner. Sie wollten ganz arm leben. Manche gingen barfuß, und man nannte sie deshalb Barfüßerorden (z. B. die Franziskaner und Klarissen).

▲ Benedikt von Nursia

Benedikt von Nursia (um 480–550) gilt als Vater des abendländischen Mönchtums. 529 gründete er auf dem Monte Cassino das Kloster, das zur Wiege des Benediktinerordens wurde. Die von ihm verfasste Ordensregel wurde auch für andere Ordensgemeinschaften wegweisend. Benedikts Wahlspruch *ora et labora* (Bete und arbeite) wurde zum Grundpfeiler des Ordenslebens.

KOPFBEDECKUNG

Zum Habit der meisten Orden gehörte eine Kopfbedeckung – hier eine Kapuze. Frauen »nahmen den Schleier«, wenn sie sich einem Orden anschlossen. Das Haar unter der Haube wurde kurz gehalten.

HINTER KLOSTERMAUERN

Benediktiner leben in Klöstern, deren Gelände von einer Mauer umgeben ist. Größere Klöster haben Kreuzgänge, in denen die Mönche oder Nonnen in Ruhe wandeln, lesen, meditieren und beten können.

ORDENSHABIT

Diese Mönche sind warm gekleidet; sie tragen eine Tunika mit einem ärmellosen Überwurf. Nonnen trugen unter ihrem Habit oft mehrere Unterkleider. Das galt im Sommer als Akt der Buße. Heute tragen nicht mehr alle Orden eine besondere Tracht. Manche Mönche und Nonnen erkennt man nur an einer Kette oder einer Anstecknadel mit Kreuz oder Ordenssymbol, ansonsten tragen sie »weltliche« Kleidung. Andere halten am Habit als Erkennungszeichen gerade auch in unserer Zeit fest.

POSTULAT UND NOVIZIAT

Die Entscheidung für das Ordensleben sollte nicht unüberlegt erfolgen. Die Probezeit dauert heute meist ein Jahr als Postulant/-in und weitere zwei als Novize bzw. Novizin. Im Mittelalter kamen Jungen und Mädchen oft schon als Kinder ins Kloster. Heute muss man beim Eintritt ins Kloster volljährig sein, und bis zu den ersten Gelübden dauert es drei, bis zu den ewigen acht Jahre.

MÖNCHE

Dieses Fresko von Sodoma (1477–1549) findet sich in der Abteikirche von Monteoliveto Maggiore in Siena.

▲ Gegürtet
Zum unterschiedlichen Habit der einzelnen Orden gehörte auch eine unterschiedliche Art, die Kutte zu gürten. Der hl. Benedikt schlug einen Gürtel vor. Später befestigte man daran häufig ein Schnurstück oder einen Lederriemen – zur Kasteiung. In anderen Orden bewahrten die Mönche Geißeln zur Selbstkasteiung in ihrer Zelle auf. Viele Orden tragen als Gürtel eine Schnur mit Knoten. Die Knoten stehen symbolisch für die Ordensgelübde, zu denen zuvörderst Armut, Keuschheit und Gehorsam zählen.

DIE ORTHODOXE KIRCHE

Die orthodoxe Kirche geht zurück auf die Aposteln und die frühesten Missionsreisen im Mittelmeerraum. Sie besitzt ein einheitliches Dogma und eine einheitliche Gottesdienstform, gliedert sich aber in eine Reihe von völlig selbstständigen (autokephalen) Nationalkirchen. Die älteste unter ihnen ist die griechisch-orthodoxe Kirche unter den Patriarchen von Alexandrien, Antiochien und Jerusalem. Der Patriarch von Konstantinopel hat ein Ehrenprimat (allerdings ohne rechtliche Konsequenzen). Die meisten Ostkirchen waren infolge der Missionierung u.a. durch den hl. Kyrill jahrhundertelang Staatskirchen, so die russisch-orthodoxe, die auf Wladimir zurückgeht, der 988 Russland zu einem christlichen Königreich machte. Grundsätzlich verpflichtend ist das nicaeo-konstantinopolitanische Glaubensbekenntnis. Ansonsten kommt es weniger auf eine einheitliche Lehrmeinung als auf »den rechten Lobpreis« an. Zum Bruch zwischen der Ostkirche (Orthodoxe = »Rechtgläubige«) und der Westkirche (römisch-katholische Kirche) kam es 1054 (Abendländisches Schisma). Wie die Protestanten erkennen auch die Orthodoxen den Papst nicht als Oberhaupt aller Christen an (siehe S. 244).

ORTHODOXE PRIESTER

Orthodoxe Priester (Popen) beim Gründonnerstagsgottesdienst zur Erinnerung an das letzte Abendmahl (siehe S. 252–255) und die Fußwaschung. Orthodoxe Priester können verheiratet sein, allerdings dürfen sie nach der Priesterweihe nicht mehr heiraten. Bischöfe leben den Zölibat (Ehelosigkeit), daher kommen sie immer aus einem Orden (siehe S. 272–275). Alle Priester tragen Bärte, entsprechend der biblischen Anweisung »Ihr sollt euer Kopfhaar nicht rundum abschneiden. Du sollst deinen Bart nicht stutzen« (Leviticus 19,27). Im 9. Jh. kam es deshalb zu einem Disput zwischen Ost- und Westkirche, deren Klerus sich rasierte.

ORTHODOXE PRIESTER BEIM GRÜNDONNERSTAGSGOTTESDIENST

Charakteristischer Zwiebelturm

»DAS BILD, DAS DU HIER SIEHST, STELLT CHRISTUM DAR. DARUM DARFST DU'S CHRISTUM NENNEN IN DEM ÜBERTRAG'NEN SINN. NICHT DIE NATUR IST GLEICH, DER NAME NUR, MERK'S WOHL! NUR EINE HULDIGUNG OHN' SCHEIDUNG BEIDEN GILT: WER HULDIGT DEM BILD, DER HULDIGT CHRISTO SELBST.«

Aus einem Hymnus des Theodoros (759–826)

◀ Die Basiliuskathedrale

Die Basiliuskathedrale ist das wohl bekannteste der großen Gotteshäuser der russisch-orthodoxen Kirche. Sie wurde zwischen 1555 und 1560 auf Geheiß Iwans IV. (»der Schreckliche«) erbaut – als Erinnerung und zum Dank für seinen Sieg bei Kazan 1552, der das Russische Reich und damit den Einflussbereich der russisch-orthodoxen Kirche erheblich vergrößerte. Die Basiliuskathedrale erwuchs aus dem Bestreben, die griechisch-orthodoxen Kirchen in ihrer Pracht (und Zahl) zu überragen. Die Zwiebeltürme sind architektonisch günstig in einem Land, in dem viel Schnee und Regen fällt.

Ein Kloster auf dem Berg Athos

▶ Der Berg Athos

Die Mönchsrepublik Athos im Nordosten Griechenlands ist das Zentrum des orthodoxen Mönchtums und geistliches Zentrum der christlichen Ostkirchen. 962 wurde dort das erste und größte Kloster Lawra gegründet. Im 11. Jh. sollen es 180 Klöster gewesen sein. Heute gibt es dort 20 befestigte Klöster: 17 griechische, ein bulgarisches, ein serbisches und ein russisches. Neben den Klöstern finden sich auf Athos auch Einsiedeleien. Die Klöster bergen große Büchereien, byzantinische Tafelbilder und berühmte Wandmalereien, außerdem Ikonen, die als wundertätig gelten. Frauen ist der Zutritt zur Mönchsrepublik verboten.

DIE BEDEUTUNG VON IKONEN

Bei diesen vier Bildern handelt es sich um Ikonen. Sie sind im orthodoxen Christentum von besonderer Bedeutung. Nach ganz festen Regeln auf Holz, Metall oder Elfenbein gemalt, sind sie mehr als Darstellungen. Sie enthüllen den Gläubigen im Sichtbaren das Unsichtbare. Sie sind Fenster zu Gott und Kultobjekte, die den Gläubigen in die Gegenwart des Dargestellten bringen.

▲ Taufe und Salbung
Mit der Taufe ist die »Versiegelung« oder Salbung aller Sinnesorgane mit dem Myron (Salböl) verbunden, das vom Patriarchen geweiht wird.

HL. NIKOLAUS
Der hl. Nikolaus ist der Schutzpatron Russlands, der Seeleute und der Kinder. An seinem Gedenktag (6. Dezember) bringt er den Kindern Geschenke. In manchen westlichen Ländern, so in England und Amerika, bringt Santa Claus den Kindern die Weihnachtsgeschenke.

AUFERWECKUNG DER TOTEN
Diese Ikone zeigt den Glauben, dass Jesus »in das Reich des Todes« hinabstieg, um durch seine Auferstehung alle Gerechten zum Himmel zu führen, die vor seiner Zeit gestorben waren. Die Ikonen stellen gewöhnlich wichtige Glaubensinhalte dar. Häufig sieht man Jesus Christus, Heilige und für die Kirche bedeutende Ereignisse. In Klöstern finden sich oft Ikonen, die von der Gründung des Klosters erzählen.

KONZENTRATION AUF CHRISTUS
Eine wichtige Gebetsform der Ostkirche ist die stille Konzentration auf Christus. Dabei wird häufig still das Gebet »Herr Jesus Christus, Sohn Gottes, sei mir Sünder gnädig« gesprochen. Die richtige Haltung und Atmung im Rhythmus der Gebetsworte sind wichtig, damit der Gläubige ganz in Gott hineingezogen wird.

HERAUSFÜHRUNG DER GERECHTEN
Christus führt die Gerechten, die Patriarchen, Adam und Eva zum Licht. Der alte Mann neben Christus ist wahrscheinlich Abraham.

IKONENWAND

In den Kirchen findet man Ikonen an der Ikonostase, einer Wand mit drei Türen, die den Altarraum vom Gemeinderaum trennt. Die mittlere Tür führt zum Allerheiligsten und zum Altar, wo ein Teil der Gottesdienstzeremonie den Blicken der Gläubigen entzogen zelebriert wird.

DAS JÜNGSTE GERICHT

Diese Ikone zeigt das Jüngste Gericht, bei dem Jesus alle Seelen richtet. Die Guten kommen in den Himmel, die Bösen in die Hölle. Das Thema des Letzten Gerichts findet sich vielfach in der christlichen Kunst (siehe S. 280–283), doch die Darstellungsstile sind sehr unterschiedlich.

JESUS CHRISTUS

Jesus richtet die Menschen nach ihrem Verhalten auf Erden. Wenn eine Ikone Christus darstellt, ist sie von größerer Bedeutung als eine, die es nicht tut. Andere wichtige Figuren sind Maria und Johannes der Täufer. Solche Ikonen nehmen an der Ikonostase meist einen besonders ins Auge fallenden Platz ein.

DREI HEILIGE

Die orthodoxe Kirche kennt eine innige Heiligenverehrung. Die Heiligen auf dieser Ikone sind Merkurios, Tryphon und Katharina. Die offizielle Heiligsprechung wird in der Ostkirche meist von einer Bischofskonferenz in einem der autokephalen Bezirke vorgenommen. Doch oft entspringt der Heiligenstatus einfach einer volkstümlichen Beliebtheit.

MERKURIOS UND KATHARINA

Der hl. Merkurios war ein türkischer Märtyrer, der sich, nachdem er zum Christentum übergetreten war, weigerte, die heidnische Göttin Artemis anzubeten, und deshalb hingerichtet wurde. Die hl. Katharina von Alexandria starb als Märtyrerin. Sie hatte sich geweigert, Kaiser Maxentius zu heiraten, da sie sich als mit Christus vermählt betrachtete.

PATRIARCH DER STADT

Der hl. Tryphon war ein Mönch und von 928–931 Patriarch von Konstantinopel.

IKONENVEREHRUNG

Durch die Ikone tritt der Gläubige in einen heiligen Raum und eine heilige Zeit ein. Vor den Ikonen brennen Kerzen, und man verehrt die Ikonen durch Küssen, Knie beugen und Niederwerfen. Manchen spricht man Wunderwirkung zu, andere gelten als wundersam erschaffen.

DAS JÜNGSTE GERICHT

Jesus predigte, dass es einen Tag des Gerichts geben werde, »wenn der Menschensohn in seiner Herrlichkeit kommt«. Dann würden alle Völker vor ihm zusammengerufen und nach ihren Taten im Leben gerichtet werden. Dabei werde als Richtschnur dienen, inwiefern die Menschen in ihrem Leben die Güte und Barmherzigkeit Gottes zum Ausdruck gebracht haben: ob sie die Hungrigen gespeist, den Durstigen zu trinken gegeben und die Nackten bekleidet haben. Die Gerechten würden das ewige Leben, die anderen aber die ewige Strafe erhalten (Mt 25,31–46). Die Kirche versuchte, den Menschen Hilfestellung zu geben und zu sagen, welche Taten das ewige Leben einbringen würden und welche die ewige Verdammnis. In der katholischen Kirche kam dazu die Vorstellung, dass Verstorbene, deren Leben zu unvollkommen für das sofortige Schauen Gottes gewesen ist, ein Fegefeuer, einen »Ort« der Läuterung durchlaufen, ehe sie – teils durch den Sühnetod Jesu, teils durch die Gebete der Kirche – am Jüngsten Tag ins ewige Leben eingehen. Die Protestanten lehnen diese Vorstellung ab.

DER WEG ZUM HIMMEL

Jesus machte deutlich klar, wer beim Jüngsten Gericht als sein Jünger zu erkennen ist: »Denn ich war hungrig, und ihr habt mir zu essen gegeben; ich war durstig und ihr habt mir zu trinken gegeben; ich war fremd und obdachlos, und ihr habt mich aufgenommen; ich war nackt, und ihr habt mir Kleidung gegeben; ich war krank, und ihr habt mich besucht; ich war im Gefängnis, und ihr seid zu mir gekommen« (Mt 25,35–36). Diesen Werken der Barmherzigkeit fügte die Kirche noch das Begraben der Toten hinzu. Die sieben Werke der Barmherzigkeit gelten als Weg, an den Menschen zu handeln, als seien sie Jesus, denn: »Was ihr für einen meiner geringsten Brüder getan habt, das habt ihr mir getan« (Mt 25,40).

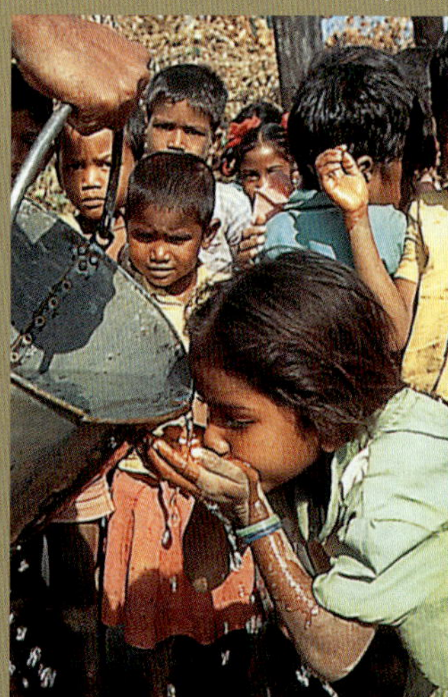

»ICH WAR DURSTIG, UND IHR HABT MIR ZU TRINKEN GEGEBEN.«

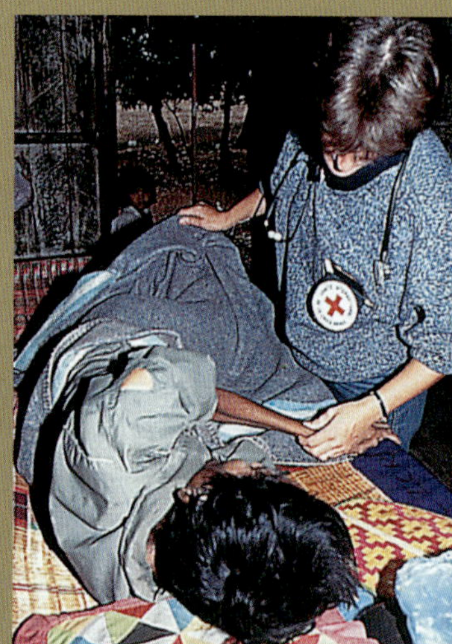

»ICH WAR KRANK, UND IHR HABT MICH BESUCHT.«

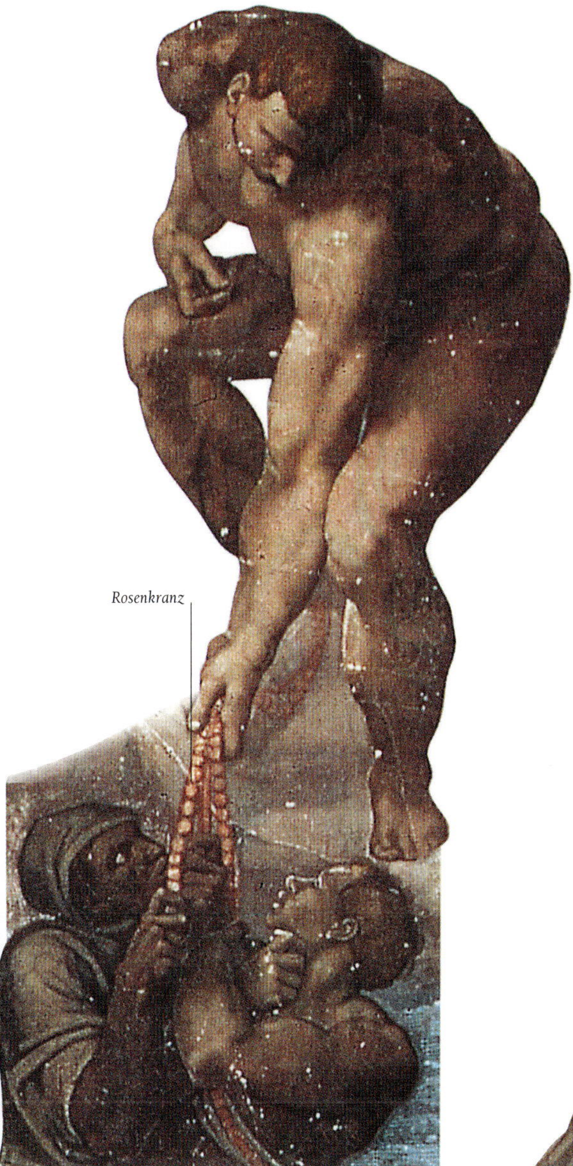

▲ Glaube rettet
Den Toten, die ihren Leib wiedererhalten haben, wird in den Himmel geholfen. Dieses Paar hält sich an einem Rosenkranz fest, der hier eine nicht abreißende Kette des Glaubens darstellt.

▲ Jesus und Maria
Zur Rechten Jesu sieht man seine Mutter, zur Linken die Apostel, u. a. Petrus mit Schlüssel: »Ich werde dir die Schlüssel des Himmelreiches geben; was du auf Erden binden wirst, das wird auch im Himmel gebunden sein, und was du auf Erden lösen wirst, das wird im Himmel gelöst sein« (Mt 16,19).

»SEID ALSO WACHSAM! DENN IHR WISST NICHT, AN WELCHEM TAG EUER HERR KOMMT … DARUM HALTET AUCH IHR EUCH BEREIT! DENN DER MENSCHENSOHN KOMMT ZU EINER STUNDE, IN DER IHR ES NICHT ERWARTET.«

Matthäus 24, 42, 44

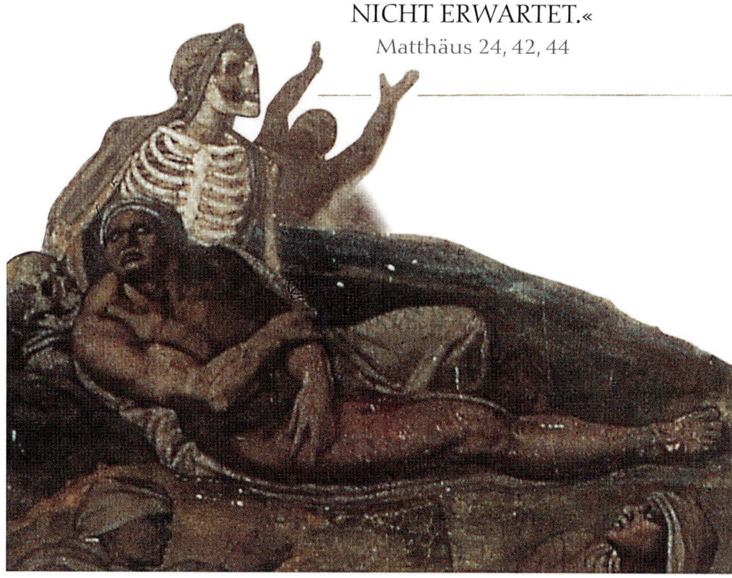

► Von den Toten erweckt
Die Christen glauben an die leibliche Auferstehung der Toten am Jüngsten Tag. Die Toten werden aus ihren Gräbern erweckt und in ihren Leib gekleidet.

DIE GERETTETEN

Diejenigen, die Gottes Geboten gefolgt sind oder Gott in Jesus gesehen haben, sind gerettet; sie umarmen einander und verschmelzen zu Gruppen von Patriarchen, Propheten und Jüngern zu beiden Seiten Jesu.

JOHANNES DER TÄUFER

Johannes der Täufer steht nahe beim auferstandenen Christus. Er erkannte das Wesen Jesu, als er ihn taufte (siehe S. 250). Auf Wunsch seiner Stieftochter ließ Herodes Antipas Johannes enthaupten. Johannes gilt als der letzte der Propheten.

DIE JÜNGER JESU

Die Jünger stehen nahe bei Jesus. Der bei lebendigem Leib gehäutete Märtyrer Bartholomäus ist mit Messer und Haut abgebildet. Das Gesicht auf der Haut soll das des Malers sein.

DIE GRÖSSTE TUGEND

Die zum Himmel Aufsteigenden umfassen und halten einander. Das stellt die größte christliche Tugend, die Liebe dar: »Für jetzt bleiben Glaube, Hoffnung und Liebe, diese drei; doch am größten unter ihnen ist die Liebe« (1. Kor 13, 13).

DIE LETZTE POSAUNE

»Er wird seine Engel unter lautem Posaunenschall aussenden, und sie werden die von ihm Auserwählten aus allen vier Windrichtungen zusammenführen, von einem Ende des Himmels bis zum andern« (Mt 24,31).

ZEICHEN DER HOFFNUNG

Zwei Mönche steigen mit geschlossenen Augen zum Himmel auf. Sie stehen für die Hoffnung, die zweite der drei Tugenden. Hoffnung ist Erwartung dessen, was noch nicht erreicht ist.

BUCH DES LEBENS

Alle Menschen, die je gelebt haben, sind hier mit ihren Sünden verzeichnet.

DER FÄHRMANN DER TOTEN

In der griechisch-römischen Mythologie setzt der Fährmann Charon die Toten in die Unterwelt über. Hier bringt er die Verdammten zur Hölle. Er und die Dämonen der Hölle haben eine groteske Gestalt, weil nach alter Vorstellung diejenigen, die das Böse gewählt haben, immer unmenschlicher (Menschen unähnlicher) werden.

INSTRUMENTE DES LEIDS
Kreuz, Dornenkrone, Geißelsäule und andere Leidensinstrumente werden von Engeln weggebracht, denn es bricht eine neue Zeit an: »Der Tod wird nicht mehr sein, keine Trauer, keine Klage, keine Mühsal.« (Offenbarung 21,4)

DIE VERDAMMTEN
Die Hölle für alle, die ein Leben in Sünde und die Verleugnung Gottes gewählt haben: die Stolzen, die Habgierigen und alle, die andere für ihre Zwecke missbrauchen.

DAS JÜNGSTE GERICHT

Michelangelos (1475–1564) Gemälde vom Jüngsten Gericht in der Sixtinischen Kapelle (Vatikan): »Dann werden alle Völker … den Menschensohn auf den Wolken des Himmels kommen sehen, mit großer Kraft und Herrlichkeit« (Mt 24,30).

Rad der hl. Katharina

▲ Die Märtyrer
Die Heiligen sind mit den Instrumenten ihres Martyriums dargestellt. Die hl. Katharina (4. Jh.) sollte von dornenbesetzten Rädern zerfleischt werden. Doch die Räder zerbrachen, und sie wurde mit dem Schwert hingerichtet.

DER WEG ZUR HÖLLE

Die Vernachlässigung der anderen Menschen war nach Jesu Worten ein sicherer Weg zur Verdammnis: »Amen, ich sage euch: Was ihr für einen dieser Geringsten nicht getan habt, das habt ihr auch mir nicht getan« (Mt 25,45). Jesus fasste die Zehn Gebote für seine Anhänger zusammen: »Du sollst den Herrn, deinen Gott, lieben mit ganzem Herzen, mit ganzer Seele und mit deinem ganzen Denken. Das ist das wichtigste und erste Gebot. Ebenso wichtig ist das zweite: Du sollst deinen Nächsten lieben wie dich selbst« (Mt 22, 37–38). Die katholische Kirche kennt sieben Todsünden: Stolz, Habgier, Lust, Neid, Unmäßigkeit, Zorn und Trägheit. In all diesen Fällen setzt sich der Einzelne über Gott oder die Bedürfnisse seines Nächsten hinweg. Jesus erklärte, dass er nicht die Zehn Gebote abschaffen wolle, sondern ihnen eine neue, verbindliche Form geben wolle. Christen sollen außerdem ihre Feinde lieben. Die Forderungen sind hoch, aber Jesus versprach denen, die sie zu erfüllen versuchen, seine Hilfe und Gnade.

اصحابلر

ISLAM

◀ Der Aufstieg Mohammeds
Dieser Bildausschnitt vom Aufstieg Mohammeds in den Himmel (siehe S. 293–295) zeigt ihn mit seinem Fabelpferd al-Buraq. Er wird auf seinem Ritt durch die Himmel von den Engeln willkommen geheißen. Mohammed selbst ist zu heilig, als dass man sein Antlitz abbilden dürfte.

ISLAM

ES GIBT KEINEN ANDEREN GOTT ALS GOTT

Islam ist die Religion der Hingabe an Gott. Historisch begann alles in Arabien im 7. Jahrhundert n. Chr. mit dem Propheten Mohammed, dessen Namen grundsätzlich der Segen »Friede sei mit ihm« begleitet. Nach seinen eigenen Worten war der Islam am Anfang eine Lebensweise oder *Din* (oft mit »Religion« übersetzt), die Gott von Anfang an für seine Schöpfung vorgesehen hat. Ungehorsam und Sünde ließen Gott mehrfach Propheten senden, darunter Moses, der im Islam Musa heißt, und Jesus, den Muslime Isa nennen, um die Menschen zur rechten *Din* zurückzuführen. Sie alle wurden verfolgt und abgelehnt, auch Mohammed, dessen Mission aber im Gegensatz zu den anderen erfolgreich war.

Mohammed erhielt den göttlichen Auftrag, die Menschen von Mekka (heute in Saudi-Arabien) zu bekehren, und obwohl auch er von der Mehrheit der Bevölkerung abgelehnt wurde, erkannten ihn einige als Propheten an und hörten auf die von ihm verkündete Wahrheit Gottes. Diese Menschen bildeten die erste kleine Muslimgemeinde, die 622 v. Chr. mit Mohammed vor der Verfolgung nach Yathrib floh. Diese Auswanderung nach Yathrib, das seither Medina (»Stadt des Propheten«) heißt, nennt man *Hidschra*. Mit diesem Tag beginnt die islamische Zeitrechnung. Das Jahr 1443 A. H. (nach der *Hidschra*) z. B. hat am 10. August 2021 begonnen. Die Muslime, die Mohammed folgten, nennt man *Muhadschirun* (»diejenigen, die die *Hidschra* gemacht haben«), die Mohammed in Medina unterstützten, nennt man *Ansar* (»die Helfer«) – die Nachfahren beider Gruppen sind im Islam hoch angesehen.

▲ Halbmond
Der Halbmond *(Hikal)* wurde von den Muslimen bei der Eroberung von Byzanz aus dem Wappen der Stadt übernommen. Heute ist er ein Symbol des Islam, dessen religiöses Leben sich z. B. auch nach dem Mondkalender richtet.

Islam wird meist als »Unterwerfung (unter Gottes Willen)« übersetzt, doch die Wurzel *slm* des Wortes findet sich auch in den Worten »Frieden«, »Ganzheit« und»Sicherheit«, die man durch die Unterwerfung unter Gottes Willen, durch Hingabe an Gott findet. Das ist es, was Mohammed inmitten von unterschiedlichen Auffassungen von Gott, wie sie von Juden, Christen und arabischen Polytheisten vertreten wurden, entdeckte. Am Berg Hira hatte er in einer Höhle eine besondere Gotteserfahrung: Eine mysteriöse Kraft befahl ihm: »*Iqra!*« – »Lies!« Und obwohl Mohammed nicht lesen konnte, zwang ihn der Engel zu lesen: »Lies! Im Namen deines Herrn, der erschuf/Erschuf den Menschen aus geronnenem Blut …« Das waren die ersten Worte, die Gott Mohammed offenbarte. Später folgten noch viele. Sie alle wurden im Koran, dem heiligen Buch des Islam, aufgeschrieben. Für die Muslime ist er »Wort Gottes und sein inspiriertes Wort und seine Verkündigung« (Abu Hanifa), im Himmel geschrieben als *Ummu'l-Kitab*, die »Mutter des Buches« (die Kapitel nennt man Suren, die Verse *Ayat*, was auch »Zeichen« bedeutet). Immer wieder hatte Gott durch Propheten wie Musa und Isa sein Wort kundgetan, von denen jeder es seinem Volk übermittelte. In vollständiger, endgültiger Form offenbarte Gott sein Wort schließlich Mohammed durch den Engel Jibra'il (Gabriel). Von der ersten Erscheinung am Berg

◀ **Gebetsteppich**
Muslime verwenden einen Gebetsteppich *(Sadschada)*, um sicherzustellen, dass sie auf einem reinen Ort beten. Das Webbild zeigt den Hof einer Moschee, von dem aus man eine Kuppel und ein Minarett sieht. In der Mitte befindet sich ein Kompass, der nach Mekka weist, sodass der Beter die richtige Gebetsrichtung feststellen kann.

Hira an wurde Mohammed von der grundlegenden Erkenntnis erfüllt, dass es, wenn Gott Gott ist, keinen anderen Gott und schon gar nicht andere Götter geben kann. Es gibt nur Gott, und deshalb wird er *Allah* (wörtlich »der Gott«) genannt. Alle Menschen kommen von Gott und kehren nach dem Tod zu ihm zurück, um nach ihren Handlungen gerichtet zu werden. Daher sollten alle Menschen eine einzige *Umma*, eine einzige Gemeinschaft, werden, und jede Tat, jeder Bereich ihres Lebens sollte die Tatsache bezeugen: »Es gibt keinen Gott außer Gott, und Mohammed ist der Gesandte Gottes.«

Dieses Zeugnis ist die *Schahada*, die erste der fünf Säulen des Islam (*Arkan al-Din*, S. 299–301), den fünf religiösen Grundpflichten der Muslime in aller Welt.

DIE FUNDAMENTE DES LEBENS

Der Koran ist die unanfechtbare Autorität im Leben und Glauben eines Muslims. Er bleibt in seinen Anleitungen aber eher allgemein, während die Worte und die schweigende Zustimmung Mohammeds als laufender Kommentar zur Interpretation und Anwendung des Korans gelten. All das wurde in sechs Sammelbänden, den *Sahih* (»Klang«), zusammengetragen, die kollektiv auch als *Sunna* (Handlungsweise des Propheten) bezeichnet werden. Es entstanden Prinzipien der Interpretation von Koran und *Sunna*, insbesondere der Konsens der Gemeinschaft (*Idschma*) und der Analogieschluss (*Qiyas*). Auf Basis von Koran, *Sunna* und *Qiyas* entwickelten islamische Rechtsschulen (*Fiqh*) ein Regelwerk zum richtigen Verhalten, die *Scharia* (»Weg«). Es gibt vier große Hauptschulen des *Fiqh* und die meisten Muslime folgen einer dieser Richtungen (siehe S. 306).

SPALTUNGEN IM ISLAM

Nach dem Tod Mohammeds 10 A. H./632 n. Chr. spaltete sich die muslimische Gemeinschaft. Diejenigen, die glaubten, sein Nachfolger (Kalif), sei am besten geeignet, wählten seinen Freund Abu Bakr. Aus ihnen gingen die Sunniten hervor. Die anderen, die *shi'at Ali* (Partei Alis), wollten seinen Cousin und Schwiegersohn Ali als Nachfolger des Propheten sehen. Aus ihnen entwickelten sich die Schiiten. Die Sunniten folgen den *Sunna*, die für sie Mohammeds gelebte und gesprochene Interpretation des Korans darstellen, während die Sunniten den Imamen folgen, einer Linie von Nachfahren des Propheten, die sie als von Gott inspirierte Lehrer verehren. Es kam im Lauf der Geschichte des Islam noch zu zahlreichen weiteren Spaltungen.

DER EINFLUSS DES ISLAM

Innerhalb von hundert Jahren nach dem Tod des Propheten hatte sich der Islam über die gesamte bekannte Welt ausgebreitet, vom Atlantik bis zu den Grenzen Chinas. Er ist bis heute die am stärksten wachsende Religion – etwa ein Viertel der Weltbevölkerung sind Muslime. In den ersten Jahrhunderten war er führend in der Wiederentdeckung der griechischen Wissenschaften und Philosophie (siehe S. 312–314), was sich in Worten mit der Silbe »al-«, wie Algebra oder Alchemie, und in den Anfängen der modernen Chemie zeigt. In späteren Jahrhunderten lehnten viele Muslime diese als Ablenkung vom Koran ab und diese Rückwendung hin zur Verehrung Gottes und seiner Schöpfung dauert bis heute an.

Eine andere Entwicklung war die Suche nach einer engeren Beziehung zu Gott. Die Suche nach seiner unmittelbaren Gegenwart brachte den Sufismus hervor, dessen Name sich möglicherweise von *suf* ableitet, dem Mantel, den die Sufis trugen (siehe S. 309–311). Dieser mystische Islam verbreitete sich ab dem 12. Jh. und ist nach wie vor einflussreich.

▶ **Astrolabium**
Das Astrolabium wurde von den Griechen übernommen und von arabischen Wissenschaftlern verbessert. Damit konnte man den Winkel von Sternen über dem Horizont messen und somit den Breitengrad, auf dem man sich befand, ermitteln. Daraus ließen sich wiederum Entfernung und Zeit bestimmen. Moslems diente das Astrolabium nicht nur als Weghilfe auf Reisen, sondern auch, um die Richtung zu bestimmen, in der sich Mekka befand, die Richtung, in die sie sich beim Gebet wenden.

KEIN GOTT AUSSER ALLAH

Das arabische Wort »Allah« bedeutet »*der* Gott«. In seinem Schlüsselerlebnis am Berg Hira (siehe S. 293) erkannte Mohammed, dass es neben dem einen, einzigartigen Gott keine anderen Götter geben kann. Aus dieser fundamentalen Einsicht in die Einzigartigkeit Gottes (*Tauhit*) entspringt der ganze Islam: Die ganze Schöpfung muss von *al-Wahid*, dem Einen, kommen, auch das menschliche Leben. Daher gehören alle Menschen zu einer einzigen Familie (*Umma*). Alles Leben kehrt zu Gott zurück, von dem es kommt. Sein Weg des Lebens (*Din*) umfasst viele Sphären der menschlichen Existenz. Alle Menschen müssen sich daher am Tag des Jüngsten Gerichts vor Gott dafür verantworten, wie sie die Gabe des Lebens genutzt haben. Gott bestimmt alle Dinge, aber die Menschen sind verantwortlich dafür, wie sie mit Gottes Gaben umgehen. Gott ist der Höchste, aber nicht fern – »denn wir sind ihm näher als die Halsader« (*Koran*, Sure 50:15) – und Muslime leben zu allen Zeiten in der Gegenwart Gottes, vor allem im täglichen Gebet (siehe S. 299).

DER MIHRAB IN CÓRDOBA

Gottes wahres Wesen ist ein unerkennbares Geheimnis, das die Muslime nie versucht haben, bis ins Letzte zu beschreiben oder darzustellen. Demzufolge wird die Gebetsrichtung, die Richtung nach Mekka *(Qibla)* in einer Moschee meist nur durch eine leere Nische, den *Mihrab* (siehe S. 315–317), angezeigt. Bei diesem *Mihrab* aus der Großen Moschee von Córdoba (Spanien) lassen der kunstvolle Rahmen aus Marmor und Stuck, die zahllosen Mosaiksteinchen, die ein Mosaik aus Blumenmustern und Koraninschriften bilden, das Auge immer wieder schweifen und Neues entdecken, während die schlichte Nische im Zentrum Gottes undarstellbares, vollkommenes Wesen symbolisiert und einen Eindruck der Ruhe und stiller Tiefe vermittelt. Die Große Moschee in Córdoba wurde nach der muslimischen Eroberung Südspaniens 786 n. Chr. von Kalif 'Abdu'r-Rahman begonnen.

DER *MIHRAB* DER GROSSEN MOSCHEE VON CÓRDOBA (SPANIEN)

DER BARMHERZIGE

Diese Worte in Goldschrift sind die Einleitungsworte aller Kapitel (Suren) des Korans (außer Sure 9). Sie lauten: »Im Namen Allahs, des Erbarmers, des Barmherzigen«. Moslems sprechen diese *Basmala* vor allem, was sie beginnen.

DER BUCHSTABE DAL

Diese fünf geschwungenen Zeichen sind fünfmal der arabische Buchstabe *Dal*. Sie treten als Reim am Ende jedes Verses auf und kennzeichnen die Stufen, über die die Sure zum Höhepunkt gelangt. Der Künstler hat dies durch die stufige Anordnung des Buchstaben über den anderen dargestellt.

NUR EIN GOTT

Dieses Wort (arabisch *ahad*) bedeutet »einer«, »einzig« oder »allein«. Der Künstler hat es an die Spitze seiner kalligrafischen Komposition gestellt, um die Kernaussage des Islam hervorzuheben, dass es nur einen einzigen und einzigartigen Gott gibt. Das drückt auch der letzte Vers aus (»Und keiner ist ihm gleich«). Dieses Einheitsbekenntnis heißt im Islam *Tauhit*.

»SPRICH: ER IST GOTT«

Die Koransure 112, »Die aufrichtige Hingabe« *(Surat al-Ikhlas)*, ist die nach der *Fatiha*, der Einleitungssure, wohl am häufigsten rezitierte Koranstelle. Ihre Wiederholung gilt als besonders verdienstvoll. Sure 112 beginnt mit dem Wort *Qul* (»Sprich«), dem Befehl Gottes an Mohammed. Jeder Moslem lernt sie von klein auf, und sie wird in den fünf täglichen Gebeten (siehe S. 299) immer wieder gesprochen.

AS-SAMAD

As-Samad (»der Ewige«) bezeichnet etwas Unzerstörbares oder Unveränderliches. Die alten Araber nannten so weise Männer, auf die man sich verlassen konnte. In dieser Sure sagt dieses Wort über Gott aus, dass er immer war und sein wird und dass man sich immer auf ihn verlassen kann.

KLAR UND KOMPAKT

Um dem Leser zu helfen, diese Kalligrafie zu entziffern und ihren Sinn zu entschlüsseln, hat der Künstler jeden Buchstaben nummeriert. Dies ist der erste Buchstabe des ersten Wortes (11). Auf Deutsch lautet die Sure: »Im Namen Allahs, des Erbarmers, des Barmherzigen! Sprich: Er ist der eine Gott, Der ewige Gott; Er zeugt nicht und wird nicht gezeugt, Und keiner ist ihm gleich.«

VERDICHTETE LEHRE

Der Künstler hat die Dichte der Lehre in dieser Sure durch Übereinanderlegen der einzelnen Worte und Buchstaben zum Ausdruck gebracht. Durch kontemplative Betrachtung und im Zusammenhang anderer Koranstellen kann man die Lehre dieser kurzen Sure entschlüsseln. Der Künstler hat die Bedeutung der Verse in grafischer Form ausgedrückt und das Hauptbild elfmal in zarter, aber klarer Schrift in Grau und Grün mit eben dieser Sure hinterlegt.

DAS LETZTE WORT

Dies ist das letzte Wort der Sure. Die Bedeutung dieser Verse hat Mohammed hervorgehoben: »Die Rezitation dieser Sure ist der Rezitation eines Drittels des Korans ebenbürtig.«

AUFRICHTIGE HINGABE

Diese Komposition beruht auf *Surat al-Ikhlas* von Ahmed Moustafa (1983) und folgt der islamischen Tradition, in der die Kalligrafie als Dekoration, aber auch zur Übermittlung der Lehre benutzt wird – als möglichst schöne Darstellung von Gottes ewigem Wort.

◀ Glaubensbekenntnis
Die Kachel oben ist in kunstvoller arabischer Schrift mit der *Schahada*, dem islamischen Glaubensbekenntnis, beschriftet. Es lautet: »Es gibt keinen Gott außer Gott, und Mohammed ist der Gesandte Gottes.« Außerdem enthält die Inschrift noch den Segensspruch: »Gottes Gnade sei mit ihm.« Allah, das arabische Wort für Gott, setzt sich aus *al* und *ilah* zusammen, was »der Gott« bedeutet. Allah betont also die Einzigartigkeit Gottes.

DAS WESEN GOTTES

Der Koran betont die Macht und Erhabenheit Gottes und seine völlige Verschiedenheit von anderen Wesen. Dieser Vers fasst kurz Gottes Wesen zusammen und bekräftigt seine Allmacht. Er nennt vier der 99 Namen (oder Attribute) Gottes (der Lebendige, der Ewige, der Hohe, der Erhabene).

»ALLAH! ES GIBT KEINEN GOTT AUSSER IHM, DEM LEBENDIGEN, DEM EWIGEN! NICHT ERGREIFT IHN SCHLUMMER UND NICHT SCHLAF. SEIN IST, WAS IN DEN HIMMELN UND WAS AUF ERDEN. WER IST'S, DER DA FÜRSPRACHE EINLEGT BEI IHM OHNE SEINE ERLAUBNIS? ER WEISS, WAS ZWISCHEN IHREN HÄNDEN IST UND WAS HINTER IHNEN, UND NICHT BEGREIFEN SIE ETWAS VON SEINEM WISSEN, AUSSER WAS ER WILL. WEIT REICHT SEIN THRON ÜBER DIE HIMMEL UND DIE ERDE, UND NICHT BESCHWERT IHN BEIDER HUT. DENN ER IST DER HOHE, DER ERHABENE.«

Der Thronvers,
Koran, Sure 2:256

◀ Das Minarett
Dieses Minarett (Turm) der Schah-Moschee im Iran – das Ornament an der Turmspitze weist sie als schiitische Moschee aus – trägt den Namen Gottes (*Allah*) ganz oben. Damit weist es auf Gottes Erhabenheit hin, darauf, dass er über allen Dingen steht, der Schöpfer, König und Richter ist. Von dem darunter liegenden Balkon aus ruft der Muezzin die Gläubigen zum Gebet, und alle, die zu ihm aufblicken, wenn er ruft, sehen Gottes Namen über allem. Minarette symbolisieren die Einheit und Einzigartigkeit Gottes. Das Einheitsbekenntnis ist zentral im Islam, und die größte Sünde ist *Schirk* (Idolverehrung, Heidentum, Polytheismus).

DER PROPHET MOHAMMED

Mohammed wurde um 570 n. Chr. in Mekka geboren. Seine Eltern starben früh, und er kam in die Obhut seines Großvaters, dann seines Onkels. Er arbeitete als Kaufmann und heiratete im Alter von 25 Jahren die reiche Kaufmannswitwe Chadidscha. Als Mohammed älter wurde, zog er sich von Zeit zu Zeit zurück, um zu meditieren. Dabei erschien ihm 610 in einer Höhle am Berg Hira der Engel Gabriel. Nach mehreren Offenbarungen war Mohammed 613 schließlich davon überzeugt, dass er als Gesandter Gottes die Menschen von Mekka vom Vielgötterglauben auf den Weg Gottes zurückführen sollte. Diese aber zeigten sich von seiner Lehre wenig begeistert und verfolgten ihn und seine Anhänger. 622 zog der nun verwitwete Mohammed daher nach Yathrib (später Medina) um. Seine Auswanderung (*Hidschra*) kennzeichnet den Beginn der islamischen Zeitrechnung. Bis 630 kämpfte Mohammed gegen die Mekkaner, und seine Macht und sein Ansehen wuchsen mit der zunehmenden Zahl derer, die den Islam annahmen. Als die Bevölkerung Mekkas sich schließlich ergab, ließ er Gnade walten, die Götzenbilder aber zerstörte er alle. Immer mehr arabische Stämme schlossen sich ihm an. 632 starb er im Alter von etwa 62 Jahren.

▲ Von Engeln begleitet
Eines der größten Ereignisse im Leben des Propheten war seine Nachtreise (*al-isra*), in der er von Mekka nach Jerusalem gebracht wurde. Dort stieg er zu Gott in den Himmel auf (*Miradsch*), ehe er am nächsten Morgen wieder nach Mekka zurückkehrte.

EIN VORBILDLICHES LEBEN

Wenngleich die Muslime auf dem ausschließlichen Menschsein Mohammeds bestehen, verehren sie ihn doch als Vorbild. Die Mehrheit der Muslime nennt sich gar Sunniten, was die Bedeutung der *Sunna*, d.h. den Taten und Überlieferungen des Propheten, für ihr Leben hervorhebt. Nach Mohammeds Tod entstanden verschiedene autorisierte Sammlungen (*Hadith*). Diese *Hadith* kommen in ihrer Bedeutung gleich nach dem Koran, und unter den Autoritäten der *Hadith* nehmen die Sammlung *Sahihu'l-Bukhari* und *Sahihu Muslim* bei Sunniten als »die beiden Authentischen« (*Sahihan*) einen besonderen Platz ein.

MOHAMMEDS HIMMELFAHRT

Diese persische Miniatur (16. Jh.), eine Darstellung des *Miradsch,* der Reise Mohammeds in den Himmel, entstammt einem Epos des Dichters Nisami für den persischen Schah Tahmasp. Sie wird dem Hofmaler Sultan Muhammad zugeschrieben.

»WAHRLICH, IN DEM GESANDTEN ALLAHS HATTET IHR EIN SCHÖNES BEISPIEL FÜR JEDEN, DER AUF ALLAH UND DEN JÜNGSTEN TAG HOFFT UND OFT ALLAHS GEDENKT.«

Koran, Sure 33:21

EHRENKLEID

Engel bringen Mohammed ein Ehrenkleid und einen Ehrenhut, wie sie nach altem Brauch ein großer Herrscher einem Untergebenen überreicht, über dessen Taten er besonders erfreut ist. Sie zeigen Mohammeds besondere Stellung vor Gott. Das grüne Gewand wird immer mit Mohammed assoziiert.

ENGEL JIBRA'IL

Führer Mohammeds ist der Engel Jibra'il (Gabriel), Gottes höchster Engelsdiener. Er brachte Mohammed die Offenbarungen und hörte ihn bei seinen Rezitationen ab. Hier weist er ihm auf der Reise den Weg.

DIE NACHTREISE

Der Koran erinnert an Mohammeds Nachtfahrt zur Gegenwart Gottes: »Preis dem, der seinen Diener des Nachts entführte von der heiligen Moschee zur fernsten Moschee, deren Umgebung wir gesegnet haben, um ihm unsre Zeichen zu zeigen« (Sure 17:1). Als »heilige Moschee« gilt die Kaaba in Mekka (siehe S. 299–301), als »fernste Moschee« die Al-Aqsa-Moschee beim Felsendom in Jerusalem (siehe S. 294).

DURCH DIE HIMMEL

Mohammed wird über die Wolken bis zum siebten, zum höchsten Himmel getragen. Nach manchen Überlieferungen mussten sowohl Jibra'il als auch Mohammed ihre Augen beschatten, als sie in Gottes strahlende Gegenwart traten. Jibra'il zog sich zurück, doch Mohammed konnte schließlich Gott sehen und erhielt von ihm Anweisungen für die täglichen Gebete, die alle Moslems verrichten sollen (siehe S. 299). Er erhielt den Auftrag, fünf tägliche Gebetszeiten einzurichten.

FEUERAUREOLEN

Die Mohammed und Jibra'il umgebenden Feuerscheine sind ein Zeichen ihrer Heiligkeit. Die besondere Stellung des Propheten wird dadurch hervorgehoben, dass sein Heiligenschein den ganzen Raum über ihm einnimmt. Die Überlegenheit des Menschen gegenüber dem Engel in dieser Darstellung mag auf den Koranbericht von der Erschaffung des Menschen zurückgehen, wo Gott den Engeln gebietet, anzuerkennen, was er geschaffen hat: »Und als wir zu den Engeln sprachen: ›Werfet euch nieder vor Adam‹, da warfen sie sich nieder bis auf Iblis« (Sure 2,32).

EHRFURCHT VOR DEM PROPHETEN

Das Gesicht des Propheten ist von einem Schleier verhüllt, zum einen um seinen erhabenen Rang zu zeigen, zum anderen weil der Koran seine Darstellung eigentlich verbietet. Kein Moslem lässt Kritik an Mohammed zu, und nahezu jeder ruft bei der Erwähnung seines Namens Gottes Segen auf ihn herab. Einige wenige gar weisen ihm eine fast übermenschliche Stellung zu.

BURAQ

Seine nächtliche Reise soll Mohammed auf *al-Buraq* (»der Glänzende«) unternommen haben, einem eselsgroßen Tier mit Flügeln und Menschenkopf. Vor seiner Himmelfahrt leitete Mohammed in Jerusalem andere Propheten beim Gebet an, darunter Abraham, Mose und Jesus.

ZWISCHEN HIMMEL UND ERDE

Mohammed stieg am 27. Tag des Monats Radschab (siebter des islamischen Jahres) vom Felsen des Tempelbergs in Jerusalem in den Himmel auf. Diesen heiligen Ort kennzeichnet heute der Felsendom. Der Felsen soll die Fußabdrücke des Propheten tragen und in der Luft schweben. Am Tag des Jüngsten Gerichts wird der Engel Israfil dort die Trompete blasen. Dann kommt die Kaaba aus Mekka wie eine Braut zu diesem Felsen.

MOHAMMEDS TOD

Mohammed wurde seinem Wunsch gemäß in seiner Wahlheimat Medina begraben. Sein Grab befindet sich in der Moschee, die die junge Moslemgemeinde errichtete, als sie in Medina ankam. Dort lebten Mohammed und seine Frauen, vorwiegend Witwen, die er nach Chadidschas Tod geheiratet hatte. Diese Moschee, Zentrum der Anbetung und der Regierung zu Lebzeiten Mohammeds, wurde im Laufe der Jahrhunderte ausgebaut und erweitert. Mohammed starb in den Armen seiner Lieblingsfrau Aischa und wurde an ebender Stelle begraben, die damals seine kleine Wohnung an der Mauer der ersten Moschee darstellte. Heute wird sein Grab von denen seiner engsten Freunde Abu Bakr und Umar flankiert, der beiden ersten Kalifen. Sie waren nach Mohammeds Tod die Führer der Moslems.

◀ **Engelsglaube**
Muslime glauben, dass Engel wie Jibra'il Gottes Diener in allen Belangen sind. Bestimmte Engel haben bestimmte Aufgaben: Mika'il ist der Engel der Vorsehung, Azra'il ist der Todesengel, Munkar und Nakir befragen die Toten in ihren Gräbern über ihre Taten im Leben. Der Engel Iblis, auch Schaitan genannt, ist der Teufel, der Feind der Menschen. Er weigerte sich vor dem von Gott geschaffenen Menschen niederzufallen.

»LIES! IM NAMEN DEINES HERRN, DER ERSCHUF, ERSCHUF DEN MENSCHEN AUS GERONNENEM BLUT. LIES, DENN DEIN HERR IST ALLGÜTIG, DER DIE FEDER GELEHRT, GELEHRT DEN MENSCHEN, WAS ER NICHT GEWUSST.«

Die ersten Worte der Offenbarung an Mohammed. Koran, Sure 96

FRÜHERE BOTEN

Mohammed war der letzte der 124 000 Propheten Gottes. Noach, Abraham, Mose, David, Jesus und all die anderen brachten Offenbarungen, die grundsätzlich im Koran zu finden sind. »Herabgesandt hat er (Gott) auf dich (Mohammed) das Buch in Wahrheit, bestätigend, was ihm vorausging. Und herabsandte er die Tora und das Evangelium zuvor …« (Sure 3:2). Nach islamischem Glauben waren alle Propheten nur Menschen, auch Jesus. Im Koran weist Jesus jede Göttlichkeit von sich und erwartet Gottes letzten Propheten. Im Bild rechts wird er gemäß dem Koran in den Himmel aufgenommen, denn: » … und nicht töteten sie (die Juden) ihn in Wirklichkeit, sondern es erhöhte ihn Allah zu sich …« (Sure 4:156).

ENGEL TRAGEN JESUS IN DEN HIMMEL.

DER KORAN

Der Koran wurde von Gott offenbart und ist die Grundlage des Islam. Nicht Mohammed gilt als Autor des Korans, sondern Gott selbst. Die Botschaft wurde schon durch frühere Propheten wie Abraham, Mose oder Jesus übermittelt. Aber die Gemeinden haben das ihnen anvertraute Wort verfälscht. Nur der Koran in arabischer Sprache übermittelt das authentische Wort Gottes. Daher kann man ihn eigentlich nicht in andere Sprachen übersetzen, ohne ihn zu verfälschen. Die Koranrezitation auf Arabisch ist verdienstvoll, auch wenn man die Worte nicht versteht. Zum richtigen Verständnis gibt es jedoch zahlreiche Kommentare, die als *Tafsir* (»Erklärung«) bezeichnet werden. Auch der Kalligrafie, der schönen Darstellung des Wort Gottes, kommt im Islam große Bedeutung zu.

◀ Kapitel Eins – Die Öffnende
Der Koran hat 114 Suren (Kapitel). Hier und an der gleichen Stelle auf der gegenüberliegenden Seite des Korans wird die Anzahl der Verse jedes Kapitels angegeben. »Die Öffnende« hat sieben Verse, »Die Kuh«, die längste Sure, hat 286. Die kürzesten Suren (103,108 und 110) haben jeweils drei Verse.

»IM NAMEN ALLAHS, DES ERBARMERS, DES BARMHERZIGEN LOB SEI ALLAH, DEM WELTENHERRN, DEM ERBARMER, DEM BARMHERZIGEN, DEM KÖNIG AM TAG DES GERICHTS! DIR DIENEN WIR UND ZU DIR RUFEN UM HILFE WIR; LEITE UNS DEN RECHTEN PFAD, DEN PFAD DERER, DENEN DU GNÄDIG BIST, NICHT DERER, DENEN DU ZÜRNST, UND NICHT DER IRRENDEN.«

Koran, Sure 1: al-Fatiha (»die Öffnende«)

REZITATION DES GOTTESWORTES

Koran bedeutet »Rezitation«, »Lesung«. Die Worte werden nach alter Tradition laut gesungen. Als Mohammed 610 n. Chr. die ersten Verse offenbart wurden, befahl ihm der Engel Jibra'il: »*Iqra!*« (»Lies« oder »Rezitiere«). Die ersten fünf Verse der 96. Sure hält man für diese ersten Verse der Offenbarung. In seinen 114 Suren behandelt der Koran viele Themen. Anfangs konzentrierte er sich auf die Einzigkeit Gottes (siehe S. 290–292), Gottes Rolle in der Geschichte, Mohammeds Rolle als Prophet Gottes, das Jüngste Gericht und die Notwendigkeit, anderen zu helfen. Spätere Suren behandeln soziale Fragen, Rechtsfragen und Riten der wachsenden Gemeinde.

ZWEITES KAPITEL
Arabisch liest man von rechts nach links. Dies ist der Beginn der zweiten Sure, *Surat al-Baqara* (»die Kuh«). Auf der Seite gegenüber ist die erste Sure.

LAUT LESEN
Das arabische Alphabet besitzt keine Buchstaben für Vokale. Deshalb werden hier die Vokalzeichen (schwarze Häkchen und Punkte über und unter den Buchstaben) angegeben – als Hilfe beim lauten Vortrag des Textes. Die roten Zeichen geben die richtige Atmung am Ende des Verses an.

VERS-MARKIERUNGEN
Das Ende jedes *Aya* oder Verses ist durch eine vergoldete Rosette markiert.

KAPITELÜBER-SCHRIFT
Die Überschrift gibt den Titel der Sure an, in diesem Falle *Surat al-Fatiha,* »die Öffnende«. Außerdem wird der Offenbarungsort (Mekka oder Medina) angegeben. Diese Sure wurde in Medina offenbart.

DIE SCHÖNHEIT VON GOTTES WORT
Die ersten Seiten der meisten Koranausgaben sind kunstvoll verziert. Die wertvollsten Handschriften, die für Könige oder adlige Herrn angefertigt wurden, sind oft durchgehend illuminiert. In manchen Zeiten waren geometrische Muster modern, in anderen Blumenmuster. Es dauerte Monate, manchmal Jahre, bis solch ein Buch fertig war. Doch für den Koran war nichts zu teuer oder zu aufwendig. Denn schließlich ist der Koran Gottes Wort.

DER KORAN

Moslems glauben, dass der Koran von Anbeginn der Zeiten »unerschaffen« bei Gott gewesen ist. Diesen »Urkoran« hat Gott Mohammed in seiner Gesamtheit enthüllt. Der abgebildete Koran stammt aus dem 17. oder 18. Jh. und kommt aus Indien.

GENAUER WORTLAUT
All die Worte im Koran gelten Moslems als getreue Wiedergabe der Worte Gottes: Mohammed trug sie seinen Freunden und Anhängern vor, und sie wurden dann von Schreibern niedergelegt. Seit sie bald nach Mohammeds Tod in einem Buch zusammengefasst wurden, sind sie unverändert geblieben.

DIE ERSTEN WORTE
Beide Suren (siehe auch gegenüber) beginnen mit der Basmala, der Formel *Bismi' llahi' r-rahmani' r-rahimi* – Im Namen Gottes des Erbarmers, des Barmherzigen. Alle Suren (außer 9) beginnen mit diesen Worten.

▲ Gottes ewiges Wort
610 n. Chr. erhielt Mohammed in einer Höhle am Berg Hira (auch *Jabal al-Nour*, »Berg des Lichtes«) seine erste Offenbarung. Der Engel Jibra'il ließ Mohammed bis zu seinem Tod 632 n. Chr. immer wieder Teile des Korans rezitieren. Hier ist Mohammed nach der ersten Offenbarung dargestellt.

◀ Verwobene Worte
Dieses Stück der *Kiswa*, des Tuches, das die Kaaba in Mekka bedeckt (siehe S. 299–301), ist mit Schrift durchwoben und bestickt. U. a. findet man hier die Worte der *Schahada* (»Es gibt keinen Gott außer Gott …«). Der Text in der Mitte, die die Tür der Kaaba verhüllt lautet übersetzt: »Wahrlich, Allah bewahrheitete seinem Gesandten das Gesicht, dass er euch, so Allah will, in Sicherheit in den heiligen Tempel führen werde« (Sure 48:27).

DER KORAN IN DER ARCHITEKTUR

Dieses Fenster der Alhambra, des prachtvollen Palastes der Sultane von Granada, ist ein besonders schönes Beispiel dafür, wie die arabische Schrift, vor allem Koranverse, als Dekorationselement Verwendung fand. Das Fenster ist von Reliefs aus arabischer Schrift mit abstrakten Mustern umrahmt. Über dem Sockel aus farbig glasierten Fliesen setzt das äußere Band der Nische mit den immer wieder wiederholten Worten an *»Wa la Ghalih illa Allah«*, »Es gibt keinen Eroberer außer Gott«. Die Prinzen, die den Palast bauten und ausbauten, mussten sich ständig gegen die christlichen Herrscher verteidigen und fanden in diesen Worten Zuspruch. Das innere Band, das das Fenster selbst umrahmt, und die medaillonförmigen Strukturen im Bogen darüber bestehen alle aus arabischer Kalligrafie. Im Gitterwerk fast verborgen findet sich ein Band in Flechtkufi über dem Fenster. Die nach der für ihre Gelehrten bekannten Stadt Kufa am Westufer des Euphrat benannte kufische Schrift (auch Kufi) ist eine ältere arabische Schrift, die für Koraninschriften aber noch lange von Bedeutung war.

EIN FENSTER IN DER ALHAMBRA, DEM PALAST DER NASRIDENHERRSCHER VON GRANADA (SPANIEN)

DIE FÜNF SÄULEN DES ISLAM

Die »fünf Säulen« tragen und strukturieren das Leben eines jeden Moslems. Die erste Säule ist die *Schahada*, das Glaubensbekenntnis: »Es gibt keinen Gott außer Gott, und Mohammed ist sein Prophet.« Diesen Satz ruft der Muezzin, wenn er im *Adhan*, zum Gebet einlädt, und jeder Moslem betet ihn mehrmals täglich. Die zweite Säule ist *Salat*, die Einhaltung der fünf täglichen Gebete, die der Muslim Richtung Mekka verrichten muss. Die dritte Säule ist *Zakat*, die Almosensteuer – mindestens 2,5 % des Einkommens für die Armen, Witwen und Waisen und den Unterhalt der Gemeinde. Manche Muslime geben ein Viertel. Die vierte Säule ist *Saum*, das Fasten während des Ramadan, des 9. Monats der muslimischen Kalenders. In diesem Fastenmonat verzichten Moslems von Sonnenaufgang bis Sonnenuntergang auf Essen, Trinken, Tabak und Geschlechtsverkehr. Auf diese Weise übt man sich in Disziplin und in Solidarität mit den Armen. Der Ramadan endet mit dem *'id al-fitr*, dem Fest des Fastenbrechens, mit Gemeindegottesdienst, Geschenken und Almosengeben. Die fünfte Säule schließlich ist die *Hadsch*, die Pilgerreise nach Mekka, die jeder Moslem mindestens einmal im Leben unternehmen sollte, wenn es ihm finanziell und gesundheitlich möglich ist.

◄ **Betende Frau**
Für das fünfmal tägliche Pflichtgebet (*Salat*) sind bestimmte Ordnungen vorgeschrieben. Vor dem Gebet ist eine Waschung oder eine Reinigung mit Sand vorzunehmen. Als sauberen Ort für das Gebet benutzt man eine Matte oder einen Teppich. Ausgerichtet ist das Gebet zur Kaaba nach Mekka. Das Gebet selbst umfasst ein Ritual aus Stehen, Knien und Verbeugungen, begleitet von Anrufungen Gottes und Koranrezitationen auf Arabisch. Die Folge der Worte und Verbeugungen (*Rakas*) ist festgelegt.

UMRUNDUNGEN DER KAABA
Ein Grundritus der *Hadsch* ist die siebenmalige Umkreisung der Kaaba (*Tawaf*) gegen den Uhrzeigersinn, dreimal schnell und viermal langsam. Bei jeder Umrundung versuchen die Pilger den schwarzen Stein zu küssen oder zu berühren, zumindest deuten sie in seine Richtung.

DER SCHWARZE STEIN
An der Südostecke ist in Türnähe ein heiliger schwarzer Stein in die Wand der Kaaba eingelassen. Der Engel Jibra'il gab ihn einst Adam und später Ismael, damit sie ihn in die Kaaba einbauten. Der ursprünglich weiße Stein soll durch die Sünden der Menschheit schwarz geworden sein. Wahrscheinlich handelt es sich um einen Meteoriten.

ZWISCHEN ZWEI BERGEN
Nach den sieben Umrundungen der Kaaba gehen die Pilger durch das Tor, das zum Berg As-Safa führt. Nach Koranrezitationen (2,153) laufen sie siebenmal vom As-Safa zum Hügel Al-Marwa und zurück und wiederholen Vers 153 der 2. Sure jeweils auf dem Berg. Dies erinnert daran, wie Hagar auf der Suche nach Wasser für ihren Sohn Ismael von einem dieser Berge zum anderen lief.

LEITER ZUR KAABA
Wenn die Kaaba dreimal im Jahr für die feierliche Reinigung geöffnet wird, stellt man eine Leiter an die Tür, die sich zum Schutz gegen Überflutung knapp 2 m über dem Boden befindet.

WER DA DEN WEG MACHEN KANN
Diese Koraninschrift verpflichtet alle, die können, zur Pilgerfahrt: »Siehe, das erste Haus, gegründet für die Menschen, das war das in Mekka – ein gesegnetes und eine Leitung für alle Welt. In ihm sind deutliche Zeichen – die Stätte Abrahams, und wer es betritt, ist sicher. Und der Menschen Pflicht gegen Allah ist die Pilgerfahrt zum Hause, wer da den Weg zu ihm machen kann. Wer aber ungläubig ist – siehe, Allah ist reich ohne alle Welt« (Sure 3:90–92).

MINARETTE
Dieses Minarett befindet sich an der Nordecke der Al-Haram-Moschee und zeigt, dass die vier Ecken der Moschee in die vier Himmelsrichtungen weisen. Ob dahinter eine religiöse Absicht steht, ist unbekannt.

VIER RECHTSSCHULEN
Dies ist *Maqam Hanafi*, die Station der Hanafiten, eine von vier Stellen um die Kaaba, die die vier Schulen des religiösen Gesetzes im Islam (siehe S. 306) symbolisieren. Bei den Hauptgebeten stehen Anhänger jeder Schule hinter ihren Führern.

DIE HEILIGE MAUER
Multazam, der Bereich zwischen dem schwarzen Stein und der Tür, gilt als besonders heilig. Nach dem *Tawaf* versuchen die Pilger oft, sich dagegen zu drücken.

DER MINBAR
Am 8. Tag der *Hadsch* wird vom *Minbar* (Kanzel) aus eine Predigt gehalten. Dann gehen die Pilger zum Berg der Barmherzigkeit außerhalb Mekkas, um vor Gott zu stehen – eine Art symbolische Vorwegnahme des Jüngsten Gerichts. Dies ist der Höhepunkt der Wallfahrt, ohne den sie nicht vollständig ist.

DIE HEILIGE MOSCHEE IN MEKKA

Diese osmanische Kachel zeigt einen Plan der Al-Haram-Moschee in Mekka, die die Kaaba enthält. In ihr ist der *Hadschar al-Aswad*, der schwarze Stein, eingebaut. Mit solchen Kacheln konnten sich zukünftige Mekkapilger ein Bild vom Heiligtum machen, damit sie die vorgeschriebenen Riten am vorgeschriebenen Ort vollführen konnten.

NACHTLICHTER
Die Öllampen in den Säulengängen wurden früher als Nachtbeleuchtung benutzt. Heute erleuchten elektrische Lampen das Gelände, wenn die Pilger des Nachts dort beten, meditieren und Riten vollziehen.

DAS TOR DES FRIEDENS
Wenn sie durch das Tor des Friedens gehen, tragen Männer ein Pilgergewand aus zwei neuen Baumwolltüchern, von denen das eine um die Hüften geschlungen und das andere locker über die Schulter geworfen wird, sodass ein Arm und eine Schulter frei bleiben. Bei Frauen bleiben nur Hände und Füße unbedeckt.

◄ **Der Ort Abrahams**
Abraham und sein Sohn Ismael sollen die Kaaba auf Gottes Geheiß wiederaufgebaut haben. *Maqam Ibrahim,* der Platz des Abraham, zwischen Tor und *Minbar* (Kanzel) gilt als der Ort, an dem er stand, als er den Bauleuten Anweisungen erteilte. In der Nähe von Mekka sollte Abraham seinen Sohn Ismael opfern. Die drei Säulen von Mina stehen dafür, dass Abraham dreimal den Versuchen des Satans, ihn vom Glauben abzubringen, widerstand.

DIE KAABA – GEGRÜNDET VON ADAM, WIEDERAUFGEBAUT VON ABRAHAM

Die Kaaba (wörtlich »Würfel«) soll zuerst von Adam, später von Abraham und seinem Sohn Ismael zu Gottes Ehre errichtet worden sein. Doch mit der Zeit wurde sie zu einem Ort, an dem die arabischen Stämme ihre 360 Götter verehrten. Erst durch Mohammed wurde sie 630 n. Chr. wieder ihrem ursprünglichen Zweck zugeführt. Jährlich begeben sich mehr als zwei Millionen Pilger auf die *Hadsch* nach Mekka. Wenn sie *Al-Haram,* den heiligen Bezirk betreten, rufen sie *»Labbaika«,* »Hier bin ich, mein Gott, zu deinen Diensten«. Von nun an konzentrieren sie sich ganz auf Gott. Die *Hadsch* kann nur im 12. Monat (*Dhū l-Hiddscha*) durchgeführt werden. Wenn Pilger zu anderen Zeiten des Jahres zur Kaaba kommen, unternehmen sie die *Umra,* die kleine Wallfahrt, bei der sie weniger Vorschriften erfüllen müssen.

GEBET AN DER KAABA

DER FESTKALENDER

Das islamische Jahr hat 12 Mondmonate, also 354 Tage.

1. Monat: **Muharram**
Beginnt mit dem Tag der *Hidschra,* Mohammeds Emigration von Mekka nach Medina 622 n. Chr.

Aschura: Freiwilliger Fasttag im Gedenken an die Erschaffung von Adam und Eva, Himmel und Hölle am 10. des Monats bei Sunniten, die Schiiten feiern die ersten zehn Tage des Monats im Gedenken an die Imame Husain und Hasan.

3. Monat: **Rabi' al-awwa:**
Geburtstag des Propheten: am 12. des Monats.

9. Monat: **Ramadan**
Fasten bei Tageslicht

Lailat al-Qadr: Die »Nacht der Macht« wird als Gedenktag der ersten Offenbarung an den Propheten gefeiert (am 27.).

10. Monat: **Schawwal:** Das Fest des Fastenbrechens *'Id al-fitr* am 1. des Monats beendet die Fastenzeit.

12. Monat: **Dhū l-Hiddscha**
Monat der Pilgerreise nach Mekka

Yaum 'Arafa: Am 9. vollziehen die Pilger *Wuquf,* die Zeremonien auf dem Berg Arafat.

Eid ul-Adha: Das Opferfest erinnert an die Schlachtung des Widders, den Abraham statt seines Sohnes opferte. Ende der *Hadsch.*

DIE SECHS GLAUBENSARTIKEL

Die sechs Glaubensartikel fassen die Prinzipien des Islam in einer Form zusammen, die von Sunniten ganz, von Schiiten in Teilen akzeptiert wird. Der erste Artikel ist der Glaube an den einzigen Gott. Der zweite ist der Glaube an die Engel, Gottes Boten und Diener. Der dritte ist der Glaube an die Heilige Schrift, Gottes Offenbarung an die Menschen. Der vierte ist der Glaube an die Propheten, Gesandte, die die Gemeinden in der Verehrung des einen Gottes anleiten sollen. Der fünfte ist der Glaube an den Jüngsten Tag, an dem jeder für seine Taten beurteilt wird. Der sechste Artikel ist der Glaube an das Schicksal, Gottes Bestimmung und Wissen und Wollen aller Ereignisse. Theologen und Philosophen haben diese Glaubensartikel sehr unterschiedlich ausgelegt. Viele Muslime verstehen auch *Dschihad*, die Befolgung des Weges Gottes, sowohl als Kampf um den Glauben gegen andere als auch als Ringen mit sich selbst, um Gottes Weg zu folgen.

▲ **Der Engel Israfil (Raphael)**
Gottes Engel erfüllen seinen Willen auf Erden: Jibra'il verkündete Maria ihren Sohn und übergab Mohammed den Koran. Munkar und Nakir befragen die Toten in ihren Gräbern. Hier kündigt Israfil (Gabriel) mit seiner Trompete das Jüngste Gericht an.

»DER GESANDTE ALLAHS … GING ZU DEN LEUTEN HINAUS. DA KAM EIN MANN ZU IHM UND SAGTE: … WAS IST GLAUBE? ER ERWIDERTE: DER GLAUBE IST, DASS DU AN ALLAH, AN SEINE ENGEL, AN SEIN BUCH, AN DIE BEGEGNUNG MIT IHM, AN SEINE GESANDTEN UND AN DIE AUFERSTEHUNG DEREINST GLAUBST.«

Aus *Sahīh Muslim*, Muslim ibn al-Haddschādsch

◀ **Der Prophet Nuh (Noach)**
Propheten erinnerten die Menschen an Gott. Einige von ihnen waren Boten, die Bücher überbrachten: Musa die *Tawrat* (Tora), Dawud das *Zabur* (Psalmen), 'Isa das *Indschil* und schließlich Mohammed den Koran. Hier ringt Nuh (Noach) in seiner Arche mit der Flut.

GOTTES 99 SCHÖNE NAMEN

Allah ist für Muslime einzigartig. Das bedeutet, dass man sich auf Gott nur beziehen kann, indem man sagt, was er nicht ist. Der Koran spricht von »Gottes schönen Namen«, von denen meist 99 genannt werden. Es handelt sich dabei nicht um Definitionen, sondern Versuche, Gottes undurchdringliches Mysterium zu beschreiben. Dieser Kreis ist ein Beispiel für die schönen Namen. Ein anderes ist die *Subha* aus 33 oder 99 Perlen, die Muslime nutzen, um die Namen zu rezitieren.

DER EINE GOTT
Allah ist der Name des einen Gottes. Er besteht aus den Silben *al-* (»der«, immer mit dem folgenden Wort verbunden) und *ilah*, »Gottheit« und betont Gottes Einzigartigkeit.

AL-'ALIM
Der Name al-'Alim, »der Allwissende«, betont, dass Gott nicht wie die Menschen lernen und herausfinden muss. Gott weiß jederzeit alles.

AL-HALIQ
Der Name al-Haliq, »der Schöpfer«, unterstreicht den Unterschied zwischen Gott und anderen Wesen, die auf Werkzeuge oder Verstand angewiesen sind, während Gott Dinge einfach durch seinen Befehl erschafft.

AL-KARIM
Muslimische Männer tragen oft einen der schönen Namen in Kombination mit der Silbe *abd*, »Diener«, in diesem Fall z. B. »Abd al-Karim«, »Diener des Großzügigen«.

AR-RAHMAN
Der Name ar-Rahman, »der Erbarmer«, und der Name links davon, ar-Rahim, »der Barmherzige«, stehen mit Ausnahme des 9. Kapitels als Beschreibung Gottes am Anfang jedes Kapitels des Korans.

AL-HAYY
Der Name al-Hayy, »der Lebendige«, ist einer der bedeutendsten der schönen Namen, weil er unterstreicht, dass Gott im Gegensatz zu einem leblosen Götzenbild aktiv und dynamisch ist.

AN-NUR
Der Name an-Nur, »das Licht«, verweist auf Sure 24:35 des Korans, die Gott mit dem Licht einer Lampe mit dem reinsten Öl in einem Gefäß aus klarstem Glas vergleicht.

DIE SCHLACHT VON BADR

Badr war die erste bedeutende Schlacht der Muslime nach ihrem Umzug von Mekka nach Medina. Ihre Gegner waren die polytheistischen Mekkaner und die Muslime waren am Ende überzeugt, dass Gott ihnen zu einem unwahrscheinlichen Sieg verholfen hatte. Die Schlacht fand im Jahr 625 n. Chr. statt, drei Jahre nach der Migration der Muslime, als es ihnen noch an Ressourcen und Waffen fehlte. Sie traten mit einer rund 300 Mann starken Armee mit zusammengewürfelten Waffen und abwechselnd genutzten Reittieren auf, schlugen aber dennoch die mehr als 1000 Mekkaner. Der Sieg der Muslime etablierte sie als Macht in Arabien und die Gnade, die sie den Besiegten gegenüber walten ließen, sollte zukünftigen Generationen ein Vorbild sein. Die Darstellung rechts stammt aus dem Epos *Siyer-i Nebi* aus dem 14. Jh., das im 16. Jh. auf Geheiß des osmanischen Sultans Murad III. (1574–1595) illustriert wurde.

BADR UND DER DSCHIHAD

Badr blieb in den folgenden Jahrhunderten eine Inspiration für muslimische Kämpfer, die sich dem *Dschihad*, »dem Kampf auf dem Wege Gottes« verschrieben hatten. Das Wort *Dschihad* stammt vom arabischen Verb *dschahada* (»sich anstrengen«). Der Koran erwähnt den »Kampf auf dem Wege Gottes« viele Male und meint damit meist den Kampf für den Islam. Von Anfang an mussten die Muslime in Medina gegen die Mekkaner um ihr Leben kämpfen, die sie immer wieder angriffen, bis Mohammed Medina schließlich 630 n. Chr. unter muslimische Kontrolle brachte. Im 7. und frühen 8. Jh. eroberten muslimische Armeen große Teile der Region und es wurden Regeln für das Verhalten der erobernden Armeen und den Umgang mit Juden, Christen und anderen Eroberten eingeführt, die auf den Worten des Propheten und seiner engsten Begleiter beruhten.

Es gibt mehr als nur eine Art von *Dschihad*. Neben dem bewaffneten Kampf gibt es auch den *Dschihad* durch Schriften gegen die Irrwege und die Bosheit der Feinde und den *Dschihad* des Wortes, das Falsches verurteilt und Rechtes verkündet. Bei all diesen Formen des *Dschihad* geht es immer um die Verteidigung oder die Verbreitung des Islam.

ENGELSSCHAREN

Der Engel Jibra'il trifft mit einer Armee weiße Turbane tragender Engel ein, um auf Seiten der Muslime zu kämpfen. Koran-Sure 8:9 zufolge bat Mohammed Allah um Hilfe und der antwortete: »… Siehe, ich helfe euch mit tausend Engeln, einer hinter dem andern.«

GÖTTLICHE UNTERSTÜTZUNG

Die Soldaten schrieben ihren Sieg bei Badr Gottes Hilfe zu. Zusätzlich zu der Armee der Engel machte ein Regenschauer den Boden für die Reiterei der Mekkaner schwer passierbar und eine Handvoll Staub, geworfen vom Propheten, wurde zu einem Sandsturm, der die Mekkaner blendete. Sure 8:17 betont, wie stark Gott in den Kampf eingriff: »… und nicht warfst du, als du warfst, sondern Allah warf …«

SCHUTZ

Mohammed steht unter einem für ihn errichteten Schirm, während er seine Truppen anfeuert. Wie üblich hat der Künstler hier das Gesicht des Propheten verschleiert, weil dieser zu heilig ist, um abgebildet zu werden.

REGELN DES DSCHIHAD

Mohammed bestimmte, dass die Krieger keine Toten verstümmeln und keine Kinder, Frauen oder Alte töten durften. Sie sollten keine Bäume beschädigen oder verbrennen, keine Tiere töten, außer als Nahrung, und Klöster unberührt lassen. Aus dem Koran und den Worten Mohammeds und seiner Begleiter entstanden Regeln, wie der *Dschihad* zu führen sei, und wer teilnehmen durfte. Kämpfer durften nur erwachsene Muslime von gesundem Geist sein, die ihre Familien während ihrer Abwesenheit unterhalten konnten.

DIE ARMEE DER MUSLIME

Die Muslime waren schlecht auf die Schlacht vorbereitet und es fehlte ihnen an Rüstungen und Waffen. Der Koran-Sure 3:123 zufolge erschienen sie »verächtlich« und doch stellt der Illustrator sie hier mit dem modernsten Rüstzeug seiner Zeit ausgestattet dar.

DER ISLAMISCHE STAAT

In den hundert Jahren nach Mohammeds Tod (623 n. Chr.) eroberten (»befreiten«, nach ihrer eigenen Auffassung) muslimische Armeen riesige Gebiete und nach und nach wurden Regierungen und Rechtsinstitute in diesem neuen islamischen Reich eingeführt. Aus den Lehren des Korans und der *Sunna* entwickelte sich das Rechtssystem der *Scharia*. Es entstanden verschiedene Schulen der Interpretation, von denen vier unter den Sunniten (unten) bis heute Bedeutung haben. Der Wächter der *Scharia* war ursprünglich der *Kalif*, der Nachfolger und Stellvertreter des Propheten. Er war gleichzeitig geistliches und weltliches Oberhaupt der islamischen Gemeinschaft. Zwar wurde das Kalifat 1924 abgeschafft und es gibt heute unabhängige Nationalstaaten, doch weiterhin ist die *Scharia* Wegweiser in Fragen der Moral und Religion. Die Schiiten folgen neben der *Scharia* auch den von Gott inspirierten Weisungen der Imame, der Nachfahren des Propheten. Die Linie der Imame endete Ende des 9. Jahrhunderts, aber die Schiiten besitzen bis in die Neuzeit *Mutdschahids*, »erleuchtete Gelehrte«, deren Entscheidungen in Fragen des religiösen und weltlichen Gesetzes als unfehlbar gelten. Die größten Gelehrten nennen sie *Ayatollah* (»Zeichen Gottes«).

◀ **Rechtsschulen**
Die Sultan-Nasir-al-Din-al-Hasan-Moschee in Kairo beherbergt die vier großen sunnitischen Rechtsschulen: Maliki, Hanafi, Schafi'i und Hanibali. Diese vertreten unterschiedliche Ansätze und sind nach ihren Gründern benannt, führenden Rechtsgelehrten des frühen Islam. Heute folgen die Sunniten meist der einen oder anderen dieser Schulen, die Schiiten haben ihre eigene fünfte. An der Ausübung der Riten, z. B. an der Abfolge der Handlungen im Gebet, und an der Rechtsprechung kann man erkennen, welcher Rechtsschule ein Muslim folgt.

ISLAMISCHE EXPANSION

Nach Mohammeds Tod 632 n. Chr. dehnte sich das islamische Reich unter der in Damaskus heimischen Umayyaden-Dynastie und der von Bagdad aus herrschenden Abbasiden-Dynastie aus. Im 9. Jh. begann das Imperium zu zerbrechen, bis die Mongolen 1258 das Abbasiden-Kalifat zerstörten. 1453 eroberten die Osmanen Konstantinopel und benannten es in Istanbul um. Sie wurden in den folgenden Jahrhunderten zur Großmacht im Nahen Osten, ähnlich wie die Moguln in Indien und die Safawiden in Persien. Bedroht wurden diese Großreiche durch die europäische Expansion. Das Mogulreich fiel im 19. Jh. und das Osmanische Reich im frühen 20. Jh. und es entstanden individuelle Nationalstaaten. Der letzte Schah von Persien dankte im späten 20. Jh. ab und wurde durch die *Ayatollahs* als Herrscher ersetzt.

GRAB DES ABU AYYUB ANSARI

Das Grab des Abu Ayyub Ansari ist einer der heiligsten islamischen Schreine in Istanbul. Ayyub Ansari war einer der *Ansar*, die den Muslimen in Medina halfen, als sie 622 n. Chr. aus Mekka dort eintrafen. Er starb vermutlich 672 bei einem Angriff auf die christliche Hauptstadt Konstantinopel und gilt als eines der Bindeglieder zum Propheten selbst.

WUNDERSAMES GRAB

Bald nach der Einnahme Konstantinopels (heute Istanbul) 1453 entdeckte man Abu Ayyubs Grab außerhalb der Stadtmauern.

BESUCH DES SCHREINS

Nach Suleiman brachten die osmanischen Sultane die Verbindung zwischen ihrer Dynastie und dem Heiligen zum Ausdruck, indem jeder neue Sultan, gegürtet mit dem Schwert des Dynastiegründers Osman, den Schrein besuchte. Heute statten die türkischen Ministerpräsidenten dem Schrein einen Besuch ab, wenn sie in ihr Amt eingeführt werden.

DER RECHTSGEBER

Suleiman al-Qanuni, »der Gesetzgeber«, in Europa als Suleiman der Prächtige bekannt, regierte von 1520 bis 1566. Er setzte die islamische Expansion nach Europa fort, die im 14. Jh. mit der osmanischen Überquerung des Bosporus begonnen hatte. Unter seiner Herrschaft eroberten die Türken fast ganz Südosteuropa und belagerten Wien.

SUNNITISCHE GELEHRTE

Sunnitische Gelehrte sprachen sich oft gegen die Heiligenverehrung aus, weil sie eine Gefahr für die Pflicht darstelle, Gott allein zu verherrlichen. Die Mehrheit der Bevölkerung aber besucht die Schreine regelmäßig. Bei den Schiiten spielen die Gräber ihrer Imame im Kult eine große Rolle.

DER SULTAN IN DER ÖFFENTLICHKEIT

Der Sultan begab sich regelmäßig zum Freitagsgebet in eine der Moscheen Konstantinopels. Dabei begleitete ihn immer ein großes Gefolge. Diese *Selamlik*-Zeremonie nutzten die Menschen, um Bittgesuche vorzubringen. Denn sonst zeigte sich der Sultan kaum in der Öffentlichkeit.

RANGZEICHEN

Kopfbedeckungen zeigten Rang und Ansehen in einer statusbewussten Gesellschaft an.

TÜRKISCHE HERKUNFT

Der Sattel ist im traditionellen türkischen Stil gearbeitet. Die Osmanen waren Nachfahren von Turkvölkern aus Innerasien, die seit der Frühzeit des Islam in mehreren Schüben westwärts zogen. Ihr alter Kult war an bestimmte heilige Orte gebunden, und diese Art der Frömmigkeit behielten sie auch bei, als sie den Islam annahmen. Das zeigt auch Suleimans Besuch dieses Schreins.

SULEIMAN BESUCHT EINEN SCHREIN

Dieses Bild des osmanischen Sultans Suleiman beim Besuch des Abu-Ayyub-Schreins, gemalt nach seinem Tod, bringt ihn mit dem verehrten Freund des Propheten und Krieger des Islam in Verbindung – eine symbolische Darstellung seiner Dynastie als fromme Muslime der sunnitischen Tradition. Später hieß es, die osmanischen Sultane hätten den Kalifentitel geerbt. So verband man weltliche Macht mit religiöser Autorität.

»ALI IST BESONDERS FÜR MICH UND ICH BIN BESONDERS FÜR IHN; ER IST DER HELFENDE FREUND EINES JEDEN GLÄUBIGEN.«

Spruch des Propheten

NACHFOLGER DES PROPHETEN

In den 30 Jahren nach seinem Tod führten vier Männer die Moslemgemeinschaft als Kalifen: Abu Bakr (632–634), Umar (634–644), Uthman (644–656) und Ali (656–661). Diese Zeit betrachten die Sunniten als Goldenes Zeitalter. Doch die Schiiten, Angehörige der *Shi'at Ali* (»Partei des Ali«) sind der Auffassung, dass Mohammeds Schwiegersohn Ali der erste rechtmäßige Kalif gewesen wäre. Dieser Streit währt bis heute, wenngleich beide Gruppen in grundlegenden Glaubensdingen übereinstimmen. Nach Alis Tod ergriff sein Gegenspieler Mu'awiya, der Gründer der Umayyaden-Dynastie (661–750), die Macht. 750 übernahmen die Abbasiden die Regentschaft und verlegten den Regierungssitz von Damaskus nach Bagdad, wo der Islam im 8. Jh. unter Harun ar-Raschid eine Blüte erlebte. Die Schiiten hielten ihren Imamen, den leiblichen Nachkommen des Propheten, die Treue. Die meisten erkennen 12 Imame an und glauben, dass der letzte dereinst als *al-Mahdi* (»der Geführte«) zurückkehren wird.

MOHAMMED HÄLT SEINE LETZTE PREDIGT.

»... GEHORCHET ALLAH UND GEHORCHET DEM GESANDTEN UND DENEN, DIE BEFEHL UNTER EUCH HABEN. UND SO IHR IN ETWAS UNEINS SEID, SO BRINGT ES VOR ALLAH UND DEN GESANDTEN ...«

Koran, Sure 4:62

► Diener des Sultans
Die Zahl der Diener des Sultans war ein Statussymbol. Einer seiner Pagen trägt Wasser für die vorgeschriebenen Waschungen vor dem Gebet, der andere die Waffen des Sultans. In Gegenwart des Sultans verharrte der ganze versammelte Hofstaat in Stille.

◄ Suleiman der Prächtige
Unter Suleiman dem Prächtigen wurde das Osmanische Reich zu Lande und zu Wasser zu einer Bedrohung für die europäischen Mächte, die Hauptstadt Istanbul Zentrum der islamischen Kultur und Geisteswelt. Suleimans Baumeister Sinan errichtete herrliche Moscheen. Eine von ihnen ist nach dem Herrscher benannt, und sein Grab befindet sich auf dem Gelände dieser Moschee.

SUFI-ORDEN UND MYSTIK

Sufis sind islamische Mystiker, die eine enge, persönliche Beziehung zu Gott suchen. Die Herkunft des Namens ist ungewiss, er könnte sich von *Suf* (»Wolle«) ableiten, nach dem schlichten Wollgewand der Asketen. Sufismus bedeutet absolutes Gottvertrauen, absoluten Gehorsam, den Versuch, die Seele, die in der menschlichen Existenz gefangen ist, Stufe um Stufe zur vollkommenen Vereinigung mit dem göttlichen Sein zu führen. Manche Sufis (z. B. al-Hallag) betonen die Einheit von Gott und Seele, sodass man ihnen die blasphemische Aussage unterstellte, Gott und die Seele seien identisch. Ekstatische Gotteserfahrungen führten hin und wieder dazu, dass manche Sufi die Scharia missachteten und damit in Konflikt mit den Verfechtern von Tradition und Konformität gerieten. Eine der Schlüsselfiguren bei der Beilegung dieser Konflikte war der persische Theologe al-Ghazali (1058–1111 n. Chr.), demzufolge der wahre Islam sowohl die Bräuche der Scharia als auch die innere Bereitschaft umfasst, die Nähe Gottes anzunehmen. Seine Lehren wahrten die Unterscheidung zwischen dem einen Gott und dem Gläubigen, die durch die sufischen Erfahrungen der Vereinigung zu verwischen drohte.

▶ Der Simurgh
Der Simurgh ist ein Symbol des Sufistrebens um Einheit mit dem Göttlichen. Das persische Gedicht *Die Konferenz der Vögel* erzählt, wie Vögel, die von seiner Pracht gehört hatten, den Simurgh zum König wählten und sich auf die Suche nach ihm machten. Nur 30 erreichten seinen Berg und erkannten, dass er und sie in Wahrheit eins sind – *si murgh* bedeutet im Persischen »30 Vögel«.

Das prachtvolle Gefieder ist die Quelle der Berühmtheit des Simurgh.

»ICH WILL FEUER INS PARADIES WERFEN UND WASSER IN DIE HÖLLE GIESSEN, DAMIT DIESE BEIDEN SCHLEIER VERSCHWINDEN UND NIEMAND MEHR GOTT ANBETET AUS SEHNSUCHT NACH DEM PARADIES ODER AUS HÖLLENFURCHT, SONDERN … AUS LIEBE ZU IHM.«
Rabi'a von Basra (gest. 801), Mystikerin und Sufi-Heilige

TANZENDE DERWISCHE

Diese Buchmalerei zeigt einen Sufiheiligen oder -meister, der mit seinen Jüngern tanzt. Sie stammt aus einer persischen Handschrift (16. Jh.) der Madschalis al 'Uschschak. Der wirbelnde Tanz ist Teil der *Dhikr*-Zeremonie des Maulawi-Ordens aus der Türkei und brachte diesem Orden bei Europäern den Namen »tanzende Derwische« ein.

GEISTIGE HEIMAT

Die Zeremonie findet in einer *Khanaqa* oder *Zawiyya* statt, einem eigens für dieses ekstatische Ritual errichteten Gebäude.

VISION DES PARADIESES

Mit diesem Blumenbild stellte der Künstler den Sinn des *Dhikr* symbolisch dar: als Weg des Aufstiegs aus der materiellen Welt zur himmlischen. Dieses Bild kann als Vision des Paradieses gedeutet werden, aber auch einfach als Blick durch ein Tor in einen Garten mit schönen Blumen.

EKSTASE

Der Scheich hat einen tranceartigen ekstatischen Zustand erreicht, in dem er sich nur der Gegenwart Gottes bewusst ist. Sein Körper verliert das Gleichgewicht, während er seinen Geist ganz auf Gott gerichtet hat. Sein Gesichtsausdruck zeigt vollkommene Konzentration. Der Meister und seine drei Schüler, im Persischen Derwische genannt, tanzen einen wirbelnden Tanz, der ihnen den Namen »tanzende Derwische« eingebracht hat.

DIE *DHIKR*-ZEREMONIE

Dhikr (»Gedenken«) ist eine Andachtsübung, die von den verschiedenen Sufi-Orden (*Tariqa*) ganz unterschiedlich zelebriert wird. Manche üben sich in stiller Verehrung, bei anderen spielt Vokalmusik eine große Rolle; dieser Orden tanzt. Ziel der *Dhikr*-Zeremonie ist es, im Tanz der Gottesgegenwart bewusst zu werden und alles um sich herum zu vergessen. Durch häufige Wiederholung gelangten manche Tänzer zu *Fana* (»Auslöschung«), d. h. zum Aufgehen in der Gottheit.

SCHIITISCHE LOYALITÄT

Die Loyalität dieser Sufis als Schiiten zeigt sich an der Art, wie sie ihre Turbane gebunden haben. Jede der zwölf Falten erinnert an einen der 12 Imame, Nachfahren des Propheten, die ihrer Gefolgschaft inspirierende Lehren hinterließen.

DER MEISTER

Für viele Sufis ist der Meister, der Scheich (von Arab. *Schaich*), Persisch *Pir*, das Vorbild, nach dem sie ihr Leben ausrichten. Er wird als von Gott inspirierter Lehrer verehrt, und man sieht in ihm jemanden, dessen Leben so gesegnet ist, dass er Gottes Segen an andere weitergeben kann. Beide Arme des Scheichs sind erhoben und deuten an, dass er die irdischen Dinge hinter sich gelassen hat und ganz in Gottes Gegenwart aufgeht.

HIMMEL UND ERDE

Zwei jüngere Tänzer halten ihre Hände in einer für Angehörige des *Mevlevi*-Ordens kennzeichnenden Pose: Eine Hand weist zum Himmel, die andere zur Erde – um beides zu verbinden.

GEFÄHRLICHER TANZ

Helfer stehen bereit, um diejenigen, die straucheln oder von der Trance überwältigt werden, aufzufangen. Sie beobachten die Tanzenden genau, damit keiner zu Schaden kommt.

SUFI-ORDEN

Vom 12. Jh. an bildeten sich mystische Orden (*Tariqa*), denen die Islamisierung weiter Gebiete zu danken ist. Die Mitglieder dieser Orden nennt man auch Derwische (von Pers. *Darwesch*, »einer, der von Tür zu Tür geht«) oder Fakire (von Arab. *faqir* = »arm«). Die meisten Orden kennen die »sufitische Reise« (*Safar*), auf der man über mehrere Stufen zum vollkommenen Wissen über Gott gelangt. Dazu braucht man die Hilfe eines Meisters (Arab. *Schaich*, Pers. *Pir*).

Der Stil des Turbans weist auf einen Schiiten hin.

Tamburin

◀ Mystische Musik

Viele Muslime lehnen Musik ab, weil sie die Sinne erregt, aber bei den Sufi-Bruderschaften hatte sie immer eine große Bedeutung. Sufis nutzen Musikinstrumente wie Tamburin und Flöte bei ihren Zeremonien, in denen repetitive Gesänge und Tänze Teil des *Dhikr* sind und den Tänzern beim Erreichen einer Trance helfen, in der die Gott-Bewusstheit alle anderen Dinge verdrängt.

▲ Immerwährendes Licht der Seele

Ein Prinz sucht Rat und Segen bei einem Sufi-Einsiedler. Hier treffen die materielle Welt und die Sphäre der inneren Wahrheit aufeinander. Das Gefolge des Prinzen ist gegen unbekannte Gefahren gewappnet, der Einsiedler aber ist ruhig und gelassen. Der Prinz hat einen Fackelträger. Dessen Fackel wird mit der Zeit verlöschen, doch der Einsiedler strahlt von innen heraus. Einsiedler verkörpern beispielhaft das mystische Ideal des Islam – über alle Veränderlichkeit und Vergänglichkeit hinaus zum Immerwährenden zu gelangen.

»ALLE AUF IHR (DER ERDE) SIND VERGÄNGLICH, ABER ES BLEIBT DAS ANGESICHT DEINES HERRN …«

Koran, Sure 55:26–27

DIE GROSSEN SUFI-HEILIGEN UND -SCHULEN

Sufi-Schulen haben die Namen ihrer Meister bis zurück zum Propheten selbst verzeichnet, den sie als ihren ersten Scheich ansehen. Zu den bedeutenden Gestalten des frühen Sufismus gehören al-Hallag (der 922 hingerichtet wurde, weil er im Bewusstsein der Einheit mit Gott rief: »Ich bin die Wahrheit!«), Abu Hamid al-Ghazzali (gest. 1111) und Ibn Arabi (gest. 1240), der die Einheit alles Seienden lehrte. Zu den großen Sufi-Schulen gehören die Qadiriya, die sich über den Nahen Osten, Afrika und den Kaukasus ausbreitete, die in der Türkei vorherrschenden Mevlevi und die Tschischtiya in Pakistan, Indien und Südostasien. Mit der Zeit weiteten die Orden ihre Aktivitäten aus; im Mittelalter waren sie zum Teil Handwerkszünfte, und bis zum 19. Jh. arbeiteten sie in Erziehung und Gemeindearbeit. Auch heute noch betätigen sich kleinere Sufi-Orden mit der Verteilung von Mitteln an die Armen.

ISLAM UND WISSENSCHAFT

Die Muslime glauben, dass Gott alles geschaffen hat und dass das Studium seiner Schöpfung daher zu Gott und zu einem tieferen Verständnis seiner Wege führt. Deshalb hat Wissen *(al-'ilm)* im Islam einen hohen Stellenwert. Der arabische Meister Ibn Taymiya meinte, dass das Wissen für den Geist sei, was Essen für den Körper ist, und Mohammed sagte: »Wer seine Heimat auf der Suche nach Wissen verlässt, macht sich auf den Weg zu Gott.« Bücher und Wissen galten Muslimen immer als geistige Nahrung. Die Suche nach Wissen hat im Islam zwei Formen angenommen: das Studium der göttlichen Offenbarung und das Streben nach Vernunft. Das ging nicht immer ohne Reibungen ab. Manche Befürworter der Allgenügsamkeit des Korans haben wissenschaftliche Entdeckungen und rationales Forschen abgelehnt. Der andalusische Philosoph Avarroës versuchte, die Differenzen zu überbrücken, und sagte, dass die Offenbarung zwar durch Erzählungen und Metaphern und die Vernunft durch abstrakte Hypothesen ausgedrückt werde, beide Wege aber nach denselben Wahrheiten suchten.

◄ Medizin und Pharmazie
Ein Arzt bereitet eine Medizin zu, während in den darüberliegenden Räumen Amphoren mit Zutaten ihrer Verwendung harren. Die arabische Medizin basiert auf Erkenntnissen der Griechen und Inder und die Schriften Galens, der im 2. Jh. n. Chr. in Rom wirkte, waren eine wichtige Grundlage. Diese Illustration in einer arabischen Übersetzung der *Materia Medica* des griechischen Arztes Dioscorides aus dem 1. Jh. n. Chr. zeigt die Nutzung von Honig. Im frühen Islam war der Heilberuf Christen vorbehalten, die in der muslimischen Gemeinde hohes Ansehen genossen. Muslimische Ärzte machten große Fortschritte bei Anatomie und Pharmazie. Der *Qanun fi at-tibb* (Kanon der Medizin) des persischen Arztes Ibn Sina aus dem 11. Jh. diente auch in Europa als Lehrtext.

DAS ASTROLABIUM
Der Meister und ein Kollege betrachten das Astrolabium, das Instrument, das die Griechen zur Messung des Breitengrades erfunden hatten. Vor ihnen auf dem Tisch liegen zwei Alidaden, für Astrolabien festgelegte Regeln zur Angabe von Maßen.

STERNENMESSUNG
Dieser Gelehrte blickt durch einen Quadranten. Im 16. Jh. maß man Entfernungen der Himmelskörper mit solchen Instrumenten, aber auch mit dem bloßen Auge. Die Astronomen verteidigten ihre Arbeit gegen kritische Theologen mit dem Argument, dass ihnen dadurch Gottes Weisheit enthüllt werde.

HIMMELSKÖRPER
Diese beiden knienden Gelehrten lesen Werte von einem anderen Messinstrument für die Bewegung der Himmelskörper ab, während ein dritter Mann die Ergebnisse notiert.

HIMMELSDEUTUNG
Drei Gelehrte diskutieren die Auslegung von Bewegung der Himmelskörper. Islamische Astronomen waren von griechischen Werken wie Ptolemäus' *Amalgest* beeinflusst, machten aber auch selbst viele Entdeckungen. Es gibt deutliche Hinweise darauf, dass der Astronom Kopernikus sich im 15. Jh. islamischer Erkenntnisse bediente.

DER HAUSMEISTER
Die demütig im Hintergrund stehende Gestalt ist vielleicht der Hausmeister der Sternwarte. Er scheint über die Technik zu staunen und hält sich abseits, damit er nichts durcheinanderbringt. Vielleicht wartet er, bis einer der Gelehrten eines von den Büchern hinter ihm im Regal braucht.

MATHEMATIK
Die Instrumente auf dem Tisch zeigen, wie mathematisch ausgefeilt die islamischen Naturwissenschaften im 16. Jh. waren. Algebra, Logarithmen und Algorithmen, Letztere benannt nach dem großen Gelehrten al-Chwarizmi (gest. 846 n. Chr.), sind Erfindungen arabischer Mathematiker. Ihr Gebrauch des indischen Zahlensystems ermöglichte große Fortschritte.

BETRACHTUNG EINES QUADRANTEN
Zwei kniende Gelehrte betrachten einen Quadranten, ein Instrument zur Messung der Höhe von Sternen. Er besteht aus einem 90°-Bogen mit Gradeinteilung und einer Sichtvorrichtung, die auf einem beweglichen Arm befestigt ist. Viele Sterne sind noch heute unter ihren arabischen Namen bekannt.

DAS STREBEN NACH WISSEN
Diese beiden Gelehrten unterhalten sich über Instrumente. Sie orientieren sich an der Koranforderung, Gottes Zeichen in der Welt zu entdecken. Manche Moslems lehnten Wissenschaft und Philosophie der Vernunft ab, da diese Lehren die Offenbarung zu ignorieren schienen. Dennoch erlebten diese Disziplinen unter islamischen Herrschern eine Blüte.

DAS OBSERVATORIUM

Diese Sternwarte wurde im 16. Jh. in Istanbul für den Astronomen Taqi al-Din erbaut. Um das 10. Jh. hatte sich die Astronomie trotz ständigen Widerstands durch islamische Theologen als eigene Wissenschaft etabliert.

DER GLOBUS
Dieser Globus hat seinen stolzen Platz in der vorderen Mitte des Raumes, denn er ist das Ergebnis vieler Messergebnisse und Überlegungen. Er steht so, dass man Istanbul und das Osmanische Reich (siehe S. 306) vorn sieht. Die Landmassen haben zwar nahezu die richtigen Proportionen, aber sie erstrecken sich zu weit über den Äquator nach Süden.

▲ Die Bedeutung des Astrolabiums
Für Moslems ist es wichtig, die Richtung nach Mekka zu kennen. Man berechnete sie früher auf der Grundlage von Sternenbewegungen, und eines der wichtigsten Instrumente dafür war das Astrolabium. Es besteht aus einer Scheibe mit Gradeinteilung und einer beweglichen Sichtvorrichtung, mit deren Hilfe man die Höhe von Himmelskörpern am Himmel messen kann. Mithilfe der erhaltenen Werte kann man die genaue Position Mekkas berechnen.

»ER IST'S, DER GEMACHT DIE SONNE ZU EINER LEUCHTE UND DEN MOND ZU EINEM LICHT; UND VERORDNET HAT ER IHM WOHNUNGEN, AUF DASS IHR WISSET DIE ANZAHL DER JAHRE UND DIE BERECHNUNG (DER ZEIT). UND ERSCHAFFEN HAT ALLAH DIES ALLEIN ZUR WAHRHEIT.«
Koran, Sure 10:5

▲ Einfluss des Aristoteles
Um 800 n. Chr. wurden die Werke von Platon und Aristoteles ins Arabische übersetzt. Die griechische Philosophie beeinflusste das frühe islamische Denken und führte zu Spannungen zwischen Denkern, die die Vernunft an erste Stelle setzten, und solchen, für die Führung durch Offenbarung vorrangig war. Die arabische Philosophie blühte, wenngleich Überlegungen über die Ewigkeit der Welt von konservativen Religionsdenkern verdammt wurden. Die Werke arabischer Meister wie Ibn Sina und Ibn Ruschd beeinflussten europäische Gelehrte.

▲ Das islamische Weltbild
Ab dem 12. Jh. erstellten arabische Geografen Weltkarten. Einer der bekanntesten Kartografen war der Marokkaner al-Idrisi (gest. 1166), dessen großes geografisches Kompendium auf eigenen Reisen beruhte und die Küsten des Mittelmeeres und des Indischen Ozeans mit erstaunlicher Genauigkeit wiedergab. Dieser Globus stammt aus einer späteren Zeit, als Schiffe die Welt umsegelt hatten.

DIE MOSCHEE

Das Wort Moschee leitet sich vom Arabischen *Masdschid* (»Ort der Niederwerfung«) ab. Sie ist Ort des öffentlichen Gebets, an dem sich Muslime vor allem am Freitag versammeln. Zwar braucht ein Muslim zum Beten keine Moschee, aber Moscheen sind Häuser, »in denen Allah erlaubt hat, dass er erhöht und sein Name verkündet werde« (Sure 24:36). Vorsteher der Moschee ist der *Imam*, der Gebetsleiter. Der *Muezzin* ruft zum Gebet (siehe S. 292). Freitags predigt der *Khatib*. Aber Moscheen sind nicht nur Orte des Gebets, sondern auch des Studiums. Weiterhin sind dort berühmte Moslems, vor allem Märtyrer, Kalifen und Sufis (siehe S. 309–311) begraben. Als besonders ehrwürdig gelten Moscheen, die in einer Verbindung zu Mohammed stehen. In Medina gibt es neben der Moschee des Propheten (siehe S. 317) die Moschee der Zwei Kiblas (wo Mohammed zuerst Richtung Mekka statt Richtung Jerusalem betete). Die ehrwürdigste Moschee in Mekka ist die Al-Haram-Moschee, in Jerusalem die Al-Aqsa-Moschee, wo das Jüngste Gericht stattfinden wird. Der Felsendom ganz in der Nähe ist zwar keine Moschee (wenngleich manchmal Umar-Moschee genannt), aber dennoch ein ehrwürdiger Ort, da von hier aus Mohammed in den Himmel aufgefahren sein soll.

◀ **Religionsunterricht**
Seit dem 10. Jh. wurden eigene Akademien für Religions- und Rechtskunde eingerichtet. Die hier dargestellte Universität von Al-Azhar in Kairo wurde 970 n. Chr. gegründet. Sie ist die älteste Universität der Welt; an ihr wird noch heute gelehrt. Beim Unterricht sitzt der Professor auf dem Boden, seine Studenten sitzen im Kreis um ihn herum. Wissenschaft und Erziehung waren im Islam immer von großer Bedeutung. Innerhalb eines Jahrhunderts nach dem Tod des Propheten waren philosophische und medizinische Werke der Griechen ins Arabische übersetzt (siehe S. 312–314), während die Religionswissenschaft sich unter dem Einfluss des Korans weiterentwickelte.

»GOTT IST UNERMESSLICH GROSS! ICH BEZEUGE, DASS ES NUR EINEN GOTT GIBT! ICH BEZEUGE, DASS MOHAMMED DER PROPHET GOTTES IST! KOMMT ZUM GEBET! KOMMT ZUR RETTUNG! GOTT IST UNERMESSLICH GROSS! ES GIBT KEINEN GOTT AUSSER GOTT!«

Der *Adhan*, Ruf zum Gebet durch den Muezzin vor den Zeiten des Pflichtgebets

RAUM UND HÖHE
Hohe Wände schaffen einen weiten Raum und damit eine gute Atmosphäre zur Anbetung. In vielen Moscheen überspannt eine Kuppel einen großen, freien Raum. Eine Kuppel assoziieren viele Moslems mit der Einheit Gottes (siehe S. 290–292).

PREDIGT VOM MINBAR
Der *Minbar* wird beim Freitagsgebet benutzt, wenn der Prediger eine *Khutba* (Predigt) hält. Er ist meist das auffälligste, oft das einzige Mobiliar der Moschee, allerdings immer schlicht, um nicht von der Predigt abzulenken.

KONZENTRATION AUFS GEBET
Moscheen sind im Inneren meist schmucklos, da sie hauptsächlich als Raum für Gebete dienen, bei denen man meist zu Boden blickt. Manche Moscheen besitzen Verzierungen, die jedoch nicht gegenständlich sind, sondern in der Regel aus kalligrafischen Mustern bestehen, die auf Versen aus dem Koran basieren.

PREDIGER
Dieser Prediger beschäftigt sich mit einem Problem, das die Frau vorgebracht hat. Er hält den traditionellen Predigerstab in der Hand. Zu Beginn seiner Predigt erbittet er Gottes Segen für den Propheten und seine Familie, dann für die gegenwärtigen politischen Führer.

NACH MEKKA
Beim Gebet wenden sich die Gläubigen immer Richtung Mekka. In der Moschee wird diese Richtung durch die Lage des *Mihrab*, der Gebetsnische, angezeigt, meist ein schlichter Alkoven. Die Moschee ist so gebaut, dass möglichst viele Gläubige den *Mihrab* sehen können.

REINHEIT UND GEBET
Damit das Gebet Gültigkeit hat, muss der Gläubige Vorschriften beachten. Dazu gehört auch die rituelle Waschung der Hände, des Gesichts, der Nase, des Mundes, beider Arme bis zu den Ellbogen und der Füße bis zu den Knöcheln. Ist kein Wasser vorhanden, kann man auch Sand benutzen. Damit auch der Boden sauber ist, sind keine Schuhe erlaubt.

KORREKTE KLEIDUNG
Korrekte Kleidung ist beim Gebet unerlässlich. Ein Mann muss seinen Körper zumindest vom Nabel bis zu den Knien bedecken, eine Frau darf nur Gesicht, Hände und Füße zeigen. In jedem Fall muss die Kleidung für Männer wie für Frauen züchtig sein.

PLATZ ZUM BETEN
Die versammelte Gemeinde drängt sich auf dem Boden. Da zum islamischen Gebet Stehen, Knien und Niederwerfen gehört, gibt es keine Sitzgelegenheiten in der Moschee, sondern einen freien Raum, in dem sich die Gläubigen mit dem Gesicht zur *Kibla*-Wand in Reihen zum Gebet aufstellen können.

PREDIGT IN DER MOSCHEE

Diese Illustration aus einer Ausgabe des Maqamat von Al-Hariri (gest. 1122) entstand im 13. Jh. in Bagdad. Sie zeigt den alten Abu Zaid, die Hauptperson aller Geschichten des Buches, bei der Predigt in der Moschee, als plötzlich unter all den männlichen Gläubigen eine Frau auftaucht, um mit ihm zu streiten.

FRAU IN DER MOSCHEE
Eine Frau inmitten der männlichen Gläubigen ist nicht üblich. Normalerweise beten Männer und Frauen getrennt, Frauen meist zu Hause, wenngleich manche Moscheen eine eigene Frauenabteilung haben.

TÜR
Am Fuße der Treppe zum *Minbar* befindet sich eine Tür. Oft wird hier ein Vorhang gespannt, denn hier hat nur der Prediger Zutritt.

RESPEKT
Die Stufen des *Minbar* führen zu einer Plattform ganz oben, doch der Prediger steht auf einer der unteren Stufen – aus Ehrfurcht gegenüber dem Propheten und den ersten Kalifen, denen allein eine höhere Position zukam.

KANZEL
Der *Minbar* (Kanzel) liegt rechts vom *Mihrab*, der die Gebetsrichtung (*Kibla*) angibt. Im Wesentlichen ist eine Moschee ein großer, offener Raum mit einer Vorrichtung, die anzeigt, wo Mekka liegt, sodass die Gläubigen hier ihre Gebete in Richtung Kaaba (siehe S. 299–301) sprechen können.

»OH IHR, DIE IHR GLAUBT, WENN ZUM GEBET GERUFEN WIRD AM TAG DER VERSAMMLUNG, DANN EILT ZUM GEDENKEN ALLAHS UND LASSET DEN HANDEL (RUHEN). DAS IST EUCH GUT, SO IHR ES WISSET. UND WENN DAS GEBET BEENDET IST, DANN ZERSTREUT EUCH IM LAND UND TRACHTET NACH ALLAHS HULD. UND GEDENKET ALLAHS HÄUFIG, AUF DASS ES EUCH VIELLEICHT WOHLERGEHE.«

Koran, Sure 62:9–10

DIE GESCHICHTE DER MOSCHEE

Die erste, von Mohammed und seinen Anhängern errichtete Moschee in Medina war recht einfach, wahrscheinlich ein großes Zelt. Spätere Moscheen waren viel prachtvoller und stabiler. Die beiden hier abgebildeten Moscheen stellen zwei Stile dar: bei der Großen Moschee von Córdoba (ganz unten) wird der Innenraum von Arkaden aus Doppelbögen gebildet, die Blaue Moschee von Istanbul ist eine Kuppelmoschee mit einem offenen Innenraum. Alle Moscheen aber bieten Raum zum Gebet, zur Versammlung, für Lehre und Studium – ganz gleich, ob sie nun in einem Reihenhaus liegen oder architektonische Meisterwerke sind.

▲ Die Blaue Moschee in Istanbul
Diese 1617 unter Sultan Achmed I. fertiggestellte Moschee ist ein Meisterwerk der osmanischen Baukunst. Durch Abstützen des Gewichts der großen Mittelkuppel durch Halbkuppeln an den Seiten statt durch massive Wände entsteht ein gewaltiger offener Innenraum. Die blauen Kacheln und Filigranarbeiten in der Moschee schaffen eine überirdische Atmosphäre für das Gebet.

◀ Gebete tragend
Eine der ältesten Moscheen ist die Große Moschee von Córdoba in Spanien. Sie wurde 785 n. Chr. begonnen und in den folgenden Jahrhunderten vergrößert, da sie als Hauptmoschee der Hauptstadt des muslimischen Spaniens viel Platz für die Gläubigen beim Freitagsgebet bieten musste. Der Säulenwald, der das Dach trägt, ist eine Besonderheit dieses Bauwerks. Die wiederholten Doppelbögen lenken den Blick nach oben – himmelwärts.

NATUR-RELIGIONEN

◄ Ritualmaske
Übergangsriten spielen in den Naturreligionen eine zentrale Rolle: Diese Maske der Kuba in der Demokratischen Republik Kongo spielt eine Rolle bei der Initiationszeremonie, durch die Jungen zu Männern werden. Die Initiation dauert mehrere Monate und findet ihren Abschluss in ritualträchtigen Festen, in deren Mittelpunkt Maskentänze stehen.

NATURRELIGIONEN

DAS REICH DER GEISTER

Die sogenannten Naturreligionen sind regional heimische uralte Glaubenssysteme, die schon lange vor den missionierenden Weltreligionen wie Christentum und Islam existierten. Sie entwickelten sich in traditionell kleinen Lebensgemeinschaften von Viehhirten oder Jägern und Sammlern, die geheiligte Erzählungen in mündlicher Form von Generation zu Generation überlieferten und bestimmte Lebensstationen mit festen Ritualen feierten. Sie unterscheiden sich je nach Klima und Lebensweise und kennen entweder mehrere Gottheiten oder gar keine, stehen aber meist mit dem Rhythmus der Landwirtschaft und Jahreszeiten sowie der Geisterwelt in Zusammenhang.

Früher waren Naturreligionen allgegenwärtig, aber viele von ihnen wurden durch Missionierung und Kolonialisierung ausgelöscht oder verdrängt. Man kann aber immer noch in vielen Teilen der Welt Spuren dieser alten Glaubensformen finden, oftmals Seite an Seite mit den großen Religionen oder auch mit ihnen verschmolzen. Viele Bevölkerungsgruppen halten alte spirituelle Praktiken lebendig, wie die Aborigines Australiens (siehe S. 327), die Sami Nordskandinaviens (siehe S. 322) oder auch die Huicholen Westmexikos (siehe S. 328).

▲ Macht der Natur
Schon in uralter Zeit erkannten die Menschen die Sonne als lebenswichtig. Viele Mythen beschreiben das Chaos, das herrscht, wenn die Sonne nicht mehr scheint.

DAS GEISTERREICH

Schon immer in der Geschichte haben Menschen geglaubt, dass alle Dinge in der Natur Seele oder Geist besitzen. Einer Legende der kanadischen Haida (siehe S. 327) zufolge sind die Geister der Bäume, Berge, Ernten, Flüsse und Felsen allgegenwärtig und man ehrt sie mit schmuckvollen Skulpturen und heiligen Kunstwerken, um die Harmonie mit der Natur zu wahren. Die Rhythmen der Natur sind untrennbar mit Alltag und Ritualen verknüpft. Naturnah lebende Gemeinschaften sind meist davon überzeugt, dass alles Leben miteinander verbunden ist, dass das Geisterreich und das tägliche Leben ein und dasselbe sind, und dass Religion nicht außerhalb davon steht.

Ebenso zentral ist in vielen Gemeinschaften der Glaube an die behütenden Geister der Ahnen. Eine schon früh belegte Gottheit ist die Figur der Muttergöttin, die rund um den Globus in vielen Formen verehrt wird. Manche Gläubige sind überzeugt, dass sie den Menschen mit jeder neuen Ernte auch neues Leben schenkt. Vielen Völkern ist zwar der Glaube an Naturgeister, eine Muttergöttin und Ahnengeister gemein, aber die Riten und Praktiken der Naturreligionen unterscheiden sich von Ort zu Ort stark. Die Toraja auf Sulawesi (siehe S. 335) glaubten beispielsweise an einen Schöpfergott, einen Erdgott, eine Göttin der Erdbeben und einen Gott der Medizin. Die Asmat in Neuguinea stammen ihrem Schöpfungsmythos zufolge von Göttern ab, die von jenseits des Horizonts auf die Erde kamen, und glauben bis heute fest an die Macht der Ahnengeister (siehe S. 335).

DIE BEDEUTUNG DES RITUS

Man kann indigene Religionen als praktizierte und aktive Religionen ansehen, die ihre Traditionen eher durch Erzählungen und Rituale als durch Heilige Schriften bewahren. Aufwendige Übergangsriten, wie die der Kuba-Jungen (siehe S. 334), symbolisieren z. B. den Übergang von einer Jahreszeit zur anderen oder von einem Lebensabschnitt zum nächsten. Sie können auch dazu dienen, Veränderungen herbeizuführen, etwa um Missernten zu verhindern oder die Geister der Toten zu ihren Ahnen zu führen (siehe S. 335).

Bei den Sami und den Hezhen in Nordskandinavien und Sibirien ist der Schamane oder Noaidi hoch angesehen (siehe S. 324–326). Geisterbesessenheit und Schamanismus beinhalten bei den Sami Rituale, die sich um Exorzismus und Ermächtigung drehen. Traditionell war es Aufgabe des Schamanen, zu heilen, böse Geister zu vertreiben und die Zukunft vorherzusagen. Der Schamane kommunizierte mithilfe einer mächtigen Trommel mit der Geisterwelt, die er in ritueller Trance betrat, um alles mögliche Ungemach zu bekämpfen oder die verirrten Seelen Kranker zu finden. Diese Reisen galten als extrem gefährlich: Wenn die bösen Geister den Schamanen überwältigen, kann er möglicherweise nicht mehr zurückfinden. Nach Jahrhunderten der Verfolgung und Missionierung durch das Christentum erleben die Sami heute eine Renaissance der vorchristlichen Traditionen und neue Noaidi helfen dabei, die Gemeinschaften zu einen.

SCHÖPFUNGSMYTHEN

Neben Ausübung und Ritualen messen Naturreligionen auch Schöpfungserzählungen großen Wert bei (siehe S. 327–329). Diese mündlich und durch Kunstwerke von Generation zu Generation tradierten Legenden halten das

▼ Fruchtbarkeitspuppen
Diese Puppen aus Kamerun (links) und Angola (rechts) tragen junge Frauen als Fruchtbarkeitszauber bei sich. Die Fruchtbarkeit der Erde und der Menschen spielt in Stammesgemeinschaften eine besondere Rolle, deren Überleben von guten Ernten abhängt und von vielen Kindern, die sie im Alter versorgen.

Wissen der Vorfahren lebendig, verbinden die Gegenwart mit der Vergangenheit und bewahren die Identität der Gemeinschaft. Bei den Aborigines Australiens erzählen diese Geschichten von der »Traumzeit«, einer fortdauernden Zeit ohne Anfang, als die Ahnenwesen Leben schufen und das Land formten (siehe S. 327). Solche Mythen erlauben es Menschen, die Welt mit Sinn zu erfüllen und Fragen zu beantworten, auf die die Wissenschaft keine Antworten hat, wie die Gründe für das Leiden oder Bedeutung des Lebens.

▲ **Sami-Trommel**
Die Ritualtrommel besteht aus Rentierfell mit Symbolen aus dem Leben der Sami-Gemeinschaft, meist mit Bezug auf Jagd, Herdenhaltung und Beziehungen zu benachbarten Gruppen. Während der Zeremonien beschwört der Schamane mit der heiligen Trommel Geister und die Punkte, an denen sein Trommelstock das Fell trifft, können als Omen gelesen werden.

DIE MACHT DER NATUR

Die allgegenwärtigen Gefahren der Natur – Feuer, Erdbeben, Fluten und Dürren – haben auch für die Naturreligionen Fragen nach Gefahr und Bösem aufgeworfen. Es ist wichtig, die Geister günstig zu stimmen, die diese Ereignisse auslösen, möglicherweise als Strafe für menschliches Fehlverhalten (siehe S. 331–333). Rituale, Maskentänze und schamanische Praktiken lassen die Gläubigen die dunkleren Aspekte des Lebens erkennen und akzeptieren. Deshalb besänftigen die Gläubigen die zerstörerischen Geister von Vulkanen und Ozeanen. In manchen Gemeinschaften feiert man Gottheiten des Reises zu bestimmten Stadien des Wachstumszyklus, um für eine gute Ernte zu sorgen. Die Gläubigen haben gelernt, in Harmonie mit der Natur zu leben, indem sie sie so wenig wie möglich stören, und dass man die Natur besänftigen und respektieren und die Ahnen ehren muss.

SCHAMANISMUS

In indigenen Volksgruppen wie den Hezhen in Sibirien spielen Schamanen und Schamaninnen eine bedeutende Rolle als spirituelle Führer und Heiler sowie als Mittler zwischen der Geisterwelt und den Menschen. Sie werden in diese Position entweder hineingeboren oder von einem Geist dazu berufen. Jede Gemeinschaft hat ihre eigenen Bräuche, aber in der Regel heilen Schamanen mit Gesängen, Massagen oder Heilkräutern und sagen die Zukunft voraus. Bei den Yanomami am Amazonas führen sie spezielle Rituale durch und versetzen sich mit halluzinogenen Substanzen in Trance. In diesem veränderten Bewusstseinszustand kommunizieren sie mit den Geistern. Böse Geister müssen gebannt oder vernichtet werden, gute Geister werden um Hilfe gebeten. Schamanen schlichten auch Streit und greifen ein, wenn die Gemeinschaft in Gefahr ist. Im Amazonas-Regenwald, wo es ständig Konflikte zwischen Holzfällern und indigenen Gruppen gibt, führen manche Schamanen Umweltschutzgruppen (siehe S. 326).

▲ Die Rolle der Geister
Geistern – vor allem Ahnen, aber auch Tier- und Naturgeistern – kommt im Glaubenssystem der Hezhen eine wichtige Rolle zu. Wenn man sie respektiert, sorgen sie für Gesundheit und Fruchtbarkeit. Wenn nicht, setzen sie dunkle Mächte frei und bringen Krankheit, Tod oder Dürre.

▲ Pilze für Visionen
Manche Schamanen, vor allem in Sibirien und Südamerika, führen Trance und Visionen durch halluzinogene Pilze herbei. Für die Schamanen sind die Pilze Geisterlehrer, und indem sie sie essen, nehmen sie die Fähigkeiten des Pilzgeistes in sich auf.

◄ Schwäne und Seevögel
In jedem der neun Ozeane schwimmt eine Vogelart mit Jungen, darunter ein Schwan, verschiedene Entenarten und ein Sperber. Vögel symbolisieren den Flug und im weiteren Sinne daher auch den Flug des Schamanen, die Reise in eine andere Welt, die er in Trance unternimmt.

AHNEN
Die Ahnen und Menschen aus anderen Völkern sitzen in den obersten Zweigen. Der Schamane klettert hinauf, um von ihnen Rat und Hilfe zu erbitten.

VOGELFEDERN
Quasten symbolisieren Vogelfedern und die Macht des Fluges. Fliegen gehört zu den wichtigsten Fähigkeiten des Schamanen, und der »Flug des Schamanen« ist ein allgemeines Kennzeichen des Schamanismus.

IN ANDERE WELTEN
Dieses Motiv symbolisiert den Eingang zur Ober- und Unterwelt. Ähnliche Motive (möglicherweise Sonnendarstellungen) befinden sich auf den Hosenbeinen. Die Ober- und Unterwelt haben jeweils ihre eigene Sonne und ihren eigenen Mond.

METALLORNAMENTE
Stahlscheiben schützen vor den Schlägen böser Geister. Sie bestehen aus rostfreiem Material und gelten als beseelt.

NEUN MEERE
Am Grunde des Baumes erstrecken sich neun Ozeane bis an die Enden der Erde.

MAGISCHE SCHLANGEN
Schlangen sind magische Tiere, die auf Reisen in andere Welten benutzt werden. Es heißt, ein Schamane lerne die Sprache der Vögel, wenn er eine Schlange isst.

LEBEN IM BAUM
Geister, Lebewesen und Seelen – sie alle leben im Baum des Lebens. Dies ist ein bei Stammesreligionen, vor allem in Inner- und Nordasien, verbreitetes Bild. In Indonesien glaubt man, dass Gott Kinder von den Zweigen eines Himmelsbaumes auf die Erde wirft. Verbreitet ist auch die Vorstellung, die Urahnen seien vom Lebensbaum geboren. Der Baum wird oft auch mit Schicksalsvorstellungen assoziiert, wobei auf jedem Blatt des Baumes ein Menschenschicksal verzeichnet ist.

WELTENBAUM
Der Weltenbaum ist grundlegend für viele Schamanen. Sie reisen in Träumen dorthin, im Ritual erklettern sie ihn, und die Trommeln der Schamanen sollen aus seiner Rinde oder seinen Zweigen gemacht sein. Wenn ein Schamane stirbt, kennzeichnet man sein Grab meist mit einem symbolischen Baum, an dem seine Schamanenutensilien hängen.

NESTER DER UNGEBORENEN
Die Hezhen glauben, dass die Seelen ungeborener Kinder in den Zweigen des Weltenbaumes nisten. Andere Völker glauben das nur von den Seelen ungeborener Schamanen. Je höher das Nest liegt, desto mächtiger und weitsichtiger wird der Schamane oder die Schamanin sein, wenn er oder sie einst auf Erden lebt.

TIGERGEIST
Tiger gelten oft als Geisterlehrer, die den Schamanen helfen, ihren Beruf zu erlernen.

INSELPFLANZEN
Am Fuße des Baumes wachsen die neun Kräuter, von denen alle Pflanzen der Welt abstammen.

SIBIRISCHE SCHAMANENTRACHT
Dieses Kostüm gehörte einem Schamanen der Hezhen aus Sibirien. Ohne eine entsprechende Tracht kann der Schamane nicht in die Geisterwelt gelangen. Für jemanden, der nicht mit den Geistern umgehen kann, ist es sehr gefährlich, ein Schamanenkostüm zu tragen.

YANOMAMI-SCHAMANEN

Wie alle Schamanen müssen sich auch die der Yanomami aus der Amazonasregion für die Kontaktaufnahme mit den Geistern vorbereiten. Dazu gehören Fasten, Einnahme von Halluzinogenen und mindestens ein Jahr Verzicht auf sexuelle Kontakte. In dieser Zeit lernt der angehende Schamane die Gewohnheiten, Attribute, Lieder, Vorlieben und Abneigungen der Geister oder Hekura kennen, die er in seinen Körper rufen will. Wenn die Hekura erst einmal im Körper des Schamanen wohnen, kann er über sie verfügen. Sie helfen ihm bei der Heilung und Abwehr von Krankheiten.

DAVI KOPENAWA YANOMAMI, YANOMAMI-SCHAMANE UND BÜRGERRECHTSAKTIVIST

◄ **Sibirischer Schamane**
Dieser sibirische Schamane hält eine Trommel. Mit ihr ruft er die Geister, die ihm helfen sollen. Auf seiner Reise in andere Welten reitet er auf einem Rentier oder Pferd, das ebenfalls mit der Trommel gerufen wird. Die Trommel kann auch als Schild zur Abwehr der Pfeile von Geistern in der Unterwelt dienen. Reisen in die Unterwelt aber finden selten statt: Sie gelten als extrem gefährlich.

SCHÖPFUNGSMYTHEN

Jede Religion hat ihre heiligen Erzählungen, Schöpfungsmythen, die vom Sinn des Lebens und der Welt und vom Platz des Menschen in seiner Umwelt sprechen. Zusammen mit Kunstwerken beschreiben diese mündlich über Generationen überlieferten Geschichten, wie die heutige Welt entstanden ist, warum es Menschen und Tiere gibt, wie das Feuer erschaffen wurde und so weiter. Darüber hinaus dienen diese Schöpfungserzählungen aber auch als Moralerzählungen, legitimieren die natürliche Ordnung, um beispielsweise Naturereignisse zu erklären, rechtfertigen aber auch gesellschaftliche Hierarchien und Machtpositionen. Sie präsentieren also ein Weltbild, in dem Menschen mithilfe von Traditionen und über Generationen beruhigt leben können.

DIE TRAUMZEIT

GEMÄLDE VON JABARRGWA (KNEEPAD) WARRABADALUMBA

Jede Religion hat mindestens einen Schöpfungsmythos, der erklärt, wie die Welt und die Menschen entstanden sind. Die Mythen der Aborigines erinnern sich an die »Traumzeit«, eine Zeit, in der Lebewesen und Landschaften fortdauernd von Ahnenwesen erschaffen werden. Das Bild des Künstlers Jabarrgwa (Kneepad) Warrabadalumba aus Arnhemland illustriert eine Legende, nach der eine Frau (unten rechts), noch nicht ganz von dieser Welt, mit Stern Nr. 2 nach einem Land sucht, um sich niederzulassen. Stern Nr. 2 strahlt aber nicht hell genug und so bitten die beiden den Morgenstern um Hilfe, der das Tageslicht mit sich bringt. Zusammen finden sie die Erde, die im oberen Teil des Gemäldes zu sehen ist. Der Morgenstern erschafft die Sonne und den Mann, dem er einen Speer für die Jagd gibt. Die Frau kommt ganz auf die Welt, die ihr gefällt, und bildet mit dem Mann ein Paar.

◄ Totempfahl der Haida
Die heiligen Erzählungen des Haida-Volkes im Haida-Gwaii-Archipel beruhen auf der Welt, die als Heimat sowohl der Geister als auch der Menschen angesehen wird. Viele der Gestalten in der Haida-Mythologie sind Totemwesen, die über die Zeit zu machtvollen Symbolen unterschiedlicher Gruppen wurden. Die Mythen erklären nicht nur die Entstehung von Leben und Feuer, sondern erzählen auch mit großem Detailreichtum, wie die Totemwesen gefährliche Mächte, wie etwa Killerwale, bekämpften, um Ordnung und Sicherheit in die Welt zu bringen.

SCHAMANENKÖRBE

Tatei Atsinaris Schwanz wird zu einer Kette von Schamanenkörben – angefüllt mit den Worten der Ahnen. Diese werden von der Gischt am Schöpfungsbeginn gebildet (weiße Bereiche zwischen den Körben). Weiße Dreiecke (Symbole der Berggipfel) umschließen ihre Welt.

ERSTE EBENE

Tatei Atsinari breitete sich zur Zeit der Schöpfung aus und brachte Ordnung ins Chaos. Dann zog sie sich zurück und verwandelte sich zur Schlange. Das ablaufende Wasser ließ die *Tatutsima* der zweiten Ebene erscheinen. Später traten die Ahnen, die *Tateteima* und *Tamatsima*, der dritten Ebene auf. Als sie von der Erde Besitz ergriffen, nahm Tatei Atsinari all ihre Seelen in sich auf. So erhielt sie Wissen von allem, was wichtig ist. Hier sieht man Tatei Atsinari im Zentrum aller Existenz. Sie dient als Erinnerungsquelle für die Ahnen. Die Punkte auf ihrem Körper stellen den Tau und die Seele dieser Welt dar.

ÄLTERER BRUDER

Älterer Bruder Blauer Hirsch, hier weiß dargestellt, opferte sich auf dem Berg oben. Seine selbstlose Tat ermöglichte das Leben in dieser Welt. Die geöffnete Blüte hinter ihm symbolisiert das der Erde entspringende Leben.

ZWEITE EBENE

Der äußere Kreis zeigt das zweite Stadium der Schöpfung, das Reich der *Tatutsima* (»derer, die wie unsere Urgroßeltern sind«). Die *Tatutsima* sprechen nicht und haben keine Beine, da sie nie auf der Erde gewandelt sind. Sie sind steinartige Fundamente der Erde: Jede(r) *Tatutsima* besitzt einen Pfeil, durch den er oder sie ihre Macht und Lebenskraft kanalisiert und eine Scheibe, die ihm oder ihr übernatürliche Sicht verleiht. Die *Tatutsima* hören durch ihre Geweihe. Ihre Welt ist von gelben Büscheln langen Grases umgeben, das die *Tatutsima* den alltäglichen Blicken entzieht.

ACHT TATUTSIMA

Es gibt acht *Tatutsima*, die in diesem Bild zu sehen sind. Im Uhrzeigersinn von oben/Mitte/rechts sind dies: der »Urgroßvater Hirschschwanz« (Tamatsi Maxayuawi), der Gott des Sonnenuntergangs (Tsacaimuca), »Blutende Brust« und die Erdgründermutter Tatei Utuanaca, der erste Ackerbauer (Tuamuxawi), die »Urgroßmutter Wachstum« (Tacutsi Nacawe) und der stumme, allwissende Urgroßvater Timaiweme.

BLUTENDE BRUST

Dieser *Tatutsima* ist Tawixuri (»Blutende Brust«). Seine Opferwunde wurde zur zentralen Schlucht, in der sich die heiligen Flecken und eine ewige Wasserquelle finden.

HUICHOL-MYTHOS

Dieser Wandteppich der Huichol aus Westmexiko zeigt die Erschaffung der Welt. Sie besteht aus drei Ebenen. Im ersten und ältesten Teil befindet sich Tatsei Atsinari, die Schöpferin der Welt. Im zweiten lebt Tatutsima, der säulengleich die Erdoberfläche trägt. Die dritte Ebene ist das Reich der Menschen mit heiligen Punkten zwischen den Himmelsrichtungen.

DRITTE EBENE

Diese dritte Ebene ist das Reich der Naturphänomene und gehört den Ahnen, den Tateteima und Tamatsima, »die wie unsere Mütter sind« und »die wie unsere älteren Brüder sind«. Dieses Reich kann der Schamane bei seinen Versuchen, die Energien der Welt anzuzapfen und für das Wohl seines Volkes einzusetzen, am leichtesten erreichen.

ELEMENTE DER DRITTEN EBENE

Diese dritte Ebene zeigt den Wind und den Regen (die beiden Figuren direkt unter dem älteren Bruder), den ersten Ackerbauern, die »Urgroßmutter Wachstum« und die »heilige Schale dieser Welt« zwischen dem blauen und grünen Bereich auf der linken Seite. Ganz oben ist Tatei Nuariwame (»unsere Mutter der mittleren Regen«) mit ihrem Sohn Xiraunme (»Blitz«).

ERDMUTTER

Tatei Utuanaca, eine Gründermutter der Erde und allen Wassers, ist mit einem Maissamen in ihrem Körper und flankiert von Maiskolben dargestellt: Symbol des Wachstums und der Fülle. Gelbe Wellenlinien deuten an, dass sie mit den Ahnen spricht. Ihr Haar fliegt im Wind.

◀ Das äußere Reich
Cauyumarie, der hirschköpfige erste Mensch, saugt alle Macht und alle Worte aus den ersten beiden Welten auf. Die gelben Wellenlinien zeigen, dass er prüft, ob die Menschen seine Worte hören und auf sie antworten. Zu seiner Rechten sitzt ein Ahn, der beim Verlassen der Unterwelt die Gestalt eines Berges angenommen hat. In ihm steckt der erste Pfeil, der die Weisheit der Erkenntnis enthält.

▶ Alltagswesen
In seiner Alltagswelt zeigt der Künstler Schmetterlinge und andere Insekten.

▲ Spottdrossel der Erinnerung
Cuca Wimari, das »junge Perlenmädchen«, ist die Spottdrossel, die die Erinnerungen aus der Vergangenheit in die Gegenwart trägt. Sie singt heilige Gesänge, in denen sie die Menschen die Worte der Ahnen lehrt. Sie ist ein Symbol der kollektiven Erinnerung der Ahnen und inspiriert Musiker und Sänger.

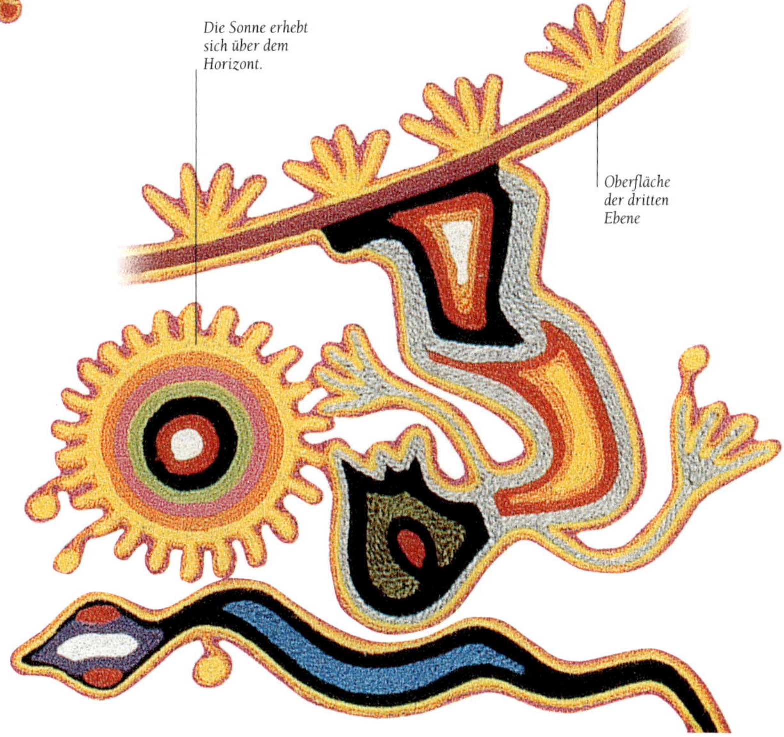

▶ Aufgehende Sonne
Die Sonnenscheibe erhebt sich über die Erde. Die gebeugte Figur daneben betet womöglich die aufgehende Sonne an. Diese Schlange und die auf der anderen Seite des Hauptbildes stellen den Lauf der Sonne über den Himmel dar, vom Aufgang aus der Unterwelt bis zum Untergang in die Unterwelt.

▲ Rabenrassel
Diese geschnitzte Holzrassel (1850–1875) von der Haida-Gwaii-Inselgruppe stellt den Raben dar, eine bedeutende und beliebte Figur in den Mythen der Haida. Der Rabe ist sowohl Schöpfer aller Dinge als auch Trickster mit gestaltwandlerischen Fähigkeiten.

▲ Anansis Tricks
Für die Ashanti in Ghana hat der Trickster und Geschichtenerzähler Anansi, der hier auf einem Bronzearmband zu sehen ist, die Gestalt einer Spinne.

▶ Eshu, der Trickster
Für die Yoruba in Westafrika ist Eshu, der auch als Elegba oder Legba bekannt ist, ein mächtiger Trickster-Gott, der als Bote und Mittler zwischen Göttern und Menschen fungiert. Eshu ist Teil des *Orisha* genannten Pantheons von Geistwesen der Yoruba und in seiner Natur widersprüchlich, wie die beiden Figuren auf diesem Tanzstab (rechts) zeigen.

DER TRICKSTER

Die Figur des Tricksters, manchmal auch als Gestaltwandler bezeichnet, kommt häufiger in Schöpfungsmythen vor. Trickster stören die natürliche Ordnung der Dinge und können harmlos oder mächtig sein, sollten aber immer respektiert werden. Bei den Haida im Nordwesten Kanadas ist der Rabe ein machtvoller Trickster und tritt als Beschützer und Schöpfer auf. In vielen westafrikanischen Mythen spielen die Trickster Eshu-Elegba und Anansi herausragende Rollen.

GUTE UND BÖSE MÄCHTE

Wie alle Menschen erfahren auch die Anhänger der Naturreligionen in ihrem Leben Gutes und Böses. Sie wissen auch, dass es in ihrem Inneren Konflikte zwischen Dingen gibt, die sie für gut oder böse erachten. Dieser abstrakte Widerstreit der Gedanken und Ideen erscheint oft wie ein Kampf zwischen Feinden. Daher symbolisieren die Menschen den Kampf zwischen Gut und Böse häufig durch kämpfende Personen – Geister, Götter, Hexen oder Dämonen. Durch Personifizierung der Mächte, die für Schlimmes wie Krankheit, Tod, Hungersnot, Schmerz oder Unrecht verantwortlich sind, werden auch die Mittel, mit denen man diese Dinge bekämpft, personifiziert. Die Menschen, die den Naturreligionen anhängen, sind deshalb nicht machtlos gegenüber den Kräften der Natur, sondern können mit einem festen Code von Symbolen und Handlungen gegen das Böse in ihrer Welt antreten. Dabei ist es wichtig für sie, dass sie die Schuld für das Böse außerhalb ihrer Verantwortlichkeit sehen können.

▼ Trophäenschädel der Naga

Für einige Gruppen des nordindischen Naga-Volkes war die Schädeljagd früher ein bedeutsames Ritual. Der Schädel galt als Quelle der Lebenskraft, und einem Feind im Kampf den Schädel zu nehmen, brachte dem Sieger und seiner Gemeinde Fruchtbarkeit, Status und Reichtum ein. Wenn Krankheit oder Tod die Gemeinschaft trafen, musste die Lebenskraft wieder aufgefüllt werden, indem man die Macht eines Feindes einfing und im eigenen Dorf freisetzte.

KALABARI-AHNENWAND

Solche Ahnenschreine (19. Jh.) der Kalabari aus dem östlichen Nigerdelta stellen die Häuptlinge von Kalabari-Handelshäusern dar, die mit europäischen Sklavenhändlern Geschäfte machten. Diese Handelshäuser entwickelten sich zu dynastischen Institutionen, und die Ahnenwände stellen den Respekt der Kalabari vor Reichtum und Erfolg dar. Die Stellwände sind spirituelles Kapital des Hauses. Nur durch geschnitzte Bilder können die Menschen die Geister finden und mit ihnen kommunizieren.

ALAGBA-KOPFSCHMUCK
Diese Art von Kopfbedeckung gehörte zur Alagbamaskerade des Ekinebundes, eines Kalabari-Geheimbundes mit großem Einfluss in Gesellschaft und Handel. Die Maskenzeremonie war Bestandteil der Prüfung, durch die Mitglieder des Bundes zu höheren Weihen gelangten. Der Kopfschmuck zeigt, dass der Ahn die Prüfung bestanden hat.

AHN
Der Ahnherr ist größer als die anderen Figuren. Das zeigt seine Bedeutung. Ahnen sind für das Wohlergehen ihrer Nachkommen verantwortlich.

STIRN DER TOTEN
Ahnenwände heißen *Duein Fubara* (»Stirn der Toten«). Der *Teme*, der feste Geist, der in jeder Person, jeder Pflanze und jedem Ding wohnt, sitzt in der Stirn. Die Wände ersetzen die echte Stirn der Toten und dienen damit als Kanal, über den der *Teme* zwischen Ahn und Nachkomme übertragen werden kann.

SÖHNE ODER DIENER
Die Figuren rechts und links des Familienoberhaupts stellen Bedienstete oder Söhne dar. Als Söhne galten leibliche Söhne, aber auch adoptierte Sklaven. Meist wurden diese als Kinder adoptiert, und eine der Frauen des Häuptlings kümmerte sich um sie. Diese Kinder mehrten Wohlstand und Menschenreichtum des Hauses, bis sie sich eines Tages selbstständig machten und ihren eigenen Zweig des Hauses führten. Wenn es an der Zeit war, übernahm der fähigste der Söhne die Führung des Hauses.

STOSSZAHN
Der Ahn und die Person zu seiner Linken halten jeweils einen geschnitzten Stoßzahn in der Hand – Zeichen des Wohlstands.

WEISSE FLECKEN
Die weißen Punkte stellen möglicherweise Knochen dar und veranschaulichen, dass es sich bei den Figuren um Menschen, nicht um Götter, handelt. Es könnten aber auch Knotenquasten sein, wie sie von Maskentänzern getragen werden.

VERBLASSTE FARBE
Verfallene Stellwände zu reparieren ist sehr teuer, weil die Handwerker glauben, dass sie ihr Leben aufs Spiel setzen, wenn sie an der Ahnenwand arbeiten. Denn die Geister erhalten Macht von denen, die sie verehren, und ein sehr verehrtes Bild kann daher gefährlich werden. Geister, denen man nicht huldigt, haben dagegen kaum Macht.

HAUSHALTSMITGLIEDER
Die Figuren im Hintergrund gehören zum Haus des Händlers.

FISCHADLERFEDER
Die Fischadlerfeder kennzeichnet die Mitglieder des Ekinebundes. Die Ekine veranstalteten Maskentänze, die von maskierten Mitgliedern des Bundes aufgeführt wurden. Die Ekine waren sehr bedeutend und ein verpatzter Maskentanz eine große Schande, die manche in den Selbstmord getrieben haben soll.

ZYLINDER
Der Zylinder bezeugt den Kontakt mit dem Westen im 19. Jh. Die europäischen Hüte auf den *Duein Fubara* fallen auf.

KAURISCHNECKEN
Stilisierte Kaurischnecken zieren den Rahmen. Sie sind Symbole des Reichtums, da Kaurischnecken in vielen Gebieten Afrikas im 19. Jh. als Zahlungsmittel benutzt wurden.

KANUPADDEL
Der Ahnherr hält ein großes Paddel in der Hand. Es erinnert an die großen Boote des Handelshauses. Um ein Haus zu gründen, musste ein Mann mindestens 30 bemannte Kriegskanus besitzen, die er dem König bei Bedarf zur Verfügung stellen konnte.

VOR DER WAND
Vor der Wand standen ursprünglich drei Lehmsäulen (*Otolo*). Sie sind wichtig, wenngleich ihre Bedeutung unklar ist. Man hat sie als die drei Figuren des Schreins, als die drei Generationen des Vaters, der Kinder und der Enkel, oder als Götter, Tote und Lebende gedeutet. Vor einer Schlacht wurden vor dem Ahnenschrein Opfer dargebracht, und die jungen Männer mit Staub von den *Otolos* gezeichnet.

GABEN
Alle acht Tage werden Opfergaben vor der Wand aufgestellt, u. a. Hähnchen, Fisch, Bananen und Gin. Die Opfernden müssen rein sein, ihre Schuhe ablegen und Ehrfurcht zeigen. Sie dürfen dann den Schrein berühren, auch wenn der Ahne anwesend ist. Frauen können nur über einen männlichen Mittler opfern.

◀ Stimmverzerrer
Solch ein Stimmverzerrer *(Imborivungu)* der Tiv aus Nordnigeria ist eine Art Pfeife und symbolisiert den Knochen von Tiv, dem mythischen Urahnen des Volkes. Der durch das Instrument erzeugte Ton gleicht dem Schrei der Zwergohreule, der okkulte Kräfte zugeschrieben werden. Das *Imborivungu* findet bei Ritualen Verwendung, die die Fruchtbarkeit des Landes und den Wohlstand des Volkes sicherstellen sollen, indem sie ein Band zwischen Lebenden und Toten knüpfen. Wenn das Instrument in andere Hände übergeht, ist ein Menschenopfer notwendig, damit es seine Macht behält. Dies aber ist in den Augen der Tiv zwar unumgänglich, aber dennoch böse.

▶ Masken
Masken wie diese der Yoruba aus Nigeria spielen eine wichtige Rolle in Maskentänzen, in denen die gerufenen Geister in die Tänzer fahren. Bei der Zeremonie gelten die Masken als sehr mächtig. Manchmal werden sie oben auf dem Kopf getragen, damit ihnen nicht jeder ins Gesicht blicken kann.

GUTE UND BÖSE GEISTER

Die meisten Naturvölker wie die Yanomami (siehe S. 326) und die Kuba (siehe S. 334) glauben an eine höhere Macht und eine Geisterwelt. Letztere spielt mit der Alltagsrealität zusammen. Die Geister von Tieren, Pflanzen, Orten und Ahnen zu verleugnen, respektlos zu behandeln oder die von ihnen vertretenen moralischen Gesetze zu übertreten, bringt Unglück. Manche Geister sind gut, andere böse. Mit den entsprechenden Riten kann man die einen wie die anderen rufen und sich ihre Macht nutzbar machen. Rituale (z. B. Opfer) oder Machtzeichen (z. B. Trophäenschädel) dienen dazu, Geister zu Hilfe zu rufen: zum Heilen, zum Wachsen, im Kampf gegen Feinde. Gegen böse Mächte setzt man sich zur Wehr. Weitverbreitet ist der Glaube, dass böse Geister sich Menschen aussuchen, um in ihnen zu wohnen. Die Betroffenen werden krank und wenden sich zur Geisteraustreibung an Schamanen (siehe S. 324–326). In kleinen Gemeinschaften glaubt man, dass manche Menschen von sich aus die bösen Mächte suchen. Hexen sind gefürchtet, und man versucht, sich durch Zauber zu schützen.

ÜBERGANGSRITEN

Riten sind festgelegte Bräuche, die zu bestimmten Anlässen nach einer bestimmten Ordnung durchgeführt werden. Sie helfen den Menschen, ihr Leben zu ordnen und zu deuten. Sie sind vorhersagbar und seit Generationen überliefert. Riten (auch Rituale, Zeremonien) findet man überall auf der Welt und in allen Religionen, selbst im weltlichen Bereich, so z. B. bei Geburtstagsfeiern. Übergangsriten sind Rituale, die den Übergang von einem Stadium des Lebens in ein anderes markieren. Dazu gehören Geburt, das Erreichen der Volljährigkeit, Heirat und Tod. Die meisten Übergangsriten konzentrieren sich auf eine Grenzsituation, die sogenannte Zwischenphase oder Liminalität. So begleiten Bestattungsriten Menschen von der Welt der Lebenden über die Grenze in die Welt der Toten. In den Natur- und Stammesreligionen sind die Initiationsriten beim Übergang vom Kindesalter zum Erwachsensein und die Totenriten scheinbar besonders wichtig. Ohne diese Riten kann der Übergang nicht vollzogen werden.

MÄNNLICHE INITIATIONSMASKE

Diese Maske der Kuba in der Demokratischen Republik Kongo findet bei der Initiation der jungen Männer Verwendung. Die Jungen werden von Frauen und Kindern getrennt und gehen zwischen den Beinen der die Ahnengeister darstellenden Maskentänzer hindurch in ein Initiationslager, wo andere Maskenfiguren die Hauptaspekte der Kubareligion darstellen.

WEIBLICHE INITIATIONSMASKE

Bei den Mende im afrikanischen Sierra Leone werden die jungen Mädchen vom Frauengeheimbund der Sande aufgeklärt und auf ihre Rolle als Frauen und Mütter vorbereitet. Eine wichtige Rolle im Rahmen der Initiation spielt ein Maskentanz, bei dem solche Masken getragen werden. Sie stellen Macht, Gefühl und frauliche Qualitäten dar. Die Initiation dauert sechs Monate. In dieser Zeit leben die Mädchen von der Gesellschaft abgesondert. Sie werden beschnitten und erhalten einen neuen Namen.

BESTATTUNGSRITEN DER TORAJA

Naturreligionen bieten ihren Gläubigen ein Gefühl der Sicherheit und Erdung in ihrem Umfeld. Rituale und Mythen verstärken dieses Zugehörigkeitsgefühl zu einer Gemeinschaft und in Gesellschaften wie der der Toraja im indonesischen Südsulawesi wird dies noch durch den Schutz der Ahnen unterstützt. Die Vorfahren sind wichtig, um die Tradition zu wahren, zwischen Göttern und Menschen zu vermitteln und Familien und das Land zu beschützen.

▲ Toraja-Statuen auf dem alten Friedhof von Lemo
Auf diesem Toraja-Friedhof in Südsulawesi wachen fast lebensgroße Abbilder der Ahnen über ihr Dorf. Nach dem Tod eines Menschen schnitzt man sein Abbild und stellt es in eine Felsnische, während der Verstorbene in einer nahen Höhle beigesetzt wird. Die Vorfahren wachen also buchstäblich über ihre Nachfahren. Die *Tau Tau* genannten Figuren werden heute überwiegend für Touristen angefertigt, aber manche Toraja wahren auch noch die Tradition.

MALANGGAN-ZEREMONIEN

Malanggan-Zeremonien sind groß angelegte Übergangsrituale in Neuirland auf Papua-Neuguinea. Die hölzernen Schnitzereien (rechts) werden eigens für diese Zeremonien angefertigt und stehen für Wohlstand und Prestige. Wenn ein Familienangehöriger stirbt, ist es nahezu undenkbar, keine Malanggan-Schnitzerei in Auftrag zu geben und bei den Riten zu nutzen. Diese Schnitzereien sind ein wichtiger Bestandteil von Initiationsriten, mit denen aus Jungen Erwachsene werden. Sie sind die bedeutendsten rituellen Objekte der Gesellschaft und für Frauen tabu.

TRAUMBILD
Aussehen, Tänze und Riten des Malangganen werden oft in Träumen offenbart. Die Schnitzereien unterscheiden sich je nach dargestellter Person. Das Recht, einen Malanggan-Typus zu fertigen, ist käuflich – der Verkäufer muss den Käufer auch die zugehörigen Riten lehren.

TOTER AHN
Die Schnitzfigur stellt einen Ahnen oder eine Ahnin dar. Die Malanggan-Riten, selbst wenn sie im Rahmen der Initiation vollzogen werden, sind immer für die Toten. Jeder Malanggan gehört zu einer speziellen Gruppe mit eigenen Riten. Nach der Zeremonie werden die Figuren meist zerstört.

HOLZSCHNITZEREI
Ein Malanggan wird von einem erfahrenen Schnitzer angefertigt, vielleicht einem Verwandten des Verstorbenen. Während der Feierlichkeiten hebt man den Status des Schnitzers und den des Verstorbenen sowie die Kosten für die Schnitzerei hervor.

FISCH
Der Fisch ist ein traditionelles Symbol der Malanggan-Schnitzereien, ebenso wie verschiedene Vögel und Schlangen. Diese Tiere haben möglicherweise einen besonderen Bezug zum Verstorbenen oder seiner Familie.

DIE GOLDENE REGEL

KÖNNEN RELIGIONEN ZUSAMMENARBEITEN?

Die Goldene Regel findet sich in allen Religionen. Sie ist eine Zusammenfassung der Grundvoraussetzungen für menschliches Verhalten. Manchmal ist sie positiv formuliert. So sagt Jesus: »Alles, was ihr also von anderen erwartet, das tut auch ihnen!« (*Matthäus* 7,12). Es gibt sie aber auch negativ formuliert. Konfuzius sagt: »Tu nicht andern, was du nicht willst, dass sie dir antun« (*Gespräche* 15,23). Wie kommt es dann aber, dass so viele Kriege religiös begründet wurden und werden? Und warum erscheint das Leben religiöser Menschen so oft nicht dieser Regel zu entsprechen?

Zum einen liegt das sicherlich daran, dass Religionen zwar die Grundlagen für ein erfolgreiches Leben (erfolgreich im Sinne der jeweiligen Religion) bieten, aber nicht garantieren können, dass die Menschen danach leben. Alle Religionen erkennen an, dass Menschen, selbst mit den besten Vorsätzen, immer wieder vom Bösen, von Sünde und Unwissen zum Scheitern gebracht werden. Die Religionen bieten Mittel und Wege an, dem Bösen zu widerstehen und dem Unwissen zu begegnen, können sie aber nicht zwingen, diese Wege zu beschreiten. Hinzu kommt, dass alle Religionen sich als Machtinstrumente missbrauchen lassen. So ist der Einsatz religiöser Sanktionen durch Männer zur Unterdrückung der Frauen keine Seltenheit. Selbst in Religionen, die solche Ungleichbehandlung prinzipiell ablehnen, gibt es Menschen, die alles beim Alten belassen wollen. So gibt es Christen, die Frauen den Zugang zum Priesteramt verweigern, obwohl nichts dagegen spricht, dass sie es ausüben – außer einer langen patriarchalischen Tradition.

Aber auch wenn Religionen sich missbrauchen lassen, so sind sie doch ein Boden, auf dem Schönheit, Heiligkeit und Weisheit gedeihen. Viele Millionen Menschen überall auf der Welt übersetzen die Goldene Regel und andere Forderungen ihres Glaubens in ihr Leben. Sollten daher alle Religionen auf der Basis dieser gemeinsamen Moral zusammenarbeiten, um der Welt neue Hoffnung zu geben? Sollten sich nicht alle Religionen angesichts der gewaltigen Probleme der Überbevölkerung, Umweltverschmutzung und Armut zum Wohl aller zusammentun? Die Konferenz aller Religionen 1993 entwarf eine globale Ethik, um genau das zu tun. Religiöse Menschen könnten und sollten Wurzeln einer Widerstandsbewegung gegen das Böse sein, das uns alle bedroht.

Warum aber sind sie das nicht offensichtlicher? Zum Teil liegt das daran, dass jede Religion ihre eigenen Interessen hat. Das Bild der Welt, des Menschen, Gottes oder anderer höherer Wesen, das Ziel des Lebens und die Wege zum Heil oder zur Erleuchtung sind oft grundverschieden und unvereinbar. Manche sehen die Gründe darin, dass man all die genannten Dinge nicht in Worte fassen kann: Religionen wären demnach Darstellungen derselben Dinge in unterschiedlichen Worten. Es gäbe viele Wege, aber sie alle führten zum gleichen Ziel. Das aber kann nicht

»FÜGE ANDERN KEIN LEID ZU MIT DEM, WAS DIR LEID ZUFÜGT.«
Buddha

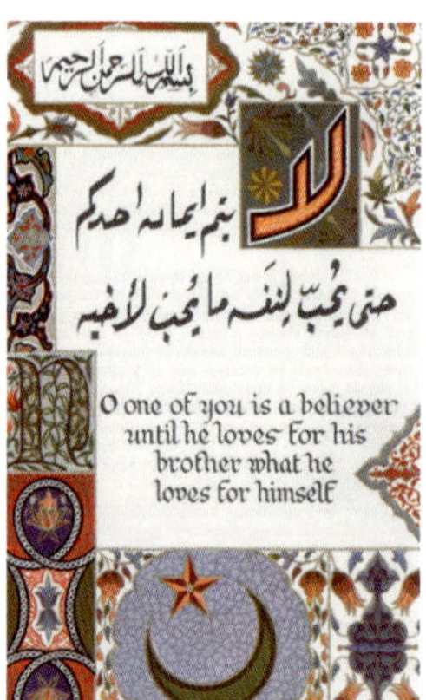

◀ Hadith des Propheten
Ein Ausspruch *(Hadith)* des Propheten Mohammed, aufgeschrieben von al-Buchari.

»DIES IST DIE SUMME ALLER PFLICHT: TU ANDERN NICHT, WAS, DIR GETAN, SCHMERZ BEREITEN WÜRDE.«

Aus dem großen Hindu-Epos *Mahabharata*

stimmen; es gibt viele Wege, aber sie führen nicht alle zum gleichen Ort. Religionen werden immer die in ihrer Kultur und Tradition verankerten Wahrheiten verteidigen und verschieden bleiben.

Könnten sich religiöse Menschen auf der Grundlage ihrer religiösen Erfahrung zusammentun? Religionen bieten Wege, auf denen Menschen Erfahrungen von solcher Intensität machen können, dass sie oft treffend als »nicht von dieser Welt« bezeichnet werden. Dies sind Erfahrungen von Ekstase, Entase, Erleuchtung, Liebe, Einswerden mit Gott und viele andere. Sie werden unterschiedlich benannt und beschrieben, aber sie sind so fern des alltäglichen Lebens, dass jene, die sie gemacht haben, sie fast immer »unbeschreiblich« nennen. Kann man in diesem Fall von einer mystischen Erfahrung sprechen, die unterschiedlich bezeichnet wird? Auch hier gibt es keine Klarheit. Manche sind Beziehungserfahrungen, andere Erfahrungen einer Absorption in einer wie auch immer gearteten Realität. Es ist nicht möglich, die Religionen auf einer Grundlage zu vereinen, die gleich sein mag oder auch nicht.

»WAS DIR VERHASST IST, DAS TU ANDERN NICHT AN.«

Hillel, ein jüdischer Lehrer

▲ Die Goldene Regel
Die *Goldene Regel* des US-Künstlers Norman Rockwell (1894–1978) illustriert das grundlegende Thema aller Religionen: andere so zu behandeln, wie man von ihnen behandelt werden möchte.

Außerdem misstrauen manche Religionen solchen Erfahrungen gänzlich und raten ihren Gläubigen davon ab, sie zu suchen.

Wenn Religionen einander im Streben nach Wahrheit und Güte bestärken, kann das nur auf der Basis gegenseitiger Anerkennung der Unterschiede und des Respekts vor der Meinung des anderen geschehen. Man muss akzeptieren, dass die einzelnen Religionen die Menschen zu unterschiedlichen Zielen führen: Das *Nirwana* ist nicht das Gleiche wie der Himmel, das *Nirwana* baut nicht auf einer persönlichen Beziehung, der Himmel aber wohl. Dennoch stellen beide von der jeweiligen religiösen Warte das höchste Ziel, die Vollendung, das absolut Gute dar. Und in diese Richtung müssen die Menschen streben: zum Guten, zur Vollendung ihres Menschseins. Jesus sagte: »In meines Vaters Haus sind viele Wohnungen.« Auf dieser Grundlage können religiöse Menschen einander ermutigen, das Beste zu erreichen, das ihre unterschiedlichen Überlieferungen von ihnen verlangen, und sich zusammentun in der Überzeugung, dass man das Böse bekämpfen muss, so auch den Hass.

ZEITTAFEL

	ALTE RELIGIONEN	INDISCHE RELIGIONEN
2000–1750 v. Chr.	Keltenmigration; Altes, Mittleres u. *Neues Reich in Ägypten	*Induskultur
1750–1500 v. Chr.	Nordische Bronzezeit	
1500–1250 v. Chr.	*18. Ägyptische Dynastie; Amenophis IV.	Arische Einwanderung; *Vedische Zeit
1250–1000 v. Chr.	Zarathustra, Gründer des Zoroastrismus	*Brahmanas*
1000–750 v. Chr.		Mahabharata-Krieg; Frühe *Upanishaden;* Parsva, 23. Jain-*Tirthankara*
750–500 v. Chr.	*Archaikum, Griechenland; *Königszeit, Rom	Mahavira, 24. Jain-*Tirthankara*
500–250 v. Chr.	Sassaniden besiegen Parther: Zurvan; *Klassik, Griechenland; *Frühe Röm. Republik	*Epen* und frühe *Puranas;* Spaltung der Jaina in Digambaras und Shvetambaras
250 v. Chr.–0 n. Chr.	*Hellenistische Zeit; *Mittlere und späte Republik in Rom; Kaiser Augustus	*Bhagavad Gita;* Kaiser Ashoka; *Manusmriti; Ramayana*
0–250 n. Chr.	Blüte des Römischen Reiches	Vishnu Purana und frühe Puranas; *Vishnuismus; *Shivaismus
250–500 n. Chr.		Jain-Konzil in Valabhi; Gupta-Dynastie
500–750 n. Chr.	Parsen lassen sich in Indien nieder.	*Vedantazeit; Xuanzang besucht Indien; *Bhakti-Mystik
750–1000 n. Chr.		Shankara; *Bhagavata Purana;* Bahubalistatue und -schrein
1000–1250 n. Chr.		Ramanuja; Madhva; *Tantras*; Jagannatha-Tempel
1250–1500 n. Chr.		Bhakti-Dichter Mira; Bai und Kabir
1500–1750 n. Chr.		Guru Nanak; Amritsar; Guru Gobind Singh und *Guru Granth Sahib*
1750–2000 n. Chr.	Verfolgung der Zoroastrier unter der *Kadscharen-Dynastie im Iran	Brahmo, Arya, Samaj; Mahatma Gandhi; Unabhängigkeit und Teilung Indiens

BUDDHISMUS	JAPAN
Buddha; Erstes Konzil in Rajagriha	
Kaiser Ashoka; König Milinda/Menander; *Lotos-Sutra*	
*Mahayana-Buddhismus; Nagarjuna und Madhyamaka. Buddhismus kommt nach China.	Gründung des Ise-Schreins
*Tibetischer Buddhismus; Faxian in Indien; Buddhismus kommt nach Korea. Huiyuan, Reines Land	
Buddhismus kommt nach Japan. *Tantrischer Buddhismus; *Tiantai	*Narazeit; Buddhismus in Japan; Staatsreligion; 17. Verfassungsartikel
Buddhistische Blüte in Korea und China; Borobodur in Java; Atisa in Tibet	*Heianzeit; *Kojiki* und *Nihongi;* Kaiser Kammu
Eisai und Zen; Dogen; Honen und Reines Land	Esai und Zen; *Kamakura-Zeit; Dogen und Zen
Nichiren; Bayon-Tempel/Kambodscha	Shinran; *No*-Drama; Ippen und Ji; *Ashikaga-Zeit
Wiedereinführung in Sri Lanka; Mongolische Invasion in Tibet	Ur-Shinto; *Togugawa-Zeit; Motoori Noringa; Hakuin und Koans
Rama IV. in Thailand; Chogye-Buddhismus in Korea; Soka Gakkai	Nkayama und Tenrikyo; Meiji-Reform; Nationales Lernen; Soka Gakkai

Diese Zeittafel gibt einen groben Überblick über die Geschichte der wichtigsten Religionen. Einige Daten sind umstritten, so das Leben des Buddha. Aufgelistet sind v. a. im Text erwähnte Daten und Perioden (dort genauere Zeitangaben). Längere Zeitabschnitte wie die vedische Periode sind mit * markiert, die Titel wichtiger Schriften kursiv.

	CHINA	JUDENTUM
2000–1750 v. Chr.	*Xia-Dynastie; *I Ching*	Abraham, Isaak und Jakob
1750–1500 v. Chr.	*Shang-Dynastie	
1500–1250 v. Chr.	Orakelknochen	Mose und der Exodus
1250–1000 v. Chr.	*Zhou-Dynastie	Landnahme in Kanaan
1000–750 v. Chr.	*Tianming/Mandat des Himmels	David und Einnahme Jerusalems; Salomo und der Tempel; Könige und Propheten
750–500 v. Chr.	*Frühlings-Herbst-Periode; Kong Fuzi (Konfuzius)	Fall Samarias; Babylonisches Exil
500–250 v. Chr.	Mozi; Laozi (Laotse); Mengzi; Zhuangzi	Bau des zweiten Tempels
250 v. Chr.–0 n. Chr.	*Jin-Dynastie: *Frühere Han-Dynastie; Konfuzianismus als Staatsreligion	Unabhängigkeit unter Hasmonäern; Tempelerweiterung; Herodes der Große
0–250 n. Chr.	*Xin-Dynastie; *Fünf Klassiker*, *Spätere Han-Dynastie; Buddhismus in China	Tempelzerstörung; Rabbiner erneuern Judentum. *Mischna*
250–500 n. Chr.	*Drei Reiche; *Qin-Dynastie; Ausbreitung des Buddhismus und Daoismus	Entwicklung der *Halacha*
500–750 n. Chr.	*Sui-Dynastie; Staats-Buddhismus; *Tang-Dynastie; Kaiserin Wu	Babylonischer Talmud
750–1000 n. Chr.	*Fünf Dynastien; Unterdrückung des Buddhismus	*Karäer
1000–1250 n. Chr.	*Song-Dynastie; Konfuzianistische Erneuerung	Juda Halevi; Maimonides; Nahmanides
1250–1500 n. Chr.	*Yuan-Dynastie; Tantrischer Buddhismus; *Ming-Dynastie	Mose von Leon: *Zohar;* Kabbala; Gedrucktes Gebetbuch; Spanien: Vertreibung
1500–1750 n. Chr.	*Qing-Dynastie	Josef Karo und *Schulchan Aruch;* Entstehung der Aschkenasim und Sefardim
1750–2000 n. Chr.	Taiping-Aufstand; Sun Yat-sen; Kulturrevolution	Chassidim; Herzl und Zionismus; Shoah/Holocaust; Staat Israel

CHRISTENTUM	ISLAM
	*Frühere Propheten; *Zeit der Unwissenheit
Jesus; Paulus; Neues Testament; Konzil von Nicäa	
Patrick und Irland; Wüstenheilige; Konzil von Chalcedon; Fall Roms	
*Benedikt und Orden; Augustinus; Beda; Bonifatius	Mohammed; Hidschra (622); Erste vier Kalifen; Sunniten/Schiiten
Gründung Clunys; Anfänge des Athos; Karl der Große; Griechisches Schisma	*Abbasiden-Dynastie; Moschee von Córdoba Schulen der Scharia; *Sufismus
Abendländisches Schisma; 1. Kreuzzug; Franziskus und Klara; Zisterzienser/Karmeliter	Ibn Sina (Avicenna); al-Ghazali; Saladin; Ibn Ruschd (Averroes)
Dominikaner; Thomas von Aquin; Julian von Norwich; Spanische Inquisition	*Mamelucken; *Osmanisches Reich; Einnahme Konstantinopels
Reformation; Loyola und die Jesuiten; Konzil von Trient; Missionierung	Sultan Suleiman; *Mogul-Reich; Islam in Java, Borneo; Kaiser Akbar
Missionierung; Vatikanische Konzile; Josephine Butler; Dietrich Bonhoeffer	Wahhabiten in Mekka; Islamische Reform; Ende des Kalifats; Gründung Pakistans

WELTRELIGIONEN IN ZAHLEN

Die Zahlenangaben ermöglichen einen Größenvergleich der einzelnen Religionen, sind aber ohne Gewähr. Zahlenmäßig eine Rolle spielen auch einige hier nicht behandelte Religionen (z.B. Bahai, 5 Mio.).

RELIGION	ANHÄNGER
Christentum	2 382 000 000
Islam	1 907 000 000
Hinduismus	1 161 000 000
Buddhismus	506 000 000
Naturreligionen	300 000 000
Sikhismus	26 000 000
Judentum	14 700 000
Konfuzianismus	6 100 000
Jainismus	4 200 000
Shintoismus	400 000

REGISTER

C

D

E

F

G

H

I

J

K

L

O

P

Q

R

S

T

DANK

Allen voran danke ich meiner Frau Margaret, die dieses Buch Schritt für Schritt mit mir geschrieben hat, meinen Beraterinnen und Beratern, die sich der Aufgabe mit Fantasie und Klugheit gestellt haben, Sarah Brunning, die mich gesund gepflegt hat, David Bowker, dessen einzigartiges Wissen und Vorschläge immer auf den Punkt waren, Jeremy Brooks für sein Engagement auf den letzten Metern, dem Team bei DK für die Geduld, die Gestaltung und das herausgeberische Können, und schließlich Sean Moore, der eisern die Nerven behalten hat.

Dorling Kindersley dankt allen Beraterinnen und Beratern für ihre Zeit und Geduld, Hamish Todd von den Oriental and India Office Collections der The British Library, Jeremy Coote vom Pitt Rivers Museum, Oxford, Dr. Ian Reader für die Karte von Varanasi, Margaret Bowker für ihre Holzschnitte, Vena Gheerawo für ihre Modelle, der Sikh Missionary Society, London, Tenrikyo Headquarters, London, John Delnero bei SGI UK, Yvonne und Juan Negrin für die Genehmigung zur Nutzung ihres Huichol-Wandbehangs, Cafod Headquarters, London; Mary Sutherland für ihr herausgeberisches Können, Rosie Steel, Steve Croucher für die gestalterische Mitarbeit, Catherine Costelloe, Martine Jeffries, Kate Duncan und Helen Stallion für die zusätzliche Bildrecherche, Simon Murrell und European Map Graphics für die Karten und Sandra Raphael für das Korrektorat und die Registererstellung.

Der Verlag dankt folgenden Personen und Institutionen für die Unterstützung bei früheren Auflagen:
Project Editor Dipali Singh
Art Editor Romi Chakraborty
Senior Editor Angeles Gavira
Senior Designer Ina Stradins
Managing Editor Liz Wheeler
Managing Art Editor Phil Ormerod
DTP Designers Narender Kumar, Jessica Subramanian
DTP Co-ordinator Pankaj Sharma
Production Controller Elizabeth Cherry

Der Verlag dankt folgenden Personen und Institutionen für die freundliche Genehmigung zum Abdruck von Fotos: Abkürzungen: o = oben, u = unten, m = Mitte, r = rechts, l = links, g = ganz

akg-images: 279ol, AKG London 262ur, Musée du Louvre, Paris 304-305m, Stockholm, Statens Historiska Museum 26m; **Alamy Stock Photo:** Art Directors & TRIP / ArkReligion.com 132, 137ol, Artokoloro 330ur, Dinodia Photos RM 130-131, Damien Douxchamps / robertharding 8ol, Granger Historical Picture Archive, NYC 323, INTERFOTO / History 302mlu, noeAmrie 335mlo, Pictures Now 336um, The Picture Art Collection 302ur; **American Museum of Natural History Library:** 325; **Ancient Art and Architecture Collection:** 47, 222ur, 236mlo, 249ur, 306ul, J. Beecham 266ul; **Andes Press Agency:** 109or; **Arnamagnaean Institute, Copenhagen:** Stofnum Arna Magnussonar à Islandi 27l; **Artephot:** A.F. Kersting 90-91; **Image © Ashmolean Museum, University of Oxford:** 6u; **Asian Art Museum Of San Francisco:** The Avery Brundage Collection '95 / (B62 D28) 154m, 170-171 (alle), 172l; **Beth Tzedec Reuben and Helen Dennis Museum, Toronto Canada:** Cecil Roth Collection: Megillah Scroll from Kaifeng Fu, China CR533 / Foto: Russ Jones 226u; **The Bodleian Library, University of Oxford:** MS SANK.a. 7 (R) 115l (Manuskripte), MS SANK.a. 7 (R) / (MS Ouseley Add 24 Fol 119R) 310, 311or, 311ul, MS SANK.a. 7 (R) / (MS. Elliott 246.f25) 309ur; **Boyd Collection:** 7or, Collection of the American Interfaith Institute, Philadelphia 202ol; **Bridgeman Images:** Bibliothèque Nationale, Paris 316, Bibliothèque Nationale, Paris. 158ul, © British Library Board. All Rights Reserved 198-199, British Library, London 51mru, 101mru, 116ol, 116-117m, 209ol, 209ur, London / New York 246mr, 246ul, 247, London / New York / Bibliothèque Municipale, Rouen 259ur, London / New York / British Library, London 245or, 286, 293ul, 294, 295om, London / New York / Christie's Images, London, UK 272ur, London / New York / Fitzwilliam Museum, University of Cambridge 259mlu, London / New York / Koninklijk Museum voor schone Kunsten, Antwerp / Giraudon 242, 266-267u, 268or, 268um, London / New York / Musée Condée, Chantilly 296m, 297m, London / New York / Museo Correr, Venice 232ol, 233ul, 234-235m, 235om, 236ur, London / New York / Richardson and Kailas Icons, London 276ur, London / New York / Stroganoff School 277ol, 278or, Lutherhalle, Wittenberg 208-209ml, National Gallery of Victoria, Melbourne 60mru, 64, 65ol, 65or, National Museum of Iceland, Reykjavik 27ur, National Museum of India, Calcutta 94, 96ol, National Museum of India, New Delhi 37m, 38 (alle), 41m, 76ul, 103ur, 104ur, 106ul, 106-107m, New York / Christie's Images, London, UK 240-241, Oriental Museum, Durham University 99, 100or, 100ur, 111mru, 111ul, 113m, 119l, 120or, 120l, 156ul, 173ul, Perugia 24mlu, Pierpont Morgan Library, New York 210u, 211or, 212-213 (alle), Museen zu Berlin 22mr, © Luca Tettoni 57mru, 58m, Victoria & Albert Museum, London 35ur, 206ul; **Bridgestone Museum Of Art, Ishibashi Foundation, Tokyo:** Ishibashi Kan'ichiro Collection 122, 123ur; **© The Trustees of the British Museum. All rights reserved:** 2, 18l, 19om, 19ul, 19ur, 32, 34go, 48ul, 48ur, 49, 55, 56mru, 56ul, 97, 100ml, 105ol, 109ol, 110, 110or, 110ur, 126om, 291ml, Peter Anderson 50; **British Library, London:** 28mr, 138ol, 138ur, 149o, 188-189 (alle), 222or, 223m, 228, 229ol, 229ul, 250ol, 251ol, 251or, 269ul, 314mlu; **By Courtesy of the Board of Trustees of the Victoria & Albert Museum:** 178m, 183mo, 184or, 184ur, 300, 301ol; **The Cleveland Museum Of Art:** 1995, Gift of Severance and Grita Millikin, 67.244 / Jain Ascetic Walking along a Riverbank colour on paper, ca. 1600, 38.8 x 26.3 cm India, Basawan, Mughal School 86, 87ml; **Collection of The Newark Museum Purchase:** 1920 Albert L. Shelton Photo: John Bigelow Taylor, N.Y.C 114ul; **Dr. Ian Reader (Nordic Institute of Asian Studies, Copenhagen):** 180o, 185ul, 185ur, 190ul, 191mlu; **Courtesy Norman Rockwell Museum:** Printed by permission of the Norman Rockwell Family Trust Copyright © 1161 the Norman Rockwell Family Trust. 337or; **© DACS 2020:** © 2021, The Art Institute of Chicago: The White Crucifixion, Marc Chagall, © ADAGP, Paris and DACS, London 2021 238; **Dan Burn-Forti:** 273ml; **© Dean & Chapter of Canterbury/Sebastian Strobl:** 248ml, Bibliothèque des Arts Décoratifs 324mr, Bibliothèque Nationale, Paris 315ul, Jean Loup Charmet 248ur; **Dean And Chapter Of Canterbury:** Sebastian Strobl / Bibliothèque Nationale, Paris 163ol, 163ul, 164-165m, 174ul; **Getty Images:** AFP / MARTIN BUREAU 326or, Toyofumi Mori 190mru; **Giraudon, Paris:** 9, 182ur, 192-193 (alle), 221ul; **Glasgow Museums:** 10ol, 146ol, 146u, 147mo, 288, The Burrell Collection 203ur, The Saint Mungo Museum of Religions Life and Art 320, 334ur, 335r; **The John Hillelson Agency:** © Brian Brake 112ml, Michael Holford 168ml, Louvre 278ur, Musée Guimet 39mlu, 39mru, 40, 102, 103ol, 252ul; **© Jim Holmes:** 57ul, 190or, 283mro; **Hutchison Library:** 62ul, 142ur, 144mr, 147ur, 149ur, John Burbank 191mru, Carlos Freire 88ur, Felix Green 174ur, Jeremy Horner 224ml, Macintyre 13ur, 44mro, 63ul, Edward Parker 44ul, Christine Pemberton 11um, 41ul, B Regent 108ul, Liba Taylor 63ur, 219mlo, Isabella Tree 103ul; **Icorec / Circa Photo Library:** 123om, 145ul, 166um, 172or, 172ur, 173ur, 258ul; **Jewish Museum, London:** 218ul; **The Jewish National & University Library:** 204-205m, 206go (alle); **Library of Congress, Washington, D.C.:** LC-DIG-jpd-02210 176-177; **Los Angeles County Museum of Art:** Collection Navin Kumar Gallery, New York City 72, 76ur, 77, Linden–Museum Stuttgart (Foto: U. Didoni) 83,

84ol, 84ml, 84u; **Magnum Photos:** © Bruno Barbey 21or; **Mansell Collection:** 45ul, 211ul; **Mary Evans Picture Library:** 159mr, 163ur, 224ur, 225, 262um, Explorer 51ul, 271ol; **The Metropolitan Museum of Art, New York:** Bequest of Michael Friedsam, 1931. The Friedsam Collection. (32.100.143) © 1989 By The Metropolitan Museum of Art 253, Bequest of Michael Friedsam, 1931. The Friedsam Collection. (32.100.143) © 1989 254ol, 254or; **Museum of Fine Arts, Boston:** Courtesy of William Sturgis Bigelow Collection 184o; **National Museum Of Ireland:** 28ul; **National Museums Scotland:** 289ur; **Panos Pictures:** Jean – Léo Dugast 54ul; **Ann & Bury Peerless:** 36ul, 36ur, 46ol, 70-71, 79ur, 81ur, 85mlu, 89ur; **Photo John Webb: (The Art of Tantra by Philip Rawson, Thames & Hudson Ltd, London):** 66-67, 68or, 68ul, 68ur; **Pictor International Ltd:** 29r; **Pitt Rivers Museum, University of Oxford:** 327ul, 332m, 333or, 333o, 334mlu; **Powell Cotton Museum, Kent:** 181mro, 322u; **Zev Radovan / www.BibleLandPictures.com:** 218mlu, 218mu, 219ol, 219mr, 219mlu, 220, 230ur; **Reproduced by Courtesy of the Trustees, The National Gallery, London:** 260-261 (alle Bilder), 263 (alle außer r), 264-265 (alle); **RMN:** Musée Guimet 112ur, 128mlo, 128m, 128-129m; **Robert Harding Picture Library:** 22ul, 207mru, Robin Hanbury-Tennison 324um, Simon Westcott 112or; **© Rod Leach (SGI–UK):** 195ul; **© Roland & Sabrina Michaud:** 295ur; **Peter Sanders:** 298ol, 301ul; **Photo Scala, Florence:** 92-93, 257, 258 (alle außer ul), 280um, 280ur, 282-283m, mit freundlicher Genehmigung durch Ministero Beni e Att. Culturali e del Turismo 14-15, Faith Overcomes 281ml, Museo Nazionale Reggio Calabria 23ol, Salla del Cambio, / Casa dei vettii, Pompei 25or, Vaticano, museo Pio degli Animali 25ul; **© Sean Sprague 1990:** 281ur; **Shutterstock.com:** The Art Archive 61, 62or, 152-153, Harper Collins Publishers 284-285, Syamer 303, Eileen Tweedy 30-31, 41ur; **Sonia Halliday:** / F.H. Birch 317mr, Laura Lushington 200m, 215ol, 216-217 (alle), Barry Searle 227ur, 231ol; **Staatliche Kunstsammlungen Dresden:** 255ul; **Tenrikyo Church Headquarters:** 194ur; **The Art Archive:** 157o, 158um, 274ml, 274-275m, 275or, Archaeological Museum, Ferrera 16, 23ur, British Museum 168o, 168ur, 169o, Freer Gallery of Art 174-175o, National Palace Museum, Taiwan 159ol, 159u, 160-161m, Private Collection 162mlu, Turkish & Islamic Arts Museum, Istanbul 307ol, University Library, Istanbul 313, 314ol, 314ur, Victoria & Albert Museum 42ur, 43m, 44ol, 46 (Incarnations Of Vishnu x 10), 125; **The Board of Trinity College, Dublin:** 249ul; **Trip:** J. Arnold 105r, Dinodia 84or, 87or, A Gamiet 299ul, W Jacobs 114mru, H. Rogers 135mo, 140o, 141ol, 141ur, 143ml, 148ur, 150-151u, 151or, 226ol, 317ul, B Turner 279ul, M Turner 231ur, R.K. Vaghela 87ur; **© Trustees of the Chester Beatty Library, Dublin:** 308um, 308ur; **V&A Images / Victoria and Albert Museum, London:** 52ul, 52r, 53, 80-81, 82ur, 101ul, C.M. Dixon 78ol, 89ol; **Viewfinder Colour Photo Library:** 121ul, 123ml, 273mro, 292ul; **Weiner Library:** Auschwitz Museum no. 817 239or, photo no. 2913 / 862768 / National Archives 239u; **Werner Forman Archive:** 56or, 206mru, 263r, 298mr, Archiv / Thjodminjasafh, Reykjavik, Iceland 17ul, Metropolitan Museum, New York 312ul, Museum of Anthropology & Ethnography, St. Petersburg 330or, Philip Goldman Collection, London 44ur, 127ul, 129mru, Private Collection 1m, 74ul, 75ol, 78ur, 121ur, Victoria and Albert Museum, London 292ol; **Westminster Cathedral:** 244um; **© Yvonne & Juan Negrin / Tatei Atsinari, 1980:** by José Benitez Sanchez, 1,22 x 1,22 m 318-319, 328, 329ol, 329mro, 329ml, 329ur; **Zefa:** Bob Croxford 109ur, 214ul; **The Zoroastrian Association of Europe:** 21u.

Cover *Vorn*: **Dreamstime.com:** Dreamsidhe ur, Roberto Giovannini gom, mro, gol, mlo, um, mu; *Hinten:* **Dreamstime.com:** Michael Brown gor, Pytyczech mro, Roomyana mlo, Vgorbash gom

Alle weiteren Abbildungen © Dorling Kindersley

Der Verlag hat sich bemüht, alle Rechteinhaber ausfindig zu machen. Eventuelle Auslassungen werden wir bei entsprechendem Hinweis gerne in einer späteren Auflage korrigieren.

ZITATNACHWEIS

Wenn nicht anders angegeben, wurden die Zitate frei übersetzt.

56: *Ishavasya Upanishad*, übersetzt von Paul Deussen, Leipzig: F.A. Brockhaus 1897, **62:** »Bhagavad-gita. Des Erhabenen Sang«, in: *Religiöse Stimmen der Völker, Band 2: Die Religion des alten Indien*. Hrsg. von Walter Otto, übers. von Leopold von Schroeder, Jena 1922, **100:** Buddha, *Udana VIII 2–3*, übersetzt von Karl Seidenstücker, München-Neubiberg: Oskar Schloss Verlag, **101:** Hermann Oldenberg, *Buddha: sein Leben, seine Lehren, seine Gemeinde*, Berlin: Verlag Wilhelm Hertz 1881, **105:** Nach: Richard Pischel, *Leben und Lehre des Buddha*, Leipzig: B. G. Teubner 1906, **112:** *Gautama Buddha. Die vier edlen Wahrheiten. Texte des ursprünglichen Buddhismus*, hrsg. und übers. von Klaus Mylius, Stuttgart: Reclam 1998, **118:** Margareta von Borsig, *Lotos-Sutra*, © 2019 Verlag Herder GmbH, Freiburg i. Br., Kap. XXV, **123:** ebd., **126:** Dem Zen-Meister Bodhidharma zugeschrieben, frei übersetzt, **136:** Monika Thiel-Horstmann, *Leben aus der Wahrheit*, Benziger 1988, **160:** Konfuzius: *Gespräche*, I.5, aus dem Chinesischen von Richard Wilhelm, **163:** *Werke des Mong Dsï, Buch II Abschnitt A*, übersetzt von Richard Wilhelm, Jena: Eugen Diederichs Verlag 1921, **172:** Laotse, *Tao te king. Das Buch des Alten vom Sinn und Leben*, übers. von Richard Wilhelm, 1911, **193:** Thich-Thien-An, *Zen Philosophy, Zen Practice*, Dharma Publishing, College of Oriental Studies, 1975, **201, 202, 204, 205, 206, 207, 208, 212, 213, 218, 219, 227, 229, 235, 236:** Martin Buber, *Die Schrift. Verdeutscht von Martin Buber gemeinsam mit Franz Rosenzweig*, Übersetzung: Martin Buber, © 2001, Gütersloher Verlagshaus, Gütersloh, in der Penguin Random House Verlagsgruppe GmbH, **231:** Franz Rosenzweig, *Gesammelte Schriften, Bd 4: Sprachdenken im Übersetzen, Teil 1: Hymnen und Gedichte des Jehuda Halevi*, hrsg. von Rafael N. Rosenzweig, Den Haag: Nijhoff 1983, S. XIV, **243, 245, 246, 247, 248, 249, 250, 251, 252, 253, 254, 256, 257, 258, 259, 260, 261, 263, 265, 269, 281, 282, 283:** *Einheitsübersetzung der Heiligen Schrift*, © 2016 Katholische Bibelanstalt GmbH, Stuttgart, Alle Rechte vorbehalten, **272:** Thomas Merton, *The Sign of Jonas*, New York: Brace & Company 1953, **277:** *Der heilige Theodor, Archimandrit von Studion*, deutsche Übersetzung von Max, Herzog von Sachsen, 1929, **292, 294, 295, 296, 308, 311, 314, 317:** *Der Koran*, aus dem Arabischen übertragen und mit einer Einleitung versehen von Max Henning, Leipzig: Reclam 1901, **302:** Übersetzung aus https://islamische-datenbank.de/sahih-muslim?action=search&searchword=an+seine+Gesandten&trans=_de, **309:** Annemarie Schimmel, *Die Religion des Islam: eine Einführung*, Stuttgart: Reclam 2010